Die Grundrechtsberechtigung juristischer Personen im Europäischen Verfassungsverbund

Europäische Hochschulschriften Recht

European University Studies in Law

Publications Universitaires Européennes de Droit

Band/Volume 6172

Kevin Marschhäuser

Die Grundrechtsberechtigung juristischer Personen im Europäischen Verfassungsverbund

PETER LANG

Bibliografische Information der Deutschen Nationalbibliothek
Die Deutsche Nationalbibliothek verzeichnet diese Publikation in der Deutschen Nationalbibliografie; detaillierte bibliografische Daten sind im Internet über http://dnb.d-nb.de abrufbar.
Zugl.: Heidelberg, Univ., Diss., 2019

Gedruckt auf alterungsbeständigem, säurefreiem Papier.
Druck und Bindung: CPI books GmbH, Leck

D 16
ISSN 0531-7312
ISBN 978-3-631-81125-2 (Print)
E-ISBN 978-3-631-81814-5 (E-PDF)
E-ISBN 978-3-631-81815-2 (EPUB)
E-ISBN 978-3-631-81816-9 (MOBI)
DOI 10.3726/b17034

Peter Lang – Berlin · Bern · Bruxelles · New York · Oxford · Warszawa · Wien

Diese Publikation wurde begutachtet.

www.peterlang.com

Vorwort

Die juristische Fakultät der Ruprecht-Karls-Universität Heidelberg hat diese Arbeit im Jahre 2019 als Dissertation angenommen. Literatur und Rechtsprechung sind auf dem Stand des 31. Oktobers 2019.

Es gibt eine Reihe von Personen die mich bei der Entstehung dieser Arbeit begleitet haben und bei denen ich mich bedanken möchte.

Mein besonderer Dank gilt meinem Doktorvater, Herrn Professor Dr. Dr. h.c. Wolfgang Kahl M.A., für seine verständnisvolle Betreuung und sein Engagement. Ohne die stete Motivation durch ihn, seine konstruktive Kritik und nicht zuletzt die Anregung zu dem Thema der Arbeit wäre das Dissertationsvorhaben so nicht möglich gewesen. Ebenfalls herzlich bedanken möchte ich mich bei Frau Professor Dr. Anja Seibert-Fohr für die Erstellung des Zweitgutachtens.

Für fruchtbare Diskussionen, kritische Anmerkungen und guten Rat in jeder Phase meines Dissertationsvorhabens sowie zu jeder erdenklichen Uhrzeit danke ich Herrn Justus Dill sehr. Frau Ante von Postel gebührt besonders großer Dank für ihre Unterstützung bei der sprachlichen und orthographischen Überarbeitung des Manuskripts. Hierfür bedanke ich mich auch bei Frau Carolin Jürs, die diesen Lebensabschnitt zusätzlich durch ihre positive Art bereichert hat.

Mein größter Dank geht an meine Eltern und Großmutter, die mir diese Ausbildung ermöglichten. Zusätzlich unterstützten und förderten sie mich auf meinem bisherigen Lebensweg vorbehaltlos. Diese Basis, ihr Rückhalt und Zuspruch hat maßgeblich zum Gelingen der Arbeit beigetragen. Ihnen widme ich sie daher.

Berlin im November 2019
Kevin Marschhäuser

Inhaltsverzeichnis

Abkürzungsverzeichnis

a.A.	andere Ansicht
a.a.O.	am angegebenen Ort
ABl.	Amtsblatt der Europäischen Gemeinschaften
Abs.	Absatz
Abschn.	Abschnitt
AEUV	Vertrag über die Arbeitsweise der Europäischen Union
AG	Aktiengesellschaft
Anm.	Anmerkung
Art.	Artikel
Aufl.	Auflage
Bd.	Band
BeckOK	Beck'scher Online-Kommentar
BGB	Bürgerliches Gesetzbuch
BGBl.	Bundesgesetzblatt (Österreich)
BK	Bonner Kommentar
bspw.	beispielsweise
BV	Bundesverfassung
BVG	Bundesverfassungsgesetz
BVerfG	Bundesverfassungsgericht
BVerfGE	Bundesverfassungsgerichtsentscheidung
BVerfGK	Sammlung der Kammerbeschlüsse
bzgl.	bezüglich
C.C.	conseil constitutionnel
Corte Cost.	Corte Costituzionale
CLI	Constitutional Law of Ireland
Cost.	Costituzione
ders.	derselbe
dies.	dieselben
DVBl.	Deutsches Verwaltungsblatt
DÖV	Die Öffentliche Verwaltung
Einl	Einleitung
EGMR	Europäischer Gerichtshof für Menschenrechte
EGMR (GK)	EGMR (Große Kammer)
EKMR	Europäische Kommission für Menschenrechte
EMRK	Europäische Menschenrechtskonvention

EnzEuR	Enzyklopädie Europarecht
EU	Europäische Union
EuG	Europäisches Gericht
EuGH	Europäischer Gerichtshof
EuGRZ	Europäische Grundrechte Zeitschrift
EuR	Zeitschrift Europarecht
EUV	Vertrag über die Europäische Union
f.	folgende
ff.	und die folgenden
FR	Fundamental Rights
FS	Festschrift
GG	Grundgesetz
GmbH	Gesellschaft mit beschränkter Haftung
GR	Grundrechte
GRC	Grundrechtecharta
Gz.	Gerichtszeichen
HBS	Handboek van het Belgisch Staatsrecht
Hdb.	Handbuch
HGR	Handbuch der Grundrechte
HPB	Handboek Belgisch Publiekrecht
HRL	Human Rights Law
Hrsg.	Herausgeber
HSR	Handbuch des Staatsrechts
InfoMedienR	Informations- und Medienrecht
IntKommEMRK	Internationaler Kommentar zur EMRK
IPE	Ius Publicum Europaeum
i.E.	im Ergebnis
JA	Juristische Arbeitsblätter
JuS	Juristische Schulung
JZ	Juristenzeitung
JöR	Jahrbuch des öffentlichen Rechts der Gegenwart
Jura	Juristische Ausbildung
Kap.	Kapitel
Ltd.	Limited Company
MMR	MultiMedia und Recht
NdsStGH	Niedersächsischer Staatsgerichtshof
NdsVBl.	Niedersächsische Verwaltungsblätter
m.w.N.	mit weiteren Nachweisen
NJ	Nederlandse Jurisprudentie

NJW	Neue Juristische Wochenschrift
Nr.	Nummer
NVwZ	Neue Zeitschrift für Verwaltungsrecht
NVwZ-Beilage	Neue Zeitschrift für Verwaltungsrecht – Beilage
NZKart	Neue Zeitschrift für Kartellrecht
o.ä.	oder ähnliches
OHG	Offene Handelsgesellschaft
OTK ZU	Orzecznictwo Trybunału Konstytucyjnego Zbiór Urzędowy
ÖBB	Österreichische Bundesbahn
poz.	Artikel
RL	Richtlinie
Rn.	Randnummer
Rs.	Rechtssache
S.	Seite
SchlA GA	Schlussantrag des Generalanwalts
Slg.	Sammlung
sog.	sogenannt
SOU	Statens offentliga utredningar
u.a.	und andere
UPR	Umwelt und Planungsrecht
VerfGH	Verfassungsgerichtshof
vgl.	vergleiche
VO	Verordnung
ZaöRV	Zeitschrift für ausländisches öffentliches Recht und Völkerrecht
z.B.	zum Beispiel
ZevKR	Zeitschrift für evangelisches Kirchenrecht
zit.	zitiert
ZP	Zusatzprotokoll

Einleitung

A Forschungsfrage

In der Europäischen Union wird nur in der deutschen, italienischen und portugiesischen Verfassung die Grundrechtsberechtigung juristischer Personen ausdrücklich erwähnt.[1] In Deutschland ist eine inländische juristische Person nach Art. 19 Abs. 3 GG grundrechtsberechtigt, sofern ein Grundrecht seinem Wesen nach auf sie anwendbar ist. In Italien wird in Art. 2 der Verfassung die Grundrechtsberechtigung juristischer Personen vorgesehen. Die Grundrechtsberechtigung juristischer Personen ist in der portugiesischen Verfassung in Art. 12 Abs. 2 geregelt, wonach diese die mit ihrer Rechtsnatur zu vereinbarenden Rechte haben. Entsprechend der Situation in der überwiegenden Zahl der Mitgliedstaaten ist die Grundrechtsberechtigung juristischer Personen auch auf Ebene des Unionsrechts nicht ausdrücklich geregelt. So enthält die GRC keine allgemeinen Vorschriften über die Grundrechtsberechtigung juristischer Personen. Lediglich unter der EMRK kann der EGMR nach der prozessualen Regelung des Art. 34 EMRK von jeder nichtstaatlichen Organisation, die behauptet, durch einen Vertragsstaat in einem der Grundrechte der EMRK oder ihrer Zusatzprotokolle verletzt zu sein, mit einer Beschwerde befasst werden.[2]

Da die Grundrechtsberechtigung juristischer Personen im europäischen Mehrebenensystem[3] über die genannten Fälle hinaus nicht erwähnt wird, haben Rechtsprechung und Literatur zu den jeweiligen Grundrechtsregimen teils verschiedene Ansätze zur Bestimmung der Grundrechtsberechtigung entwickelt. Dadurch, dass sie in Deutschland bereits seit 1949 mit Inkrafttreten des Grundgesetzes in Art. 19 Abs. 3 GG normiert ist, hat sich im europäischen Vergleich in der deutschen Rechtsprechung und Literatur die ausgeprägteste Dogmatik zur Grundrechtsberechtigung juristischer Personen entwickelt.[4] Nichtsdestotrotz ist

---

1 Siehe zur Grundrechtsberechtigung juristischer Personen in den in dieser Arbeit untersuchten Staaten Kap. 1 Abschn. A.

2 Siehe zur Grundrechtsberechtigung auf EU-Ebene Kap. 2 und 3; zur Regelung der Grundrechtsberechtigung juristischer Personen unter der EMRK durch Art. 1 EMRK i. V. m. Art. 34 EMRK, vgl. Kap. 2 Abschn. A. I.

3 Zum Begriff des Mehrebenensystems *Schefold*, in: JöR 60 (2012), 49 (49 f.); s. zum mehrdimensionalen Grundrechtsschutz *Stern/Hamacher*, in: Stern/Sachs (Hrsg.), GRC, A, Rn. 30 ff.

4 Zur Grundrechtsberechtigung juristischer Personen in Deutschland siehe Kap. 1 Abschn. A. I.

die Frage der Grundrechtsberechtigung juristischer Personen auch in Deutschland noch nicht abschließend beantwortet. Dies zeigte nicht zuletzt die bereits im Vorfeld kontrovers diskutierte Entscheidung des Bundesverfassungsgerichts vom 06.12.2016 zum Atomausstiegsgesetz aus dem Jahr 2011.[5] In diesem Verfahren ging es unter anderem um die Frage der Beschwerdebefugnis und damit der Grundrechtsberechtigung eines zu 100 Prozent im Staatseigentum Schwedens stehenden, deutschen Unternehmens. Grundsätzlich lehnt das Bundesverfassungsgericht die Grundrechtsberechtigung solcher staatlich beherrschten, öffentlichen Unternehmen ab.[6] Dagegen bejahte es in der Entscheidung vom 06.12.2016 dessen Grundrechtsberechtigung.[7] Zur Begründung eines umfassenderen Grundrechtsschutzes juristischer Personen durch Art. 19 Abs. 3 GG stützte sich das Bundesverfassungsgericht zum einen auf völkerrechtliche Vorgaben der EMRK und zum anderen auf die Grundfreiheiten des AEUV und damit auf europäisches Primärrecht.[8] In dieser Entscheidung zeigt sich neben der Entwicklungsoffenheit des deutschen Grundrechtsregimes auch beispielhaft der (vertikale) Einfluss supranationalen Rechts auf mitgliedstaatliches Verfassungsrecht.[9]

Im europäischen Mehrebenensystem ist die vertikale Beeinflussung der Grundrechtsregime aber nicht nur auf dem Weg „von oben nach unten", das heißt vom Völker- beziehungsweise Unionsrecht auf das nationale Recht, sondern auch in umgekehrter Richtung denkbar: So bestimmt Art. 52 Abs. 4 GRC, dass die Grundrechte der GRC, wie sie sich aus den *gemeinsamen Verfassungsüberlieferungen der Mitgliedstaaten* ergeben, im Einklang mit diesen Überlieferungen

5 Vgl. BVerfGE 143, 246; zuletzt zu dem in der Entscheidung aufgegriffenen Problemkreis der Grundrechtsberechtigung öffentlicher Unternehmen *Goldhammer/Sieber*, in: JuS 2018, 22; *Ludwigs/Friedmann*, in: NVwZ, 2018, 22; *Ludwigs*, in: NVwZ-Beilage 2017, 3; siehe zur Auseinandersetzung über die Frage der Grundrechtsberechtigung öffentlicher Unternehmen vor dieser Entscheidung *Kahl/Bews*, in: Jura, 2014, 1004 (1008 f.); *Bruch/Greve*, in: DÖV 2011, 794 (796); *de Witt*, in: UPR 2012, 281 (283); *Kloepfer*, in: DVBl. 2011, 1437 (1439); im Einzelnen zu dieser Entscheidung unten Kap. 1 Abschn. A. I. 3.

6 Vgl. BVerfGE 128, 226 (247 f.).

7 Vgl. BVerfGE 143, 246, Rn. 196 ff.

8 Vgl. BVerfGE 143, 246, Rn. 196, 202.

9 Zum Einfluss der EMRK auf die Reichweite des Grundrechtsschutzes in den Mitgliedstaaten, siehe unten Kap. 1 Abschn. A. sowie Kap. 1 Abschn. B. I. 3.; zu Interdependenzen im europäischen Mehrebenensystem *Arnold*, in: FS Maurer, S. 855 (860 f.); mögliche (mittelbaren) Rückwirkungen des supranationalen Rechts auf das GG erwägt auch *Ludwigs/Friedmann*, in: NVwZ 2018, 22 (26).

ausgelegt werden.[10] Mitgliedstaatliches Verfassungsrecht als Teil dieser gemeinsamen Verfassungsüberlieferungen ist daher eine Rechtserkenntnisquelle für die Auslegung der Grundrechte-Charta und nimmt somit Einfluss auf die Reichweite des europarechtlichen Grundrechtsschutzes.[11] Dabei kommt es für das Vorliegen gemeinsamer Verfassungsüberlieferungen nicht darauf an, dass in allen Mitgliedstaaten identische Regelungsansätze bestehen, sondern nur darauf, dass es sich bei einem Regelungsansatz um einen „von einem hinreichend breiten Konsens der mitgliedstaatlichen Rechtsordnungen getragenen Rechtsgedanken"[12] handelt. Weiter folgt auch aus Art. 6 Abs. 3 EUV, dass Grundrechte, wie sie sich aus den gemeinsamen Verfassungsüberlieferungen der Mitgliedstaaten ergeben, als allgemeine Grundsätze Teil des Unionsrechts sind.[13] Bekanntlich hat der EuGH schon vor Inkrafttreten der GRC unter Rückgriff auf die gemeinsamen Verfassungsüberlieferungen einen primärrechtlichen Grundrechtsschutz in Form der sogenannten allgemeinen Rechtsgrundsatz-Grundrechte richterrechtlich entwickelt.

Neben der eben skizzierten vertikalen Beeinflussung findet sich in der Rechtsprechung auch eine horizontale Beeinflussung unterschiedlicher nationaler Grundrechtsregime. So hat etwa das Bundesverfassungsgericht in einem Fall italienisches, in einem anderen Fall französisches Verfassungsrecht zur Ermittlung der Reichweite des deutschen Grundrechtsschutzes herangezogen.[14]

---

10 Hervorhebung durch den Verfasser.

11 Vgl. *Krämer/Ladenburger*, in: Stern/Sachs (Hrsg.), GRC, Art. 52 Rn. 84; ähnlich *Jarass*, GRC, Art. 52 Rn. 67 f.

12 So *Krämer/Ladenburger*, in: Stern/Sachs (Hrsg.), GRC, Art. 52 Rn. 84.

13 Zur verbleibenden Bedeutung des Art. 6 Abs. 3 EUV als *Entwicklungsklausel* nach Inkrafttreten der GRC *Beutler*, in: von der Groeben/Schwarze/Hatje (Hrsg.), EU-Recht, Art. 6 EUV, Rn. 23; ähnlich *Hoppe*, in: Meyer/Hölscheidt (Hrsg.), GRC, Art. 53 Rn. 20; *Jarass*, GRC, Einl., Rn. 34.

14 Vgl. BVerfGE 7, 198 (208) zur Frage der Bedeutung der Meinungsfreiheit des Art. 5 Abs. 1 S. 1 Alt. 1 GG unter Bezugnahme auf Art. 11 der französischen Erklärung der Menschen- und Bürgerrechte; BVerfGE 45, 187 (259) zur Grundrechtskonformität einer lebenslangen Freiheitsstrafe unter Bezugnahme auf die Rechtsprechung des italienischen Verfassungsgerichtshofs; BVerfGE 39, 1 (73 f.) sowie BVerfGE 128, 226 (253) zeigen, dass das BVerfG auch außereuropäisches Verfassungsrecht (USA, Kanada) rechtsvergleichend heranzieht; zu diesem Phänomen auch *Häberle/Kotzur*, S. 51 f., Rn. 5; siehe zum Einfluss der Rechtsprechung des BVerfG auf die Reichweite des Grundrechtsschutzes juristischer Personen in anderen Mitgliedstaaten der Europäischen Union Kap. 1 Abschn. B. I. 2.

Ausgehend von der vorstehenden unterschiedlichen Ausgestaltung der Grundrechtsberechtigung juristischer Personen in den EU-Mitgliedstaaten und der dargestellten wechselseitigen Beeinflussung soll zunächst ermittelt werden, ob eine gemeinsame Verfassungsüberlieferung der Mitgliedstaaten im Sinne des Art. 6 Abs. 3 EUV beziehungsweise Art. 52 Abs. 4 GRC im Hinblick auf die Grundrechtsberechtigung juristischer Personen besteht und wie diese aussieht. Auf Grundlage dessen und der Regelungskonzepte zur Grundrechtsberechtigung juristischer Personen in der EMRK und der GRC sollen im Anschluss daran allgemeine Rechtsgrundsätze der Grundrechtsberechtigung juristischer Personen im europäischen Raum identifiziert werden. Hierzu werden die Wechselwirkungen der Grundrechtsberechtigung juristischer Personen im Mehrebenensystem analysiert, um eine eventuelle Konvergenz herauszuarbeiten. Dabei wird auch auf gegebenenfalls verbleibende Divergenzen eingegangen. Auf diese Weise soll folgende Forschungsfrage beantwortet werden: Inwieweit hat das gegenseitige „Geben und Nehmen" im europäischen Mehrebenengrundrechtssystem (Europäischer Grundrechteverbund) zur Annäherung der nationalen Grundrechtsregime und damit zu einem gemeineuropäischen Grundrechtsstandard für juristische Personen geführt?[15]

B Methode

I Rechtsvergleichung

Gemeinsame Methode der Rechtsprechung des Bundesverfassungsgerichts und des EuGH bei der Bezugnahme auf fremdes Verfassungsrecht ist die Rechtsvergleichung.[16] Die Rechtsvergleichung kann aber nicht nur als „fünfte

---

15 Bereits *Häberle/Kotzur*, S. 52, Rn. 5 f., haben die Frage allgemein im Hinblick auf ein gemeinsames europäisches Verfassungsrecht aufgeworfen; *Arnold*, in: FS Maurer, S. 855 (860 ff.), spricht von einer zunehmenden Verfassungskongruenz durch die Rezeption der EMRK und des europäischen Primärrechts durch die Mitgliedstaaten und dem Resultat der Bildung allgemeiner Verfassungsprinzipen; zu einem gemeinsamen europäischen Verfassungsrecht auch *Cruz Villalòn*, in: von Bogdandy/Cruz Villalón/Huber (Hrsg.), IPE, § 13 Rn. 94; *Sommermann*, in: Merten/Papier (Hrsg.), HGR I, § 16 Rn. 22; *Weber*, S. 10, Rn. 19.

16 Vgl. zur Methode der wertenden Rechtsvergleichung in der Rechtsprechung des EuGH SchlA GA *Römer*, in: EuGH, C-29/69, Slg. 1969, 419, 428 – Stauder; *Kutscher*, in: Europäischer Gerichtshof (Hrsg.), Begegnung von Justiz und Hochschule am 27.-28.09.2076, S. I-1 (I-30 f.); *von Danwitz*, in: Grabenwarter (Hrsg.), EnzEUR, Bd. 2, § 6 Rn. 7; zur Rechtsvergleichung in der Rechtsprechung des Bundesverfassungsgerichts *Starck*, in: JZ 1997, 1021 (1024 f.).

Auslegungsmethode“[17] zur Klärung von Rechtsfragen oder zur Rechtsfortbildung beitragen. Vielmehr können mit ihrer Hilfe allgemeine Erkenntnisse gewonnen werden, so zum Beispiel für eine gemeinsame europäische Grundrechtstheorie.[18] An diese Erkenntnisfunktion knüpft die vorliegende Untersuchung an.

Zur Beantwortung der Forschungsfrage werden hier zwei Rechtsvergleiche durchgeführt. Zuerst findet ein horizontaler Rechtsvergleich der Grundrechtsberechtigung juristischer Personen in den Mitgliedstaaten der Europäischen Union statt (Kap. 1). Im letzten Kapitel (Kap. 4) folgt ein mehrdimensionaler Rechtsvergleich in Form einer Gegenüberstellung der Grundrechtsberechtigung juristischer Personen im Europäischen Mehrebenensystem, der neben der Grundrechtsberechtigung juristischer Personen auf europäischer Ebene auch auf die Ergebnisse des ersten Kapitels Bezug nimmt. Im Detail hat sich ein standardisiertes Vorgehen im Rahmen einer Rechtsvergleichung bisher noch nicht etabliert.[19] Es besteht daher eine große Freiheit bei der Gestaltung einer rechtsvergleichenden Untersuchung. Zwingend ist lediglich, dass das Vorgehen sich am verfolgten Ziel beziehungsweise dem Zweck zu orientieren hat.[20]

Strukturell orientiert sich der Aufbau dieser Arbeit und auch der Rechtsvergleiche am Drei-Phasen-Modell nach *Constantinesco*.[21] Die Länderberichte des ersten Kapitels sowie die Darstellungen der Grundrechtsberechtigung juristischer Personen in der EMRK (Kap. 2) und GRC (Kap. 3) dienen dazu, die

---

17 *Häberle*, in: JZ 1989, 913 (916); *Häberle*, Rechtsvergleichung im Kraftfeld des Verfassungsstaates, S. 27 (35 ff.); eher ablehnend *Sommermann*, in: Merten/Papier (Hrsg.), HGR I, § 16 Rn. 39, der die Grundrechtsvergleichung nur als Auslegungshilfe verstehen will.

18 Vgl. allgemein für den mehrdimensionalen Verfassungsvergleich in Europa *Häberle/Kotzur*, S. 52 f., Rn. 6; zur Erkenntnisfunktion *Sommermann*, in: Merten/Papier (Hrsg.), HGR I, § 16 Rn. 27, 41.

19 So *Kischel*, § 3 Rn. 1; *Sommermann*, in: Merten/Papier (Hrsg.), HGR I, § 16 Rn. 53 ff., der unterschiedliche Ansätze gegenüberstellt; *von Busse*, S. 80 ff.; *Starck*, in: JZ 1997, 1021 (1026); ähnlich *Weber*, S. 10, Rn. 19.

20 So *Starck*, in: JZ 1997, 1021 (1026); *Sommermann*, in: Merten/Papier (Hrsg.), HGR I, § 16 Rn. 78 f.; ähnlich *Weber*, S. 10, Rn. 20; *Kischel*, S. 6, § 1 Rn. 14; *Zweigert/Kötz*, S. 33.

21 Vgl. *Constantinesco*, S. 137 ff., der zwischen drei Phasen unterscheidet: In der ersten Phase werden Erkenntnisse über die zu vergleichenden Rechtsordnungen erlangt, in der zweiten Phase Verständnis für die Rechtsordnungen und die Dritte Phase umfasst schließlich den Vergleich selbst; ähnlich *Sommermann*, in: Merten/Papier (Hrsg.), HGR I, § 16, Rn. 62 f., der das Drei-Phasen-Modell als grundlegend, aber nicht als zwingend für die Rechtsvergleichung ansieht.

nötigen Kenntnisse über die zu vergleichenden Regelungsregime zu erlangen. Hierzu soll auch die Differenzierung zwischen der Grundrechtsberechtigung juristischer Personen des Privatrechts, des öffentlichen Rechts und öffentlicher Unternehmen beitragen. Für einen umfassenden Vergleich wird sich die Darstellung der Regelungsregime nicht auf eine rein textliche Wiedergabe der Grundrechtsnormen beschränken. Sie wird, soweit für die Untersuchung nötig, auch deren Rezeption in Rechtsprechung und Literatur sowie gegebenenfalls weitere kontextuelle Elemente erfassen.[22]

Die Vergleiche im ersten und vierten Kapitel sind grundsätzlich identisch aufgebaut. Herausgearbeitet werden ausdrückliche gegenseitige Bezugnahmen im Entstehungsprozess der jeweiligen Grundrechtsregime und in der Rechtsanwendung durch die Rechtsprechung beziehungsweise Literatur. Auf diese Weise kann auch geklärt werden, ob es für die konkrete Frage möglicherweise eine besonders einflussreiche „Leitordnung" gibt. In einem nächsten Schritt werden Gemeinsamkeiten und Unterschiede der Grundrechtsberechtigung juristischer Personen des Privatrechts, des öffentlichen Rechts und öffentlicher Unternehmen systematisiert und auf die ihre Gründe hin untersucht.[23] Die Kriterien, die dabei zugrunde gelegt werden, sind zum einen Merkmale, die im Entstehungsprozess der (Länder-)Berichte zur Grundrechtsberechtigung juristischer Personen aufgefallen sind. Zum anderen sind es Strukturelemente, die sich in den meisten europäischen Rechtsordnungen wiederfinden. Daher wird neben der Betrachtung der Grundlagen der Grundrechtsberechtigung juristischer Personen im jeweiligen Regelungsregime zur Feststellung von Gemeinsamkeiten und Unterschieden wie folgt differenziert: Zunächst werden die Grundrechte nach ihrer Anwendbarkeit auf juristische Personen des Privatrechts geordnet. Im Anschluss daran werden die Voraussetzungen einer Grundrechtsberechtigung juristischer Personen des öffentlichen Rechts und die Reichweite ihres Grundrechtsschutzes erörtert. Nach der Analyse dieser Grundlagen werden spezifische Erscheinungsformen juristischer Personen betrachtet. Dabei handelt es sich im Einzelnen um Gewerkschaften, politische Parteien, Gemeinden, Religionsgemeinschaften, Rundfunkanstalten und Universitäten. Schließlich findet eine Untersuchung der Grundrechtsberechtigung öffentlicher Unternehmen statt.

---

22 Zur Tiefe der Länderberichte *Sommermann*, in: Merten/Papier (Hrsg.), HGR I, § 16 Rn. 65 ff.; *Häberle/Kotzur*, S. 51, Rn. 5; *Weber*, S. 10, Rn. 21 ff.

23 Vgl. zur Systematisierung in der Rechtsvergleichung *Sommermann*, in: Merten/Papier (Hrsg.), HGR I, § 16 Rn. 62, 80; ähnlich, nur von einer Synthese sprechend *Cruz Villalón*, in: von Bogdandy/Cruz Villalón/Huber (Hrsg.), IPE, § 13 Rn. 1.

Trotz der insgesamt breit angelegten Untersuchung wird es im Rahmen dieser Arbeit nicht möglich sein, in jeder Hinsicht gesicherte Antworten zur Konvergenz beziehungsweise Divergenz der Grundrechtsberechtigung juristischer Personen zu geben. Es können häufig nur Tendenzen herausgearbeitet werden. Dies ergibt sich daraus, dass eine Betrachtung aller 28 Mitgliedstaaten der Europäischen Union den Umfang der Arbeit sprengen würde. Daher wurde erstens versucht, einen möglichst repräsentativen Querschnitt herauszugreifen. Im Einzelnen wurden Deutschland, Frankreich, Irland, Österreich, Belgien, die Niederlande, Spanien, Italien, Polen und Schweden ausgewählt.[24] Diese Auswahl orientiert sich zum einen an der damit erfassten Vielfalt an Regelungen der Grundrechtsberechtigung juristischer Personen. Es werden Staaten mit ausdrücklicher verfassungsrechtlicher Regelung der Grundrechtsberechtigung juristischer Personen genauso wie solche ohne positive Normierung dieser Frage erfasst. Auch wurden Verfassungen unterschiedlichen Alters sowie mit auf den ersten Blick unterschiedlicher Reichweite des Grundrechtsschutzes juristischer Personen ausgewählt. Die Auswahl folgt zweitens aber auch den limitierten Sprachkenntnissen des Verfassers. Diese erstrecken sich nicht auf die Amtssprachen aller 28 Mitgliedstaaten, nicht einmal auf alle Sprachen der von dieser Untersuchung erfassten Staaten. Soweit es dem Verfasser nicht möglich war, Rechtsprechung und Literatur in der Originalsprache zu lesen,[25] wurde auf Sekundärliteratur in einer anderen Sprache (zumeist Englisch) zurückgegriffen.

II Begriffsbestimmungen

Grundsätzlich besteht der Anspruch, die Rechtsvergleichung in einer möglichst neutralen Sprache durchzuführen.[26] Auch wenn alle mitgliedstaatlichen Rechtsordnungen juristische Personen kennen, erfordert die universelle Verwendung des Begriffs und seiner spezifischen Ausformungen in dieser Untersuchung eine vorherige arbeitsbegriffliche Bestimmung. Sofern angezeigt, findet eine nähere Konkretisierung sodann im Rahmen der (Länder-)Berichte statt. Die

---

24 Wenn im Folgenden verallgemeinernd von „den Mitgliedstaaten" gesprochen wird, so sind darunter die für diese Untersuchung ausgewählten Mitgliedstaaten zu verstehen, sofern nicht ausdrücklich auf alle Mitgliedstaaten Bezug genommen wird.

25 Dies betrifft überwiegend Polen und Schweden.

26 So fordert *Starck*, in: JZ 1997, 1021 (1026 f.) eine Metasprache für die Rechtsvergleichung im Öffentlichen Recht; eine möglichst neutrale Sprache für funktionale Äquivalente fordert *Sommermann*, in: Merten/Papier (Hrsg.), HGR I, § 16 Rn. 72; dementsprechend bei juristischen Personen von „überindividuellen Organisationseinheiten" sprechend *Crones*, S. 19; a. A. *Tschentscher*, in: JZ 2007, 807 (811 f.).

Bestimmung des Arbeitsbegriffs folgt einem funktionalen Ansatz, weshalb hierfür auf konsentierte, (nahezu) allgemeine Strukturmerkmale juristischer Personen zurückgegriffen wird.

Unter dem Begriff der *juristischen Person* versteht man im deutschen Öffentlichen Recht Personenvereinigungen oder sonstige Organisationen, die Träger von Rechten und Pflichten sind und selbst im Rechtsverkehr auftreten können.[27] Sofern sich die Rechtsfähigkeit nur auf bestimmte (Zuständigkeits-)Bereiche beschränkt, spricht man nicht von (vollrechtsfähigen) juristischen Personen, sondern von einem nur teilrechtsfähigen Subjekt.[28] Im Anschluss daran soll der Begriff der juristischen Person im Rahmen der folgenden Untersuchung – sofern er im Einzelfall keine Konkretisierung erfährt – als übergreifender Arbeitsbegriff für Organisationen, die im Rechtsverkehr als Träger von Rechten und Pflichten auftreten können, verstanden werden.

Daneben findet auch eine arbeitsbegriffliche Unterscheidung zwischen juristischen Personen des Privatrechts, des Öffentlichen Rechts und öffentlichen Unternehmen statt. Eine *juristische Person des Privatrechts* liegt vor, wenn ihre Rechtsfähigkeit sich aus dem Privatrecht ergibt, eine *juristische Person des Öffentlichen Rechts*, wenn ihre Rechtsfähigkeit im öffentlichen Recht wurzelt.[29] Daher werden unter juristischen Personen des Öffentlichen Rechts organisatorisch und rechtlich verselbstständigte, staatliche Verwaltungseinheiten verstanden.[30] Unter *öffentlichen Unternehmen* sind arbeitsbegrifflich juristische Personen zu verstehen, an denen der Staat beteiligt ist und durch die er Waren oder Dienstleistungen im Wirtschaftsverkehr anbietet oder anbieten lässt.[31] Auf eine staatliche Beherrschung kommt es für ein öffentliches Unternehmen dabei nicht an. Dies stellt vielmehr ein Differenzierungsmerkmal zur Bestimmung der Grundrechtsberechtigung öffentlicher Unternehmen dar.[32] Diesen ist dabei eigen, dass sie nur privatrechtlich tätig werden und in der Regel durch öffentlich-rechtliche Verwaltungsträger beziehungsweise den Staat geschaffen wurden.[33]

---

27 So *Maurer/Waldhoff*, § 21 Rn. 4.

28 So *Maurer/Waldhoff*, § 21 Rn. 6.

29 So allgemein *Maurer/Waldhoff*, § 21 Rn. 4.

30 So *Maurer/Waldhoff*, § 21 Rn. 8, zum Begriff der juristischen Person des Öffentlichen Rechts im deutschen Verwaltungsrecht.

31 Vgl. die allgemeine Definition des unternehmerischen Handelns der Öffentlichen Hand bei *Ronellenfitsch*, in: Isensee/Kirchof (Hrsg.), HSR IV, § 98 Rn. 2.

32 Siehe hierzu Kap. 1 Abschn. B. II. 6., Kap. 4 Abschn. B. I. 6.

33 Vgl. *Maurer/Waldhoff*, § 21 Rn. 15 ff.

Soweit von Gewerkschaften, Parteien, Gemeinden, Religionsgemeinschaften, Rundfunkanstalten und Universitäten als juristische Personen mit besonderer Funktionsbezeichnung die Rede ist, sind diese Funktionen im Sinne des allgemeinen Sprachgebrauchs zu verstehen.

C Gang der Untersuchung

Das *erste Kapitel* unterteilt sich in zwei Abschnitte. In einem ersten Abschnitt wird die Grundrechtsberechtigung juristischer Personen in ausgewählten Mitgliedstaaten der Europäischen Union in Form von überblicksartigen Länderberichten dargestellt. Diese Darstellung berücksichtigt neben der Rechtsprechung auch die wesentlichen Strömungen in der Literatur. In einem zweiten Abschnitt findet anschließend der horizontale Grundrechtsvergleich der verschiedenen Grundrechtsregime statt. Zur Feststellung von Gemeinsamkeiten und Unterschieden und damit einer gemeinsamen Verfassungsüberlieferung der Mitgliedstaaten werden die Erkenntnisse aus den Länderberichten rechtsvergleichend systematisch aufgearbeitet.

Das *zweite Kapitel* ist der Grundrechtsberechtigung juristischer Personen in der EMRK gewidmet. Die Darstellung beinhaltet neben den strukturellen Grundlagen der Grundrechtsberechtigung juristischer Personen auch die Frage nach dem „Ob" ihrer Grundrechtsberechtigung und der Reichweite des jeweiligen Grundrechtsschutzes. Grundlage der Darstellung sind die Rechtsprechung des EGMR sowie der Meinungsstand in der Literatur.

Im Rahmen des *dritten Kapitels* wird die Grundrechtsberechtigung juristischer Personen im Primärrecht der Europäischen Union betrachtet. Dies erfolgt unter Berücksichtigung der maßgeblichen Rechtsprechung des EuGH und der wesentlichen Ansätze in der Literatur. Untersucht wird neben den strukturellen Grundlagen der Grundrechtsberechtigung auch die Reichweite des Schutzes juristischer Personen durch die einzelnen Gewährleistungen der GRC. Daneben wird – soweit nötig – kurz auf den entstehungsgeschichtlichen Hintergrund der einzelnen Gewährleistungen eingegangen. Dies gilt zum einen für die Gewährleistungen, die bereits in der Rechtsprechung des EuGH vor Inkrafttreten der GRC als allgemeiner Rechtsgrundsatz unter Rückgriff auf die „gemeinsamen Verfassungsüberlieferungen" als Grundrecht anerkannt waren, und zum anderen für die Gewährleistungen, die stark durch die Rechtsprechung des EMGR geprägt sind.

Nach der Darstellung der Grundrechtsberechtigung juristischer Personen auf den unterschiedlichen Ebenen folgt im vierten Kapitel die mehrdimensionale Rechtsvergleichung im Hinblick auf die Grundrechtsberechtigung juristischer

Personen im europäischen Mehrebenengrundrechtssystem. Dieses Kapitel unterteilt sich in drei Abschnitte: Im ersten Abschnitt wird versucht, die horizontalen wie vertikalen entwicklungsgeschichtlichen Beeinflussungswege nachzuvollziehen. So soll unter Berücksichtigung der Chronologie ihr Einfluss in der Entstehung der einzelnen Grundrechtskataloge auf den Grundrechtsschutz in Europa und seine Entwicklung aufgezeigt werden. Im zweiten Abschnitt wird der Grundrechtsschutz im Europäischen Mehrebenensystem, sprich auf Ebene der Mitgliedstaaten, der Europäischen Union sowie der EMRK, nach den unter B. dargestellten Kriterien systematisch aufgearbeitet. Der letzte Abschnitt geht noch kurz auf das Verhältnis des EGMR zum EuGH sowie einen möglichen Beitritt der EU zur EMRK und damit verbundene Auswirkungen auf den Grundrechtsschutz juristischer Personen ein.

Kapitel 1: Grundrechtsberechtigung juristischer Personen in ausgewählten Mitgliedstaaten der Europäischen Union

A Verfassungsrechtliche Situation in den Mitgliedstaaten

I Deutschland

1 Juristische Personen des Privatrechts

a) Strukturelle Anforderungen

Nach Art. 19 Abs. 3 GG gelten die Grundrechte auch für inländische juristische Personen, soweit sie ihrem Wesen nach auf diese anwendbar sind. Damit eine juristische Person im Sinne des Art. 19 Abs. 3 GG angenommen werden kann, wird strukturell und im Gegensatz zum einfach-rechtlichen Begriff der juristischen Person im Sinne des BGB nur Teilrechtsfähigkeit vorausgesetzt.[34] Dabei handelt es sich um eine faktisch-organisatorische Verdichtung, weshalb bloße Personenmehrheiten nicht von Art. 19 Abs. 3 GG erfasst werden.[35] Daher sind nicht-rechtsfähige Vereine im Sinne des BGB genauso grundrechtsberechtigt wie die häufig in dieser Rechtsform organisierten Gewerkschaften und Parteien.[36] Weitere Beispiele für juristische Personen im Sinne des Art. 19 Abs. 3 GG sind Vereine, Gesellschaften mit beschränkter Haftung, Aktiengesellschaften sowie Stiftungen.[37] Zur Feststellung der wesensmäßigen Anwendbarkeit einzelner Grundrechte auf juristische Personen im Sinne des Art. 19 Abs. 3 GG werden im Wesentlichen zwei Ansätze diskutiert: Nach der vor allem vom

34 Vgl. BVerfGE 24, 236 (243); *Remmert*, in: Maunz/Dürig (Hrsg.), GG, Art. 19 Abs. 3 Rn. 37; *Kingreen/Poscher*, Rn. 205.

35 Vgl. *Michael/Morlok*, § 13 Rn. 453; *Kingreen/Poscher*, Rn. 209; *Remmert*, in: Maunz/Dürig (Hrsg.), GG, Art. 19 Abs. 3 Rn. 41.

36 Vgl. zu den Gewerkschaften *Remmert*, in: Maunz/Dürig (Hrsg.), GG, Art. 19 Abs. 3 GG, Rn. 39; zur Grundrechtsberechtigung der Parteien BVerfGE 3, 383 (390 f.); 84, 290 (299).

37 Vgl. für den Verein BVerfGE 53, 366 (386); für die GmbH BVerfGE 100, 313 (356); für die AG BVerfGE 50, 290 (319); 53, 336 (345); 66, 116 (130); für die Stiftung BVerfGE 57, 220 (240); 70, 138 (160).

Bundesverfassungsgericht vertretenen Theorie vom personalen Substrat werden juristische Personen nur dann vom persönlichen Schutzbereich der Grundrechte erfasst, wenn ihre Bildung und Betätigung Ausdruck der freien Entfaltung der hinter ihnen stehenden natürlichen Personen ist. Dies gilt besonders dann, wenn wegen eines Durchgriffs auf diese Menschen eine Anwendung der Grundrechte sinnvoll oder erforderlich erscheint oder die von dem Grundrecht geschützte Handlung auch von einer juristischen Person getätigt werden kann.[38] Knüpfen Grundrechte an Eigenschaften, Äußerungsformen oder Beziehungen an, die natürlichen Personen wesenseigen sind, so sind diese nicht auf juristische Personen anwendbar.[39] Andere beurteilen die Grundrechtsberechtigung juristischer Personen nach der Theorie der grundrechtstypischen Gefährdungslage und damit danach, ob eine juristische Person in ihrer Selbstbestimmung in ähnlicher Weise wie eine natürliche Person bedroht ist.[40] Art. 19 Abs. 3 GG gilt seinem Wortlaut nach nur für inländische juristische Personen.[41] Maßgeblich für die Einordnung als inländische juristische Person nach Art. 19 Abs. 3 GG ist der Ort, von dem aus die juristische Person gesteuert wird, weshalb es auf das tatsächliche Aktionszentrum ankommt, das für jede Tochtergesellschaft separat zu bestimmen ist.[42] Juristische Personen mit Sitz in einem Mitgliedstaat der Union sind ausnahmsweise wegen Art. 18 Abs. 1 AEUV wie inländische juristische Personen grundrechtsberechtigt.[43] Die EMRK hat in Deutschland den Rang eines einfachen Bundesgesetzes.[44] Nach der Rechtsprechung des Bundesverfassungsgerichts sind die Gewährleistungen der EMRK dennoch bei der Auslegung der Grundrechte und rechtsstaatlichen Garantien zu berücksichtigen, sofern dies nicht zu einer Einschränkung des Schutzumfangs der Grundrechte führt.[45]

---

38 St. Rspr., zuletzt BVerfGE 143, 246 (313); so schon BVerfGE 21, 362 (369); 42, 212 (219); 106, 28 (104 f.).

39 St. Rpsr., vgl. nur BVerfGE 95, 220 (242); 106, 28 (42); 118, 168 (203).

40 Vgl. zur Theorie der grundrechtstypischen Gefährdungslage *Dreier*, in: Dreier (Hrsg), GG, Bd. 1, Art. 19 Abs. 3 Rn. 33 f.; *Michael/Morlok*, § 13 Rn. 458.

41 Vgl. *Michael/Morlok*, § 13 Rn. 454; das BVerfG wendet unabhängig davon die Prozessgrundrechte aus Art. 101 Abs. 1 S. 2 GG, Art. 103 Abs. 1 GG an, vgl. BVerfGE 21, 362 (373); 64, 1 (11).

42 Vgl. BVerfG, NVwZ 2008, 670 (671); *Michael/Morlok,* § 13 Rn. 455; *Kingreen/Poscher*, Rn. 210.

43 Vgl. EuGH, Rs. C-208/00, Slg. 2002, I-9919, Rn. 52 ff. – Überseering; BVerfGE 129, 78 (98 f.).

44 Vgl. statt vieler BVerfGE, 111, 311 (315); 74, 358 (370); 82, 106 (120); *Nettesheim*, in: Maunz/Dürig (Hrsg.), GG, Art. 59 GG, Rn. 184.

45 Vgl. BVerfGE 74, 358 (370); 111, 307 (316).

b) Grundrechtsberechtigung im Einzelfall

Im Einzelnen können sich juristische Personen des Privatrechts auf den allgemeinen Gleichheitssatz aus Art. 3 Abs. 1 GG, teils auf die verhaltensbezogenen Gewährleistungen des Art. 3 Abs. 3 GG (bei Diskriminierungen wegen des Glaubens sowie religiöser oder politischer Anschauungen),[46] die Religionsausübungsfreiheit aus Art. 4 Abs. 1, 2 GG, die Kommunikation betreffenden Gewährleistungen des Art. 5 Abs. 1 GG, die Wissenschafts- und Kunstfreiheit aus Art. 5 Abs. 3 GG, die Privatschulfreiheit aus Art. 7 Abs. 4 S. 1 GG, die Versammlungsfreiheit aus Art. 8 GG, die Vereinigungs- und Koalitionsfreiheit aus Art. 9 Abs. 1, 3 GG, das Brief-, Post- und Fernmeldegeheimnis aus Art. 10 GG, die Unverletzlichkeit der Wohnung nach Art. 13 GG, die Berufsfreiheit aus Art. 12 Abs. 1 GG, die Eigentumsfreiheit aus Art. 14 GG, das Petitionsrecht aus Art. 17 GG, die Rechtsweggarantie des Art. 19 Abs. 4 GG sowie die Prozessgrundrechte aus den Art. 101 Abs. 1 S. 2, 103 Abs. 1 GG berufen.[47]

Auch politische *Parteien* sind berechtigt, sich auf Art. 3 Abs. 1 GG, Art. 5 Abs. 1 S. 1, 2 GG sowie Art. 8 GG zu berufen.[48] Ebenso sind *Gewerkschaften* berechtigt, sich als juristische Personen des Privatrechts neben den oben genannten Grundrechten auf die Koalitionsfreiheit aus Art. 9 Abs. 3 GG zu berufen.[49]

---

46 Vgl. *Jarass*, in: Jarass/Pieroth, GG, Art. 3 Rn. 117; ähnlich *Rüfner*, in: Isensee/Kirchhof (Hrsg.), HSR IX, § 196 Rn. 74.

47 Vgl. zu Art. 3 GG: BVerfGE 3, 383 (390); 95, 267 (317); zu Art. 4 GG: BVerfGE 19, 129 (132); 105, 279 (292 f.); zu Art. 5 GG: BVerfGE 20, 162 (171); 95, 28 (34 f.); 113, 63 (75); 95, 220 (234); 97, 298 (310); 30, 173 (191); zu Art. 7 GG: BVerwGE 40, 347 (349); zu Art. 8 GG: BVerwG, NVwZ 1999, 991 (991); zu Art. 9 GG: BVerfGE 4, 96 (101); 103, 293 (304); zu Art. 10 GG: BVerfGE 100, 313 (356); 106, 28 (43); zu Art. 12 GG: BVerfGE 21, 261 (266); 118, 168 (202, 205); zu Art. 13 GG: BVerfGE 42, 212 (218); zu Art. 14 GG: BVerfGE 4, 7 (17); 66, 116 (130); zu Art. 19 Abs. 4 GG: BVerfGE 80, 244 (250); zu den Prozessgrundrechten: BVerfGE 3, 359 (363); 75, 192 (200); zum Überblick *Remmert*, in: Maunz/Dürig (Hrsg.), GG, Art. 19 Abs. 3 Rn. 102, die auch Art. 11 GG sowie Art. 17 GG auf juristische Personen des Privatrechts anwenden will.

48 Vgl. zu Art. 3 GG: BVerfGE 3, 383; zu Art. 5 GG: NdsStGH NdsVBl. 2005, 296; zu Art. 8 GG: *Henke*, in: Kahl/Waldhoff/Walter (Hrsg.), BK, Art. 21 Rn. 218; *Ipsen*, in: Sachs (Hrsg.), GG, Art. 21 Rn. 45; daneben bestimmen sich die verfassungsmäßigen Rechte der Parteien nach Art. 21 GG.

49 Vgl. *Scholz*, in: Maunz/Dürig (Hrsg.), GG, Art. 9 Rn. 187; *von Münch*, in: Kahl/Waldhoff/Walter (Hrsg.), BK, Art. 9 Rn. 104.

2 *Juristische Personen des Öffentlichen Rechts*

Die Grundrechtsberechtigung juristischer Personen des Öffentlichen Rechts ist im Grundgesetz nicht ausdrücklich geregelt. Die Rechtsprechung lehnt auf Grundlage der von ihr vertretenen Lehre vom personalen Substrat die Grundrechtsberechtigung juristischer Personen des öffentlichen Rechts ab, da der Staat hinter juristischen Personen des Öffentlichen Rechts stehe und nicht gleichzeitig sowohl Adressat (vgl. Art. 1 Abs. 3 GG) als auch Berechtigter der Grundrechte sein könne (sog. *Konfusionargument*).[50] Demnach seien grundsätzlich weder Gebietskörperschaften, sonstige Körperschaften, Anstalten und Stiftungen des Öffentlichen Rechts noch Beliehene grundrechtsberechtigt.[51] Infolgedessen scheidet auch eine Grundrechtsberechtigung der *Gemeinden* als Gebietskörperschaft aus.

Ausnahmsweise sollen sich nach der Rechtsprechung alle juristischen Personen des Öffentlichen Rechts auf die Prozessgrundrechte aus Art. 101 Abs. 1, 103 GG berufen können.[52] Ausnahmen bei den materiellen Grundrechten kommen ihr zufolge in besonders geschützten Lebensbereichen in Betracht, in denen öffentlich-rechtliche Organisationen eigens zur Wahrnehmung eines bestimmten Grundrechts geschaffen wurden, so zum Beispiel bei Öffentlich-rechtlichen *Rundfunkanstalten* zur Wahrnehmung der Informations- und Rundfunkfreiheit nach Art. 5 Abs. 1 GG, öffentlich-rechtlich organisierten *Religionsgemeinschaften* zur Wahrnehmung der Glaubensfreiheit nach Art. 4 GG und *Universitäten* zur Wahrnehmung der Freiheit von Wissenschaft und Lehre nach Art. 5 Abs. 3 GG.[53]

50 Vgl. BVerfGE 15, 256 (262); 21, 362 (370); 68, 193 (205 ff.).

51 Vgl. BVerfGE 21, 362 (370, 374); bei Beliehenen handelt es sich um juristische Personen des Privatrechts, denen einzelne Verwaltungsaufgaben zur selbstständigen Wahrnehmung übertragen wurden, weshalb sie nicht grundrechtsberechtigt sind, vgl. *Maurer/Waldhoff*, § 21 Rn. 11.

52 Vgl. BVerfGE 6, 45 (49 f.); 39, 302 (312); 62, 354 (369); 75, 192 (200); so auch *Huber*, in: von Mangoldt/Klein/Starck (Hrsg.), GG, Art. 19 Rn. 324 ff.

53 Vgl. zu Rundfunkanstalten BVerfGE 31, 314 (321 ff.); 74, 297 (317 f.); zu Universitäten BVerfGE 21, 362 (373 f.); 39, 302 (314); 85, 360 ff.; 93, 85 (93); sogar für einzelne Fachbereiche von Universitäten BVerfGE 11, 333 (352); zu Religionsgemeinschaften BVerfGE 19, 129 (132); 30, 112 (119 f.); 42, 312 (322); 53, 366 (386 f.); 70, 138 (160 f.); allgemein: BVerfGE 75, 192 (196); zum Überblick *Remmert*, in: Maunz/Dürig (Hrsg.), GG, Art. 19 Abs. 3 GG, Rn. 42 ff.

Auch der Ansatz, die Grundrechtsberechtigung juristischer Personen nach der Theorie der grundrechtstypischen Gefährdungslage zu bestimmen, kommt zu keinem wesentlich anderen Ergebnis.[54]

3 Öffentliche Unternehmen

Sofern das öffentliche Unternehmen als juristische Person des Privatrechts zu 100 Prozent im Eigentum des Staates steht (sog. Eigengesellschaften), scheidet seine Grundrechtsberechtigung aus.[55] Dagegen genießen sogenannte gemischtwirtschaftliche Unternehmen, die anteilig von der öffentlichen Hand getragen werden, nach überwiegender Ansicht nur dann keinen Grundrechtsschutz, wenn sie staatlich beherrscht werden.[56] Eine staatliche Beherrschung liegt in der Regel vor, wenn mehr als die Hälfte der Anteile im Eigentum der öffentlichen Hand stehen oder wenn sich bereits aus der rechtlichen Struktur der juristischen Person eine staatliche Beherrschung ergibt (vgl. z. B. §§ 16, 17 AktG bzw. Art. 2 Abs. 1 Buchst. f RL 2004/109/EG[57]).[58] Beispielsweise ist bei mehrheitlich in deutschem Staatseigentum stehenden öffentlichen Unternehmen ein beherrschender Einfluss nach der Rechtsprechung des Bundesverfassungsgerichts ausgeschlossen, wenn gesetzliche Regelungen bestehen, die eine beherrschende Einflussnahme des Staates verhindern.[59] *Remmert* will dagegen die Grundrechtsberechtigung öffentlicher Unternehmen auf der Grundlage einer Gesamtbetrachtung der

---

54 Vgl. *Dreier*, in: Dreier (Hrsg.), GG, Art. 19 Rn. 56 f.; *Kingreen/Poscher*, Rn. 224 f.; so auch *Schnapp*, in: Merten/Papier (Hrsg.), HGR, Bd. II, § 52 Rn. 32 ff.

55 Vgl. BVerfGE 45, 63 (78 ff.); BVerfG, NJW 2011, 1201 (1202); *Sachs*, in: Sachs (Hrsg.), GG, Art. 19 Rn. 111.

56 Vgl. BVerfGK 15, 484 (488 f.); BVerfGE 128, 226 (247); NVwZ 2009, 1282 (1283); BVerfG NJW 1990, 1783; *Huber*, in: von Mangoldt/Kein/Starck (Hrsg.), GG, Bd. 1, Art. 19 Rn. 286; *Dreier*, in: Dreier (Hrsg.), GG, Bd. 1, Art. 19 Abs. 3 Rn. 77; a.A. zum Schutz der privaten Anteilseigener *Rüfner*, in: Isensee/Kirchhof (Hrsg.), HSR IX, § 196 Rn. 139; *Jarass*, in: MMR 09, 223 (226 f.).

57 Richtlinie zur Harmonisierung der Transparenzanforderungen in Bezug auf Informationen über Emittenten, deren Wertpapiere zum Handel auf einem geregelten Markt zugelassen sind.

58 Vgl. BVerfGE 128, 226 (247); *Kloepfer*, in: DVBl. 2011, 1437 (1438); *Bruch/Greve*, in: DÖV, 2011, 794 (796).

59 So BVerfGE 115, 205 (227 f.), wonach § 3 des Gesetzes über die Einrichtung einer Bundesanstalt für Post und Telekommunikation Deutsche Bundespost (Bundesanstalt-Post-Gesetz – BAPostG) vom 14.09.1994 sowie § 32 der Satzung der Bundesanstalt für Post und Telekommunikation Deutsche Bundespost vom 14.09.1994 einen beherrschenden Einfluss des Bundes ausschlössen.

gesellschaftsvertraglichen Zielvorgaben, gesetzlicher oder satzungsrechtlicher Weisungsrechte sowie sonstiger rechtlicher oder faktischer Einflussmöglichkeiten bestimmen.[60]

Einen Sonderfall betrifft die bereits in der Einleitung erwähnte Entscheidung des Bundesverfassungsgerichts vom 06.12.2016, wonach auch ein inländisches öffentliches Unternehmen, das sich zu 100 Prozent im Eigentum eines Mitgliedstaates der Europäischen Union befindet, grundrechtsberechtigt sein kann.[61] Da der ausländische Hoheitsträger als Eigentümer der beschwerdeführenden Gesellschaft nicht an die Grundrechte des Grundgesetzes gebunden ist, bleibt nach dieser Entscheidung kein Raum für das Konfusionsargument.[62] Weiter führt das Gericht aus, dass das beschwerdeführende Unternehmen, entgegen der zwingenden Vorgabe des Art. 13 EMRK, gegenüber dem die Eigentumsfreiheit beschränkenden Atomausstiegsgesetz im Gegensatz zu den privaten Kraftwerksbetreibern rechtsschutzlos gestellt wäre, wenn die Grundrechtsberechtigung ausgeschlossen würde.[63] Die Grundrechtsberechtigung folge letztlich auch aus der auf juristische Personen des öffentlichen Rechts anwendbaren Niederlassungsfreiheit nach Art. 49 Abs. 2 S. 2 i. V. m. Art. 54 Abs. 1 AEUV.[64] Würde die Grundrechtsberechtigung verneint werden, so läge mangels Rechtsschutzmöglichkeit des öffentlichen Unternehmens gegen das Atomausstiegsgesetz 2011 eine nicht durch einen zwingenden Grund des Allgemeininteresses gerechtfertigte Einschränkung der Niederlassungsfreiheit vor.[65] In der Literatur werden die Entscheidungsgründe teils kritisiert.[66] Zum einen seien die Grundfreiheiten im konkreten Fall nicht anwendbar, da diese nur ein Recht auf Marktzugang, jedoch nicht auf ein Verbleiben im Markt gewährleisten, zum anderen

60 Vgl. *Remmert*, in: Maunz/Dürig (Hrsg.), GG, Art. 19 Abs. 3 GG, Rn. 67.

61 Vgl. BVerfGE, 143, 246, Rn. 191 ff.; so bereits *Jarass*, in: Jarass/Pieroth, GG, Art. 19 GG, Rn. 19a; auf den Ausnahmecharakter der Entscheidung ebenso hinweisend *Goldhammer/Sieber*, in: JuS 2018, 22 (22 f.)

62 Vgl. BVerfGE 143, 246, Rn. 191 ff.

63 Vgl. BVerfGE 143, 246, Rn. 202.

64 Vgl. BVerfGE 143, 246, Rn. 197 ff. (Rn. 200); siehe zu den Grundfreiheiten EuGH, Rs. C-284/06, ECLI: EU: C:2008:365 – Burda.

65 Vgl. BVerfGE 143, 246, Rn. 197 ff. (Rn. 200); siehe auch EuGH, Rs. C-284/06, ECLI: EU: C:2008:365 – Burda.

66 Vgl. *Ludwigs*, in: NVwZ-Beilage 2017, 3; bereits zuvor eine Grundrechtsberechtigung staatlich beherrschter ausländischer öffentlicher Unternehmen ablehnend *Bruch/Greve*, in: DÖV 2011, 794 (796); eher bejahend *Kloepfer*, in: DVBl. 2011, 1437 (1439); anders wohl *Sachs*, in: Sachs (Hrsg.), GG, Art. 19 Rn. 112b; die Entscheidung positiv besprechend *Goldhammer/Sieber*, in: JuS 2018, 22 (27)

seien die Ausführungen zu Art. 13 EMRK zu knapp.[67] Im Ergebnis bejaht aber auch ein Teil der Kritiker die Grundrechtsberechtigung derartiger öffentlicher Unternehmen, da es darauf ankomme, dass dieses in demselben Außenrechtsverhältnis zum Staat stehe wie eine natürliche Person.[68]

II Frankreich

1 Juristische Personen des Privatrechts

a) Strukturelle Anforderungen

Die Grundrechtsberechtigung juristischer Personen ist in der französischen Verfassung zwar nicht geregelt, jedoch allgemein anerkannt.[69] Die Bestimmung der Grundrechtsberechtigung erfolgt unter Heranziehung der Theorie der *„durchsichtigen juristischen Person"*[70] und unter Berücksichtigung, ob das einzelne Grundrecht seiner *Natur* nach auf die juristische Person anwendbar ist.[71] Auch in der Rechtsprechung des Verfassungsrates zeigt sich der Gedanke der durchsichtigen juristischen Person, denn ihm kommt es auf die Realisierung des Grundrechtsschutzes der hinter den juristischen Personen stehenden natürlichen Personen an.[72] Demnach sollen die juristischen Personen nur eine Projektionsfläche der Grundrechte der dahinterstehenden natürlichen Personen sein.[73] Nach französischem Verfassungsrecht kann auch eine nur teilrechtsfähige

---

67 Vgl. *Ludwigs*, in: NVwZ-Beilage 2017, 3 (6).

68 Vgl. *Ludwigs*, in: NVwZ-Beilage 2017, 3 (6).

69 Vgl. *Favoreu u.a.*, Droit constitutionnel, S. 929, Rn. 1317; *Hochmann*, in: Marsch/Vilain/Wendel (Hrsg.), Französisches und Deutsches Verfassungsrecht, § 7 Rn. 29; *Kahl/Hilbert*, in: Kahl/Waldhoff/Walter (Hrsg.), BK, Art. 19 Abs. 3, Rn. 11; *Schwier*, S. 189.

70 *Hochmann*, in: Marsch/Vilain/Wendel (Hrsg.), Französisches und Deutsches Verfassungsrecht, § 7 Rn. 29, wonach darunter zu verstehen ist, dass die Grundrechtsberechtigung nur den hinter der juristischen Person stehenden natürlichen Personen diene; *Favoreu*, libertés fondamentales, S. 153, Rn. 185.

71 Vgl. *Savoie*, in: Grabitz (Hrsg.), Grundrechte in Europa und USA, S. 203 (230); *Braud*, S. 209–213; *Crones*, S. 88; *Mahnke*, S. 125.

72 Vgl. C.C., Entscheidung vom 16.01.1982 – 81–132 DC, Rn. 29; hingegen ohne auf die Voraussetzungen einer Grundrechtsberechtigung einzugehen C.C., Entscheidung vom 11.10.1984 – 84–181 DC, Rn. 8; C.C., Entscheidung vom 29.07.1994 – 94–345 DC, Rec., Rn. 9 ff.

73 Vgl. *Favoreu*, libertés fondamentales, S. 153, Rn. 185.

juristische Person grundrechtsberechtigt sein.[74] Ausländische juristische Personen können sich (ohne Erlaubnis des Innenministeriums) im Wesentlichen nur auf die justiziellen Grundrechte berufen.[75] Etwas anderes gilt nach der Literatur für juristische Personen aus Mitgliedstaaten der Europäischen Union, die wegen der Niederlassungsfreiheit nicht schlechter als juristische Personen aus Frankreich stehen dürften, weshalb die Grundrechte auf sie in gleichem Umfang anwendbar seien.[76] Die Freiheitsrechte der EMRK wurden mittlerweile zum Teil in französisches Recht übernommen.[77] Die Fachgerichte haben bei der Überprüfung einfachen nationalen Rechts die Maßgaben der EMRK zu berücksichtigen, dagegen gilt dies nicht für die Prüfung der Verfassungsmäßigkeit von Gesetzen durch den Verfassungsrat.[78]

b) Grundrechtsberechtigung im Einzelfall

Auf Grundlage der Theorie der „durchsichtigen juristischen Person“ wird die Grundrechtsberechtigung juristischer Personen des Privatrechts im Hinblick auf den Gleichheitssatz und die Eigentumsfreiheit bejaht.[79] Weiterhin sollen juristische Personen des Privatrechts berechtigt sein, sich auf die Meinungsfreiheit, die Kommunikationsfreiheit, die Unterrichtsfreiheit sowie die unternehmerischen Freiheiten zu berufen.[80] Überdies sind sie berechtigt, sich auf die kollektive Dimension der Vereinigungsfreiheit zu berufen.[81]

Daher kommt insbesondere den *Gewerkschaften* durch die Gewährleistung des Streikrechts und die Möglichkeit der kollektiven Bestimmung der

---

74 Vgl. *Favoreu*, libertés fondamentales, S. 153, Rn. 185; *Crones* S. 87.

75 So *Savoie*, in: Grabitz (Hrsg.), Grundrechte in Europa und USA, S. 203 (230); ähnlich *Favoreu*, in: Weber (Hrsg.), FR, Part A, S. 22 F; grds. auch *Mahnke*, S. 128 f.

76 Vgl. grundlegend *Mahnke*, S. 128; *Schwier*, S. 189; *Drathen*, S. 65.

77 So *Jouanjan*, in: von Bodgdandy/Villalón/Huber (Hrsg.), IPE, § 2 Rn. 108; ähnlich Favoreu *u.a.*, Droit constitutionnel, S. 909, Rn. 1282.

78 So *Fromont*, in: Merten/Papier (Hrsg.), HGR X, § 287 Rn. 4; ähnlich *Pactet/Mélin-Soucramanien*, S. 580; *Weber*, 14. Kap., Rn. 34.

79 Vgl. C.C., Entscheidung vom 16.01.1982 – 81–132 DC, Rn. 29; ohne Voraussetzungen die Eigentumsfreiheit anwendend C.C., Entscheidung vom 16.01.1982 – 81–132 D, Rn. 13 ff.; so auch *Favoreu*, in: Weber (Hrsg.), FR, Part A, S. 22 F.; zum Gleichheitssatz *Kahl/Hilbert*, in: Kahl/Waldhoff/Walter (Hrsg.), BK, Art. 19 Abs. 3, Rn. 34.

80 Vgl. *Favoreu*, in: Weber (Hrsg.), FR, Part A, S. 21 F.; zur unternehmerischen Freiheit C.C., Entscheidung vom 25.06.1986 – 86–207 DC, Rn. 23; zur Meinungsäußerungsfreiheit C.C, Entscheidung vom 29.07.1994 – 94–345 DC, Rn. 9.

81 Vgl. *Favoreu*, in: Weber (Hrsg.), FR, Part A, S. 21 f. F; *Kahl/Hilbert*, in: Kahl/Waldhoff/Walter (Hrsg.), BK, Art. 19 Abs. 3, Rn. 19.

Arbeitsbedingungen neben den grundsätzlich auf juristische Personen anwendbaren Grundrechten ein besonderer grundrechtlicher Schutz zu.[82]

Auch die politischen *Parteien* werden überwiegend als grundrechtsberechtigt angesehen.[83] Lediglich vereinzelt soll ihnen nur die nach Art. 4 der Verfassung geschützte Gründungs- und Betätigungsfreiheit zukommen, im Übrigen seien sie nicht grundrechtsberechtigt, vielmehr bestimme sich ihre Rechtsstellung nach einfachgesetzlichen Regelungen.[84]

Den *Kirchen*, die in Frankreich als juristische Personen des Privatrechts organisiert sind, wird die Religionsausübungsfreiheit gewährleistet.[85]

2 Juristische Personen des Öffentlichen Rechts

Nach einer starken Strömung sind juristische Personen des Öffentlichen Rechts grundrechtsberechtigt.[86] Ihre Grundrechtsberechtigung wird überwiegend voraussetzungslos bejaht. Dem entgegen setzt eine andere Ansicht für die Grundrechtsberechtigung juristischer Personen des Öffentlichen Rechts voraus, dass die Grundrechte ihrer Natur nach auf sie anwendbar sind, wie zum Beispiel im Fall der Selbstverwaltungs- und Selbstbestimmungsrechte.[87] In der Rechtsprechung

---

82 Vgl. *Savoie*, in: Grabitz (Hrsg.), Grundrechte in Europa und USA, Bd. I, S. 203 (230); *Favoreu u.a.*, Droit constitutionnel, S. 929, Rn. 1318 unter Bezugnahme auf C.C., Entscheidung vom 22.07.1980 – 80–119 DC, Rn. 1; auch zur Grundrechtsberechtigung der Gewerkschaften *Favoreu*, in: Weber (Hrsg.), FR, Part A, S. 21 f. F.

83 Vgl. *Favoreu*, libertés fondamentales, S. 153, Rn. 185; *Favoreu u.a.*, Droit constitutionnel, S. 929, Rn. 1318; *Favoreu*, in: Weber (Hrsg.), FR, Part A, S. 22 F; *Mahnke*, S. 127; C.C., Entscheidung vom 11.01.1990 – 89–271 DC, Rn. 11 ff.; ähnlich *Fromont*, in: Tsatsos/Schefold/Schneider (Hrsg.), Parteienrecht im europäischen Vergleich, S. 219 (240).

84 Vgl. *Savoie*, in: Grabitz (Hrsg.), Grundrechte in Europa und USA, S. 203 (230); anders *Jouanjan*, in: von Bodgdandy/Villalón/Huber (Hrsg.), IPE, § 2 Rn. 102, der zwar eine zu Deutschland vergleichbare Parteienprivilegierung ablehnt, im Übrigen jedoch davon spricht, dass die Parteien mangels besonderen Gesetzes den allgemeinen Regeln über die Vereinigungen unterfallen.

85 Vgl. *von Campenhausen/de Wall*, S. 346; *Heun*, in: ZevKR Bd. 49, 273 (282); für die Einordnung der Kirchen als privatrechtliche Vereine *Wick*, S. 49.

86 Vgl. *Mahnke*, S. 126; *Savoie*, in: Grabitz (Hrsg.), Grundrechte in Europa und USA, S. 203 (229 f.); ferner ohne Voraussetzungen zu benennen *Hochmann*, in: Marsch/Vilain/Wendel (Hrsg.), Französisches und Deutsches Verfassungsrecht, § 7 Rn. 30; *Favoreu*, in: Weber (Hrsg.), FR, Part A, S. 22 F; *Kahl/Hilbert*, in: Kahl/Waldhoff/Walter (Hrsg.), BK, Art. 19 Abs. 3, Rn. 11; zum Überblick *Gundel*, in: Grabenwarter (Hrsg.), EnzEUR, Bd. 2, § 2 Rn. 26.

87 Vgl. *Savoie*, in: Grabitz (Hrsg.), Grundrechte in Europa und USA, S. 203 (229).

ist geklärt, dass sich juristische Personen des Öffentlichen Rechts auf den Gleichheitssatz nach Art. 1 Abs. 1 S. 2 der Verfassung und die Justizgrundrechte berufen können.[88] Dies gilt auch für die Eigentumsfreiheit.[89] Weiter ist die Vertragsfreiheit juristischer Personen des Öffentlichen Rechts nach der Rechtsprechung durch die Gewährleistung der Handlungsfreiheit nach Art. 4 der französischen Menschenrechtserklärung grundrechtlich geschützt.[90] Die Berufsfreiheit kommt juristischen Personen des Öffentlichen Rechts nach einzelnen Stimmen nicht zu, da diese die individuelle wirtschaftliche Initiative Privater schütze.[91]

Für Gebietskörperschaften, das heißt auch für *Gemeinden*, sollen sich Selbstverwaltungsrechte aus Art. 34 Abs. 2, Art. 72 Abs. 2 und Art. 76 der Verfassung ergeben.[92] Somit sind Gebietskörperschaften auch berechtigt, sich auf den Gleichheitssatz zu berufen.[93] Im Hinblick auf Gemeinden sprechen sich weitere Stimmen sogar dafür aus, dass sie sich auf alle Grundrechte berufen könnten, die dem Wesen nach auf sie anwendbar sind.[94]

Die öffentlich-rechtlichen *Rundfunkanstalten* sind durch die Meinungsfreiheit aus Art. 11 der im Verfassungsrang stehenden Menschen- und Bürgerrechtserklärung aus dem Jahr 1789 geschützt.[95] Ihnen können daher zum

---

88 Vgl. zum Gleichheitssatz C.C., Entscheidung vom 13.01.1994 – 93–329 DC, Rn. 29 bzgl. öffentlichen Schulen; C.C., Entscheidung vom 09.01.1980 – 79–112 DC, Rn. 3 f. bzgl. Stromversorgungsunternehmen; zustimmend *Gundel*, in: Grabenwarter (Hrsg.), EnzEUR, Bd. 2, § 2 Rn. 26; *Crones*, S. 92; zu den justiziellen Grundrechten *Savoie*, in: Grabitz (Hrsg.) Grundrechte in Europa und USA, S. 203 (230).

89 Vgl. C.C, Entscheidung vom 26.06.1986 – 86–207 DC, Rn. 58; C.C., Entscheidung vom 21.07.1994 – 94–346; zustimmend *Gundel*, in: Grabenwarter (Hrsg.), EnzEUR, Bd. 2, § 2 Rn. 26.

90 Vgl. C.C., Entscheidung vom 30.11.2006 – 2006–543 DC, Rn. 29.; so auch *Gundel*, in: Grabenwarter (Hrsg.), EnzEUR, Bd. 2, § 2 Rn. 26.

91 Vgl. *Kdhir*, in: Recueil Dalloz Sirey 1994, S. 30 ff. (32); *Crones*, S. 91.

92 Vgl. *Gundel*, in: Grabenwarter (Hrsg.), EnzEUR, Bd. 2, § 2 Rn. 26; *Savoie*, in: Grabitz (Hrsg.), Grundrechte in Europa und USA, S. 203 (229); kritisch *Crones*, S. 90, da Befugnisse der Gebietskörperschaften teilweise nicht als grundrechtliche Gewährleistungen eingeordnet würden.

93 Vgl. C.C., Entscheidung vom 25.02.1982 – 82–138 DC, Rn. 13 zu Korsika; allgemein die Grundrechtsberechtigung bejahend *Favereu*, Droit constitutionnel, S. 929, Rn. 1318.

94 Vgl. hierzu *Savoie*, in: Grabitz (Hrsg.), Grundrechte in Europa und USA, S. 203 (229); *Crones*, S. 90.

95 Vgl C.C., Entscheidung vom 29.07.1994 – 94–345 DC, Rn. 9; *Crones*, S. 91; *Keller*, S. 80 zum Verfassungsrang der Meinungsfreiheit aus Art. 11 der Menschen- und Bürgerrechtserklärung aus dem Jahr 1789.

Beispiel keine Vorgaben für den Gebrauch der französischen Sprache in ihren Sendungen gemacht werden.[96]

Die Wissenschaftsfreiheit ist verfassungsrechtlich nicht garantiert, es findet sich vielmehr nur eine verfassungsrechtliche Verankerung der Freiheit des Austauschs von Gedanken und Meinungen und damit der klassischen Meinungsäußerungsfreiheit.[97] Aus der Meinungsfreiheit nach Art. 11 der Menschenrechtserklärung von 1978 hat die Rechtsprechung verfassungsrechtliche Vorgaben für die innere Organisation der *Universitäten* hergeleitet, die jedoch die Unabhängigkeit der Lehrenden und nicht die Universitäten selbst betreffen.[98]

3 Öffentliche Unternehmen

Die französische Rechtsprechung hat sich nur in Einzelfällen zur Grundrechtsberechtigung öffentlicher Unternehmen geäußert. Ohne weitere Begründung und ohne auf eventuelle Besonderheiten hinsichtlich staatlicher Beherrschung beziehungsweise Beteiligung einzugehen, hat sie im Fall eines öffentlichen Stromversorgungsunternehmens entschieden, dass es sich – wie auch jede juristische Person des Öffentlichen Rechts – auf den Gleichheitssatz berufen kann.[99] Später entschied der Conseil Constutionnel, dass die verfassungsrechtliche Eigentumsgarantie und der Gleichheitssatz zugunsten betroffener öffentlicher Unternehmen bei der Übertragung öffentlichen Eigentums auf Private berücksichtigt werden müssten.[100] Auch weite Teile der französischen Literatur problematisieren die Grundrechtsberechtigung öffentlicher Unternehmen nicht.[101] Nach einer deutschen Literaturansicht sollen sich juristische Personen des Privatrechts, die einen *service public* wahrnehmen, als öffentliche Unternehmen

96 Vgl. C.C., Entscheidung vom 29.07.1994 – 94–345 DC, Rn. 8; ferner *Gundel*, in: Grabenwarter (Hrsg.), EnzEUR, Bd. 2, § 2 Rn. 26 Fn. 113; *Crones*, S. 91.

97 Vgl. *Mann*, in: Heselhaus/Novak (Hrsg.), EU-Grundrechte, § 26 Rn. 38.

98 Vgl. C.C., Entscheidung vom 20.01.1984 – 83–165 DC; ähnlich *Groß*, S. 75 f., auch wenn dieser missverständlich von einem Grundrecht einer „öffentlichen Institution“ spricht.

99 Vgl. C.C., Entscheidung vom 09.01.1980 – 79–112 DC, Rn. 3 f.; hierzu auch *Crones*, S. 92; *Schwier*, S. 189.

100 Vgl. C.C, Entscheidung vom 26.06.1986 – 86–207 DC, Rn. 58.

101 Vgl. *Favoreu*, in: Weber (Hrsg.), FR, Part A, S. 21 f. F; *Favoreu u.a.*, Droit constitutionnel, S. 929, Rn. 1318; aus der rechtsvergleichenden Literatur auch ohne darauf einzugehen *Mahnke*, S. 127; *Fromont*, in: Merten/Papier (Hrsg.), HGR X, § 287.

nur bei einem nicht näher definierten Grad an Staatsferne auf die Grundrechte berufen können.[102]

III Irland

1 Juristische Personen des Privatrechts

a) Strukturelle Anforderungen

Der Grundrechtskatalog der irischen Verfassung erwähnt juristische Personen und damit ihre Grundrechtsberechtigung nicht. Art. 40.1 der Verfassung berechtigt ausdrücklich nur natürliche Personen, indem von „citizens […], as human persons" die Rede ist. Die grundrechtlichen Gewährleistungen der Art. 40.2.2, 40.3.1, 40.3.1, 40.3.2, 40.4.1, 40.5, 40.6.1.i., 40.6.1.ii und 40.6.1.iii der Verfassung knüpfen dabei an den Begriff der „citizens" nach Art. 40.1 der Verfassung an. Deshalb wird aufgrund des Wortlauts der Verfassung vertreten, dass juristische Personen sich nicht auf Grundrechte berufen können.[103] Eine andere Ansicht sieht den Wortlaut nicht als Grenze der Grundrechtsberechtigung juristischer Personen, sondern beurteilt sie nach dem Schutzzweck der jeweiligen Gewährleistung.[104] Ähnlich begründen weitere Stimmen die Grundrechtsberechtigung juristischer Personen damit, dass es bei sinngemäß anwendbaren Grundrechten an einer Rechtfertigung für eine unterschiedliche Behandlung juristischer und natürlicher Personen fehle.[105] Demnach gebiete die Effektivität des Grundrechtsschutzes des Einzelnen die Grundrechtsberechtigung juristischer Personen.

---

102 Vgl. *Sasse*, in: EuR 2012, 628 (645), der aus diesem Grund auch die Berechtigung hinsichtlich der *liberté du commerce et de l'industrie* ablehnt.

103 Vgl. *Tettinger*, in: FS Börner, S. 625 (633); *Schwier*, S. 192, geht davon aus, dass juristische Personen im irischen Verfassungsrecht grundsätzlich nicht grundrechtsberechtigt sind; ähnlich *Keane*, S. 5, Rn. 1.08, der die Gewährleistung verfassungsmäßiger Rechte ablehnt; an diese Begründung anknüpfend, grundsätzlich die Grundrechtsberechtigung ablehnend *Grehan*, in: Grabitz (Hrsg.), Grundrechte in Europa und USA, S. 259 (303); siehe zu dieser Frage auch die ausführliche Analyse von *O'Neill*, S. 30 ff., Rn. 2–07 bis 2–14.

104 Vgl. *O'Neill*, S. 284, im Einzelnen auch auf S. 40, Rn. 2–36; ähnlich *Costello*, in: Weber (Hrsg.), FR, Part A, S. 24 IRE, der den Wortlaut der Eigentumsfreiheit nicht als Grenze des persönlichen Gewährleistungsumfangs ansieht.

105 Vgl. *Grehan*, in: Grabitz (Hrsg.), Grundrechte in Europa und USA, S. 259 (303), der mit dieser Begründung ausnahmsweise die Grundrechtsberechtigung hinsichtlich Eigentums- und Berufsfreiheit erwägt; umfassend *O'Neill*, ebd.

Die Rechtsprechung hat sich zunächst nicht festgelegt.[106] Später hat sie das in Art. 44.2.3 der Verfassung verankerte Verbot der Diskriminierung aus religiösen Gründen erstmals auf eine Gesellschaft angewandt.[107] Es handelt sich dabei nicht um eine Auslegung der Grundrechte über den Wortlaut hinaus, denn Art. 44.2.3. der Verfassung setzt als atypischen Fall gerade keine „citizens" beziehungsweise „human person" voraus. Eine verfassungsgerichtliche Entscheidung zur Grundrechtsberechtigung juristischer Personen ist seitdem nicht mehr ergangen. Lediglich nach einer Entscheidung des High Court aus dem Jahr 1995 zum Eigentumsgrundrecht sind juristische Personen nur dann nicht grundrechtsberechtigt, wenn ein Grundrecht ausdrücklich an eine „human person" anknüpft oder es seinem Inhalt nach nur auf natürliche Personen anwendbar ist.[108] Hingegen sei Anknüpfung eines Grundrechts seinem Wortlaut nach an „citizens" unschädlich.[109] Eine ältere Ansicht im Schrifttum spricht sich, im Anschluss an die Rechtsprechung, welche die Grundrechtsberechtigung juristischer Personen ablehnt, gegen die Grundrechtsberechtigung ausländischer juristischer Personen aus.[110]

b) Grundrechtsberechtigung im Einzelfall

Nach einer Entscheidung des High Court aus dem Jahr 1995 sind juristische Personen berechtigt, sich auf die Eigentumsfreiheit zu berufen, da andernfalls eine Schwachstelle im Grundrechtsschutz bestünde.[111] Diese Entscheidung wurde kritisiert, weil nicht jede Rechtsposition auch verfassungsrechtlich geschützt werden müsse und sich der Grundrechtsschutz eines Unternehmens allein aufgrund einer schützenswerten Position der Anteilseigner nicht in die Verfassungsdogmatik einfüge.[112] Demnach müsse im Ergebnis juristischen Personen ein im

---

106 Vgl. *East Donegal Cooperative Ltd../.A.G.*, 1970 I.R. 317 (333): „Artificial persons may possibly not be entitled to rely on the constitutional guarantees"; so auch *Grehan*, in: Grabitz (Hrsg.), Grundrechte in Europa und USA, S. 259 (304).

107 So *Murray/Phelan*, in: Iliopoulos-Strangas (Hrsg.), Soziale Grundrechte in Europa nach Lissabon, S. 325 (369 f.) unter Heranziehung von *Quinn's Supermarket Ltd. v Attorney General*, [1972] IR 1.

108 Vgl. *Iarnrod Eireann/Irish Rail./.Ireland* [1995] 2 I.L.R.M., 161, zitiert nach O'Neill, S. 133 f.; ähnlich *Forde/Leonard*, CLI, S. 301, Nr. 12.19.

109 Ähnlich *Forde/Leonard*, CLI, S. 301, Nr. 12.19.

110 Vgl. *Grehan*, in: Grabitz (Hrsg.), Grundrechte in Europa und USA, S. 259 (305).

111 Vgl. *Iarnrod Eireann/Irish Rail./.Ireland* [1995] 2 I.L.R.M., 183, zitiert nach O'Neill, S. 134 f.; wohl zustimmend *Costello*, in: Weber (Hrsg.), FR, Part A, S. 23 IRE; kritisch *O'Neill*, S. 149 f.

112 Vgl. *O'Neill*, S. 135 Rn. 8–25 f., S. 146, Rn. 8–59.

Vergleich zu natürlichen Personen zumindest geringerer verfassungsrechtlicher Schutz zukommen.[113] Eine hiervon abweichende Ansicht spricht sich hingegen dafür aus, nicht ausdrücklich an natürliche Personen anknüpfende Grundrechte wie die Eigentumsfreiheit und das Recht auf eine unternehmerische Tätigkeit auf juristische Personen anzuwenden.[114] Überdies sollen nach Rechtsprechung und Literatur Zeitungsverlage und Rundfunkanstalten als juristische Personen berechtigt sein, sich auf die Meinungsäußerungsfreiheit nach Art. 40.6.1.i zu berufen.[115]

Die politischen *Parteien* sind in Irland nicht rechtsfähig und zählen daher nicht zu den juristischen Personen im Sinne des irischen Rechts.[116] Parteien genießen auch keine sonstigen spezifischen verfassungsmäßigen Rechte, da sie in der Verfassung nicht vorgesehen sind.[117] Ihre Rechtsstellung ist allein durch die Vereinigungsfreiheit ihrer Mitglieder und deren Handeln als sogenannte „trustees" gesichert.[118]

Die Existenz der *Gewerkschaften* ist verfassungsrechtlich durch Art. 40.6.1. der Verfassung geschützt.[119] Sie können als anerkannte Vereinigungen ausnahmsweise anstelle ihrer Mitglieder, die insoweit keine Klagebefugnis haben, ihre Rechte selbst geltend machen.[120]

Die *Universitäten* sind privatrechtlich organisiert.[121] Die irische Verfassung kennt keine Wissenschaftsfreiheit und die Autonomie der Universitäten wird

---

113 Vgl. *O'Neill*, S. 149 Rn. 8–67.

114 Vgl. *Forde/Leonard*, CLI, S. 301 Nr. 12.19, die jedoch bereichsspezifisch einen geringeren sachlichen Schutzumfang fordern, so beispielsweise beim Recht auf Privatheit; für die Anwendbarkeit der Eigentumsfreiheit *Costello*, in: Weber (Hrsg.), FR, Part. A, S. 24 IRE.

115 Vgl. *Irish Times Ltd·/·Ireland* (1998), 1 I.R. 359, zitiert nach *O'Neill*, S. 153, Rn. 9–07. *O'Neill*, S. 156, Rn. 9–17.

116 Vgl. *Kelly*, in: Tsatsos/Schefold/Schneider (Hrsg.), Parteienrecht im europäischen Vergleich, S. 337 (353).

117 Vgl. *Kelly*, in: Tsatsos/Schefold/Schneider (Hrsg.), Parteienrecht im europäischen Vergleich, S. 337 (347).

118 Vgl. *Kelly*, in: Tsatsos/Schefold/Schneider (Hrsg.), Parteienrecht im europäischen Vergleich, S. 337 (353); ähnlich *Grehan*, in: Grabitz (Hrsg.), Grundrechte in Europa und USA, S. 259 (291), der die Gründungs- und Beitrittsfreiheit zu politischen Parteien auf der Grundlage der Vereinigungsfreiheit für natürliche Personen annimmt, eine weitergehende Grundrechtsberechtigung aber a. a. O., S. 259 (303 ff.) ablehnt.

119 So *Grehan*, in: Grabitz (Hrsg.), Grundrechte in Europa und USA, S. 259 (305).

120 Vgl. *Grehan*, in: Grabitz (Hrsg.), Grundrechte in Europa und USA, S. 259 (305).

121 Vgl. *Klostermann*, S. 135.

nur einfachgesetzlich gewährleistet.[122] Auch wird keine über die Wissenschaftsfreiheit hinausgehende Grundrechtsberechtigung diskutiert.

Religionsgemeinschaften sind in Irland nur rechtsfähig, wenn sie sich als juristische Personen des Privatrechts organisieren, wovon bisher aber keine Religionsgemeinschaft Gebrauch gemacht hat.[123] Religionsgemeinschaften sind bislang in Form nicht-rechtsfähiger, freiwilliger Vereinigungen organisiert.[124] Unabhängig von der Rechtsform schützt Art. 44.2.6 der Verfassung das Eigentum der Kirchen und Religionsgemeinschaften, wobei die Reichweite des Schutzes noch ungeklärt ist.[125] Daneben gewährleistet Art. 45.2.5 der Verfassung jeder religiösen Weltanschauung das Recht, ihre eigenen Angelegenheiten selbst zu regeln. Davon umfasst ist das Recht, frei von staatlichem Einfluss die innere Organisation zu gestalten und Regeln aufzustellen, die von den Anhängern zu beachten sind.[126] Auf der Grundlage dessen garantiert die irische Verfassung den Religionsgemeinschaften auch Autonomie ihrer wirtschaftlichen Betätigung, zum Beispiel zur Führung oder Gründung von Verlagen, Radiosendern, Krankenhäusern oder anderer Wohlfahrtseinrichtungen.[127]

2 *Juristische Personen des Öffentlichen Rechts*

Die Grundrechtsberechtigung juristischer Personen des Öffentlichen Rechts wird im irischen Schrifttum überwiegend nicht thematisiert.[128] Die verfassungsrechtliche Stellung von *Gemeinden* bestimmt sich nach Art. 28a der irischen Verfassung, bei dem es sich aber um kein Grundrecht handelt.[129] Der

---

122 Vgl. *Mann*, in: Heselhaus/Nowak (Hrsg.), EU-Grundrechte, § 26 Rn. 43; *Groß*, S. 93; *Klostermann*, S. 135.

123 Vgl. *Schnabel*, S. 116 f.; *Casey*, in: Robbers (Hrsg.), Staat und Kirche in der Europäischen Union, S. 205 (212).

124 Vgl. *Casey*, in: Robbers (Hrsg.), Staat und Kirche in der Europäischen Union, S. 205 (212).

125 Vgl. *Casey*, in: Robbers (Hrsg.), Staat und Kirche in der Europäischen Union, S. 205 (214); *Keane*, S. 225 f.

126 Vgl. *Casey*, in: Robbers (Hrsg.), Staat und Kirche in der Europäischen Union, S. 205 (215); zum Schutz korporativer Aspekte durch die Verfassung *Gaitanides*, in: Heselhaus/Nowak (Hrsg.), EU-Grundrechte, § 29 Rn. 7.

127 Vgl. *Casey*, in: Robbers (Hrsg.), Staat und Kirche in der Europäischen Union, S. 205 (216).

128 Vgl. *Costello*, in: Weber (Hrsg.), FR, Part A, S. 22 ff. IRE; *Grehan*, in: Grabitz (Hrsg.), Grundrechte in Europa und USA, S. 259 (303 ff.); *Doyle*, in: Merten/Papier (Hrsg.), HGR X, § 292 Rn. 10.

129 Vgl. *Callanan/Keogan*, S. 13.

öffentlich-rechtliche *Rundfunk* Irlands ist als rechtlich selbstständige Anstalt organisiert, dem nach wie allen anderen juristischen Personen des Öffentlichen Rechts keine Grundrechtsberechtigung zukommt.[130]

3 Öffentliche Unternehmen

Teilweise wird die Frage nach der Grundrechtsberechtigung öffentlicher Unternehmen in der irischen Literatur zwar angesprochen, jedoch werden keine Lösungsansätze angeboten.[131] Die Rechtsprechung entschied hinsichtlich der staatlichen Eisenbahngesellschaft und damit eines öffentlichen Unternehmens,[132] dass sie sich auf das Eigentumsgrundrecht aus Art. 40.3.2 der Verfassung berufen kann.[133] Darüber hinaus hat sich sie sich bisher noch nicht mit der Grundrechtsberechtigung öffentlicher Unternehmen auseinandergesetzt.

IV Österreich

1 Juristische Personen des Privatrechts

a) Strukturelle Anforderungen

Die österreichische Bundesverfassung beinhaltet keine Norm zur Regelung der Grundrechtsberechtigung juristischer Personen.[134] Die Grundrechtsberechtigung juristischer Personen ist davon abhängig, ob eine grundrechtliche Garantie ihrem Wesen nach, das heißt dem Inhalt und der Schutzfunktion nach, auf

---

130 Vgl. *Petersen*, S. 214 f.

131 Vgl. *Forde/Leonard*, CLI, S. 285 ff., Rn. 12.01 ff.; *Doyle*, in: Merten/Papier (Hrsg.), HGR X, § 292 Rn. 10; auch die umfassende Untersuchung der Grundrechtsberechtigung juristischer Personen durch *O'Neill*, a. a. O., bespricht die Grundrechtsberechtigung öffentlicher Unternehmen nicht; selbes gilt für *Grehan*, in: Grabitz (Hrsg.), Grundrechte in Europa und USA, S. 259 (303 ff.); *Tettinger*, in: FS Börner, S. 625 (633); *Costello*, in: Weber (Hrsg.), FR, Part A, S. 22 ff. IRE.

132 Vgl. zur Einordnung als öffentlichen Unternehmens *Keane*, S. 5, Rn. 1.20; sofern die Literatur die Entscheidung in der Rechtssache *Iarnrod Eireann/Irish Rail ./. Ireland* [1995] 2 I.L.R.M. bespricht, geht sie jedoch nicht auf die Einordnung als öffentliches Unternehmen ein, sondern behandelt die Eisenbahngesellschaft ohne weitere Differenzierung als juristische Person.

133 Vgl. hierzu bereits oben unter Kap. 1 Abschn. A. III. 2.

134 Diese setzt sich aus mehreren, auch hier in Bezug genommenen Bundesverfassungsgesetzen zusammen.

juristische Personen anwendbar ist.[135] Es wird bei der Ermittlung der Grundrechtsfähigkeit nicht zwischen verschiedenen Organisationsformen unterschieden (zum Beispiel Kapital- oder Personengesellschaften).[136] Es sollen sogar teilrechtsfähige Gebilde Träger der für sie in Betracht kommenden Grundrechte sein können.[137] Die Grundrechtsberechtigung juristischer Personen mit Sitz im (EU-)Ausland wird nicht diskutiert.[138] Durch die Integration der EMRK im Verfassungsrang wurde der Grundrechtskatalog erweitert und der Gewährleistungsumfang bestehender Grundrechte durch eine entsprechende konventionskonforme Auslegung teils ausgedehnt.[139] Da das Verhältnis zwischen den EMRK-Grundrechten und denen der Verfassung nach dem Günstigkeitsprinzip aufzulösen ist, genießen mittlerweile überwiegend die weiterreichenden Gewährleistungen der EMRK Vorrang.[140]

b) Grundrechtsberechtigung im Einzelfall

Eine wesensmäßige Anwendbarkeit wird bei der Glaubens- und Gewissensfreiheit, den religiösen Minderheitenrechten, der Freiheit der Berufswahl, dem Grundrecht auf persönliche Freiheit, dem Verbot der Sklaverei und Leibeigenschaft, dem Schutz des Familienlebens, dem Recht auf Eheschließung und dem

---

135 Vgl. VerfGH, Entscheidung vom 01.12.1999, Slg. 15668 Gz. B2835/96, B.2.a; *Kucsko-Stadlmayer*, in: Merten/Papier (Hrsg.), HGR VII/1, § 187 Rn. 28; *Adamovich/Funk/Holzinger/Frank*, Österreichisches Staatsrecht, Bd. 3, Rn. 41.063; *Berka*, Verfassungsrecht, Rn. 1239; siehe auch *Kahl/Hilbert*, in: Kahl/Waldhoff/Walter (Hrsg.), BK, Art. 19 Abs. 3, Rn. 9.

136 Vgl. *Berka*, S. 101, Rn. 168; für Kapitalgesellschaften VerfGH, Entscheidung vom 10.06.1991, Slg. 12.713/1991, Gz. B26/91, III.4.; für Personengesellschaften VerfGH, Entscheidung vom 28.02.1995, Slg. 14.025/1995, Gz. B1790/94, II.2.1.; für Vereine VerfGH, Entscheidung vom 15.03.1982, Slg. 9366/1982, Gz. B396/81, II.1.

137 Vgl. *Berka*, S. 101, Rn. 169.

138 Vgl. *Berka*, Verfassungsrecht, Rn. 1238 ff.; *Adamovich/Funk/Holzinger/Frank*, Österreichisches Staatsrecht, Bd. 3, Rn. 41.063 ff.; *Mayer/Kucsko-Stadlmayer/Stöger*, Bundesverfassungsrecht, Rn. 1325 ff.

139 Vgl. BVG, BGBl. 1964/59; *Kucsko-Stadlmayer*, in: Merten/Papier (Hrsg.), HGR VII/1, § 187 Rn. 5; *Schäffer*, in: Merten/Papier (Hrsg.), HGR, Bd. VII/1, § 186 Rn. 71 f., Fn. 195.

140 Vgl. *Schäffer*, in: Merten/Papier (Hrsg.), HGR VII/1, § 186 Rn. 72; zu den Ausnahmen hiervon *Kucsko-Stadlmayer*, in: Merten/Papier (Hrsg.), HGR VII/1, § 187 Rn. 5 wonach überwiegend nur noch dem Gleichheitssatz (Art. 2 StGG, Art. 7 B-VG), der Erwerbsfreiheit (Art. 6 StGG) und dem Recht auf ein Verfahren vor dem gesetzlichen Richter (Art. 83 Abs. 2 B-VG) Bedeutung zukommt.

Folterverbot abgelehnt.[141] Bejaht wird die wesensmäßige Anwendbarkeit hingegen für den Gleichheitssatz, den Schutz des Eigentums, der Erwerbsfreiheit, der Freiheit des Liegenschaftsverkehrs, das Hausrecht, die Kommunikationsfreiheit, die Vereins- und Versammlungsfreiheit, das Grundrecht auf Datenschutz und die Organisations- und Verfahrensgarantien.[142]

Auch *Gewerkschaften* in Form juristischer Personen des Privatrechts sind grundrechtsberechtigt, wobei für sie insbesondere die Vereinigungsfreiheit sowie das Streikrecht aus Art. 11 EMRK bzw. Art. 12 StGG einschlägig sind.[143] Nach dem im Verfassungsrang stehenden Parteiengesetz vom 1975 genießen die *Parteien* als juristische Personen sui generis Gründungs- und Betätigungsfreiheit.[144] Insbesondere haben sie die Möglichkeit, sich auf die durch § 1 Abs. 1 ParteienG grundrechtlich gewährleistete Chancengleichheit zu berufen.[145]

2 Juristische Personen des Öffentlichen Rechts

Ohne etwaige Differenzierungen zu juristischen Personen des Privatrechts bejahte die Rechtsprechung in Österreich in einigen Fällen die Grundrechtsberechtigung

141 Für einen Überblick *Kucsko-Stadlmayer*, in: Merten/Papier (Hrsg.), HGR VII/1, § 187 Rn. 28; *Kahl/Hilbert*, in: Kahl/Waldhoff/Walter (Hrsg.), BK, Art. 19 Abs. 3, Rn. 38; zur Gewissensfreiheit VerfGH, Entscheidung vom 27.09.1993, Slg. 13513/1993, Gz. B1122/92, 2.4.2.; *Adamovich/Funk/Holzinger/Frank*, Österreichisches Staatsrecht, Rn. 41.063.

142 Vgl. zur Eigentums- und Erwerbsfreiheit VerfGH, Entscheidung vom 29.09.1995, Slg. 14.211/1995, Gz. B1050/94, II.3; zum Gleichheitsgrundsatz VerfGH, Entscheidung vom 26.09.1988, Slg. 11790/1988, Gz. B695/88, 4.2.2.; zum Datenschutzgrundrecht VerfGH, Entscheidung vom 30.11.1989, Slg. 12.228/1989, Gz. G245/89 u. a., IV.3.a; zum Recht auf den gesetzlichen Richter VerfGH, Entscheidung vom 05.10.1974, Slg. 7380/1974, Gz. B162/73; zum Hausrecht VerfGH, Entscheidung vom 28.02.1989, Slg. 11.981/1989, Gz. B1710/88, II.2.a ff.; zur Medienfreiheit VerfGH, Entscheidung vom 19.03.1987, Slg. 11.314/1987, Gz. G147/86 u. a., I.4.; zur Vereins- und Versammlungsfreiheit VerfGH, Entscheidung vom 11.12.1965, Slg. 5161/1965, Gz. B28/65; für einen Überblick *Kucsko-Stadlmayer*, in: Merten/Papier (Hrsg.), HGR VII/1, § 187 Rn. 29; *Adamovich/Funk/Holzinger/Frank*, Österreichisches Staatsrecht, Rn. 41.063; *Berka*, Verfassungsrecht, Rn. 1239; *Kahl/Hilbert*, in: Kahl/Waldhoff/Walter (Hrsg.), BK, Art. 19 Abs. 3, Rn. 17 ff.

143 Vgl. *Potacs*, in: Merten/Papier (Hrsg.), HGR VII/1, § 197 Rn. 11; ferner zum Streikrecht ebd., Rn. 19 ff.; zum Umfang der Gewährleistung aus Art. 11 EMRK Kap. 2 Abschn. A. III. 2. d.

144 Vgl. *Potacs*, in: Merten/Papier (Hrsg.), HGR VII/1, § 197 Rn. 22 ff.; *Berka*, S. 99, Rn. 165.

145 Vgl. *Potacs*, in: Merten/Papier (Hrsg.), HGR VII/1, § 197 Rn. 22 f.

juristischer Personen des Öffentlichen Rechts, indem sie neben den Gebietskörperschaften und damit den *Gemeinden* auch Sozialversicherungsanstalten die Grundrechtsberechtigung zusprach.[146] So hat sie den Schutz der in Art. 6 Abs. 1 StG niedergelegten Erwerbsfreiheit auch auf juristische Personen des Öffentlichen Rechts ausgedehnt.[147] Ihre Grundrechtsberechtigung soll aber ausscheiden, wenn sie als hoheitlich handelnde Staatsorgane auftreten und die Verfassung eine Grundrechtsberechtigung nicht vorsieht.[148] Das Schrifttum steht der Rechtsprechung, die die Grundrechte uneingeschränkt auf juristische Personen des Öffentlichen Rechts anwendet, überwiegend kritisch gegenüber.[149] Es bejaht die Grundrechtsberechtigung zunächst dann, wenn eine juristische Personen des Öffentlichen Rechts sich gegenüber dem Staat wie eine juristische Person des Privatrechts in einer grundrechtsgleichen Gefährdungslage befindet.[150] Wenn eine juristische Person des Öffentlichen Rechts öffentliche Aufgaben gegenüber Privaten erfüllt, soll die Grundrechtsberechtigung hingegen ausscheiden.[151] Sie

---

146 Vgl. zur Grundrechtsberechtigung der Bundesrepublik Deutschland VwGH, Entscheidung vom 25.01.2007, Gz. B622/05; zu einzelnen Bundesländern VerfGH, Entscheidung vom 19.06.1979, Slg. 8578/1979, Gz. A3/78; zur ÖBB VerfGH, Entscheidung vom 23.06.1980, Slg. 8854/1980, Gz. 298/77 u. a., III.1; VerfGH, Entscheidung vom 11.06.1982, Slg. 9379/1982, Gz. B173/78, II.; zu einer Versicherungsanstalt VerfGH, Entscheidung vom 15.03.1984, Slg. 10.000/1984, Gz. B602/93, II.1.; zum Recht auf ein Verfahren vor dem gesetzlichen Richter VerfGH, Entscheidung vom 29.09.1989, Slg. 11.828/1988, Gz. B347/87, II.1; zum Überblick *Kucsko-Stadlmayer*, in: Merten/Papier (Hrsg.), HGR VII/1, § 187 Rn. 30.

147 Vgl. VerfGH, Entscheidung vom 29.09.1982, Slg. 11.828/1988, Gz. B347/87, II.2.; VerfGH, Entscheidung vom 19.06.1979, Slg. 8578/1979, Gz. A3/78; VerfGH, Entscheidung vom 13.10.2006, Slg. 17.981/2006, Gz. B3612/05, III.2.; *Sasse*, in: EuR 2012, 628 (649).

148 Vgl. VerfGH, Entscheidung vom 15.06.1987, Slg. 11.359/1987, Gz. B772/86, II.2.; VerfGH, Entscheidung vom 16.06.2004, Slg. 17.220/2004, Gz. G4/04 u. a., II.3.4.; *Berka*, Verfassungsrecht, Rn. 1247.

149 Vgl. *Berka*, Verfassungsrecht, Rn. 1243; *Mayer/Kucsko-Stadlmayer/Stöger*, Bundesverfassungsrecht, Rn. 1326; *Adamovich/Funk/Holzinger/Frank*, Österreichisches Staatsrecht, Rn. 41.064 ff.

150 Vgl. *Kucsko-Stadlmayer*, in: Merten/Papier (Hrsg.), HGR VII/1, § 187 Rn. 30 für den Fall, dass die juristische Person des öffentlichen Rechts einen Bau- oder Betriebsanlagenantrag stellt, steuerpflichtig oder enteignet wird; *Berka*, S. 103, Rn. 173.

151 Vgl. *Berka*, Verfassungsrecht, Rn. 1243; grundsätzlich zustimmend *Mayer/Kucsko-Stadlmayer/Stöger*, Bundesverfassungsrecht, Rn. 1326; ähnlich *Kucsko-Stadlmayer*, in: Merten/Papier (Hrsg.), HGR VII/1, § 187 Rn. 31, wonach der Staat sich nicht gegenüber Privaten auf Freiheitsrechte berufen dürfe.

wird wiederum bejaht, wenn in die durch die Verfassung zugewiesenen Aufgaben eingegriffen wird, wie dies bei *Gemeinden* der Fall sein kann.[152] Deshalb sei die Selbstverwaltung der Gemeinden umfassend grundrechtlich geschützt.[153]

Die Autonomie der *Universitäten* soll nach überwiegender Ansicht durch Art. 81c der Verfassung grundrechtlich geschützt sein.[154] Hingegen wird die Berechtigung der Universitäten, sich auf die Wissenschaftsfreiheit aus Art. 17 Abs. 1 StGG zu berufen, mangels entsprechender dogmatischer Anhaltspunkte abgelehnt.[155]

Die staatlich anerkannten Kirchen und *Religionsgemeinschaften* sind nach Art. 15 StG grundrechtsberechtigt.[156] Von dessen grundrechtlichen Schutz ist das Recht der einzelnen Religionsgemeinschaft umfasst, ihre inneren Angelegenheiten selbstständig zu ordnen und zu verwalten.[157] Da der Begriff der inneren Angelegenheiten einer Ausgestaltung durch den einfachen Gesetzgeber entzogen ist, bestimmt er sich nach dem Selbstverständnis der jeweiligen Religionsgemeinschaft.[158]

Die Rechtsstellung des öffentlich-rechtlichen *Rundfunks* wird zunächst durch das im Verfassungsrang stehende Bundesverfassungsgesetz über die Sicherung der Unabhängigkeit des Rundfunks geregelt.[159] Die verfassungsrechtliche

---

152 Vgl. *Kucsko-Stadlmayer*, in: Merten/Papier (Hrsg.), HGR VII/1, § 187 Rn. 31; *Mayer/Kucsko-Stadlmayer/Stöger*, Bundesverfassungsrecht, Rn. 1326; dies erwägt auch VerfGH, Entscheidung vom 30.09.1982, Slg. 9520/1982, Gz. B431/79 u.a, III.7.; zur durch Art. 17 Abs. 1 StGG verfassungsmäßig geschützten institutionellen Garantie der Universitäten *Mann*, in: Heselhaus/Nowak (Hrsg.), EU-Grundrechte, § 26 Rn. 21, wonach die Rechtsprechung (VfGH, EuGRZ 1978, 7 (13)) im Gegensatz zur Literatur keine institutionelle Garantie sehe; für eine nur einfach-gesetzlich gewährleistete Autonomie *Klostermann*, S. 135.

153 So zum Schutz durch Art. 116 der Verfassung *Adamovich/Funk/Holzinger/Frank*, Österreichisches Staatsrecht, Rn. 41.065.

154 Vgl. VerfGH, Entscheidung vom 15.06.1993, Slg. 13.429/1993, Gz. 1392/90, I.3.; VerfGH, Entscheidung vom 25.09.1996, Slg. 14.594/1996, Gz. V88/96, II.2.a; *Mayer/Kucsko-Stadlmayer/Stöger*, Bundesverfassungsrecht, Rn. 1326.; *Berka*, Verfassungsrecht, Rn. 1244; ähnlich *Adamovich/Funk/Holzinger/Frank*, Österreichisches Staatsrecht, Rn. 41.067;

155 So *Kröll*, in: Merten/Papier (Hrsg), HGR VII/1, § 194 Rn. 8.

156 Vgl. *Lienbacher*, in: Merten/Papier (Hrsg.), HGR VII/1, § 193 Rn. 54 ff.; *Berka*, S. 98, Rn. 165; *Kahl/Hilbert*, in: Kahl/Waldhoff/Walter (Hrsg.), BK, Art. 19 Abs. 3, Rn. 6.

157 Vgl. *Lienbacher*, in: Merten/Papier (Hrsg.), HGR VII/1, § 193 Rn. 55.

158 Vgl. VfGH, Entscheidung vom 19.12.1955, Slg. 2944/1955, Gz. G9/55 u. a.

159 Vgl. zum legalkonzessionalen System sowie zu den Organisations- und Programmprinzipien *Holoubek*, in: Merten/Papier (Hrsg.), HGR VII/1, § 195 Rn. 61 ff.; ferner

Rundfunkfreiheit soll daneben auch den öffentlich-rechtlichen Rundfunk schützen, da die Betätigung im Rundfunkbereich in den sachlichen Gewährleistungsumfang dieses Grundrechts fällt.[160]

3 Öffentliche Unternehmen

Die Literatur nimmt, zum Teil auf Grundlage der Rechtsprechung des Verfassungsgerichtshofs zu juristischen Personen des Öffentlichen Rechts, an, dass sogar staatlich beherrschte öffentliche Unternehmen grundrechtsberechtigt sind, sofern eine mit der Situation juristischer Personen des Privatrechts vergleichbare Gefährdungslage besteht.[161] Diese bestehe zwar bei einer erwerbswirtschaftlichen Betätigung, hingegen jedoch nicht, wenn ohne Ertragsabsicht öffentliche Aufgaben wahrgenommen werden.[162]

V Belgien

1 Juristische Personen des Privatrechts

a) Strukturelle Anforderungen

Die Verfassung des Königreichs Belgien enthält keine Norm, die die Grundrechtsberechtigung juristischer Personen regelt. Nach der Rechtsprechung ist eine juristische Person grundrechtsberechtigt, wenn die Anwendung eines Grundrechts nicht ihrer Rechtsnatur widerspricht.[163] Nach einer ähnlichen Ansicht in der Literatur kommt es für die Grundrechtsberechtigung

---

zum Verfassungsrang des Bundesverfassungsgesetzes über die Sicherung der Unabhängigkeit des Rundfunks *Binder/Trauner*, S. 272.

160 Vgl. VerfGH, Entscheidung vom 12.06.1989, Slg. 12.086/1989, Gz. B1701/89 u. a., 2.1.2.; *Berka*, Verfassungsrecht, Rn. 1244; den verfassungsrechtlichen Schutz des öffentlich-rechtlichen Rundfunks aus Art. 10 EMRK bejahend *Holoubek*, in: Merten/Papier (Hrsg.), HGR VII/1, § 195 Rn. 65; zu den Einzelheiten des Schutzes des öffentlich-rechtlichen Rundfunks durch Art. 10 EMRK Kap. 2 Abschn. A. Abs. III. 2. c.

161 Vgl. Vgl. *Kucsko-Stadlmayer*, in: Merten/Papier (Hrsg.), HGR VII/1, § 187 Rn. 30; so zum Beispiel für den Fall der wirtschaftlichen Betätigung *Mayer/Kucsko-Stadlmayer/Stöger*, Bundesverfassungsrecht, Rn. 1326.

162 Vgl. *Berka*, Verfassungsrecht, Rn. 1246; hinsichtlich der Erwerbsfreiheit aus Art. 6 Abs. 1 StGG *Korinek*, in: Merten/Papier (Hrsg.), HGR VII/1, § 196 Rn. 52; *Sasse*, in: EuR 2012, 628 (652).

163 Vgl. Kassationshof, Entscheidung vom 31.05.1957, in: Arresten van het Hof van Verbreking, S. 825.

juristischer Personen darauf an, dass das jeweilige Grundrecht seinem Wesen nach auf juristische Personen anwendbar ist.[164] Mit Blick auf den effektiven Grundrechtsschutz der hinter juristischen Personen stehenden natürlichen Personen bejaht eine weitere Ansicht die Grundrechtsberechtigung juristischer Personen voraussetzungslos.[165] Das Vorliegen einer grundrechtsberechtigten juristischen Person erfordere aber keine (Voll-)Rechtsfähigkeit; lediglich in Einzelfällen könnte die Grundrechtsberechtigung wegen bloßer Teilrechtsfähigkeit eingeschränkt sein.[166] Ausländische juristische Personen sind nach der Rechtsprechung auf der Grundlage von Art. 191 der belgischen Verfassung stets grundrechtsberechtigt.[167] Auch wenn die EMRK in Belgien nicht im Verfassungsrang umgesetzt wurde, gelten nach einer Ansicht die jeweils weiterreichenden grundrechtlichen Gewährleistungen der Verfassung beziehungsweise der EMRK.[168] Eine andere Meinung sieht die EMRK nur als Auslegungsmaßstab für die Grundrechte der belgischen Verfassung.[169] Eine eindeutige Herangehensweise scheint sich in Belgien jedoch noch nicht herausgebildet zu haben, wie sich auch in der Rechtsprechung des Verfassungsgerichtshofs zeigt. Dieser zieht einerseits unmittelbar die Grundrechte aus den völkerrechtlichen Verträgen heran,[170] andererseits legt er Gewährleistungen der belgischen Verfassung nur unter Berücksichtigung der korrespondierenden, gegebenenfalls weiterreichenden Gewährleistungen der EMRK aus.[171]

---

164 Vgl. *Pieters*, in: Grabitz (Hrsg.), Grundrechte in Europa und USA, S. 1 (37).

165 Vgl. *de Visscher*, S. 161, zitiert nach: *Delpierre*, in: Weber (Hrsg.), FR, Part A, S. 32 B.

166 Vgl. *Pieters*, in: Grabitz (Hrsg.), Grundrechte in Europa und USA, S. 1 (36); nach *Gerven*, S. 14, Rn. 8, sind jedenfalls vollrechtsfähige juristische Personen Träger von Rechten und Pflichten.

167 Vgl. Schiedshof, Entscheidung vom 05.07.1990, Rs. 25/90, Rn. IV. 3.B.1.

168 Vgl. *Alen/Muylle*, HBS, S. 807, Rn. 727 ff.; ähnlich *Batselé/Mortier/Scarcez*, S. 72, Rn. 97; offener und damit eher für eine EMRK-konforme Auslegung der Grundrechte der belgischen Verfassung *Lanotte/Goedertier*, HBP, S. 111, Rn. 190.

169 Vgl. *Lanotte/Goedertier*, HPB, S. 111, Rn. 190.

170 Vgl. Schiedshof, Entscheidung vom 22.07.2003, Rs. 106/2003, Rn. B.4.2; so auch *Lenaerts/Gérard*, in: Merten/Papier (Hrsg.), HGR X, § 288 Rn. 8 f.

171 Vgl. VerfGH, Entscheidung vom 03.12.2009, Rs. 195/2009, Rn. B.22.1 ff.; VerfGH, Entscheidung vom 11.01.2012, Rs. 2/2012, Rn. B.21.2. bis B.23; so auch *Lenaerts/Gérard*, in: Merten/Papier (Hrsg.), HGR X, § 288 Rn. 70 ff.; eine entsprechende Pflicht stellen auch *Meeùs/Velu*, in: EuGRZ 1981, 66 (70), fest.

b) Grundrechtsberechtigung im Einzelfall

Juristische Personen des Privatrechts können sich zunächst auf die Nicht-Diskriminierungsrechte aus Art. 11, 131 der Verfassung berufen.[172] So werden durch Art. 11 S. 2 der Verfassung zu ihren Gunsten insbesondere „die Rechte und Freiheiten der ideologischen und philosophischen Minderheiten" geschützt. Nach Art. 131 der Verfassung legt das Gesetz die Regelungen fest, um jeder Diskriminierung aus ideologischen und philosophischen Gründen vorzubeugen. Die genannten Diskriminierungsverbote nehmen in Belgien eine besondere Stellung ein. So dienten sie dem Schiedshof[173] ursprünglich dazu, Verletzungen der Grundrechte im 2. Titel der Verfassung indirekt zu prüfen, denn die in Titel 2 niedergelegten Grundrechte waren von seiner Überprüfungskompetenz zunächst ausgeschlossen.[174] Mittlerweile darf der Verfassungsgerichtshof hingegen auch Verletzungen von Grundrechten des 2. Titels der Verfassung prüfen. Insofern hat er sich bisher nur zu den Grundrechten spezifischer Erscheinungsformen juristischer Personen geäußert, auf die im Folgenden noch eingegangen wird. Juristische Personen sollen sich ferner auch noch auf das Recht auf Gleichbehandlung im Steuerrecht aus Art. 172 Abs. 1 der Verfassung berufen können.[175] Art. 16 der Verfassung schützt das Eigentum und bildet mit Art. 1 des 1. Zusatzprotokolls zur EMRK ein untrennbares Ganzes, weshalb Art. 1 des 1. Zusatzprotokolls bei der Prüfung der Eigentumsfreiheit nach Art. 16 der Verfassung zu berücksichtigen ist.[176] Weiter sollen juristische Personen berechtigt sein, sich auf die Freiheit des Unterrichtswesens nach Art. 24 der Verfassung zu berufen, da eine umfassende Gleichbehandlung im Bildungsbereich erreicht werden solle.[177]

---

172 Vgl. *Delpérée*, in: Weber (Hrsg.), FR, Part A, S. 31 B f.

173 Das heutige Verfassungsgericht Belgiens trug bis zum Mai 2007 die Bezeichnung Schiedshof. Wenn daher im Folgenden von Schiedshof beziehungsweise Verfassungsgerichtshof die Rede ist, so ist damit immer das jeweils existierende Verfassungsgericht gemeint.

174 Vgl. *Lenaerts/Gérard*, in: Merten/Papier (Hrsg.), HGR X, § 288 Rn. 5 f.; so damals *Zierlein*, in: EuGRZ 1991, 301 (322).

175 Vgl. VerfGH, Entscheidung vom 30.03.2010, Rs. 32/2010, Rn. B.7.3 bis B.7.4 und B.9.3 bis B.9.4; *Lenaerts/Gérard*, in: Merten/Papier (Hrsg.), HGR X, § 288 Rn. 38.

176 Vgl. VerfGH, Entscheidung vom 24.02.2011, Rs. 30/2011, Rn. B.2.1.; Rs. 2/2012, Rn. B.21.2. bis B.23; so auch *Lenaerts/Gérard*, in: Merten/Papier (Hrsg.), HGR X, § 288 Rn. 96, der die Erstreckung des Art. 1 des 1. ZP zur EMRK auf juristische Personen aber auch nicht berücksichtigt.

177 Vgl. *Delpérée*, in: Weber (Hrsg.), FR, Part A, S. 32 B; vgl. für Universitäten Kap. 1 Abschn. A. V. 2.

Auch wenn korporative Aspekte in der belgischen Verfassung nicht normiert sind[178] und *Gewerkschaften* nur beschränkt rechtsfähig sind, können sie sich nach der Literatur auf die prozessualen Grundrechte und die Vereinigungsfreiheit berufen und müssen daher beispielsweise nicht jeden als Mitglied aufnehmen.[179]

Mangels Rechtsfähigkeit sind politische *Parteien* nach einer Ansicht in Belgien weder Träger von Rechten noch von Pflichten, weshalb sie als rein faktsche Vereinigungen nicht grundrechtsberechtigt seien und sich nur die in den Parteien engagierten Bürger auf ihre politischen Grundrechte berufen könnten.[180] Andere Stimmen verweisen jedoch auf den grundrechtlichen Schutz der Parteien in der EMRK.[181] In diesem Sinne hat sich auch die Rechtsprechung positioniert, wonach politische Parteien durch Art. 27 der belgischen Verfassung und Art. 11 EMRK grundrechtlich geschützt sind.[182]

Die belgische Verfassung gewährleistet in Art. 21 den *Kirchen* ein Recht auf Selbstverwaltung, weshalb sie keiner staatlichen Aufsicht unterstehen und in ihrer inneren Organisation frei sind.[183] Die Literatur bejaht daneben auch den grundrechtlichen Schutz der Religionsgemeinschaften auf der Grundlage von Art. 19 der Verfassung.[184] Die Rechtsprechung hat unter Bezugnahme auf Art. 9 EMRK neben der Organisationsfreiheit auch die kollektive Dimension der Religionsausübungsfreiheit auf der Grundlage der „Freiheit der Kulte" nach Art. 19 der Verfassung zugunsten der Religionsgemeinschaften angewandt.[185]

---

178 Vgl. *Gaitanides*, in: Heselhaus/Nowak (Hrsg.), EU-Grundrechte, § 29 Rn. 7.

179 Vgl. *Pieters*, in: Grabitz (Hrsg.), Grundrechte in Europa und USA, S. 1 (38); so auch *van Damme*, S. 437, Rn. 575.

180 Vgl. *Suetens*, in: Tsatsos/Schefold/Schneider (Hrsg.), Parteienrecht im europäischen Vergleich, S. 27 (60).

181 So *van Damme*, S. 439 f., Rn. 578; siehe zu Art. 11 EMRK Kap. 2, A. III. 2. d, bb.

182 Vgl. VerfGH, Entscheidung vom 03.12.2009, Rs. 195/2009, Rn. B.22.

183 Vgl. *van Damme*, S. 409 f., Rn. 532, S. 413, Rn. 542; *Torfs*, in: Robbers (Hrsg.), Staat und Kirche in der Europäischen Union, S. 9 (11, 18); ähnlich *Heintzen*, in: FS Listl, S. 29 (40); zur inneren Organisationsfreiheit *Lenaerts/Gérard*, in: Merten/Papier (Hrsg.), HGR X, § 288 Rn. 93; vgl. auch die Einordnung von Art. 21 Abs. 1 der Verfassung Belgiens bei *Kahl/Hilbert*, in: Kahl/Waldhoff/Walter (Hrsg.), BK, Art. 19 Abs. 3, Rn. 6.

184 Vgl. *Lenaerts/Gérard*, in: Merten/Papier (Hrsg.), HGR X, § 288 Rn. 92; in diesem Sinne bereits *Pieters*, in: Grabitz (Hrsg.), Grundrechte in Europa und USA, S. 1 (37) zum damaligen Art. 16 der Verfassung.

185 Vgl. Schiedshof, Entscheidung vom 28.09.2005, Rs. 148/2005, Rn. B.5.2; ähnlich auch Art. 9 EMRK mit in die Ermittlung des grundrechtlichen Schutzes der Kirchen einbeziehend *van Damme*, S. 409, Rn. 532.

2 *Juristische Personen des Öffentlichen Rechts*

Die Grundrechtsberechtigung juristischer Personen des Öffentlichen Rechts ist weithin anerkannt. Teils wird die Grundrechtsberechtigung juristischer Personen des Öffentlichen Rechts nicht getrennt von der juristischer Personen des Privatrechts diskutiert, sondern gleichermaßen bejaht.[186] Sofern die Literatur die Grundrechtsberechtigung juristischer Personen des Öffentlichen Rechts ausdrücklich anspricht, bejaht sie diese mit dem Argument, dass jede Rechtsperson, sei es eine juristische Person des Öffentlichen Rechts oder des Privatrechts, vor Eingriffen in ihre Rechte geschützt sein und daher über dieselben Rechte verfügen müsse.[187] So solle zum Beispiel bei dem Grundrecht auf ein freies Unterrichtswesen aus Art. 24 der Verfassung nicht zwischen privaten und öffentlichen Bildungseinrichtungen unterschieden werden.[188] Ist eine juristische Person des Öffentlichen Rechts jedoch nur teilrechtsfähig, so kämen ihr bestimmte Rechte, wie zum Beispiel das Petitionsrecht, nicht zu.[189] Nach einer einschränkenden Auffassung sind juristische Personen des Öffentlichen Rechts aber nicht grundrechtsberechtigt, wenn sie Hoheitsgewalt ausüben und daher nach Art. 34 EMRK als nicht grundrechtsberechtigte staatliche Organisationen zu qualifizieren sind.[190] Der Verfassungsgerichtshof bejaht im Ergebnis auch die Grundrechtsberechtigung juristischer Personen des Öffentlichen Rechts hinsichtlich der Rechte auf Gleichbehandlung und Nichtdiskriminierung aus den Art. 10 und 11 der Verfassung.[191] Weiterhin hat er juristischen Personen des Öffentlichen Rechts als Schutz gegen eine drohende Enteignung das Eigentumsrecht aus Art. 16 der Verfassung zuerkannt.[192]

---

186 Vgl. *Pieters*, in: Grabitz (Hrsg.), Grundrechte in Europa und USA, S. 1 (36 ff.); ähnlich *Tettinger*, in: FS Börner, S. 625 (633), der juristische Personen des Öffentlichen Rechts (ausnahmsweise) gar nicht erwähnt; so auch das Ergebnis von *Kahl/Hilbert*, in: Kahl/Waldhof/Walter (Hrsg.), BK, Art. 19 Abs. 3 GG, Rn. 45.

187 Vgl. *Delpérée*, in: Weber (Hrsg.), FR, Part A, S. 32 f. B; so in Bezug auf die EMRK *Velu*, in: Miscellanea (Hrsg.), Ganshof van der Meersch, S. 589.

188 Vgl. *Delpérée*, in: Weber (Hrsg.), FR, Part A, S. 32 B.

189 Vgl. *Pieters*, in: Grabitz (Hrsg.), Grundrechte in Europa und USA, S. 1 (36); ähnlich *Schwier*, S. 190; siehe auch *Tettinger*, in: FS Börner, S. 625 (630), der in der Reichweite der Rechtsfähigkeit die Grenze der Grundrechtsberechtigung sieht.

190 So *Lanotte/Goedertier*, HBP, S. 276, Rn. 450; zu den Anforderungen des EGMR im Einzelnen Kap. 2 Abschn. B. I. 1.

191 Vgl. Schiedshof, Entscheidung vom 07.11.1991, Rs. 31/91, 2.B.2.; zum Überblick *Lanotte/Goedertier*, HBP, S. 277, Rn. 450.

192 Vgl. Schiedshof, Entscheidung vom 30.06.2004, Rs. 115/2004, B.3.2.; zum Überblick *Lanotte/Goedertier*, HBP, S. 277, Rn. 450.

Nach Art. 108 Abs. 2 der Verfassung sind die Gebietskörperschaften und damit die *Gemeinden* berechtigt, sich nach Maßgabe der Verfassung abzusprechen, zu verbinden und eine gemeinsame Organisation aufzubauen.[193] In einem Fall hat die Rechtsprechung auch das Gleichbehandlungsrecht auf zwei Gebietskörperschaften angewandt.[194]

Der Schutz des öffentlich-rechtlichen *Rundfunks* und Fernsehens ist in Belgien grundsätzlich einfach-gesetzlich ausgestaltet.[195] Lediglich das Zensurverbot aus Art. 19 der Verfassung wird von der Rechtsprechung im Zusammenhang mit Ausstrahlungsverboten gegenüber öffentlich-rechtlichen Rundfunkanstalten herangezogen, weshalb die Literatur teils davon ausgeht, dass sich die öffentlich-rechtlichen Rundfunkanstalten zumindest auf diese Vorschrift berufen können.[196]

Staatliche *Universitäten* werden überwiegend als unselbstständige Teile der Staatsverwaltung angesehen, weshalb die auf private Universitäten anwendbare Garantie des freien Unterrichtswesens aus Art. 17 der Verfassung nicht für öffentlich-rechtlich organisierte Universitäten gelte.[197]

3 Öffentliche Unternehmen

Auch die Grundrechtsberechtigung öffentlicher Unternehmen ist in der belgischen Verfassung nicht geregelt. Teile der Literatur gehen auf der Grundlage der allgemeinen Grundsätze davon aus, dass öffentliche Unternehmen wie die übrigen juristischen Personen grundrechtsfähig sind, sofern sie zumindest teilrechtsfähig und die Grundrechte dem Wesen nach auf sie anwendbar sind.[198]

---

193 Vgl. *Pieters*, in: Grabitz (Hrsg.), Grundrechte in Europa und USA, S. 1 (37), wonach Gemeinden auch alle sonstigen Rechte zukommen, die ihnen gesetzlich nicht aberkannt werden können und die mit ihrer Satzung vereinbar sind.

194 Vgl. Schiedshof, Entscheidung vom 23.05.1990, Rs. 18/90, Rn. 4.B.2.

195 Vgl. Kassationshof, Entscheidung vom 02.06.2006, Rs. C.03.0211.F – Radio Television Belge de la Communaute Francaise ./. B.D., S. 18, der einen Schutz des Rundfunks durch Art. 25 der Verfassung ablehnt; so schon *Pieters*, in: Grabitz (Hrsg.), Grundrechte in Europa und USA, S. 1 (22 f.).

196 Vgl. Kassationshof, Entscheidung vom 02.06.2006, Rs. C.03.0211.F – Radio Television Belge de la Communaute Francaise ./. B.D., S. 17; *Lenaerts/Gérard*, in: Merten/Papier (Hrsg.), HGR X, § 288 Rn. 74.

197 Berichtend *Groß*, S. 81; ähnlich wohl *Mann*, in: Heselhaus/Nowak (Hrsg.), EU-Grundrechte, § 26 Rn. 39, der sich jedoch nicht ausdrücklich zu öffentlich-rechtlichen Universitäten äußert.

198 Vgl. hierzu *Tettinger*, in: FS Börner, S. 625 (630), der eine Grundrechtsberechtigung juristischer Personen des Öffentlichen sowie des Privatrechts und damit auch

Im Übrigen wird nur zwischen juristischen Personen des Privatrechts und des Öffentlichen Rechts differenziert.[199] Eine spezielle Auseinandersetzung mit der Grundrechtsberechtigung wirtschaftlich tätiger juristischer Personen, an denen der Staat beteiligt ist, findet sich dagegen nicht.

VI Niederlande

1 Juristische Personen des Privatrechts

a) Strukturelle Anforderungen

In der niederländischen Verfassung ist die Grundrechtsberechtigung juristischer Personen nicht geregelt. Aus ihrer Begründung ergibt sich aber, dass die Grundrechte auch dem Schutz juristischer Personen dienen, einschließlich der nichtrechtsfähigen Körperschaften und Vereinigungen.[200] Nach der Literatur kommt es für die Grundrechtsberechtigung im Einzelnen darauf an, ob der Schutz der juristischen Person mit dem Wesen des betroffenen Grundrechts vereinbar ist.[201] Hingegen wendet die Rechtsprechung einzelne Grundrechte auf juristische Personen sogar ohne Heranziehung spezifischer Kriterien an.[202] Ausländische juristische Personen sind nach älteren Stimmen nur grundrechtsberechtigt, wenn sie nach dem Recht ihres Heimatlandes als juristische Personen gelten.[203] Im Vergleich dazu setzen aktuellere Stimmen inländische und ausländische juristische

---

öffentlicher Unternehmen ohne Unterscheidung nach dem Rechtscharakter annimmt; so auch *Schwier*, S. 190.

199 Vgl. *Delpérée*, in: Weber (Hrsg.), FR, Part A, S. 31 B ff.; *Lenaerts/Gérard*, in: Merten/Papier (Hrsg.), HGR X, § 288; ferner *Lanotte/Goedertier*, HBP, die sich nicht zu öffentlichen Unternehmen äußern und nur zwischen juristischen Personen des Öffentlichen Rechts und des Privatrechts differenzieren; ferner *Batselé/Mortier/Scarcez*, S. 85, Rn. 110; *Pieters*, in: Grabitz (Hrsg.), Grundrechte in Europa und USA, S. 1 (36).

200 So *Tettinger*, in: FS Börner, S. 625 (633); *de Blois/Heringa*, in: Grabitz (Hrsg.), Grundrechte in Europa und USA, S. 511 (533); auch für den Schutz juristischer Personen ohne Rechtspersönlichkeit *Kortmann*, S. 371; *Heringa*, S. 417.

201 Vgl. *Tettinger*, in: FS Börner, S. 625 (633); *de Blois/Heringa*, in: Grabitz (Hrsg.), Grundrechte in Europa und USA, S. 511 (533); ähnlich *Heringa*, S. 417; *Schwier*, S. 191.

202 Vgl. Hoge Raad, Entscheidung vom 18.04.2014, ECLI: NL: HR:2014:948, Rn. 3.3.4., zur Vereinigungsfreiheit nach Art. 11 EMRK bzw. Art. 8 der Verfassung der Niederlande.

203 Vgl. *de Blois/Heringa*, in: Grabitz (Hrsg.), Grundrechte in Europa und USA, S. 511 (534), der jedoch den Einfluss vom Art. 18 AEUV noch nicht berücksichtigt.

Personen gleich.[204] Die Grundrechte der EMRK gehen nach Art. 94 der Verfassung denen der niederländischen Verfassung vor.[205] Bei der Darstellung des Grundrechtsschutzes in den Niederlanden bezieht sich das Schrifttum daher teils ausdrücklich auf die EMRK und greift nicht auf nationales Recht zurück.[206] So sollen auf der Grundlage des Art. 93 der Verfassung auch Grundrechte aus der EMRK, so zum Beispiel die Religions-, Meinungs- und Vereinigungsfreiheit, unmittelbar geltend gemacht werden können.[207]

b) Grundrechtsberechtigung im Einzelfall

Da nach der Literatur juristische Personen grundrechtsberechtigt sind, soweit ein Grundrecht seinem Wesen nach auf sie anwendbar ist, gilt insoweit: Die Religionsfreiheit berechtigt auch die Religionsgemeinschaften, die Vereinigungsfreiheit auch die gegründete Vereinigung und die Lehrfreiheit nicht nur das Individuum, sondern auch die dahinterstehende juristische Person des Privatrechts, so zum Beispiel eine Privatschule.[208] Andere Grundrechte wie die aus den Art. 2, 3, 4 und 114 der Verfassung seien hingegen ihrer Natur nach nur auf natürliche Personen anwendbar.[209] Dies gelte auch für die Art. 10, 11, 15, 19 Abs. 3 und 20 Abs. 3 der Verfassung.[210] So könne der in Art. 19 Abs. 3 der Verfassung verankerte Schutz der wirtschaftlichen Betätigung zum Beispiel nicht

---

204 Vgl. *de Blois,* in: Weber (Hrsg.), FR, Part B, S. 36 NL.

205 So *van Rossem*, in: Merten/Papier (Hrsg.), HGR X, § 289 Rn. 68; im Ergebnis für den Verfassungsrang der EMRK-Grundrechte *Kortmann*, S. 128.

206 So bspw. *Heringa*, S. 417, in Bezug auf die Gewährleistungen des Art. 6 EMRK; *Besselink*, S. 197 zur Meinungsfreiheit; s. auch *Kortmann*, S. 372, unter Bezugnahme auf den Umfang der Berechtigten nach Art. 34 EMRK; vgl. zur EMRK als Prüfungsmaßstab für die Rechtmäßigkeit innerstaatlicher Rechtsakte *van Bijsterveld/Jacobs*, in: Tettinger/Stern (Hrsg.), GRC, A VIII, Rn. 5 ff.; ähnlich *de Blois*, in: Weber (Hrsg.), FR, NL 35, der sogar für die Reichweite des Grundrechtsschutzes auf die Bestimmungen des Art. 25 EMRK a. F. (= Art. 34 EMRK n. F.) zurückgreift sowie bereits *de Blois/Heringa*, in: Grabitz (Hrsg.), Grundrechte in Europa und USA, S. 511 (533); *van Rossem*, in: Merten/Papier (Hrsg.), HGR X, § 289 Rn. 67 ff., will die EMRK direkt und vorrangig anwenden.

207 Vgl. *Besselink*, S. 149; allgemein zur direkten Anwendbarkeit der EMRK *van Rossem*, in: Merten/Papier (Hrsg.), HGR X, Rn. 27.

208 Vgl. *Kortmann*, S. 371; *de Blois/Heringa*, in: Grabitz (Hrsg.), Grundrechte in Europa und USA, S. 511 (534); vgl. zu den Universitäten Klostermann, S. 136; de *Blois*, in: Weber (Hrsg.), FR, Part B, S. 35 NL.

209 Vgl. *Kortmann*, S. 371.

210 Vgl. *Kortmann*, S. 371.

auf juristische Personen angewandt werden, da es sich hierbei um ein soziales Grundrecht handle, das nur natürlichen Personen zustehe.[211] Nach einer Auffassung kann aufgrund einer unmittelbaren Geltung der EMRK in den Niederlanden zur Ermittlung der Reichweite des Grundrechtsschutzes im Übrigen auf die Gewährleistungen der EMRK verwiesen werden.[212] In diesem Sinne hat auch die Rechtsprechung zur Ermittlung der Reichweite des grundrechtlichen Schutzes der Vereinigungsfreiheit juristischer Personen neben Art. 8 der niederländischen Verfassung Art. 11 EMRK herangezogen.[213]

Gewerkschaften sind in den Niederlanden nicht ausdrücklich in der Verfassung vorgesehen. Dennoch sind sie, sofern sie rechtsfähig sind, in demselben Maß wie andere juristische Personen grundrechtsberechtigt.[214]

Politische *Parteien* sind in den Niederlanden zwar in Vereinsform und damit als nur teilrechtsfähige juristische Personen des Privatrechts organisiert, dennoch sollen ihnen dieselben Rechte wie den übrigen juristischen Personen des Privatrechts zukommen.[215] Damit seien Grundrechte wie unter anderem die Religions-, Versammlungs- und Demonstrations- sowie Vereinsfreiheit auf politische Parteien anwendbar, wobei ihnen trotz ihrer besonderen Bedeutung keine Sonderstellung zukomme.[216]

Religionsgemeinschaften sind in den Niederlanden als privatrechtliche Vereine organisiert und auch grundrechtsberechtigt.[217] Die niederländische Verfassung garantiert den Religionsgemeinschaften infolgedessen neben der Freiheit der

---

211 Vgl. *Schwier*, S. 191; *Borrmann*, S. 120.

212 Vgl. im Ergebnis *van Rossem*, in: Merten/Papier (Hrsg.), HGR X, § 289, Rn. 103 f.; zu den einzelnen Gewährleistungen der Europäischen Menschenrechtskonvention Kap. 2 A.

213 Vgl. Hoge Raad, Entscheidung vom 18.04.2014, ECLI: NL: HR:2014:948, Rn. 3.3.4.

214 Vgl. *Kleinfeld*, in: Reutter (Hrsg.), Verbände und Interessengruppen, S. 477 (479 ff.); ähnlich *Elzinga*, in: Tsatsos/Schefold/Schneider (Hrsg.), Parteienrecht im europäischen Vergleich, S. 499 (541), der allgemein von gesellschaftlichen Organisationen spricht.

215 Vgl. *Elzinga*, in: Tsatsos/Schefold/Schneider (Hrsg.), Parteienrecht im europäischen Vergleich, S. 499 (540); die Grundrechtsberechtigung politischer Parteien bejahend *Kortmann*, S. 371.

216 Vgl. *Elzinga*, in: Tsatsos/Schefold/Schneider (Hrsg.), Parteienrecht im europäischen Vergleich, S. 499 (540 ff.), der sich daneben noch auf eine „allgemeine Parteifreiheit" bezieht; *Kortmann*, S. 371.

217 Vgl. *van Bijsterveld*, in: Robbers (Hrsg.), Staat und Kirche in der Europäischen Union, S. 399 (407); *de Blois/Heringa*, in: Grabitz (Hrsg.), Grundrechte in Europa und USA, S. 511 (534).

gemeinschaftlichen Religionsausübung auch die Autonomie ihrer inneren Verwaltung und Organisation.[218]

2 *Juristische Personen des Öffentlichen Rechts*

Nach einer Ansicht folgt aus dem entstehungsgeschichtlichen Hintergrund der Verfassung, dass sich juristische Personen des Öffentlichen Rechts nicht auf Grundrechte berufen könnten.[219] Diese Stimmen stützen sich darauf, dass das Konfusionargument, die Funktion der Grundrechte als Abwehrrechte sowie Art. 34 EMRK gegen die Grundrechtsberechtigung juristischer Personen des Öffentlichen Rechts sprechen.[220]

Die Grundrechtsberechtigung der *Gemeinden* wurde durch die Rechtsprechung im Hinblick auf das Recht auf ein faires Verfahren aus Art. 6 EMRK wegen Art. 25 EMRK a. F. (jetzt Art. 34 EMRK) abgelehnt.[221] Eine Ansicht bejaht hingegen die Berechtigung von Körperschaften, sich hinsichtlich der Gegenstände ihres Tätigkeitsbereichs auf das Petitionsgrundrecht aus Art. 8 Abs. 1, 3 a. F. (jetzt Art. 5 der Verfassung) zu berufen.[222]

In der Verfassung der Niederlande ist die Freiheit von Lehre und Forschung nicht garantiert. Daher wird ein grundrechtlicher oder verfassungsrechtlicher Schutz der *Universitäten* abgelehnt.[223]

Nach Art. 7 Abs. 2 S. 1 der Verfassung gelten für den Hörfunk und das Fernsehen die gesetzlichen Vorschriften. Nach einer Ansicht schütze die niederländische Verfassung den *Rundfunk* daher nicht, vielmehr sei die Ausgestaltung seiner Rechtsstellung dem Gesetzgeber überlassen.[224] Anderen Stimmen

---

218 Vgl. *van Bijsterveld*, in: Robbers (Hrsg.), Staat und Kirche in der Europäischen Union, S. 399 (405); Kortmann, S. 371; de *Blois*, in: Weber (Hrsg.), FR, Part B, S. 35 NL.

219 Vgl. Kortmann, S. 372; ähnlich de *Blois*, in: Weber (Hrsg.), FR, Part B, S. 35 NL, der die Grundrechtsberechtigung juristischer Personen unter anderem auf Art. 25 EMRK a. F. stützt, der ausdrücklich nur „nicht staatliche Organisationen" erfasst.

220 Vgl. *Kortmann*, S. 372; zu Art. 34 EMRK im Einzelnen Kap. 2 Abschn. A. II. 1.; auch habe die Regierung erklärt, dass sie kein Grundrechtsträger sei, so Kamerstukken I, 1993/94, 22014, Nr. 48a, S. 6.

221 Vgl. Hoge Raad, Entscheidung vom 06.02.1987, HR 06-02-1997, in: NJ 1988, 926, Conclusio, Rn. 4.3.; siehe zu Art. 34 EMRK Kap. 2 Abschn. A. II. 1.

222 So *von Mutius*, in: Kahl/Waldhoff/Walter (Hrsg.), BK, Art. 19 Abs. 3 GG, Rn. 169.

223 So *Klostermann*, S. 136; i. E. auch *Mann*, in: Heselhaus/Nowak (Hrsg.), EU-Grundrechte, § 26 Rn. 40.

224 So *Gornig*, S 678; a. A. *Krausnick*, S. 386, wonach Art. 7 der Verfassung auch ein subjektives Recht beinhaltet.

nach enthalte Art. 7 der Verfassung neben einem subjektiven Recht sogar eine institutionelle Garantie für den Rundfunk.[225] Unabhängig davon geht die rechtsvergleichende Literatur teilweise davon aus, dass der Schutz des öffentlich-rechtlichen Rundfunks in den Niederlanden im Ergebnis auf dem Niveau des Art. 10 EMRK angesiedelt sein müsse, denn nach Art. 94 der Verfassung sind gesetzliche Vorschriften nicht anzuwenden, wenn sie nicht mit der EMRK vereinbar sind.[226]

3 Öffentliche Unternehmen

Die niederländische Rechtswissenschaft erörtert die Kategorie der öffentlichen Unternehmen nicht.[227] Auch in rechtsvergleichenden Untersuchungen wird auf die Grundrechtsberechtigung öffentlicher Unternehmen in den Niederlanden soweit ersichtlich, nicht eingegangen.[228] Eine einzelne Stimme in der deutschen Literatur lehnt die Anwendbarkeit der unternehmerischen Freiheit der niederländischen Verfassung auf öffentliche Unternehmen ab, da diese Freiheit als soziales Grundrecht auf natürliche Personen zugeschnitten sei.[229] Hierbei wird jedoch der Einfluss der EMRK und der Rechtsprechung des EGMR auf den Grundrechtsschutz in den Niederlanden nicht berücksichtigt.

VII Spanien

1 Juristische Personen des Privatrechts

a) Strukturelle Anforderungen

Die Grundrechtsberechtigung juristischer Personen des Privatrechts wird in Spanien grundsätzlich bejaht, obgleich die Grundrechte nach der Rechtsprechung

---

225 Vgl. *Krausnick*, S. 386; *Petersen*, S. 228.

226 Vgl. zum Schutzumfang der EMRK Kap. 2 Abschn. A. III. 2. c; so auch *Krausnick*, S. 386; ähnlich *Gornig*, S. 679 f., der auf den Vorrang völkerrechtlicher Verträge hinweist.

227 Vgl. die Abschnitte zur Grundrechtsberechtigung bei *Kortmann*, S. 370 ff.; *Heringa*, S. 416 f.; *de Blois*, in: Weber (Hrsg.), FR, Part B, S. 35 f. NL; *de Blois/Heringa*, in: Grabitz (Hrsg.), Grundrechte in Europa und USA, S. 511 (534);

228 Vgl. *Tettinger*, in: FS Börner, S. 625 (633); de *Blois*, in: Weber (Hrsg.), FR, Part B, S. 35 f. NL; *van Rossem*, in: Merten/Papier (Hrsg.), HGR X, § 289; *de Blois/Heringa*, in: Grabitz (Hrsg.), Grundrechte in Europa und USA, S. 511 (534 f.).

229 So *Schwier*, S. 191 f.; insoweit bereits Kap. 1 Abschn. A. VI. 2.

zunächst nur dem Schutz des Individuums dienen.[230] Teils wird von der Literatur die Grundlage der Grundrechtsberechtigung juristischer Personen in einer Zusammenschau aus Art. 53 Abs. 2 und Art. 162 Abs. 1 Buchst. b der spanischen Verfassung gesehen.[231] Denn nach Art. 53 Abs. 2 der Verfassung kann sich jeder Bürger auf den Schutz der in den Art. 14 bis Art. 29 der spanischen Verfassung garantierten Grundrechte berufen und nach Art. 162 Abs. 1 Buchst. b der Verfassung sind zur Einlegung der Verfassungsbeschwerde alle natürlichen und juristischen Personen befugt, die ein legitimes Interesse geltend machen können.[232] Da unter diesem legitimen Interesse auch das Interesse am Grundrechtsschutz zu verstehen sei, seien infolge einer materiell-rechtlichen Betrachtung dieses Kriteriums juristische Personen grundrechtsberechtigt.[233] Daran anschließend wird die Anwendbarkeit konkreter Grundrechte auf juristische Personen danach bestimmt, ob das Grundrecht seinem *Wesen* nach auf die juristische Person anwendbar ist.[234] Teils wird daran kritisiert, dass unklar sei, ob es auf die

---

230 Vgl. VerfGH, Entscheidung vom 17.10.1985 – 137/1985, II.3.; VerfGH v. 12.04.1988 – 64/1988, II.; *de Borja Lopez-Jurado Escribano/Zimmermann*, in: Jiménez-Blanco/Tettinger (Hrsg.), Grundstrukturen der Energiewirtschaft in Spanien und in der Bundesrepublik Deutschland, S. 93 (96 f.)

231 Hierzu *de Borja Lopez-Jurado Escribano/Zimmermann*, in: Jiménez-Blanco/Tettinger (Hrsg.), Grundstrukturen der Energiewirtschaft in Spanien und in der Bundesrepublik Deutschland, S. 93 (95); vgl. auch *Kahl/Hilbert*, in: Kahl/Waldhoff/Walter (Hrsg.), BK, Art. 19 Abs. 3, Rn. 14; a. A: *Prats-Canut*, in: Grabitz (Hrsg.), Grundrechte in Europa und USA, S. 651 (675), der die Grundrechtsfähigkeit aus dem Zivilgesetzbuch herleitet.

232 Vgl. *Borja Lopez-Jurado Escribano/Zimmermann*, in: Jiménez-Blanco/Tettinger (Hrsg.), Grundstrukturen der Energiewirtschaft in Spanien und in der Bundesrepublik Deutschland, S. 93 (95, 101).

233 Vgl. hierzu und zur Gegenansicht, die in Art. 162 Abs. 1 Buchst. b der Verfassung nur die Grundlage einer Prozessstandschaft und nicht einen Ansatzpunkt für die Grundrechtsberechtigung juristischer Personen sieht *Borja Lopez-Jurado Escribano/Zimmermann*, in: Jiménez-Blanco/Tettinger (Hrsg.), Grundstrukturen der Energiewirtschaft in Spanien und in der Bundesrepublik Deutschland, S. 93 (101); ähnlich VerfGH, Entscheidung vom 12.04.1988 – 68/1988, I; VerfGH, Entscheidung vom 03.04.1984 – 48/1984, II.

234 So *Borja Lopez-Jurado Escribano/Zimmerman*, in: Jiménez-Blanco/Tettinger (Hrsg.), Grundstrukturen der Energiewirtschaft in Spanien und in der Bundesrepublik Deutschland, S. 93 (101), wegen des starken Einflusses des deutschen Grundgesetzes auf die Entstehung der spanischen Verfassung von 1978; ähnlich *Llorente*, in: Weber (Hrsg.), FR, Part B, S. 38 f. ES; *Schwier*, S. 187.

Natur der juristischen Person oder auf die Natur des Rechts ankomme.[235] Die Rechtsprechung stellt neben dem Kriterium, ob das Grundrecht seiner *Natur* nach auf juristische Personen anwendbar ist, darauf ab, ob der Schutzzweck des in Frage stehenden Grundrechts auch zugunsten einer juristischen Person streite.[236] Der Kreis der grundrechtsberechtigten juristischen Personen setzt sich aus Organisationen zusammen, welche die an sie gerichteten Voraussetzungen des spanischen Zivilrechts erfüllen sowie sonstigen Vereinigungen nach Art. 22 der Verfassung, die zulässige Ziele verfolgen und weder paramilitärischer Natur noch eine geheime Organisation sind.[237] Die Auswirkungen völkerrechtlicher Verpflichtungen auf den verfassungsrechtlichen Grundrechtsschutz in Spanien regelt Art. 10 Abs. 2 der Verfassung, wonach „die Bestimmungen [der Verfassung], die sich auf die Grundrechte und -freiheiten beziehen, welche die Verfassung anerkennt […], in Übereinstimmung mit der Universellen Menschenrechtserklärung und den völkerrechtlichen Verträgen und Abkommen zu diesen Bereichen ausgelegt [werden], die von Spanien ratifiziert worden sind."[238] Demnach hat die Rechtsprechung die Grundrechte im Sinne ratifizierter völkerrechtlicher Verträge und damit der EMRK auszulegen.[239] Die Grundrechtsberechtigung ausländischer juristischer Personen wird nicht erörtert.[240]

b) Grundrechtsberechtigung im Einzelfall

Die Rechtsprechung schließt aus, dass sich juristische Personen auf das Recht auf Leben, körperliche Unversehrtheit oder die Menschenwürde berufen können, da diese Gewährleistungen ihrem Wesen nach nicht auf juristische Personen anwendbar seien.[241] Im Einzelnen können sich juristische Personen des Privatrechts jedoch auf die Unverletzlichkeit der Wohnung[242] und das Recht auf

---

235 Vgl. *Llorente*, in: Weber (Hrsg.), FR, Part B, S. 38 ES.

236 Vgl. VerfGH, Entscheidung vom 17.10.1985 – 137/85, II.1; VerfGH, Entscheidung vom 14.10.1995 – 139/1995, II. 4; VerfGH, Entscheidung vom 12.04.1988 – 64/1988, II.1; VerfGH, Entscheidung vom 14.10.1995 – 139/1995, II.4.

237 Vgl. *José Miguel Prats-Canut*, in: Grabitz (Hrsg.), Grundrechte in Europa und USA, S. 651 (675 f.).

238 Vgl. *Guerrero*, in: Merten/Papier (Hrsg.), HGR X, § 301 Rn. 21.

239 Vgl. VerfGH, Entscheidung vom 30.03.2000 – 91/2000, II.13; so auch *Guerrero*, in: Merten/Papier (Hrsg.), HGR X, § 301 Rn. 21 ff.

240 Vgl. *Guerrero*, in: Merten/Papier (Hrsg.), HGR X, § 301 Rn. 11 f.

241 Vgl. VerfGH, Entscheidung vom 14.10.1995 – 139/1995, II.4.

242 Vgl. VerfGH, Entscheidung vom 17.10.1985 – 137/1985, II.3.

Ehre[243] sowie auf die Eigentumsfreiheit[244] und den Anspruch auf gerichtlichen Rechtsschutz, die Informationsfreiheit sowie die Vereinigungsfreiheit (in Form der Organisationsfreiheit)[245] berufen.

Im Einzelnen sind sowohl politische Parteien als auch Gewerkschaften grundrechtsberechtigt.[246] Voraussetzung für die Grundrechtsberechtigung von *Gewerkschaften* soll nach einer Ansicht jedoch stets das Erfüllen der Anforderungen des Art. 22 der Verfassung sowie eine demokratische Organisationsstruktur sein.[247] Die Rechtsprechung wendet auf Gewerkschaften neben dem Gleichheitssatz die Vereinigungsfreiheit an, weshalb ihnen auch Organisationsfreiheit zukomme.[248]

Politische *Parteien* werden in Art. 6 der Verfassung erwähnt. Danach sind ihre Gründung und ihr Tätigwerden im Rahmen der Verfassung und der Gesetze frei, wodurch ihrer besonderen Rolle im Prozess der demokratischen Willensbildung Ausdruck verliehen werde.[249]

Art. 16 der Verfassung schützt sowohl die individuelle als auch kollektive Religionsfreiheit, auf die sich *Religionsgemeinschaften* als juristische Personen des Privatrechts berufen können.[250] Aus der in Art. 16 der Verfassung niedergelegten

---

243 Vgl. VerfGH, Entscheidung vom 26.09.1995 – 139/95 (II.8.); VerfGH, Entscheidung vom 11.11.1995 – 183/195, II.1.

244 Vgl. *von Arx*, S. 156.

245 Vgl. *Guerrero*, in: Merten/Papier (Hrsg.), HGR X, § 301 Rn. 13.

246 Vgl. zu den Gewerkschaften *Rodriguez-Piñero*, in: Iliopoulos-Strangas (Hrsg.), Soziale Grundrechte in Europa nach Lissabon, S. 597 (628), wonach den Gewerkschaften insbesondere die Gewerkschaftsfreiheit, das Recht auf Tarifverhandlungen und ähnliche Rechte zustehen; zur Parteienfreiheit *Puente-Egido*, in: Tsatsos/Schefold/Schneider (Hrsg.), Parteienrecht im europäischen Vergleich, S. 635 (663 f., 679); zum Streit, ob es sich bei Gewerkschaften um juristische Personen des Privatrechts oder des Öffentlichen Rechts handelt *Llorente*, in: Weber (Hrsg.), FR, Part B, S. 39 f. ES.

247 Vgl. *Prats-Canut*, in: Grabitz (Hrsg.), Grundrechte in Europa und USA, S. 651 (676 f.).

248 Vgl. VerfGH, Entscheidung vom 25.03.1983 – 23/93, II.2, 3; VerfGH, Entscheidung vom 14.02.1985 – 20/85, II.2; VerfGH, Entscheidung vom 31.03.1986 – 39/86, II.1.B.; sozialen Vereinigungen und Gewerkschaften soll zumindest „Freiheit und Gleichheit" nach Art. 9 Abs. 2 der Verfassung zukommen, so *Rodriguez-Piñero*, in: Iliopoulos-Strangas (Hrsg.), Soziale Grundrechte in Europa nach Lissabon, S. 597 (628).

249 Vgl. *Voscherau*, S. 82, wonach Art. 6 der spanischen Verfassung zu Art. 21 Abs. 1 S. 1, 2 GG vergleichbare Rechte vermittle; zur durch die Parteifreiheit in Art. 6 Verfassung gewährleistete Autonomie *Puente-Egido*, in: Tsatsos/Schefold/Schneider (Hrsg.), Parteienrecht im europäischen Vergleich, S. 635 (679); ferner *de Carreras Serra*, in: Revista Espanola de Derecho Constitucional, 2004 (71), 91 (95 ff.).

250 Vgl. VerfGH, Entscheidung vom 12.04.1988 – 64/88, II.1; *Pastor*, in: Cumper/Lewis (Hrsg.), Religion, Rights and Secular Society European Perspectives, S. 102 (108);

Trennung von Staat und Religionsgemeinschaften (Säkularismus) folgt auch die Autonomie der Religionsgemeinschaften.[251]

2 Juristische Personen des Öffentlichen Rechts

Nach überwiegender Auffassung sind juristische Personen des Öffentlichen Rechts grundsätzlich nicht grundrechtsberechtigt.[252] Dies sei Folge der Natur juristischer Personen des Öffentlichen Rechts.[253] Nach der Rechtsprechung kommt juristischen Personen des Öffentlichen Rechts jedoch ein Recht auf Ehre zu, wodurch die Ausübung der Meinungsfreiheit Dritter beschränkt werden kann.[254] Daneben hat die Rechtsprechung ihnen ebenfalls das Recht auf freie Meinungsäußerung sowie auf Gleichbehandlung zugestanden.[255] Des Weiteren sollen sich juristische Personen des Öffentlichen Rechts auch auf das Recht auf Rechtsschutz aus Art. 24 Abs. 1 der Verfassung berufen können, da diesbezüglich ein berechtigtes Interesse bestehe.[256] Auf das Recht auf Äußerung vor Gericht sollen sie sich hingegen nur berufen können, sofern es gesetzlich vorgesehen ist.[257]

ähnlich *Groll*, S. 79 f.; die korporative Religionsfreiheit bejahend *Heintzen*, in: FS Listl, S. 29 (45); zum Rechtscharakter der Religionsgemeinschaften als juristische Personen des Privatrechts *Ibán*, in: Robbers (Hrsg.), Staat und Kirche in der Europäischen Union, S. 155 (162).

251 Vgl. *Bloß*, S. 135.

252 Vgl. VerfGH, Entscheidung vom 12.04.1988 - 64/88, II.1; VerfGH, Entscheidung vom 24.10.1988 - 197/88, II.4; *Borja Lopez-Jurado Escribano/Zimmermann*, in: Jiménez-Blanco/Tettinger (Hrsg.), Grundstrukturen der Energiewirtschaft in Spanien und in der Bundesrepublik Deutschland, S. 93 (97 f.); so *Guerrero*, in: Merten/Papier (Hrsg.), HGR X, § 301 Rn. 14; siehe auch *Kahl/Hilbert*, in: Kahl/Waldhoff/Walter (Hrsg.), BK, Art. 19 Abs. 3, Rn. 14; wohl a. A. *Prats-Canut*, in: Grabitz (Hrsg.), Grundrechte in Europa und USA, S. 651 (675), der zwischen öffentlichen und privaten juristischen Personen nicht unterscheiden will.

253 Vgl. *Llorente*, in: Weber (Hrsg.), FR, Part B, S. ES 39.

254 Vgl. VerfGH, Entscheidung vom 08.06.1988 - 107/88, II.3; VerfGH, Entscheidung vom 03.07.1989 - 121/89, II.2.

255 Vgl. zum Gleichheitsatz VerfGH, Entscheidung vom 25.03.1983 - 23/1983, II.5; so *Llorente*, in: Weber (Hrsg.), FR, Part B, S. 39 ES.

256 Vgl. VerfGH, Entscheidung vom 14.03.1983 - 19/83, II.2; v. 12.04.1988 - 68/1988, I.1.; VerfGH Entscheidung vom 05.06.1989 - 99/89, II.1.; *Llorente*, in: Weber (Hrsg.), FR, Part B, S. 40 ES; ähnlich *Guerrero*, in: Merten/Papier (Hrsg.), HGR X, § 301 Rn. 14.

257 Vgl. VerfGH, Entscheidung vom 12.04.1988 - 64/88, II.1; VerfGH, Entscheidung vom 24.10.1988 - 197/88, II.4; VerfGH, Entscheidung vom 11.09.1995 - 129/95, II.1.

Demnach können *Gemeinden* auch die Rechtsschutzgarantie des Art. 24 Abs. 1 S. 1 und den Gleichheitssatz nach Art. 14 der Verfassung geltend machen.[258] Hingegen stellt die verfassungsrechtlich gewährleistete Autonomie kein subjektives Recht dar, auf das sich Gemeinden berufen können.[259]

Eine weitere Ausnahme vom Grundsatz der Nicht-Berechtigung juristischer Personen des Öffentlichen Rechts wird durch die Rechtsprechung immer dann gemacht, wenn juristische Personen des Öffentlichen Rechts Freiheitsbereiche in Anspruch nehmen, die letztlich ihren Mitgliedern oder der Allgemeinheit zugute kommen.[260] In diesem Sinne gewährleistet Art. 27 Abs. 10 der spanischen Verfassung, dass die Autonomie der *Universitäten* im Rahmen der Gesetze anerkannt wird. Die Rechtsprechung legte die Norm dahingehend aus, dass die durch Art. 27 Abs. 10 vermittelte Autonomie auf die der Universität als Institution zustehende akademische Freiheit (Freiheit der Lehre, des Studiums und der Wissenschaft) zurückgehe und der daraus folgende Schutzanspruch sowohl eine institutionelle Garantie als auch ein Grundrecht der Universitäten darstelle.[261] Demnach wird den spanischen Universitäten grundrechtlicher Schutz zugesprochen.[262]

Art. 20 Abs. 3 der spanischen Verfassung beinhaltet die institutionelle Garantie der Presse-, Hörfunk- und Fernsehfreiheit.[263] Art. 20 Abs. 3 der Verfassung regelt daneben die Freiheit der Berichterstattung unter Festlegung bestimmter Schranken.[264] Ob diese Gewährleistung auf den *öffentlich-rechtlichen Rundfunk* anwendbar ist, ist bisher nicht geklärt. Unabhängig davon sind nach Art. 10 Abs. 2 der

---

258 Vgl. VerfGH, Entscheidung vom 20.10.1983 – 82/1983, II.4.; VerfGH, Entscheidung vom 25.01.1988 – 9/1988, II.3.; *Pielow*, S. 96, 98.

259 Vgl. VerfGH, Entscheidung vom 02.02.1981 – 4/1981, II.3; *Pielow*, S. 95, 100; *Sorja*, in: Mann/Püttner (Hrsg.), Hdb. kommunale Wissenschaft und Praxis, Bd. 1, § 36 Rn. 56.

260 Vgl *de Borja Lopez-Jurado Escribano/Zimmermann*, in: Jiménez-Blanco/Tettinger (Hrsg.), Grundstrukturen der Energiewirtschaft in Spanien und in der Bundesrepublik Deutschland, S. 93 (97 f.).

261 Vgl. VerfGH, Entscheidung vom 27.02.1987 – 26/1987, II.4.a); VerfGH, Entscheidung vom 23.02.1989 – 55/1989, II.1.

262 Vgl. VerfGH, Entscheidung vom 23.02.1989 – 55/1989, II.2; VerfGH, Entscheidung vom 06.06.1990 – 106/1990, II.12; ausführlich *Groß*, S. 61 ff., der auf die einzelnen Aspekte der Autonomie der Hochschulen eingeht; zur institutionellen Garantie *Klostermann*, S. 134; a.A., wonach eher nur ein institutioneller Schutz durch Art. 27 vermittelt werde, VerfGH, Entscheidung vom 03.03.2005 – 47/2005, II.5 f.; so *Guerrero*, in: Merten/Papier (Hrsg.), HGR X, § 301 Rn. 3.

263 Vgl. *Gornig*, S. 684; ähnlich *Kieserling*, S. 84.

264 Vgl. *Weber*, in: JöR 29 (1980), 209 (219); ähnlich zur grundsätzlich gewährleisteten Programmfreiheit *Krausnick*, S. 390.

spanischen Verfassung die Grundrechte in Übereinstimmung mit den von Spanien ratifizierten internationalen Verträgen auszulegen. Infolgedessen sei nach einer Stimme in der Literatur der Schutzbereich des Art. 20 Abs. 1 Buchst. d S. 1 der spanischen Verfassung, der das Recht auf freie und wahre Berichterstattung sowie deren Empfang gewährleistet, in Übereinstimmung mit Art. 10 EMRK zu ermitteln.[265] Demnach wäre der öffentlich-rechtliche Rundfunk grundrechtsberechtigt.

3 Öffentliche Unternehmen

Öffentliche Unternehmen sollen nach Teilen der Literatur im selben Umfang wie juristische Personen des Öffentlichen Rechts grundrechtsberechtigt sein, sofern sie ein legitimes Interesse nachweisen.[266] Dies gilt zwingend für öffentliche Unternehmen, die sich teils in staatlichem, teils in privatem Eigentum befinden.[267] Entscheidend für die Grundrechtsberechtigung öffentlich-rechtlicher Energieversorger sei hingegen ihre rechtliche Organisation, ihr Zweck sowie die Art der wirtschaftlichen Betätigung.[268] Die Grundrechtsberechtigung öffentlicher Unternehmen wird nicht weiter diskutiert.[269] Auch findet sich keine Rechtsprechung, die sich ausdrücklich mit der Grundrechtsberechtigung öffentlicher Unternehmen beschäftigt.

VIII Italien

1 Juristische Personen des Privatrechts

a) Strukturelle Anforderungen

Art. 2 der italienischen Verfassung vom 27.12.1947 stellt die Grundlage der Grundrechtsberechtigung juristischer Personen dar.[270] Demnach garantiert

---

265 So *Krausnick*, S. 390; *Kühling*, S. 339.

266 Vgl. *de Borja Lopez-Jurado Escribano/Zimmermann*, in: Jiménez-Blanco/Tettinger (Hrsg.), Grundstrukturen der Energiewirtschaft in Spanien und in der Bundesrepublik Deutschland, S. 93 (102); so allgemein auch *Tettinger*, in: FS Börner, S. 625 (632).

267 Vgl. *de Borja Lopez-Jurado Escribano/Zimmermann*, in: Jiménez-Blanco/Tettinger (Hrsg.), Grundstrukturen der Energiewirtschaft in Spanien und in der Bundesrepublik Deutschland, S. 93 (102).

268 So *de Borja Lopez-Jurado Escribano/Zimmermann*, in: Jiménez-Blanco/Tettinger (Hrsg.), Grundstrukturen der Energiewirtschaft in Spanien und in der Bundesrepublik Deutschland, S. 93 (102), ohne sich weiter festzulegen.

269 Vgl. für einen Überblick *Guerrero*, in: Merten/Papier (Hrsg.), HGR X, § 301 Rn. 13 f.; *Llorente*, in: Weber (Hrsg.), FR, Part B, S. 39 ff. ES; *Prats-Canut*, in: Grabitz (Hrsg.), Grundrechte in Europa und USA, S. 651 (675).

270 Vgl. *Vitale*, Art. 2 Cost., S. 25; *Schwier*, S. 186; *Tettinger*, in: FS Börner, S. 625 (631); *Monaco*, in: Grabitz (Hrsg.), Grundrechte in Europa und USA, S. 363 (395);

die Republik die Rechte der Menschen innerhalb gesellschaftlicher Gebilde, in denen sich die menschliche Persönlichkeit entfaltet. Nach Art. 2 der Verfassung komme es für die Grundrechtsberechtigung juristischer Personen nicht auf deren Organisationsform an, da er dem Schutz des Einzelnen in allen ihm möglichen Handlungsformen diene.[271] Inländische juristischen Personen können nach der Literatur grundsätzlich die Grundrechte geltend machen, die ihrem Wesen nach auf sie anwendbar sind und darüber hinaus für die Verfolgung ihrer institutionellen Ziele notwendig erscheinen.[272] So dient die Grundrechtsberechtigung juristischer Personen der Persönlichkeitsentfaltung des Einzelnen und dem Schutz seiner verfassungsmäßigen Rechte.[273] Ausländische juristische Personen sollen nach einer älteren Auffassung „bei gegenseitiger Anerkennung" grundrechtsberechtigt sein, wohingegen jüngere Stimmen nicht zwischen Staatsangehörigen und Ausländern differenzieren.[274] In Italien gilt das dualistische Prinzip, weshalb

---

Kahl/Hilbert, in: Kahl/Waldhoff/Walter (Hrsg.), BK, Art. 19 Abs. 3, Rn. 2; ferner allgemein zu den kollektiven Rechten *Caretti/Siervo*, S. 496.

271 Vgl. *Monaco*, in: Grabitz (Hrsg.), Grundrechte in Europa und USA, S. 363 (395 f.); auch die Rechtsprechung stellt jur. Personen mit sonstigen Vereinigungen gleich, sofern dies mit ihrer Struktur und Organisation vereinbar ist, vgl. bspw. Urteil des Kassationshofs vom 30.10.1956, in: Foro italiano 1957, Bd. I, Kolonne 39; die potenzielle Fähigkeit von einer juristischen Person fordernd, die durch einzelne Grundrechte geschützten Tätigkeiten auszuführen *Ridola*, in: Merten/Papier (Hrsg.), HGR X, § 300 Rn. 49; auf freiwillige und bewusste Zusammenschlüsse beschränkend *Rossi*, in: Bifulco/Celotto/Olivetti (Hrsg.), Commentario Cost., Art. 2, S. 51; ähnlich *Cinanni*, in: Weber (Hrsg.), FR, Part A, S. 30 f. I.

272 Vgl. *Rossi*, in: Bifulco/Celotto/Olivetti (Hrsg.), Commentario Cost., Art. 2, S. 51; *Tettinger*, in: FS Börner, S. 625 (631); *Kahl/Hilbert*, in: Kahl/Waldhoff/Walter (Hrsg.), BK, Art. 19 Abs. 3, Rn. 2; ähnlich mit Bezug auf das Kriterium der Zweckgerichtetheit („specialità dei fini") *Monaco*, in: Grabitz (Hrsg.), Grundrechte in Europa und USA, S. 363 (396); auch zu dem Kriterium der Zweckgerichtetheit *Barile*, S. 15.

273 Vgl. *Rossi*, in: Bifulco/Celotto/Olivetti (Hrsg.), Commentario Cost., Art. 2, S. 51; *di Cosimo*, in: Crisafulli/Paladin/Bartole/Bin (Hrsg.), Commentario breve alla Cos., Art. 2, VII, Rn. 1.

274 So *Monaco*, in: Grabitz (Hrsg.), Grundrechte in Europa und USA, S. 363 (397), der jedoch Art. 18 AEUV noch nicht berücksichtigt; a. A. *Riz/Happacher*, S. 177 f., wonach Art. 2 der Verfassung grundsätzlich nicht zwischen Staatsangehörigen und Nicht-Staatsangehörigen differenziert; die Grundrechtsberechtigung ausländischer natürlicher Personen bejahend *Ridola*, in: Merten/Papier (Hrsg.), HGR X, § 300 Rn. 32 ff.

die EMRK in Form eines einfachen Gesetzes umgesetzt wurde.[275] Nichtsdestotrotz besteht die Verpflichtung zur EMRK-konformen Auslegung innerstaatlicher Bestimmungen, die sogar für verfassungswidrig erklärt werden können, wenn eine EMRK-konforme Auslegung nicht möglich ist.[276] Daneben beeinflussen sich im Sinne einer Integration der Rechtsordnung die Gewährleistungen der EMRK und der Verfassung gegenseitig, insbesondere durch Auslegung der Verfassung im Sinne der Konvention.[277]

b) Grundrechtsberechtigung im Einzelfall

Nach der Rechtsprechung können sich juristische Personen des Privatrechts zunächst auf den in Art. 3 der Verfassung verankerten Gleichheitssatz berufen, soweit dessen besondere Diskriminierungsverbote auf juristische Personen anwendbar sind.[278] Weiterhin sollen Vereinigungen berechtigt sein, sich auf das Recht der kollektiven Meinungsfreiheit aus Art. 21 der Verfassung zu berufen.[279] Aus der in Art. 18 der Verfassung niedergelegten Autonomie gesellschaftlicher Zusammenschlüsse ergebe sich zusammen mit Art. 2 der Verfassung auch der „Schutz der individuellen Handlungsfreiheit auf kollektiver Ebene“[280]. Die Rechtsprechung spricht sich weiterhin für einen Schutz von Unternehmen durch die in Art. 41 der Verfassung verankerte wirtschaftliche Freiheit aus.[281] Nach

275 Vgl. *Ridola*, in: Merten/Papier (Hrsg.), HGR X, § 300 Rn. 60.

276 Vgl. Corte Cost., Entscheidung vom 22.10.2007 – 348/2007, 31494; Corte Cost., Entscheidung vom 16.11.2009 – 311/2009, 34127; zur inhaltlichen Ergänzung der verfassungsrechtlichen Überprüfung durch die EMKR *Riz/Happacher*, S. 172 f.; *Ridola*, in: Merten/Papier (Hrsg.), HGR X, § 300 Rn. 61.

277 Vgl. Corte Cost., Entscheidung vom 13.10.1999 – 388/1999, 25015; Corte Cost, Entscheidung vom 14.01.2015 – 49/2015, 39293; ähnlich *Ridola*, in: Merten/Papier (Hrsg.), HGR X, § 300 Rn. 61.

278 Vgl. Corte Cost., Entscheidung vom 13.05.1965 – 40/1965, 2359; Corte Cost., Entscheidung vom 17.03.1966 – 25/1966, 2532; Corte Cost.Corte Cost., Entscheidung vom 15.01.1969 – 2/1969, 3089; Corte Cost., Entscheidung vom 18.03.1992 – 87/1992, 18093; für einen Überblick *Ridola*, in: Merten/Papier (Hrsg.), Hdb. GR, Bd. X, § 300 Rn. 63.

279 Vgl. Corte Cost., 29.04.1985 – 126/1985, 1056 f.; *Bartole/Bin*, Commentario breve alla Costituzione, Art. 21 Abs. 3 Rn. 3.

280 *Ridola*, in: Merten/Papier (Hrsg.), HGR X, § 300 Rn. 129; so schon Corte Cost.Corte Cost., Entscheidung vom 15.11.1993 – 417/1993, 19983.

281 Vgl. Corte Cost., Entscheidung vom 28.01.1988 – 159/1988, 10366; C.C.Corte Cost., Entscheidung vom 28.01.1991 – 63/91, 17124; so *Ridola*, in: Merten/Papier (Hrsg.), HGR X, § 300 Rn. 167.

Rechtsprechung und Literatur sollen juristische Personen berechtigt sein, sich auf die Eigentumsfreiheit aus Art. 42 der Verfassung zu berufen.[282] Ausdrücklich erwähnt die Literatur daneben die Grundrechtsberechtigung juristischer Personen des Privatrechts hinsichtlich des verfassungsrechtlichen Schutzes der Wohnung aus Art. 14 der Verfassung, wodurch ein allgemeiner Schutz vor Einmischung von außen – gleichgültig, ob durch den Staat oder durch Private – gewährleistet werde.[283] Auch sollen sich juristische Personen des Privatrechts auf die Verfahrensgrundrechte aus Art. 24 der Verfassung berufen können, da sich dies bereits aus dem Wortlaut („tutti") ergebe.[284]

Die in Art. 39 der Verfassung niedergelegte Koalitionsfreiheit garantiert die Organisations- und Handlungsfreiheit der *Gewerkschaften*.[285] Im Übrigen sind diese wie alle juristischen Personen nach Art. 2 der Verfassung grundrechtsberechtigt.[286]

Obwohl politische *Parteien* ausdrücklich in Art. 49 der Verfassung erwähnt werden, sind sie im selben Maße wie die übrigen juristischen Personen nach Art. 2 der Verfassung grundrechtsberechtigt, wobei ihnen insbesondere die grundrechtlich geschützte (Organisations-)Freiheit sowie die Chancengleichheit zukommt.[287]

Die italienische Verfassung unterscheidet mit Art. 7 und 8 zwischen der katholischen Kirche und den übrigen *Religionsgemeinschaften*. Diese übrigen Religionsgemeinschaften sind als juristische Personen des Privatrechts

---

282 Vgl. *von Arx*, S. 94.

283 Vgl. *Ridola*, in: Merten/Papier (Hrsg.), HGR X, § 300 Rn. 83; *Kahl/Hilbert*, in: Kahl/Waldhoff/Walter (Hrsg.), BK, Art. 19 Abs. 3, Rn. 2.

284 Vgl. *Bartole/Bin*, Commentario breve alla Costituzione, Art. 24 Abs. 1 Rn. 7; auch die Rechtsprechung hat bereits früh den weiten persönlichen Anwendungsbereich des Art. 24 der italienischen Verfassung hervorgehoben, so Corte Cost., Entscheidung vom 23.11.1960 – 67/1960, 1132.

285 Vgl. *Ridola*, in: Merten/Papier (Hrsg.), HGR X, § 300 Rn. 135.

286 Vgl. *Vitale*, Art. 2 Cost., S. 25; *Rossi*, in: Bifulco/Celotto/Olivetti (Hrsg.), Commentario Cost., Art. 2, S. 51; a. A. *de Vergottini*, in: Ilopoulos-Strangas (Hrsg.), Soziale Grundrechte in Europa und Lissabon, S. 391 (414).

287 Vgl. *Ridola*, in: Merten/Papier (Hrsg.), HGR X, § 300, Rn. 140; *Monaco*, in: Grabitz (Hrsg.), Grundrechte in Europa und USA, S. 363 (397 f.); zusätzlich zur Chancengleichheit *Lanchester*, in: Tsatsos/Schefold/Schneider (Hrsg.), Parteienrecht im europäischen Vergleich, S. 367 (414 ff.); zum Rechtscharakter der Partei als zivilrechtliche Vereinigung *ders.*, ebd., S. 367 (396); den Grundrechtsschutz allgemein bejahend *Vitale*, Art. 2 Cost., S. 25; *Rossi*, in: Bifulco/Celotto/Olivetti (Hrsg.), Commentario Cost., Art. 2, S. 51.

organisiert.[288] Ihre kollektive Religionsfreiheit ergibt sich aus Art. 8 Abs. 1 S. 2 der Verfassung, wobei die Religionsfreiheit nicht nur die Organisation und innergemeinschaftliche Ausübung von Religion umfasse, sondern auch die Interaktion mit Dritten, wie beispielsweise der Erwerb oder die Verwaltung von Eigentum.[289]

2 Juristische Personen des Öffentlichen Rechts

Von der Literatur wird die Grundrechtsberechtigung juristischer Personen des Öffentlichen Rechts überwiegend abgelehnt, da der Staat nicht zugleich Berechtigter und Verpflichteter sein könne.[290] Dies gilt insbesondere für *Gemeinden* als Teile des Staates hinsichtlich des Eigentumsrechts.[291]

Hingegen werden *Universitäten* von der Verfassung in Art. 33 Abs. 6 als autonome Rechtsträger anerkannt.[292] Das bedeutet, dass ihre Rechtsstellung durch den Staat nur im Rahmen des vernünftigen Ermessens gesetzlich eingeschränkt werden kann[293] und ihnen damit eine verfassungsrechtlich garantierte (Rest-)Selbstständigkeit verbleibt. Nach der Rechtsprechung kommt den Universitäten somit nach Art. 33 der Verfassung Autonomie zu.[294] Die Autonomie betrifft jedoch nur den Schutz der inneren Organisation, denn ein Schutz der Wissenschaftsfreiheit der Universitäten wird im Gegensatz zur Freiheit der Wissenschaft der Forscher und Lehrenden von ihr nicht diskutiert.[295]

---

288 Vgl. *Ferrari*, in: Robbers (Hrsg.), Staat und Kirche in der Europäischen Union, S. 229 (235); zur katholischen Kirche Kap. 1 Abschn. A VIII. 2.

289 Vgl. *Cossiga*, in: Loyola University Law Journal, Vol. 23, 619 (627 f.); zur Grundrechtsberechtigung von Religionsgemeinschaften aufgrund von Art. 2 der Verfassung: *Vitale*, Art. 2 Cost., S. 25; i. E. eine bekenntnisübergreifende Organisationsfreiheit bejahend *Ridola*, in: Merten/Papier (Hrsg.), HGR X, § 300 Rn. 106.

290 Vgl. *Tettinger*, in: FS Börner, S. 625 (631); *Monaco*, in: Grabitz (Hrsg.), Grundrechte in Europa und USA, S. 363 (397); *Kahl/Hilbert*, in: Kahl/Waldhoff/Walter (Hrsg.), BK, Art. 19 Abs. 3, Rn. 2

291 So *von Arx*, S. 94; *Müller-Michaels*, S. 155.

292 Vgl. *de Vergottini*, in: Iliopoulos-Strangas (Hrsg.), Soziale Grundrechte in Europa nach Lissabon, S. 391 (414); *Ridola*, in: Merten/Papier (Hrsg.), HGR X, § 300 Rn. 152.

293 Vgl. *Klostermann*, S. 134; *Groß* S. 56.

294 Vgl. Corte Cost., Entscheidung vom 26.10.1988 – 1017/1988, 13251; Corte Cost., Entscheidung vom 08.03.2006 – 102/2006, 30251.

295 So der Bericht bei *Groß*, S. 54.

Die Rundfunkfreiheit ist in der Verfassung nicht ausdrücklich normiert. Der teils vergleichbare Schutz der Meinungsfreiheit aus Art. 21 GG erfasst nur den privaten Rundfunk.[296] Hingegen wird der *öffentlich-rechtliche Rundfunk* primär als *servizio publico* verstanden, welcher die Verfassungswerte aus Art. 21 sichert.[297] Er trägt damit zur Erfüllung der Pflicht des Staates bei, die Meinungsfreiheit zu gewährleisten. In diesem Zusammenhang wird lediglich auf die zur Erfüllung dieser Pflicht notwendige Unabhängigkeit verwiesen, eine Grundrechtsberechtigung wird hingegen nicht diskutiert.[298]

Im Gegensatz zu den oben behandelten übrigen Religionsgemeinschaften ist die *katholische Kirche* als juristische Person des Öffentlichen Rechts organisiert.[299] Art. 7 Abs. 1 der Verfassung garantiert der katholischen Kirche Souveränität und Unabhängigkeit und verweist für Näheres auf die Lateranverträge. Deshalb genießt die katholische Kirche als juristische Person des Öffentlichen Rechts von Verfassungs wegen im Rahmen dieser Verträge Organisationsfreiheit und ist vor staatlicher Einwirkung geschützt.[300]

3 Öffentliche Unternehmen

Aussagen zur Grundrechtsberechtigung öffentlicher Unternehmen finden sich selten. Soweit sich die Literatur hierzu äußert, bejaht sie diese grundsätzlich.[301] Im Fall öffentlicher Unternehmen, an denen sowohl der Staat als auch Private beteiligt sind, lässt sich der Literatur entnehmen, dass diese grundrechtsberechtigt sein können, jedoch wesentlich stärkere Eingriffe als ein privates

296 Vgl. *Lutzhöft*, S. 228 f., der nur private Rundfunkveranstalter vom Schutzbereich des Art. 21 der ital. Verfassung umfasst sieht.

297 Vgl. Corte Cost., Entscheidung vom 15.07.1976 – 202/1976, 8514; Lutzhöft, S. 217.

298 Vgl. *Lutzhöft*, S. 210 ff., S. 218 ff., der eine Grundrechtsberechtigung des öffentlich-rechtlichen Rundfunks nicht anspricht und nur von objektiv-rechtlichen Pflicht ausgeht; so auch *Krausnick*, S. 384 f., wonach zwar eine Unabhängigkeit des staatlichen Rundfunks angenommen wird, diesen sonst nur objektiv-rechtliche Pflichten treffen; *Ridola*, in: Merten/Papier (Hrsg.), HGR X, § 300 Rn. 121 ff. bespricht auch nur die verfassungsrechtliche Rechtfertigung des ursprünglich gegebenen Monopols des öffentlichen Rundfunks.

299 Vgl. *Ferrari*, in: Robbers (Hrsg.), Staat und Kirche in der Europäischen Union, S. 229 (237).

300 Vgl. *Ferrari*, in: Robbers (Hrsg.), Staat und Kirche in der Europäischen Union, S. 229 (238); *Ridola*, in: Merten/Papier (Hrsg.), HGR X, § 300 Rn. 106.

301 Vgl. *von Arx*, S. 94 f.; *Müller-Michaels*, S. 155; vorsichtig zustimmend *Tettinger*, in: FS Börner, S. 625 (631).

Unternehmen hinnehmen müssen.[302] Entsprechendes gelte demnach für rein staatliche Unternehmen, sofern sie nicht Teil des Staates sind. Nach einer Entscheidung des Verfassungsgerichtshofs ist die Grundrechtsberechtigung eines mehrheitlich in staatlichem Eigentum stehenden öffentlichen Unternehmens im Hinblick auf die Eigentumsfreiheit grundsätzlich zu bejahen.[303] Im Vergleich zu Privaten sollen jedoch weitergehende Eingriffe in die grundrechtlichen Gewährleistungen öffentlicher Unternehmen zulässig sein, da diese an die Verfolgung öffentlicher Interessen gebunden seien.[304]

IX Polen

1 Juristische Personen des Privatrechts

a) Strukturelle Anforderungen

Auch wenn die polnische Verfassung von 1997 keine Aussage zur Grundrechtsberechtigung juristischer Personen trifft, bejaht die Literatur deren Grundrechtsberechtigung grundsätzlich.[305] Ebenfalls wendet die Rechtsprechung die Grundrechte auf juristische Personen an, wobei sie sich – genauso wie Stimmen aus der Literatur – daran orientiert, ob ein Grundrecht seiner Natur nach auf eine juristische Person anwendbar ist.[306] Hinsichtlich der Anforderungen an grundrechtsberechtigte juristische Personen unterscheidet das polnische Recht nicht zwischen verschiedenen Organisationsformen, da alle Vereinigungen Rechtssubjekte darstellen und damit Träger von Rechten sein können.[307] Bereits im Entstehungsprozess der Verfassung aus dem Jahr 1997 wurden die Gewährleistungen der EMRK berücksichtigt, sodass sie zu großen Teilen bereits

302 Vgl. *Müller-Michaels*, S. 155; *von Arx*, S. 95.

303 Vgl. Corte Cost., Entscheidung vom 04.06.1987 – 290/1987, 4463, Nr. 11 ff.; so *von Arx*, S. 94 f.

304 Vgl. Corte Cost., Entscheidung vom 04.06.1987 – 290/1987, 4463, Nr. 11 ff.; so *von Arx*, S. 94 f.

305 Vgl. *Bedkowski-Koziol*, S. 143; *Banaszak/Jablonski/Boc*, in: Boc (Hrsg.), Verfassung der Republik Polen-Komm., Art. 79, Anm. III; *Garlicki/Wyrzykowski*, in: Weber (Hrsg.), FR, Part B, S. 23 PL.

306 Vgl. VerfGH, Entscheidung vom 24.02.1999 – Sk 4/98, OTK ZU 2/1999, Nr. 4; Entscheidung vom 08.06.1999 – SK 12/99, OTK ZU 5/2000 poz. 143, Rn. 47; *Garlicki/Wyrzykowski*, in: Weber (Hrsg.), FR, Part B, S. 23 PL; *Banaszak*, S. 98.

307 Vgl. *Garlicki/Wyrzykowski*, in: Weber (Hrsg.), FR, Part B, S. 24 PL.

in den Grundrechtskatalog der Verfassung eingeflossen sind.[308] Daneben wird vereinzelt vertreten, dass die EMRK nach Art. 9 der Verfassung direkt durch das Verfassungsgericht anzuwenden sei, da Art. 9 eine Verpflichtung zur Achtung der internationalen Bindungen festlegt.[309] Sofern nötig, sei auch eine vertragskonforme Auslegung des nationalen Rechts geboten.[310] Nach einer Stimme sind ausländische juristische Personen gleichermaßen wie inländische juristische Personen grundrechtsberechtigt.[311]

b) Grundrechtsberechtigung im Einzelfall

Nach der Rechtsprechung sollen juristische Personen des Privatrechts berechtigt sein, sich auf die Freiheit der wirtschaftlichen Betätigung aus Art. 20 bzw. 22 der polnischen Verfassung sowie die Eigentumsfreiheit zu berufen.[312] Der persönliche Gewährleistungsumfang des Gleichheitssatzes wird durch die Begriffe „niemand" und „alle" geprägt, weshalb die Literatur auch ihn auf juristische Personen anwenden möchte.[313] Daneben sind nach einer Auffassung juristische Personen berechtigt, sich auf die Versammlungsfreiheit aus Art. 57 der Verfassung zu berufen.[314]

Alle *Religionsgemeinschaften* und Kirchen sind in Polen als juristische Personen des Privatrechts organisiert.[315] Art. 53 der Verfassung gewährleistet neben der individuellen auch die kollektive Religionsausübungsfreiheit.[316] Zusätzlich wird in Art. 25 der Verfassung den Religionsgemeinschaften wegen der strikten

---

308 Vgl. *Tuleja*, in: von Bogdandy/Curz Villalón/Huber (Hrsg.), IPE, § 8 Rn. 10; *Garlicki/Wyrzykowski*, in: Weber (Hrsg.), FR, Part B, S. 13 PL.

309 Vgl. *Garlicki/Wyrzykowski*, in: Weber (Hrsg.), FR, Part B, S. 14 f. PL.

310 Vgl. *Garlicki/Wyrzykowski*, in: Weber (Hrsg.), FR, Part B, S. 15 PL; *Banaszak/Milej*, S. 69, Rn. 113.

311 Vgl. *Garlicki/Wyrzykowski*, in: Weber (Hrsg.), FR, Part B, S. 24 PL.

312 Vgl. VerfGH, Entscheidung vom 08.06.1999 – Sk 12/98, OTK ZU Nr. 5 (27)/99, poz. 96; VerfGH, Entscheidung vom 07.05.2001 – K 19/00, OTK ZU 4/2001, poz. 82, Nr. 2, Rn. 67; *Zientecka*, S. 86 f.; *Garlicki*, in: Merten/Papier/Arnold (Hrsg.), HGR IX, § 266 Rn. 44; *Garlicki/Wyrzykowski*, in: Weber (Hrsg.), FR, Part B, S. 23 f. PL; *Banaszak/Milej*, S. 82, Rn. 137.

313 Vgl. *Wyrzykowski*, in: Merten/Papier/Arnold (Hrsg.), HGR IX, § 265 Rn. 55; hierzu auch *Garlicki/Wyrzykowski*, in: Weber (Hrsg.), FR, Part B, S. 23 PL, die sich zusätzlich auf das Rechtsstaatsprinzip stützen.

314 Vgl. *Wyrzykowski*, in: Merten/Papier/Arnold (Hrsg.), HGR IX, § 265 Rn. 167.

315 Vgl. *Rynkowksi*, in: Robbers (Hrsg.), Staat und Kirche in der Europäischen Union, S. 455 (462 f.).

316 Vgl. *Diemer-Benedict*, in: ZaöRV 1998, 205 (222); allgemein die Grundrechtsberechtigung von Glaubensgemeinschaften bejahend *Banaszak/Milej*, S. 82, Rn. 137.

verfassungsrechtlichen Trennung von Staat und Kirche Autonomie zugestanden.[317]

2 *Juristische Personen des Öffentlichen Rechts*

Nach einer Auffassung sind juristische Personen des Öffentlichen Rechts ausdrücklich berechtigt, sich auf das Recht aus Art. 51 der Verfassung zu berufen, wonach es ihnen erlaubt ist, bürgerbezogene Daten zu beschaffen, zu sammeln und zugänglich zu machen.[318] Hingegen scheidet nach der Rechtsprechung die Berechtigung des Staates und seiner öffentlichen Einrichtungen aus, sich auf die unternehmerische Freiheit zu berufen, da die Formulierung der Art. 20 und 22 der Verfassung dies nicht zulasse.[319]

Auch im Übrigen divergiert die Beurteilung der Grundrechtsberechtigung juristischer Personen des Öffentlichen Rechts: So sollen manche juristische Personen – etwa Parteien und Gewerkschaften – berechtigt sein, sich auf bestimmte Grundrechte zu berufen, wohingegen andere, insbesondere die Gemeinden, von der Grundrechtsberechtigung ausgeschlossen seien.[320]

Parteien sind demnach berechtigt sich auf die Meinungsfreiheit aus Art. 54 der Verfassung zu berufen.[321]

Die Rechte der *Gewerkschaften* ergeben sich aus Art. 59 der Verfassung, wonach sie das Recht zur Durchführung von Tarifverhandlungen, zur Veranstaltung von Streiks sowie auf andere, nicht genauer bezeichnete gewerkschaftliche Freiheiten genießen.

Hinsichtlich der Grundrechtsberechtigung von *Gemeinden* hat das Verfassungsgericht festgestellt, dass diese sich nicht auf den Gleichbehandlungsgrundsatz

---

317 Vgl. *Diemer-Benedict*, in: ZaöRV 1998, 205 (224); *Krukowski*, in: Kreß (Hrsg.), Religionsfreiheit als Leitbild Staatskirchenrecht in Deutschland und Europa im Prozess der Reform, S. 293 (299).

318 Vgl. *Wyrzykowski*, in: Merten/Papier/Arnold (Hrsg.), HGR IX, § 265 Rn. 114, der Art. 51 der polnischen Verfassung ausdrücklich als Grundrecht ansieht.

319 Vgl. VerfGH, Entscheidung vom 12.02.1991 – Rs. K. 6/90 OTK w 1991r., Pos. 1, S. 15 ff., S. 22; VerfGH, Entscheidung vom 07.05.2001 – K 19/00, OTK ZU 4/2001, poz. 82, Nr. 4; so auch *Schmidt*, S. 101; hierzu und zum teilweise abweichenden Meinungsstand in der Literatur *Bedkowski-Koziol*, S. 144 ff.

320 Vgl. zu Gemeinden VerfGH, Entscheidung vom 22.05.2007 – SK 70/05, OTK ZU 6A/2007, poz. 60, Nr. 2; *Garlicki*, in: Merten/Papier/Arnold (Hrsg.), HGR IX, § 266 Rn. 44; *Banaszak/Milej*, S. 82, Rn. 137; a. A: *Diemer-Benedict*, in: ZaöRV 1998, 205 (213), wonach Gemeinden das Recht auf Eigentum zustehen soll.

321 So *Wyrzykowski*, in: Merten/Papier/Arnold (Hrsg.), HGR IX, § 265 Rn. 121 ff.

berufen könnten.[322] Deren Grundrechtsberechtigung soll ausscheiden, da diese ihre Rechte nicht zur individuellen Freiheitsentfaltung, sondern zur Erfüllung öffentlicher Aufgaben ausüben.[323] Nichtsdestotrotz bejaht die Literatur einen verfassungsrechtlichen Schutz der gemeindlichen Autonomie.[324]

Die *öffentlich-rechtlichen Rundfunkanstalten* sind als Aktiengesellschaften des Staatsschatzes organisiert. Ihre Rechtsstellung bestimmt sich nach Art. 213 der Verfassung (Art. 36b Abs. 1 a. F.).[325] Diese besteht darin, dass die öffentlich-rechtlichen Rundfunkanstalten zwar grundsätzlich selbstständig und frei seien, sie jedoch auch zu einer Reihe von Aufgaben verpflichtet werden, wie der Schaffung von Programmen mit gesamtpolnischen und regionalem Charakter. Dennoch ist der öffentlich-rechtliche Rundfunk in Polen, im Gegensatz zum privaten Rundfunk, nicht grundrechtsberechtigt.[326]

Art. 73 der Verfassung gewährleistet unter anderem die Freiheit der wissenschaftlichen Forschung, die Veröffentlichung ihrer Ergebnisse und die Lehrfreiheit. Die Grundrechtsberechtigung von *Universitäten* ist bisher jedoch gerichtlich nicht geklärt, wobei sich eine Auffassung dafür ausspricht, wegen des in Art. 70 Abs. 5 der Verfassung verankerten Rechts auf Autonomie die Grundrechtsberechtigung zu bejahen.[327]

3 *Öffentliche Unternehmen*

Die Rechtsprechung hat sich mehrfach ausdrücklich gegen die Grundrechtsberechtigung öffentlicher Unternehmen in alleinigem Staatseigentum ohne Ansehung ihrer Rechtsform ausgesprochen.[328] Dies stützt sie darauf, dass

---

322 Vgl. VerfGH, Entscheidung vom 09.01.1996 – K 18/95, OTK ZU 1/1996, poz. 1, Rn. 108.

323 Vgl. VerfGH v. 22.05.2007 – SK 70/05, OTK ZU 6A/2007, poz. 60, Nr. 2; allgemein VerfGH, Entscheidung vom 08.04.2008 – SK 80/06, OTK ZU 3A/2008, poz. 51, Nr. 2.

324 Vgl. *Schnapp*, in: DÖV 2001, 723 (727); *Soria*, in: Mann/Püttner (Hrsg.), Hdb. kommunale Wissenschaft und Praxis, Bd. 1, § 36 Rn. 56.

325 Vgl. zu Art. 36b Abs. 1 a. F. der Verfassung *Garlicki* in: Stern (Hrsg.), Rundfunk im Wandel von der Diktatur zur freiheitlichen Demokratie – neue Bundesländer, Ungarn, Polen, Tschechische und Slowakische Republik, S. 13 (17 ff., 22, 24).

326 Vgl. *Ritlewski*, S. 323.

327 So *Garlicki*, in: Merten/Papier/Arnold (Hrsg.), HGR IX, § 266 Rn. 44; *Mann*, in: Heselhaus/Nowak (Hrsg.), EU-Grundrechte, § 26 Rn. 32, äußert sich nicht.

328 Vgl. auch zu Folgendem VerfGH, Entscheidung vom 07.05.2001 – K 19/00, OTK ZU 4/2001, poz. 82, Nr. 2; VerfGH, Entscheidung vom 08.04.2008 – SK 80/06, OTK ZU 3A/2008, poz. 51, Nr. 2; so auch *Bedkowski-Koziol*, S. 144 f., wonach nur „nichtstaatliche“ juristische Personen grundrechtsberechtigt seien.

der Staat und die öffentlichen Institutionen zur Gewährleistung der verfassungsrechtlichen Grundrechte und Freiheiten verpflichtet seien und somit nicht gleichzeitig aus diesen Gewährleistungen eigene Rechte und Befugnisse ableiten dürfen. Auch spreche gegen die Grundrechtsberechtigung der wirtschaftlich tätigen öffentlichen Hand, dass nur die Freiheit der Wirtschaftsbetätigung erfasst ist, welche auf der Basis eines privaten und nicht eines staatlichen Vermögens aufgenommen und ausgeübt wird. Verfassungsgerichtlich ist nicht geklärt, wie mit gemischt-wirtschaftlichen Unternehmen, die sich teils in privater, teils in öffentlicher Trägerschaft befinden, umzugehen ist. Die verwaltungsgerichtliche Rechtsprechung bietet dazu die Lösung an, ein Unternehmen nach polnischem Verständnis als öffentlich und damit nicht grundrechtsberechtigt einzustufen, wenn es entweder zu mehr als 50 Prozent in staatlichem Eigentum ist oder wenn der Staat unmittelbar Einfluss auf das Unternehmen ausübt.[329] Soweit die Literatur auf die Grundrechtsberechtigung öffentlicher Unternehmen eingeht, wird diese im Anschluss an die Rechtsprechung des Verfassungsgerichtshofs in der Regel grundsätzlich dann abgelehnt, wenn das Unternehmen sich in der Trägerschaft des Staatsschatzes befindet.[330]

X Schweden

1 Juristische Personen des Privatrechts

a) Strukturelle Anforderungen

Die Grundrechtsberechtigung juristischer Personen wird in der schwedischen Verfassung nicht geregelt, jedoch geht aus den Gesetzesmaterialien zum Gesetz über die Regierungsform hervor, dass juristische Personen, „für die es natürlich erscheint", durch die Grundrechte geschützt werden.[331] Hieraus wird

329 Vgl. *Bedkowski-Koziol*, S. 147 f. mit Nachweisen aus der Rechtsprechung des Hauptverwaltungsgerichts; ähnlich auf die Anteile und damit auf die Beherrschungsverhältnisse im Zusammenhang mit der Zuordnung zum „öffentlichen Sektor" abstellend VerfGH, Entscheidung vom 07.05.2001 – K 19/00, OTK ZU 4/2001, poz. 82, Nr. 4, Rn. 93

330 Vgl. *Bedkowski-Koziol*, S. 142 ff.; ausdrücklich auf die Trägerschaft des Staatsstaates abstellend *Garlicki*, in: Merten/Papier/Arnold (Hrsg.), HGR IX, § 266 Rn. 44; a. A. *Walaszek-Pyziol*, S. 22.

331 Vgl. SOU 1975: 75, S. 185; SOU 1993:40, del A, S. 44; so auch *Call*, S. 171; *Kahl/Hilbert*, in: Kahl/Waldhoff/Walter (Hrsg.), BK, Art. 19 Abs. 3, Rn. 13; für einen Überblick über die vier Gesetze, die die schwedische Verfassung bilden, *Bernitz*, in: Schwarze (Hrsg.), Die Entstehung einer europäischen Verfassungsordnung, S. 389 (390); *Call*, S. 171.

geschlossen, dass juristische Personen berechtigt sind, sich auf die Grundrechte zu berufen, die ihrem *Inhalt* nach auf sie anwendbar sind.[332] Es soll darauf ankommen, dass es sich um ein Grundrecht handelt, das nicht nur durch ein Individuum, sondern auch durch eine juristische Person ausgeübt werden kann.[333] Wenn der Inhalt einer Gewährleistung somit unmittelbar an eine natürliche Person anknüpft, soll die Anwendbarkeit auf juristische Personen ausscheiden. Die EMRK nimmt nach überwiegender Auffassung in Schweden den Rang eines einfachen Gesetzes ein.[334] Infolgedessen ist das schwedische (Verfassungs-)Recht im Lichte und Hinblick auf die Bestimmungen der EMRK auszulegen, um so Konflikte zwischen schwedischem (Verfassungs-) Recht und den Vorgaben der Konvention zu lösen, wobei bereits inhaltlich weitgehend Ähnlichkeit zwischen den grundrechtlichen Gewährleistungen der schwedischen Verfassung und der EMRK besteht.[335] Die Grundrechtsberechtigung ausländischer juristischer Personen wird überwiegend nicht erörtert.[336] Da die Pressefreiheit aus Art. 1 PA an die schwedische Staatsbürgerschaft anknüpft, wurde in der Literatur vor der Verfassungsreform im Jahr 2011 vertreten, dass es für die Grundrechtsberechtigung einer juristischen Person bei Art. 1 PA auf die Staatsbürgerschaft des dahinterstehenden Redakteurs ankomme.[337]

b) Grundrechtsberechtigung im Einzelfall

Juristische Personen sollen nach teilen des Schrifttums zunächst berechtigt sein, sich auf das Rückwirkungsverbot aus Kapitel 2, § 10 RF zu berufen.[338] Juristische Personen seien auch grundrechtlich gegen Enteignung geschützt und können sich somit auf das Eigentumsgrundrecht berufen.[339] Weiterhin sollen sie sich auf

332 Vgl. *Nergelius*, S. 158; ähnlich *Woltersdorf*, S. 117; SOU 1975:75, S. 185; allgemein auch *Westerhäll*, in: Ilopoilos-Strangas (Hrsg.), Soziale Grundrechte in Europa nach Lissabon, S. 563 (581); *Call*, S. 171.

333 Vgl. hierzu und im Folgendem *Call*, S. 171 f.

334 Vgl. *Bradfield*, S. 24; *Böhne*, S. 138; *Nergelius*, in: Merten/Papier (Hrsg.), HGR X, § 294 Rn. 3.

335 So *Nergelius*, in: Merten/Papier (Hrsg.), HGR X, § 294 Rn. 2 ff.

336 So *Warnling-Nerep/Lagerqvist Veloz Roca/Reichel*, 160 f.; *Böhne*, S. 48; ausdrücklich *Call*, S. 171, Fn. 119.

337 So unter Bezug auf Art. 1, Kap. 5 PA *Carlson*, S. 58.

338 Vgl. *Woltersdorf*, S. 51.

339 Vgl. SOU 1993:40, del A, S. 44; *Woltersdorf*, S. 94.

die Vereinigungsfreiheit aus Kap. 2 § 1 Nr. 5 RF sowie auf die Garantien aus Kap. 2 §§ 17–18 RF berufen können.[340]

Die *Gewerkschaften* sind berechtigt, sich auf die Vereinigungs- und Versammlungsfreiheit sowie die Meinungsfreiheit zu berufen.[341]

Die schwedische Verfassung enthält keine Sonderbestimmungen über *Parteien.*[342] Die Vereinigungsfreiheit beinhaltet neben der Freiheit, eine Vereinigung zu gründen, auch die Freiheit, als diese Vereinigung zu handeln.[343] Demnach schützt die Vereinigungsfreiheit Parteien sowohl in ihrem Bestand als auch im Hinblick auf ihre Tätigkeit.

2 Juristische Personen des Öffentlichen Rechts

Juristische Personen des Öffentlichen Rechts werden in der schwedischen Literatur nicht als grundrechtsberechtigt angesehen, da sie Teil des Staates seien.[344] Deshalb spreche auch gegen die Grundrechtsberechtigung juristischer Personen des Öffentlichen Rechts, dass die Grundrechte als Schutz gegen hoheitliches Handeln konzipiert sind.[345]

Im Hinblick auf den Schutz des Eigentums nach Kap. 2 § 18 der Verfassung wird die Grundrechtsberechtigung von *Gemeinden* mit dem Ergebnis erörtert, dass die Anwendbarkeit des Eigentumsschutzes zugunsten von Gemeinden nicht möglich sei, da der Wortlaut der Bestimmung nicht für die Grundrechtsberechtigung spreche und das vom Eingriff betroffene Rechtssubjekt – im Gegensatz zu einer Gemeinde – außerhalb des Staates stehen müsse.[346] Des Weiteren sei ein in der schwedischen Verfassung verankerter Schutz der kommunalen Selbstverwaltung mangels Schranken-Schranken bedeutungslos.[347]

Seit der Reform des Staatskirchenwesens in Schweden verfügt die schwedische *Kirche* qua Gesetz als registrierte Religionsgemeinschaft über die Rechtsfähigkeit als juristische Person des Öffentlichen Rechts; daneben hat sich auch

340 Vgl. *Nergelius*, S. 158.

341 Vgl. *Westerhäll*, in: Iliopoulos-Strangas (Hrsg.), Soziale Grundrechte in Europa nach Lissabon, S. 563 (581).

342 Vgl. *Walter*, in: ZaöRV 1966, 390 (391 f.)

343 Vgl. *Woltersdorf*, S. 18 f.

344 So *Call*, S. 172 f.

345 Vgl. hierzu *Nergelius*, S. 158.

346 So SOU 1993:40, del A, S. 44; *Call*, S. 172, unter Verweis auf *Bengtson*, S. 74.

347 Vgl. *Call*, S. 174; nach SOU 1996:129, S. 21, komme es für die rechtmäßige Einschränkung der kommunalen Selbstverwaltung auf eine Interessenabwägung an, so *Call*, S. 174, Fn. 126.

die Mehrheit der übrigen Religionsgemeinschaften mittlerweile registrieren lassen.[348] Mit der Registrierung gehen jedoch grundsätzlich über die Anerkennung in Form der juristischen Person des öffentlichen Rechts hinaus keine besonderen Rechte einher.[349] Eine innere Organisationsfreiheit und damit weitgehende Autonomie kommt ihnen lediglich durch die Registrierung zu.[350] Daneben gewährt Kap. 2 § 1 Nr. 6 RF Religionsfreiheit, worunter die Freiheit zu verstehen ist, seine Religion allein oder zusammen mit anderen auszuüben.[351] Eine Berechtigung der Religionsgemeinschaften sich darauf zu berufen, wird jedoch nicht diskutiert.[352] Lediglich die Grundrechtsberechtigung der lokalen Kirchgengemeinden wird hinsichtlich des Eigentumsgrundrechts vereinzelt bejaht.[353]

Die Rundfunkfreiheit ist in Schweden nur einfachgesetzlich geregelt, wobei sich der Schutzumfang an den Grundrechten der Äußerungs- und Informationsfreiheit orientiert.[354] Den staatlichen *Rundfunkanstalten* kommt insoweit ein begrenzter institutioneller verfassungsrechtlicher Schutz zu.[355]

In Schweden sind die *Universitäten* als Einrichtungen des Staates eng an dessen Verwaltung gebunden.[356] In der Verfassung wird die Wissenschaftsfreiheit nicht gewährleistet. Ausschließlich im Rahmen der Schranken der Meinungsfreiheit findet die Bedeutung der Meinungs- und Informationsfreiheit in wissenschaftlichen Belangen Berücksichtigung.[357] Die Autonomie der Hochschulen wird damit nur durch das einfache Gesetz zur Reform des Hochschulwesens vom 01.07.1993 und nicht verfassungsrechtlich gewährleistet.[358] Demnach ist nicht von einer Grundrechtsfähigkeit der Universitäten auszugehen.

---

348 Vgl. *Friedner*, in: Robbers (Hrsg.), Staat und Kirche in der Europäischen Union, S. 585 (594); *Robbers*, in: FS Hollerbach, S. 907 (914).

349 So *Friedner*, in: Robbers (Hrsg.), Staat und Kirche in der Europäischen Union, S. 585 (595).

350 Vgl. *Robbers*, in: FS Hollerbach, S. 907 (916 f., 919).

351 So die Übersetzung bei *Böhne*, S. 195.

352 Vgl. *Robbers*, in: FS Hollerbach, S. 907; *Friedner*, in: Robbers (Hrsg.), Staat und Kirche in der Europäischen Union, S. 585 (588 f.), der die Religionsfreiheit nicht einmal hinsichtlich der Religionsgemeinschaften erwähnt.

353 Vgl. SOU 1993:40, del A, S. 44; *Call*, S. 173.

354 Vgl. hierzu *Gornig*, S. 474, Fn. 18.

355 Vgl. http://umu.diva-portal.org/smash/get/diva2:945659/FULLTEXT01.pdf, zuletzt abgerufen am 28.02.2020.

356 Vgl. *Klostermann*, S. 137.

357 Vgl. *Mann*, in: Heselhaus/Nowak (Hrsg.), EU-Grundrechte, § 26 Rn. 46.

358 Vgl. *Mann*, in: Heselhaus/Nowak (Hrsg.), EU-Grundrechte, § 26 Rn. 46.

3 *Öffentliche Unternehmen*

Teile der Literatur sehen ein geringes Schutzbedürfnis staatlicher und kommunaler Gesellschaften, die im allgemeinen Interesse wirken, auch wenn es sich bei diesen um private Rechtssubjekte handle.[359] Dennoch seien sie wegen ihrer Organisation als private Rechtssubjekte grundrechtsberechtigt, da es entscheidendes Kriterium für die Annahme der Grundrechtsberechtigung sei, dass das fragliche Rechtssubjekt außerhalb des Staates stehe.[360] Andere sehen in der privatrechtlichen Organisationsform kein taugliches Abgrenzungskriterium, da dies keine allgemeingültige Aussage über die Nähe zum Staat zulasse.[361]

B Rechtsvergleich

I Beeinflussungswege und Chronologie

Die Grundrechtsberechtigung juristischer Personen wurde in den Mitgliedstaaten bereits früh diskutiert.[362] Ein eindeutiger historischer Ausgangspunkt lässt sich jedoch nicht feststellen. Die Diskussion der Grundrechtsberechtigung juristischer Personen, wie sie heute in der Literatur geführt wird, und ihre Rezeption in der Rechtsprechung haben überwiegend erst nach dem Zweiten Weltkrieg eingesetzt. Daher werden die Beeinflussungswege und deren Chronologie hier auch erst ab diesem Zeitpunkt genauer betrachtet. Dazu wird zwischen der ausdrücklichen Beeinflussung im Prozess der Verfassungsgebung sowie in der Rechtsprechung und Literatur unterschieden. Daneben wird bereits hier knapp auf die Bedeutung der EMRK für die Grundrechtsberechtigung juristischer Personen in den Mitgliedstaaten als grundlegendes Strukturelement für die Reichweite des Grundrechtsschutzes juristischer Personen eingegangen.

1 *Beeinflussung in der Verfassungsgebung*

Im Hinblick auf die Normierung der Grundrechtsberechtigung juristischer Personen lässt sich keine gegenseitige Beeinflussung der vor dem Zweiten Weltkrieg

359 Berichtend *Call*, S. 172 f. über *Bengtsson*, S. 74 f.; keine Aussage hierzu bei *Nergelius*, S. 156 ff.; *Strömberg/Lundell*, 83 ff.; *Nergelius*, in: Merten/Papier (Hrsg.), HGR X, § 294.

360 Berichtend *Call*, S. 173 über *Bengtsson*, S. 75; ähnlich SOU 1993:40, del A, S. 44.

361 So *Call*, S. 173.

362 Erstmals die Frage der Grundrechtsberechtigung juristischer Personen des Privatrechts und des Öffentlichen Rechts in der Rechtslehre des 19. Jahrhunderts aufwerfend *Bernatzik*, in: AöR Bd. 5 (1890), S. 169 ff., 273 ff.; siehe auch *Jellinek*, S. 246, 275.

in Kraft getretenen Grundrechtskataloge (Frankreich,[363] Irland, Österreich, Niederlande, Belgien) feststellen. Nach dem zweiten Weltkrieg wurde die Grundrechtsberechtigung juristischer Personen in den Verfassungen Italiens und Deutschlands allgemein geregelt. Erstmals wurde die Grundrechtsberechtigung juristischer Personen in einem Verfassungstext mit Art. 2 der italienischen Verfassung festgehalten, der von der Gewährleistung der Grundrechte innerhalb gesellschaftlicher Gebilde spricht. Im Jahr 1949 trat mit dem Grundgesetz Art. 19 Abs. 3 GG in Kraft, der – im Gegensatz zu Art. 2 der italienischen Verfassung – sogar Voraussetzungen für die Grundrechtsberechtigung juristischer Personen benennt. Trotz der früher in Kraft getretenen italienischen Verfassung, liefern weder die Entstehungsgeschichte des Grundgesetzes noch die Protokolle des Herrenchiemseer Verfassungskonvents Hinweise dafür, dass Art. 2 der italienischen Verfassung die Entstehung des Art. 19 Abs. 3 GG beeinflusst hätte. Die Idee der Grundrechtsberechtigung juristischer Personen kam im deutschsprachigen Raum aber nicht erst mit der Entstehung des Grundgesetzes auf, sondern wurde bereits in Teilstaaten des Deutschen Bundes diskutiert beziehungsweise sogar anerkannt.[364] Den Protokollen des Herrenchiemseer Verfassungskonvents sind jedoch auch keine Hinweise auf eine Orientierung hieran zu entnehmen.

In den jüngeren und damit neuen beziehungsweise reformierten Verfassungen Schwedens (1975), Spaniens (1978) und Polens (1997) ist die Grundrechtsberechtigung juristischer Personen nicht normiert. Sie stehen damit in der Tradition der Mehrzahl der Mitgliedstaaten. Ob das Fehlen der Kodifikation der Grundrechtsberechtigung juristischer Personen auch tatsächlich dem Vorbild dieser Staaten folgt, ist nicht ermittelbar. Nach alledem ist festzuhalten, dass im Prozess der Verfassungsgebung keine gegenseitige Beeinflussung der Mitgliedstaaten hinsichtlich der Normierung der Grundrechtsberechtigung juristischer Personen oder ihres Fehlens (gesichert) feststellbar ist.

---

363 Vgl. *Jouanjan*, in: von Bogdandy/Cruz Villalón/Huber (Hrsg.), IPE, § 2 Rn. 40, 95; C.C., Entscheidung vom 16.07.1971 – 44 DC, S. 29, wonach der Grundrechtskatalog der französischen Verfassung bis auf die *Erklärung der Menschen- und Bürgerrechte* von 1789 zurückgeht.

364 Vgl. § 67 Abs. 2 der badischen Verfassung vom 22.08.1818 sowie Titel VII, § 21 der bayerischen Verfassung vom 26.05.1818, so *von Mutius*, in: Kahl/Waldhoff/Walter (Hrsg.), BK, Art. 19 Abs. 3 Rn. 1; ausdrücklich Art. 81 der Landesverfassung des Großherzogtums Hessen vom 17.12.1820, Art. 30 der preußischen Verfassungsurkunde vom 05.12.1848 sowie Art. 143 § 1 des Revidierten Staatsgrundgesetzes für das Großherzogtum Oldenburg vom 22.11.1852.

2 *Beeinflussungswege in Rechtsprechung und Literatur*

In der Mehrzahl der Mitgliedstaaten wurde die Grundrechtsberechtigung juristischer Personen samt ihrer Voraussetzungen erst durch die Rechtsprechung anerkannt und entwickelt (Frankreich, Irland, Österreich, Belgien, Niederlande, Spanien, Italien, Polen, Schweden). Betrachtet man die Entscheidungen zur Grundrechtsberechtigung juristischer Personen in diesen Staaten, so zeigt sich vereinzelt, dass auf Art. 19 Abs. 3 GG bei der Frage der Grundrechtsberechtigung juristischer Personen Bezug genommen wird.[365] In der Rechtsprechung der Niederlande, Belgiens und Schwedens finden sich hingegen keine ausdrücklichen Bezüge auf Regelungen in anderen Mitgliedstaaten. Auch die mitgliedstaatliche Literatur verweist vereinzelt auf die deutsche Dogmatik zur Grundrechtsberechtigung.[366] Gleichwohl lässt sich keine „Leitrechtsordnung“ herausarbeiten, da nicht genügend ausdrückliche Bezüge in der mitgliedstaatlichen Rechtsprechung und Literatur festgestellt werden konnten.

3 *Einfluss der EMRK*

Auch wenn durch den Beitritt zur EMRK für alle Mitgliedstaaten eine völkerrechtliche Verpflichtung zur Umsetzung der EMRK besteht, unterscheidet sich ihr Integrationsgrad in den Mitgliedstaaten stark. Sie wurde nur in Österreich in unmittelbar geltendes Verfassungsrecht umgesetzt und in Polen zumindest im Verfassungsgebungsprozess berücksichtigt. Nichtsdestotrotz werden in den Niederlanden und nach einer Literaturmeinung auch in Polen die Grundrechte der EMRK vorrangig vor denen der Verfassung angewandt. Ähnliches gilt für Belgien, wo insbesondere nach der Rechtsprechung die weiterreichenden Gewährleistungen der EMRK vorrangig anzuwenden sind. Nach einer Gegenmeinung dienen die Gewährleistungen der EMRK in Belgien nur als Auslegungsmaßstab für die Grundrechte der Verfassung. Auch in Deutschland, Frankreich, Irland, Italien und Schweden dient die EMRK als Auslegungsmaßstab für die in den

---

365 Vgl. für das Recht auf Unverletzlichkeit der Wohnung in Spanien VerfGH, Entscheidung vom 17.10.1985 – 137/1985, II.3.; allgemein auf die Grundrechtsberechtigung in Deutschland blickend Ö-VerfGH, Entscheidung vom 09.03.1967 – 5481/1967, 3.

366 Dies gilt zum Beispiel für Spanien, dessen Literatur der deutschen Verfassungsdogmatik einen wesentlichen Einfluss auf die Beantwortung der Frage der Grundrechtsberechtigung juristischer Personen zuspricht, s. hierzu *Zimmermann/de Borja López-Jurado Escribano*, in: Jiménez-Blanco/Tettinger (Hrsg.), Grundstrukturen der Energiewirtschaft in Spanien und in der Bundesrepublik Deutschland, S. 93 (101 f.).

Verfassungen niedergelegten Grundrechte. Auffällig ist dabei jedoch, dass nicht in allen möglichen Fällen eine Übertragung der Grundsätze zur Grundrechtsberechtigung juristischer Personen unter der EMRK auf den mitgliedstaatlichen Grundrechtsschutz stattfindet. So wird eine Übertagung des Grundrechtsschutzes öffentlich-rechtlicher Rundfunkanstalten unter der EMRK auf den mitgliedstaatlichen Grundrechtsschutz in Spanien und den Niederlanden nur von der rechtsvergleichenden Literatur, hingegen nicht von der spanischen Rechtsprechung und der Literatur selbst diskutiert. Auch wird ein Einfluss der EMRK auf den grundrechtlichen Eigentumsschutz juristischer Personen, trotz des eindeutigen Wortlauts des Art. 1 des 1. ZP zur EMRK, in Irland überhaupt nicht angesprochen. Nichtsdestotrotz gibt die EMRK als verbindlicher völkerrechtlicher Vertrag grundsätzlich für alle Mitgliedstaaten tatsächlich einen Mindeststandard grundrechtlichen Schutzes vor. Denn unabhängig von der mitgliedstaatlichen Integration nimmt die EMRK in den Mitgliedstaaten Einfluss auf die Reichweite des Grundrechtsschutzes. Dies zeigt sich neben der Erweiterung des Grundrechtsschutzes in Österreich sowie in Polen auch in der Rechtsprechung Belgiens und der Niederlande. In Belgien wird unter Bezug auf Art. 10 EMRK der Grundrechtsschutz politischer Parteien begründet sowie unter Rückgriff auf Art. 9 EMRK der grundrechtliche Schutz von Religionsgemeinschaften ermittelt. In den Niederlanden wird allgemein beim Schutz juristischer Personen durch die Vereinigungsfreiheit auch auf Art. 11 EMRK Bezug genommen. In diesen Fällen bliebe sonst der mitgliedstaatliche Grundrechtsschutz hinter dem der EMRK zurück.

Der EMRK kommt aber nicht nur eine schutzbereichserweiternde, sondern auch eine den Schutzbereich begrenzende Funktion zu. In den Niederlanden ist zu beobachten, dass die Bestimmung der Grundrechtsberechtigung juristischer Personen des Öffentlichen Rechts in Anlehnung an die zu Art. 34 EMRK entwickelten Kriterien des EGMR erfolgt. Hierbei handelt es sich jedoch um einen Einzelfall, aus dem daher für eine gemeinsame europäische Verfassungsüberlieferung keine Schlüsse gezogen werden können.

II Konvergenzen

1 Juristische Personen des Privatrechts

a) „Ob“ und „Wie“ der Grundrechtsberechtigung

Hinsichtlich des „Ob“ der Grundrechtsberechtigung juristischer Personen des Privatrechts besteht eine gemeinsame Tradition der Mitgliedstaaten, denn in allen Staaten ist ihre Grundrechtsberechtigung dem Grunde nach anerkannt.[367] Wie bereits festgehalten, knüpft die Grundrechtsberechtigung in acht von zehn Mitgliedstaaten nicht an eine normative Grundlage an, sondern wurde erst in der Rechtsprechung entwickelt.[368] Die Anerkennung der Grundrechtsberechtigung juristischer Personen dem Grunde nach folgt dabei auch jeweils allein aus nationalem Recht und ist nicht durch Art. 34 EMRK bzw. die Rechtsprechung des EGMR beeinflusst.

Für alle Mitgliedstaaten ist festzustellen, dass ihre Grundrechtskataloge (auch) keine abschließende Aufzählung der auf juristische Personen anwendbaren Grundrechte beinhalten. Vielmehr richtet sich die Anwendbarkeit der einzelnen Grundrechte auf juristische Personen in allen Mitgliedstaaten nach spezifischen Wertungen. Insofern gilt, dass die Mehrheit der Mitgliedstaaten die Grundrechtsberechtigung juristischer Personen sei es kraft Verfassung, sei es kraft herrschender Lehre danach bestimmt, ob ein Grundrecht seinem *Wesen* nach auf eine juristische Person anwendbar ist. Zu dieser Gruppe von Staaten sind Deutschland,[369] Österreich, Belgien, die Niederlande, Spanien und Italien zu zählen. In der französischen Literatur, der spanischen Rechtsprechung sowie in Polen bestimmt sich die Grundrechtsberechtigung danach, ob ein Grundrecht seiner *Natur* nach auf juristische Personen anwendbar ist. In Irland und Schweden fragt man danach, ob ein Grundrecht sinngemäß beziehungsweise seinem *Inhalt* nach auf juristische Personen anwendbar ist. Bei einer rein textuellen Betrachtung der aufgestellten Kriterien für die Grundrechtsberechtigung juristischer Personen zeigt sich demnach ein heterogenes Bild.[370] Eine funktionale Betrachtung ergibt jedoch, dass die Unterscheidung nach der *Natur*, dem *Wesen* oder dem *Inhalt* des Grundrechts eine überwiegend rein begriffliche ist. Dahinter steht in allen Fällen die Frage, ob das jeweilige Grundrecht auch dem Schutz

367 Dies gilt auch für Irland, auch wenn es dort in der Literatur unterschiedliche Stimmen gibt und auch die die Grundrechtsberechtigung bejahende Rechtsprechung noch nicht höchstrichterlich bestätigt wurde.

368 Eine Zwischenstellung nimmt Spanien ein: Die Grundrechtsberechtigung ist zwar nicht normiert, jedoch sind juristische Personen nach Art. 162 Abs. 1 Buchst. b der Verfassung juristische Personen zur Einlegung der Verfassungsbeschwerde befugt.

369 Ob ein Grundrecht seinem Wesen nach auf eine juristische Person anwendbar ist, bestimmt sich in Deutschland nach spezifischen Kriterien, auf die bei den Konvergenzen noch eingegangen wird.

370 Dies unterstreicht *Huber*, in: von Mangoldt/Klein/Starck (Hrsg.), GG, Art. 19 Abs. 3 Rn. 331 indem er – ohne vergleichbar breite Analyse – hingegen feststellt, dass innerhalb der Gruppe der genannten Mitgliedstaaten keine Konvergenz hinsichtlich der Ermittlung der Grundrechtsberechtigung juristischer Personen vorliegt.

juristischer Personen dienen kann.[371] Es findet somit in der überwiegenden Zahl der Mitgliedstaaten eine am Schutzzweck des jeweiligen Grundrechts orientierte Bestimmung der Grundrechtsberechtigung statt.[372]

Sowohl die Rechtsprechung als auch die Literatur in den Mitgliedstaaten, die die Grundrechtsberechtigung juristischer Personen nach der wesensgemäßen Anwendbarkeit der Grundrechte bestimmen, ist (teils erheblich) jünger als Art. 19 Abs. 3 GG. Dies und die auffällige Parallele zur Formulierung der Voraussetzungen des Grundrechtsschutz juristischer Personen nach Art. 19 Abs. 3 GG sprechen dafür, dass Art. 19 Abs. 3 GG eine Vorbildfunktion zukommt. Mangels eindeutiger Bezüge auf das Grundgesetz stellt dies freilich nur eine Vermutung dar; auch wird in anderen EU-Staaten keine zur Dogmatik des Grundrechtsschutzes in Deutschland vergleichbar ausgeprägte Diskussion über die Ausfüllung des Kriteriums der *wesensgemäßen* Anwendbarkeit geführt.

b) Strukturelle Anforderungen

Solange eine juristische Person im Rechtsverkehr als Trägerin von Rechten und Pflichten auftreten kann, ist sie in allen Mitgliedstaaten auch grundrechtsberechtigt.[373] Dabei wird hinsichtlich der Grundrechtsberechtigung grundsätzlich nicht zwischen Teil- und Vollrechtsfähigkeit unterschieden.

Des Weiteren sind juristische Personen trotz ihres Sitzes in einem anderen Mitgliedstaat der Europäischen Union in Deutschland, Frankreich, Österreich, Belgien, den Niederlanden, Italien und Polen nach überwiegender Ansicht grundrechtsberechtigt. Unabhängig von den jeweiligen mitgliedstaatlichen Regelungen im Einzelfall, folgt dies zwingend aus Art. 18 AEUV, wonach im

371 So unterscheidet im deutschen Verfassungsrecht schon *Sachs*, Verfassungsrecht II, Kap. 1 Rn. 64, funktionell nicht zwischen den Wendungen „der Natur nach anwendbar" und „ihrem Wesen nach anwendbar"; wohl auch die wesensgemäße Anwendung mit der Anwendbarkeit der Natur nach gleichsetzend *Huber*, in: von Mangoldt/Klein/Starck (Hrsg.), GG, Art. 19 Abs. 3 Rn. 331, spricht beim Wesen der Grundrechte auch von der „Natur" des Schutzgutes.

372 Dies zeigt sich auch in der Rechtsprechung in Spanien, die die Grundrechtsberechtigung juristischer Personen nicht nur anhand der *Natur* des Grundrechts, sondern auch nach seinem Zweck bestimmt; Ähnliches gilt für die Rechtsprechung in Italien, die das Kriterium der Zweckgerichtetheit zugrunde legt; auch nach der Theorie der grundrechtstypischen Gefährdungslage wird von der deutschen Literatur der sachliche Schutzbereich und damit der Schutzzweck eines Grundrechts zur Bestimmung der Grundrechtsberechtigung einer juristischen Person herangezogen.

373 Die Ausgestaltung der Rechtsstellung im Einzelnen, Teilrechtsfähigkeit o.Ä., ist grds. ohne Einfluss auf die Anwendbarkeit von Grundrechten.

Anwendungsbereich der Verträge jede Diskriminierung aus Gründen der Staatsangehörigkeit verboten ist.[374] Insofern ist es verwunderlich, dass in den übrigen Mitgliedstaaten keine ähnliche Regelung diskutiert wird beziehungsweise teils sogar die Grundrechtsberechtigung juristischer Personen mit Sitz in einem anderen Mitgliedstaat abgelehnt wird (vgl. hierzu Schweden). Vielmehr müsste gerade wegen der Wirkungen des Art. 18 AEUV eine Homogenisierung in der Frage der Staatszugehörigkeit eingetreten sein. Nichtsdestotrotz ist eine gemeinsame Verfassungstradition feststellbar, wonach juristische Personen mit Sitz in einem anderen Mitgliedstaat grundrechtsberechtigt sind.

c) Einzelne Grundrechte

Allen Mitgliedstaaten ist infolge der Ansätze zur Beantwortung der Frage nach der Grundrechtsberechtigung juristischer Personen gemeinsam, dass juristische Personen sich nicht auf originär für natürliche Personen geschaffene Grundrechte berufen können. Hierzu gehören das Recht auf Leben, körperliche Unversehrtheit sowie überwiegend Diskriminierungsverbote, die an natürliche Personen anknüpfen (zum Beispiel Sexualität oder Rasse).

Ein erstes, in der überwiegenden Zahl der Mitgliedstaaten zugunsten juristischer Personen des Privatrechts anerkanntes Grundrecht stellt das *Diskriminierungsverbot* beziehungsweise der *Gleichbehandlungsgrundsatz* dar (Deutschland, Frankreich, Österreich, Belgien, Spanien, Italien, Polen).[375] Weiterhin wird die *Vereinigungsfreiheit* in der weit überwiegenden Zahl der Mitgliedstaaten zugunsten juristischer Personen angewandt (Deutschland, Frankreich, Österreich, Belgien, Niederlande, Spanien, Italien, Schweden). Auch die *Eigentumsfreiheit* wird in der überwiegenden Mehrheit der Mitgliedstaaten juristischen Personen des Privatrechts zugestanden (Deutschland, Frankreich, Irland, Österreich, Spanien, Italien, Polen, Schweden). Dies gilt auch für die Berufs- und Erwerbsfreiheit und damit die *unternehmerischen Freiheiten* (Deutschland, Frankreich, nach einer vereinzelten Ansicht in Irland, Österreich, Italien, Polen). Hinsichtlich der Grundrechtsberechtigung juristischer Personen des Privatrechts ist auch darauf hinzuweisen, dass die *Religionsfreiheit*, die in einer Religionsausübungsfreiheit oder in einer Autonomiegewährleistung bestehen kann, zumeist auf

---

374 Vgl. BVerfGE 129, 78 (97); 152, 122, Rn. 14 f.; so *Jarass*, in: Jarass/Pieroth (Hrsg.), GG, Art. 19 Rn. 23.

375 So spricht auch *Wollenschläger*, in: von Mangoldt/Klein/Starck, GG, Art. 3 Abs. 1 Rn. 35 davon, dass „der Gleichheitssatz zum Kernbestand (nicht nur) der westlichen Verfassungstradition“ zu zählen ist.

juristische Personen des Privatrechts angewandt wird (Deutschland, Frankreich, im Umfang einer Autonomiegewährleistung in Irland, Belgien, Niederlande, Spanien, Italien, Polen).

Betrachtet man den Einfluss der EMRK auf den mitgliedstaatlichen Grundrechtsschutz, so müsste auch in den Niederlanden das allgemeine Diskriminierungsverbot und die Eigentumsfreiheit zugunsten juristischer Personen angewandt werden sowie in Belgien die Eigentumsfreiheit.[376] Denn in der EMRK ist neben der Eigentumsfreiheit sowohl das Diskriminierungsverbot als auch ein allgemeiner Gleichbehandlungsgrundsatz zugunsten juristischer Personen anerkannt. Insofern hat auch hier noch keine abschließende Annäherung des mitgliedstaatlichen Grundrechtsschutzes stattgefunden. Nach alledem lässt sich eine gemeinsame Verfassungstradition hinsichtlich der Gleichbehandlungsgebote, Eigentumsfreiheit, unternehmerischen Freiheiten, Vereinigungsfreiheit und Religionsausübungsfreiheit feststellen.

Für den *Gleichbehandlungsgrundsatz* sowie die *Eigentumsfreiheit* liegt es nahe, den Grund für die Grundrechtsberechtigung juristischer Personen im historisch-politischen Hintergrund dieser Freiheiten zu suchen. So geht der Gleichbehandlungsgrundsatz ideengeschichtlich bis auf die Antike zurück und gehört (wenn auch insofern dem Wortlaut nach ausdrücklich nur für natürliche Personen) zu den wesentlichen und zentralen Grundrechten der frühen Grundrechtskataloge in Frankreich nach 1789.[377] Das erklärt, weshalb er in allen mitgliedstaatlichen Grundrechtskatalogen verankert ist. Dass er weit überwiegend auch auf juristische Personen angewandt wird, folgt dann insbesondere daraus, dass beim allgemeinen Gleichbehandlungsgrundsatz keine Gründe gegen eine wesensgemäßige Anwendbarkeit sprechen. Auch der Eigentumsfreiheit kommt eine wesentliche Bedeutung für die marktwirtschaftliche Wirtschaftsordnung und als Voraussetzung für wirtschaftlichen Wohlstand und Unabhängigkeit vom Staat zu.[378] Entsprechendes gilt für die unternehmerischen Freiheiten, die als Grundlage für die Teilhabe am Wirtschaftsleben ein Hauptbetätigungsfeld juristischer Personen

376 Zum Überblick über die Wirkungen der EMRK in den Mitgliedstaaten Kap. 1 Abschn. B. I. 3.

377 Vgl. hierzu *Wollenschläger*, in: von Mangoldt/Klein/Starck (Hrsg.), GG, Art. 3 Abs. 1 Rn. 1; zur Bedeutung des Gleichheitsgrundsatzes als allgemeines Sachlichkeitsgebot und damit umfassender verfassungsrechtlicher Maßstab in Österreich, siehe *Berka*, Verfassungsrecht, Rn. 1246; ähnlich für Deutschland berichtend *Schnapp*, in: Merten/Papier (Hrsg.), HGR III, § 52 Rn. 15.

378 Vgl. *Depenheuer/Froese*, in: von Mangoldt/Klein/Starck (Hrsg.), GG, Art. 3 Abs. 1 Rn. 1; SchlA GA *Caportorti*, in: EuGH, Rs. C-44/79, Slg. 1979, 3727 (3760).

erfasst. Insofern lassen sich die Konvergenzen in der Grundrechtsberechtigung juristischer Personen hinsichtlich einzelner Grundrechte erklären.

2 Grundrechtsberechtigung der Gewerkschaften

Gewerkschaften sind in allen Mitgliedstaaten bis auf Polen als juristische Personen des Privatrechts organisiert und auch grundrechtsberechtigt. Teilweise sehen die Grundrechtskataloge neben den grundsätzlich auf juristische Personen des Privatrechts anwendbaren Grundrechten spezifische Rechte für Gewerkschaften wie die Koalitionsfreiheit, das Streikrecht oder ein Recht auf Bestimmung der Arbeitsbedingungen vor (Frankreich, Österreich, Italien). Sogar in Irland ist ihr Bestehen verfassungsrechtlich geschützt. Obwohl die Gewerkschaften in Polen als juristische Personen des Öffentlichen Rechts organisiert sind, gewährleistet Art. 59 der dortigen Verfassung ihnen dennoch Rechte, die den spezifischen Rechten der privatrechtlich organisierten Gewerkschaften gleichen. Folgt man somit einer *funktionalen* Betrachtungsweise, so kommt man zu dem Ergebnis, dass Gewerkschaften als autonome Einheiten gegen staatliche Einflüsse in allen Mitgliedstaaten verfassungsrechtlich geschützt sind. Darin, dass Gewerkschaften in allen Mitgliedstaaten grundrechtsberechtigt sind und teils sogar über spezifische Rechte verfügen, zeigt sich neben der bestehenden gemeinsamen Verfassungstradition ihre besondere Bedeutung für die Durchsetzung der Rechte Einzelner im Wirtschaftsleben.

3 Grundrechtsberechtigung der politischen Parteien

Wie die Gewerkschaften sind die Parteien in allen hier untersuchten Staaten bis auf Polen als juristische Personen des Privatrechts organisiert. Mit Ausnahme Irlands, dessen Verfassung die Existenz von Parteien nicht kennt, wird ihre Grundrechtsberechtigung in allen Mitgliedstaaten bejaht. Teils kommen ihnen nur spezielle Parteiengrundrechte zu (z. B. Gründungs- und Betätigungsfreiheit in Spanien oder Österreich),[379] teils können sie sich auch auf weitergehende Grundrechte berufen (z. B. Gleichheitssatz, Meinungs-, Versammlungs- und Vereinigungsfreiheit in Deutschland, Frankreich, Belgien, den Niederlanden, Italien, Schweden). Aus funktionaler Sicht ist allen Staaten bis auf Irland gemeinsam, dass Parteien wegen ihrer besonderen Bedeutung als zentrale Organe der politischen Willensbildung verfassungsrechtlich grundsätzlich vor staatlichem

379 Sowie eine „allgemeine Parteienfreiheit" nach einer Stimme in den Niederlanden.

Einfluss geschützt werden sollen. Insofern besteht eine gemeinsame Verfassungstradition der Grundrechtsberechtigung der politischen Parteien.

4 Grundrechtsberechtigung der privaten Religionsgemeinschaften

Sind Religionsgemeinschaften in einem Mitgliedstaat als juristische Personen des Privatrechts organisiert, werden sie dort durch verfassungsmäßige Rechte und damit teils durch Grundrechte geschützt (Frankreich, Belgien, Niederlande, Spanien und Polen sowie Italien hinsichtlich der Religionsgemeinschaften außer der katholischen Kirche). Daher wird neben der kollektiven Religionsausübungsfreiheit auch die Autonomie der Religionsgemeinschaft in allen Staaten (bis auf Irland) gewährleistet. Die belgische Rechtsprechung zeigt wiederum die Bedeutung der EMRK im europäischen Mehrebenensystem, da die Religionsausübungsfreiheit erst unter Bezugnahme auf den Einfluss der EMRK auf den Umfang des belgischen Grundrechtsschutz anerkannt wurde.[380]

Trotz der unterschiedlichen Ausgangslage in den Mitgliedstaaten lässt sich als Konvergenz und damit als gemeinsame Verfassungsüberlieferung die Grundrechtsberechtigung von Religionsgemeinschaften als juristische Personen des Privatrechts im Hinblick auf die Berechtigung, sich auf die Religionsausübungsfreiheit zu berufen, festhalten. Dass die Religionsausübung überwiegend in Gemeinschaften (unabhängig von ihrer Organisation) stattfindet und sie seit jeher dazu dient, die individuelle religiöse Freiheit auch von Minderheiten zu schützen,[381] erklärt die weite Verbreitung des Schutzes der Religionsausübungsfreiheit auch juristischer Personen.

5 Juristische Personen des Öffentlichen Rechts

a) Grundlagen

Die Grundrechtsberechtigung juristischer Personen wird in der Mehrheit der Mitgliedstaaten abgelehnt, da ein Grundrechtsverpflichteter nicht zugleich Grundrechtsberechtigter sein könne (Deutschland, Österreich, Niederlande, Spanien, Italien, Polen, Schweden). Insofern lässt sich eine Tendenz zu einer gemeinsamen Verfassungsüberlieferung feststellen. Blickt man lediglich auf die Verfahrensgrundrechte, so ist festzuhalten, dass juristische Personen des Öffentlichen Rechts in Deutschland, Frankreich und teils in Spanien berechtigt sind, sich auf die Verfahrensgrundrechte zu berufen. Dies stellt eine erste

---

380 Vgl. insofern Kap. 1 Abschn. A. V. 2.

381 Vgl. *Grabenwarter*, in: Pabel/Schmahl (Hrsg.), IntKommEMRK, Art. 9 Rn. 2 f.

Ausnahme vom Ausschluss juristischer Personen des Öffentlichen Rechts von der Grundrechtsberechtigung dar. Eine weitere Ausnahme und tendenziell auch eine gemeinsame Verfassungsüberlieferung der Mitgliedstaaten liegt darin, dass spezifische Erscheinungsformen juristischer Personen des Öffentlichen Rechts in allen Staaten bis auf Irland grundrechtsberechtigt sind. Eine Erklärung hierfür liegt in Spanien und Deutschland darin, dass die spezifischen Erscheinungsformen häufig einem grundrechtlich geschützten Lebensbereich zuzuordnen sind beziehungsweise der (korporativen) Verwirklichung der Grundrechte Einzelner dienen.

b) Grundrechtsberechtigung der Gemeinden

Die Grundrechtsberechtigung der Gemeinden wird in Deutschland, Irland, Italien, Polen und Schweden sowie von der Rechtsprechung auch in den Niederlanden abgelehnt.[382] Die Ablehnung der Grundrechtsberechtigung basiert dabei überwiegend darauf, dass den Gemeinden als Grundrechtsverpflichtete und damit Teil des Staates keine Grundrechtsberechtigung zukommen soll. Bei ihnen handelt es sich somit um keine spezifischen Erscheinungsformen, die ausnahmsweise grundrechtsberechtigt sind. Alles in allem ist eine die Grundrechtsberechtigung der Gemeinden tendenziell ablehnende gemeinsame Verfassungstradition erkennbar.

c) Grundrechtsberechtigung der Kirchen und Religionsgemeinschaften

Nicht in allen Mitgliedstaaten sind Religionsgemeinschaften als juristische Personen des Öffentlichen Rechts organisiert. Dies gilt nur für Deutschland, Österreich, die katholische Kirche in Italien und für Schweden. In den übrigen Mitgliedstaaten sind Religionsgemeinschaften als juristische Personen des Privatrechts organisiert. Dies folgt zu großen Teilen aus dem historischen Hintergrund und damit aus der in Europa fortgeschrittenen Säkularisierung.[383]

Soweit Religionsgemeinschaften beziehungsweise Kirchen im Speziellen noch als juristische Personen des Öffentlichen Rechts organisiert sind, kommen ihnen überall verfassungsmäßige Rechte zu. In Deutschland und Österreich sind sie grundrechtsberechtigt. Sie können sich daher auf die kollektive

---

382 Vgl. zur abweichenden Literaturansicht in den Niederlanden bezüglich des Petitionsgrundrechts *von Mutius*, in: Kahl/Waldhoff/Walter (Hrsg.), BK, Art. 19 Abs. 3 GG, Rn. 169; zur abweichenden Literaturansicht bezüglich des Eigentumsgrundrechts in Polen *Diemer-Benedict*, in: ZaöRV 1998, 205 (213).

383 Vgl. zum Überblick *von Campenhausen/de Wall*, S. 338 ff.

Religionsausübungsfreiheit sowie auf den grundrechtlichen Schutz ihrer Autonomie berufen. In Italien wird die Autonomie der katholischen Kirche als juristische Person im Rahmen der Lateranverträge verfassungsmäßig geschützt, jedoch handelt es sich dabei um kein Grundrecht. In Schweden sind die Kirchen als landesweite Dachorganisationen hingegen nicht grundrechtsberechtigt. Bei funktionaler Betrachtungsweise kommt somit den öffentlich-rechtlich organisierten Religionsgemeinschaften in der Mehrzahl der Mitgliedstaaten ein verfassungsrechtlicher Schutz zu, der ihre Autonomie und ihr Handeln als Religionsgemeinschaft umfasst.

Zu beachten ist aber, dass bei diesem Ergebnis ein eventueller Einfluss der EMRK auf den grundrechtlichen Schutz der Kirchen noch nicht berücksichtigt wurde. Unter der EMRK sind auf Grund der Rechtsprechung des EGMR hinreichend staatsferne Religionsgemeinschaften als juristische Personen des Öffentlichen Rechts grundrechtsberechtigt.[384] Infolge der völkerrechtlichen Bindungen der EMRK und ihres vertikalen Einflusses auf die Reichweite des mitgliedstaatlichen Grundrechtsschutzes[385] liegt es nahe, dass zukünftig auch die Mitgliedstaaten, die aktuell die Grundrechtsberechtigung öffentlich-rechtlicher Religionsgemeinschaften noch ablehnen, ihnen diese zukünftig zuerkennen werden.

6 *Grundrechtsberechtigung öffentlicher Unternehmen*

Öffentliche Unternehmen existieren in allen hier betrachteten Mitgliedstaaten. Solange der Staat keinen beherrschenden Einfluss auf das Unternehmen hat oder dieses nicht zu 50 Prozent oder mehr in seinem Eigentum steht, bejahen alle Staaten die Grundrechtsberechtigung unabhängig von der Rechtsform. Insofern ist eine gemeinsame Tradition erkennbar. Sofern eine staatliche Beherrschung vorliegt oder der Staat mehr als 50 Prozent an einem öffentlichen Unternehmen beteiligt ist, wird die Grundrechtsberechtigung teils abgelehnt, teils nur ein weniger weit reichender Grundrechtsschutz angenommen. Daher besteht überwiegend eine Gemeinsamkeit darin, dass die Reichweite des Grundrechtsschutzes mit zunehmender Staatsnähe sinkt.

Auffällig ist daneben, dass öffentliche Unternehmen in der Mehrheit der EU-Mitgliedstaaten nicht als eigene Kategorie wahrgenommen werden. Überwiegend wird nur zwischen juristischen Personen des Privatrechts und juristischen Personen des Öffentlichen Rechts unterschieden. Je nach Organisationsform werden öffentliche Unternehmen einer dieser beiden Rechtsformen zugeordnet.

---

384 Vgl. im Einzelnen Kap. 2 Abschn. B. I. 2.

385 Vgl. hierzu Kap. 1 Abschn. B. I. 3.

Dadurch, dass auch in der Literatur der überwiegenden Zahl der Mitgliedstaaten die Grundrechtsberechtigung öffentlicher Unternehmen nicht als eigene Kategorie erörtert wird, zeigt sich auch deren (im Vergleich zu Deutschland) geringere wissenschaftliche Bedeutung auf europäischer Ebene.

III Divergenzen

1 Juristische Personen des Privatrechts

a) „Ob" und „Wie" der Grundrechtsberechtigung

Grundsätzlich liegt in der Bestimmung der Grundrechtsberechtigung juristischer Personen anhand des Schutzzwecks des jeweiligen Grundrechts eine gemeinsame Verfassungstradition der Mitgliedstaaten. Jedoch gibt es auch hiervon abweichende Ansätze. So bestimmt sich in Deutschland – trotz des Wortlauts des Art. 19 Abs. 3 GG – und nach Teilen der Literatur und der Rechtsprechung in Frankreich die Grundrechtsberechtigung juristischer Personen nicht nur mit Blick auf die infrage stehende grundrechtliche Gewährleistung, sondern besonders mit Blick auf die hinter der betroffenen juristischen Person stehenden natürlichen Personen. Insofern handelt es sich um anthroprozentrische Ansätze. Denn in Frankreich fußt die Grundrechtsberechtigung auf der Theorie der *durchsichtigen juristischen Person* und in Deutschland wird von der Rechtsprechung die Theorie vom *personalen Substrat* zur Bestimmung der Grundrechtsberechtigung mit Blick auf die hinter der juristischen Person stehenden natürlichen Personen herangezogen. Eine weitere, ähnliche Abweichung liegt in der belgischen Antwort auf die Frage nach der Grundrechtsberechtigung, wonach die Beurteilung der Grundrechtsberechtigung nicht nach dem Wesen des Grundrechts, sondern dem Wesen der juristischen Person erfolgt. Insofern liegt zwar eine gewisse Divergenz im dogmatischen Ansatz zur Bestimmung der Grundrechtsberechtigung juristischer Personen vor, aber ohne dass im Ergebnis bei der Grundrechtsberechtigung juristischer Personen zwischen den verschiedenen Ansätzen wesentliche Unterschiede bestünden.

b) Strukturelle Anforderungen

Ob juristische Personen mit Sitz in einem Drittstaat, sich in einem Mitgliedstaat der Europäischen Union umfassend auf dessen Grundrechtsschutz berufen können, wird nicht einheitlich beurteilt. Teils wird der Grundrechtsschutz grundsätzlich abgelehnt (Deutschland mit Ausnahme der prozessualen Gewährleistungen, Frankreich), teils nicht oder ohne klare Antwort diskutiert (Irland, Österreich, Spanien, Schweden) sowie teils bejaht (Belgien, Niederlande, Italien,

Polen). Zunächst liegt es nahe, diese Divergenz mit der im Wesentlichen auf der in dieser Frage eigenständigen Entscheidungsgewalt der jeweiligen Mitgliedstaaten zu begründen. Schließlich sind unmittelbar keine allgemein gültigen völkerrechtlichen Vorgaben ersichtlich, aus denen sich die Grundrechtsberechtigung juristischer Personen aus Drittstaaten ergeben könnte. Zumindest für Deutschland kann diese Überlegung wegen des Urteils des Bundesverfassungsgerichts vom 06.12.2016 nicht ohne Weiteres aufrecht erhalten werden.[386] In diesem Urteil bejahte das Bundesverfassungsgericht die Grundrechtsberechtigung eines öffentlichen Unternehmens aus einem anderen Mitgliedstaat nicht nur unter Verweis auf Unionsrecht. Das Bundesverfassungsgericht stützte das Urteil auch darauf, dass wegen der Gewährleistung effektiven Rechtsschutzes aus Art. 13 EMRK ein Beschwerderecht gegen eine mögliche Verletzung des konventionsrechtlichen Eigentumsrechts aus Art. 1 des ersten Zusatzprotokolls zur EMRK bestehen müsse.[387] Es liegt daher nahe, unter Bezugnahme auf dieses Urteil des Bundesverfassungsgerichts und damit Art. 13 EMRK zumindest in Deutschland die Grundrechtsberechtigung juristischer Personen aus Drittstaaten zu bejahen, sofern diese juristischen Personen andernfalls hinsichtlich ihrer Konventionsrechte auf mitgliedstaatlicher Ebene rechtsschutzlos stünden. Inwiefern Art. 13 EMRK in anderen Mitgliedstaaten vergleichbar Anwendung finden wird, ist jedoch noch nicht absehbar. Dafür spricht jedenfalls die völkerrechtliche Verpflichtung zur Umsetzung der Vorgaben der EMRK.

c) Einzelne Grundrechte

Die Reichweite des Grundrechtsschutzes juristischer Personen ist im Einzelnen maßgeblich abhängig vom Umfang der mitgliedstaatlichen Grundrechtskataloge, bei denen noch größere Unterschiede bestehen. So weisen zum Beispiel Deutschland, Frankreich, Österreich sehr ausgeprägte Grundrechtskataloge auf, wohingegen der Grundrechtsschutz in Irland und Schweden im Einzelnen nicht derart ausgeprägt ist (auch zugunsten juristischer Personen). Daran ändert auch der Einfluss der EMRK nichts, denn sie hat trotz der völkerrechtlichen Verpflichtung zu ihrer Umsetzung nur in Österreich, Belgien und den Niederlanden teils partiell zur Erweiterung des Umfangs mitgliedstaatlichen Grundrechtsschutzes geführt.[388] Auffällige Divergenzen zwischen den einzelnen Mitgliedstaaten ließen sich indes wie folgt identifizieren:

---

386 Vgl. zu BVerfGE 143, 246, Kap. 1 Abschn. A. I. 3.

387 Vgl. zu Art. 13 EMRK Kap. 2 Abschn. A. II. 1.

388 Auf den Einfluss der EMRK auf den Grundrechtsschutz in diesen Staaten wurde bereits in Kap. 1 Abschn. B. I. 3. eingegangen; in anderen Staaten ist der Einfluss der

Der Schutz privater Lehranstalten durch die vergleichbare Garantie einer *Privatschulfreiheit, Unterrichtsfreiheit* beziehungsweise *Lehrfreiheit* existiert nur in Deutschland, Frankreich, Belgien und den Niederlanden. Der *Schutz des Kommunikationsvorgangs* beziehungsweise von *Daten* ist nur in Deutschland und Österreich grundrechtlich gewährleistet. Die *Unverletzlichkeit der Wohnung* beziehungsweise der *Betriebs- und Geschäftsräume* juristischer Personen fällt nur in Deutschland, Spanien und Italien unter grundrechtlichen Schutz. Letztlich ist bereits bei der Feststellung, dass eine Konvergenz beim grundrechtlichen Schutz *wirtschaftlicher Betätigung* besteht, aufgefallen, dass in Belgien und in den Niederlanden diese Gewährleistung trotz ihrer regelmäßigen Bedeutung für juristische Personen nicht zugunsten dieser angewandt wird. Dies folgt daraus, dass die wirtschaftliche Betätigung dort aufgrund der Verfassungsdogmatik beziehungsweise des Verfassungstextes den sozialen Grundrechten beziehungsweise einem menschenwürdigen Leben zugeordnet wird, weshalb eine Anwendung auf juristische Personen eher fernliegend erscheint. Auch fehlt in der EMRK eine entsprechende Freiheit und damit der „Motor“ für eine Homogenisierung des Grundrechtsschutzes. Hinsichtlich des Schutzes privater Lehranstalten lässt sich die Divergenz ebenso auf den Mangel einer korrespondieren Gewährleistung der EMRK zurückführen. Im Übrigen fehlt es an der entsprechenden Übernahme der unter der EMRK anerkannten Gewährleistungen beziehungsweise entsprechender Gewährleistungen innerhalb des mitgliedstaatlichen Grundrechtskatalogs.

2 Juristische Personen des Öffentlichen Rechts

a) Grundlagen

Das Grundrechtsverständnis divergiert teils zwischen den Mitgliedstaaten. Denn vereinzelt bejahen sie (Frankreich, zum Teil Österreich, Belgien) die Grundrechtsberechtigung juristischer Personen des Öffentlichen Rechts.[389] Auch wenn die Trennung zwischen Grundrechtsberechtigten und -verpflichteten ein maßgebliches Strukturelement der zweiten Gruppe von Staaten ist,[390] zeigt sich

---

EMRK hingegen äußerst gering, so in Deutschland, Frankreich und Irland. In Irland hat dies auch noch zur Folge, dass der Grundrechtsschutz juristischer Personen aufgrund des originär nationalen Grundrechtskatalogs äußerst gering ausgeprägt ist.

389 So für das Verhältnis der deutschen zur französischen Grundrechtslehre *Gundel*, in: Grabenwarter (Hrsg.), EnzEUR, Bd. 2, § 2 Rn. 27.

390 So z. B. die Rechtsprechung des BVerfG, s. zusammenfassend *Schnapp*, in: Merten/Papier (Hrsg.), HGR II, § 52 Rn. 18; kritisch zur Grundrechtsverpflichtung und -berechtigung juristischer Personen des Öffentlichen Rechts in Österreich *Berka*, Verfassungsrecht, Rn. 776, 1142.

bei funktionaler Betrachtung dennoch eine vergleichbare Interessenlage in allen Staaten: Wenn beispielsweise in Frankreich auch juristische Personen des Öffentlichen Rechts grundrechtsberechtigt sind, so erstreckt sich dieser Schutz auf Autonomiegewährleistungen.[391] Diese Funktion kommt in den anderen Staaten, wie beispielsweise Deutschland, dem Kommunalverfassungsrecht oder Haushaltsrecht zu.[392] Die Grundrechte regeln daher in Frankreich teils auch die innerstaatliche Kompetenzverteilung und bilden insofern ein funktionales Äquivalent zum Kommunalverfassungs- beziehungsweise Haushaltsrecht. Obgleich in den Mitgliedstaaten demnach eine vergleichbare Interessenlage besteht, ist ihr Schutz ausgesprochen unterschiedlich ausgestaltet. Die Grundrechte dienen in Frankreich, Österreich, Belgien und teils auch Spanien somit nicht nur dem – wenn auch mittelbaren – Schutz Privater vor hoheitlichem Handeln. Somit liegt eine maßgebliche Divergenz darin, dass sich in diesen Staaten auch autonome staatliche Untergliederungen, obwohl sie keinem grundrechtlich geschützten spezifischen Lebensbereich zuzuordnen sind, auf Grundrechte berufen können.

b) Grundrechtsberechtigung der Gemeinden

Tendenziell besteht eine gemeinsame Verfassungstradition in dem Ausschluss eines Grundrechtsschutzes von Gemeinden. Im Gegensatz dazu sind Gemeinden aber in Frankreich, Österreich, Belgien und mit Einschränkungen in Spanien grundrechtsberechtigt. Die Grundrechtsberechtigung erstreckt sich dabei teils auf weite Teile der Grundrechtskataloge und teils auf spezifische Gewährleistungen, wie zum Beispiel die Selbstverwaltungsgarantie in Österreich. Bei funktionaler Betrachtung bestehen jedoch zwischen den Mitgliedstaaten keine wesentlichen Unterschiede bezüglich der Rechtsstellung der Gemeinden. So kommt ihnen in den Staaten, in denen ihre Grundrechtsberechtigung abgelehnt wird, ein in der Regel vergleichbarer Schutz durch andere verfassungsmäßige Rechte zu (Art. 28 Abs. 2 GG in Deutschland, Art. 28a in Irland, Kap. 5 § 8 RF in Schweden). Bei den Grundrechten handelt es sich somit um (funktionale) Äquivalente zu anderen verfassungsmäßigen Rechten.[393] Hier zeigt sich erneut die bereits allgemein zur Divergenz der Grundrechtsberechtigung juristischer

391 Vgl. für Frankreich *Gundel*, in: Grabenwarter (Hrsg.), EnzEUR, Bd. 2, § 2 Rn. 27 f.; für Österreich *Adamovich/Funk/Holzinger/Frank*, Österreichisches Staatsrecht, Bd. 3, Rn. 41.065.

392 So *Gundel*, in: Grabenwarter (Hrsg.), EnzEUR, Bd. 2, § 2 Rn. 27.

393 Vgl. *Gundel*, in: Grabenwarter (Hrsg.), EnzEUR Bd. 2, § 2 Rn. 27, der dieses Phänomen im Verhältnis von Frankreich und Deutschland dargestellt hat und dabei auf das Eigentumsgrundrecht sowie die Vertragsfreiheit eingegangen ist.

Personen des Öffentlichen Rechts festgestellte Vermischung von Kompetenz- und Grundrechtsschutz, mithin die unterschiedliche Bedeutung von Selbstverwaltungs- und Grundrechten und damit eine Divergenz im Grundrechtsschutz der Gemeinden. Dies gilt jedoch nicht für Spanien, da dort die *Autonomie* der Gemeinden wiederum nicht grundrechtlich geschützt ist.

c) Grundrechtsberechtigung der öffentlich-rechtlichen Rundfunkanstalten

Auch hinsichtlich der Grundrechtsberechtigung des öffentlich-rechtlichen Rundfunks weisen die Mitgliedstaaten keine gemeinsame Verfassungstradition auf. Der öffentlich-rechtliche Rundfunk wird nur in Deutschland und Österreich durch die Rundfunkfreiheit geschützt. Nach einer Ansicht enthält auch die niederländische Verfassung ein subjektives Recht zugunsten der öffentlich-rechtlichen Rundfunkanstalten. Der Grundrechtskatalog Frankreichs kennt zwar keine Rundfunkfreiheit, zumindest können sich öffentlich-rechtliche Rundfunkanstalten jedoch auf die Meinungsfreiheit berufen. In Belgien, den Niederlanden und Schweden ist die Rechtsstellung nur einfach-gesetzlich ausgestaltet. In Irland, Spanien, Italien und Polen sind die öffentlich-rechtlichen Rundfunkanstalten ebenfalls nicht grundrechtsberechtigt beziehungsweise ist ihre Rechtsstellung noch nicht abschließend geklärt.

Auffällig ist in diesem Zusammenhang zunächst, dass trotz der völkerrechtlichen Verpflichtungen aus der EMRK die Übertragung der Reichweite des Art. 11 EMRK nur für die Niederlande und Spanien, hingegen nicht für Belgien diskutiert wird. Insofern scheint der mitgliedstaatliche Schutz des öffentlich-rechtlichen Rundfunks hier hinter dem Schutz auf völkerrechtlicher Ebene zurückzubleiben. Nichtsdestotrotz wird zumindest in Frankreich, Italien, Polen und Schweden den öffentlich-rechtlichen Rundfunkanstalten ein Mindestmaß an Autonomie beziehungsweise institutioneller Garantie gewährleistet. Zumindest in Italien und Polen dient die Gewährleistung von Autonomie zugunsten öffentlich-rechtlicher Rundfunkanstalten primär ihrer Wahrnehmung staatlicher Aufgaben und nicht zum grundrechtlichen Schutz eines Lebensbereichs, wie beispielsweise in Deutschland.[394] Hierin sowie in der unterschiedlichen Ausgestaltung der Rechtsstellung im Einzelnen liegt eine Divergenz.

394 Vgl. zu Deutschland berichtend *Schnapp*, in: Merten/Papier (Hrsg.), HGR II, § 52 Rn. 12.

d) Grundrechtsberechtigung der Universitäten

Eine gemeinsame Verfassungstradition hinsichtlich der Grundrechtsberechtigung der Universitäten existiert in den Mitgliedstaaten nicht. Nur in wenigen Mitgliedstaaten weist die Verfassung überhaupt einen grundrechtlichen Schutz der Hochschulen/Universitäten beziehungsweise der Wissenschaft auf (Deutschland, Österreich, Spanien Italien, Polen). Die Universitäten sind dabei nur in Deutschland, Spanien und Polen als juristische Personen des Öffentlichen Rechts grundrechtsberechtigt.[395] In Österreich und Italien wird nur ihre Autonomie verfassungsrechtlich gewährleistet. In den übrigen Staaten ist die Rechtsposition der Universitäten hingegen nur einfachgesetzlich ausgestaltet. Der Grund für das Fehlen einer verfassungsrechtlichen Gewährleistung der Wissenschaftsfreiheit und damit der Grundrechtsberechtigung der Universitäten ist teils darin zu sehen, dass Universitäten als juristische Personen des Öffentlichen Rechts als ein mit Hoheitsgewalt ausgestatteter Teil des Staates betrachtet werden (Belgien). Teils ist das Fehlen einer verfassungsrechtlichen Gewährleistung der Wissenschaftsfreiheit der Universitäten auch darauf zurückzuführen, dass es sich bei der Wissenschaftsfreiheit um eine Gewährleistung handelt, die sich spezifisch in Deutschland entwickelt hat und nur in wenigen weiteren Staaten eine Tradition hat.[396] Da es sich beim deutschen Grundgesetz um ein Vorbild für die neuen Verfassungen in Spanien und Polen handelt,[397] kann die Konvergenz zwischen diesen drei Staaten auf eine Vorbildfunktion Deutschlands zurückgeführt werden. In der Gesamtbetrachtung ist in den europäischen Mitgliedstaaten jedoch keine gemeinsame Verfassungstradition hinsichtlich der Grundrechtsberechtigung der Universitäten zu erkennen.

---

395 Es besteht eine Konvergenz hinsichtlich der Begründung der Grundrechtsberechtigung in Deutschland und Spanien, da in beiden Staaten juristische Personen des Öffentlichen Rechts dann grundrechtsberechtigt sind, wenn sie einen grundrechtlich geschützten Freiheitsbereich in Anspruch nehmen.

396 So *Mann*, in: Heselhaus/Nowak (Hrsg.), EU-Grundrechte, § 26 Rn. 50; *ders.*, a. a. O., weist noch darauf hin, dass die Wissenschaftsfreiheit mittlerweile in den osteuropäischen Mitgliedstaaten überwiegend verfassungsrechtlich verankert ist, so ist auch in der jüngeren polnischen Verfassung die Wissenschaftsfreiheit vorgesehen, wenn auch deren Anwendbarkeit auf juristische Personen noch nicht geklärt ist.

397 So mit Einschränkungen für Polen *Tuleja*, in: von Bogdandy/Cruz Villalón/Huber (Hrsg.), IPE, § 8 Rn. 10; für Spanien *Medina Guerrero*, in: von Bogdandy/Cruz Villalón/Huber (Hrsg.), IPE, § 11 Rn. 9.

C Fazit

Der horizontale Rechtsvergleich der Grundrechtsberechtigung juristischer Personen in den Mitgliedstaaten diente zur Ermittlung einer *gemeinsamen Verfassungstradition der Mitgliedstaaten*. Insofern konnte Folgendes festgestellt werden: In allen Mitgliedstaaten sind juristische Personen aufgrund einer wertungsmäßigen Betrachtung grundrechtsberechtigt. Zur Ermittlung der Anwendbarkeit des einzelnen Grundrechts auf juristische Personen wird überwiegend nach dem Schutzzweck des infrage stehenden Grundrechts gefragt. Die Wertung hinter der Begründung der Grundrechtsberechtigung juristischer Personen scheint historisch auf die deutsche Rechtsprechung zu Art. 19 Abs. 3 GG zurückzugehen, weshalb die deutsche Grundrechtslehre eine Art „Leitfunktion" erfüllt. Freilich fehlt es aber an ausdrücklichen Bezugnahmen auf die deutsche Grundrechtsdogmatik. Daneben besteht grundsätzlich ein Einfluss der EMRK auf die Reichweite des mitgliedstaatlichen Grundrechtsschutzes (worauf im Rahmen des vierten Kapitels noch genauer eingegangen wird). Wenn auch nicht als gemeinsame Verfassungstradition, so wenigstens als starke Tendenz, kann festgestellt werden, dass juristische Personen des Öffentlichen Rechts nicht grundrechtsberechtigt sind, hingegen spezifische Erscheinungsformen schon, sofern diese einem grundrechtlich geschützten Lebensbereich spezifisch zuzuordnen sind. Hierzu zählen die Religionsgemeinschaften. Die Grundrechtsberechtigung öffentlicher Unternehmen steht in den meisten Mitgliedstaaten nicht im Fokus von Rechtsprechung und Literatur, weshalb insoweit häufig keine genaueren Informationen ermittelbar waren. Es scheint lediglich weitgehend überstimmend von einer Grundrechtsberechtigung ausgegangen zu werden, sofern der Staat weniger als 50 Prozent der Anteile hält beziehungsweise keinen beherrschenden Einfluss ausübt.

Kapitel 2: Grundrechtsberechtigung juristischer Personen nach der EMRK

Die Europäische Menschenrechtskonvention ist ein völkerrechtlicher Vertrag. Gemäß Art. 31 ff. WVK ist daher bei der Auslegung auf die authentischen Sprachfassungen (hier: Französisch und Englisch) abzustellen,[398] die auch im Folgenden zugrunde gelegt werden.

A Grundrechtsberechtigung juristischer Personen des Privatrechts

Dass juristische Personen des Privatrechts berechtigt sind, sich auf Grundrechte der EMRK zu berufen, ist weitgehend unumstritten.[399] Lediglich eine einzelne Stimme in der Literatur zweifelt an der Selbstverständlichkeit der Grundrechtsberechtigung juristischer Personen in der EMRK, da der Wortlaut von Art. 34 EMRK und der Schluss vom Verfahrensrecht auf das materielle Recht sowie der Wortlaut des Art. 10 Abs. 1 S. 2 EMRK – im Gegensatz zu dem des Art. 1 des 1. ZP – nicht zwingend sei.[400] Die Voraussetzungen der Grundrechtsberechtigung sind ebenso weitgehend geklärt, lediglich hinsichtlich der normativen Grundlage der Grundrechtsberechtigung besteht Uneinigkeit.

I Normative Grundlage

In der EMRK findet sich keine Norm, die allgemein die Grundrechtsberechtigung juristischer Personen regelt. Nur nach Art. 1 des 1. ZP sind juristische Personen ausdrücklich berechtigt, sich auf die Eigentumsfreiheit zu berufen. Infolge von Ermangelung einer Regelung haben sich verschiedene Ansätze zur normativen Begründung der Grundrechtsberechtigung juristischer Personen entwickelt.

Art. 1 EMRK bestimmt als materiell-rechtliche Norm, dass die Vertragsparteien jedem innerhalb ihrer Hoheitsgewalt (*jurisdiction*) die in Abschnitt

---

398 Dies gilt auch für die Auslegung der Transformationsgesetzte, so *Grabenwarter/Pabel*, § 5 Rn. 2.

399 Vgl. *Johann*, in: Karpenstein/Meyer (Hrsg.), EMRK-Kommentar, Art. 1 Rn. 17; *Grabenwarter/Pabel*, § 17 Rn. 5; *Peters/Altwicker*, § 2 Rn. 16; so auch schon *Weiß*, in: NJW 1999, 2236 (2237).

400 Vgl. *Ackermann*, in: NZKart 2015, 17 (20).

I festgelegten Rechte und Freiheiten sichern müssen. Juristische Personen des Privatrechts lassen sich unter den Wortlaut dieser Norm („everyone" beziehungsweise „toute personne") fassen, weshalb die Grundrechtsberechtigung dieser Personen zum Teil allein auf Art. 1 EMRK gestützt wird.[401] Auf prozessualer Ebene ergibt sich daneben aus Art. 34 EMRK, dass nichtstaatliche Organisationen mit der Behauptung, durch die Vertragsparteien in den eigenen Rechten verletzt zu sein, beschwerdebefugt sind. Unter diese nichtstaatlichen Organisationen fallen juristische Personen des Privatrechts.[402] Dem widerspricht auch nicht der maßgebliche Wortlaut („non-governmental organisation" beziehungsweise „toute organisation non gouvernmentale").[403] Trotz der systematischen Stellung im Bereich des Prozessrechts und des insoweit eindeutigen Wortlauts wird Art. 34 S. 1 EMRK teilweise gleichwohl als Grundlage der Grundrechtsberechtigung juristischer Personen verstanden.[404] Am überzeugensten dürfte es sein, die Voraussetzungen und Grundlagen der Grundrechtsberechtigung juristischer Personen aus einer Zusammenschau von Art. 1 EMRK und Art. 34 S. 1 EMRK abzuleiten. Ein Schluss auf die Grundrechtsberechtigung ist möglich, da Art. 34 S. 1 EMRK eine Beschwerdebefugnis hinsichtlich eigener Rechte zulässt. Zwar kann sich aus einer prozessualen Norm wie Art. 34 EMRK allein keine materiell-rechtliche Rechtsposition ergeben, jedoch kann bei einem auf Individualrechtsschutz ausgerichteten Beschwerdesystem nur der, der Inhaber der Konventionsrechte ist, auch beschwerdebefugt sein. Umgekehrt muss der, dem die Beschwerdebefugnis zugestanden wird, auch grundrechtsberechtigt sein.[405]

---

401 Vgl. *Meyer-Ladewig/Nettesheim*, in: Meyer-Ladewig/Nettesheim/von Raumer (Hrsg.), EMRK-Handkommentar, Art. 1 Rn. 16.

402 Zur Abgrenzung von staatlichen Organisationen Kap. 2 Abschn. A. II.1.

403 Vgl. *Kleinlein*, in: JöR 65 (2017), 85 (90); *Kahl/Hilbert*, in: Kahl/Waldhoff/Walter, BK, Art. 19 Abs. 3, Rn. 62.

404 Vgl. *Johann*, in: Karpenstein/Meyer (Hrsg.), EMRK-Kommentar, Art. 1 Rn. 17; *Röben*, in: Dörr/Grote/Marauhn (Hrsg.), EMRK/GG Konkordanzkommentar, Kap. 5, Rn. 40; *Schweizer*, in: Merten/Papier (Hrsg.), HGR VI/1, § 138 Rn. 54; *Grabenwarter/Pabel*, § 17 Rn. 5.

405 Siehe hierzu und zu Vorstehendem *Fastenrath*, in: Pabel/Schmahl (Hrsg.), IntKommEMRK, Art. 1 Rn. 69, der den Begriff der berechtigten Person nach Art. 1 EMRK im Zusammenhang mit Art. 34 EMRK beurteilt; *Rogge*, in: Pabel/Schmahl (Hrsg.), IntKommEMRK, Art. 34 Rn. 119, wonach die konkretisierte Beschwerdebefugnis nach Art. 34 EMRK die Grundrechtsberechtigung voraussetzt; ähnlich *Peters/Altwicker*,

II Voraussetzungen der Grundrechtsberechtigung

1 Nichtstaatliche Organisationen

Die konkreten Anforderungen an die Grundrechtsberechtigung juristischer Personen ergeben sich infolge der hier vertretenen Lösung aus Art. 34 S. 1 EMRK. Demnach muss es sich bei juristischen Personen zunächst um nichtstaatliche Organisationen handeln, weil diese als Berechtigte nicht unter den Begriff der Personengruppe fallen. Denn unter Personengruppen werden nicht organisierte, aber ein gemeinsames Interesse verfolgende Gruppen von Individuen verstanden, denen keine eigene Rechtsfähigkeit, mithin nur ein sehr niedriger Organisationsgrad, zukommt.[406] Bei derartigen Individualbeschwerden geht es nicht um die Geltendmachung des Rechts einer Gruppe, sondern um die Geltendmachung von einzelnen Rechten von Individuen in einer Gruppe; der Sache nach liegt ein Bündel einzelner Beschwerden natürlicher Personen vor.[407]

Weder Art. 34 S. 1 EMRK noch Art. 1 EMRK stellen Anforderungen an die Struktur der juristischen Personen. Es sollen daher juristische Personen im weiteren Sinne berechtigt sein, das heißt, es kommt nicht darauf an, ob die Zusammenschlüsse mit Rechtsfähigkeit ausgestattet sind, nach welchem Recht sie organisiert sind und wo sie ihren Sitz haben.[408] Es wird vielmehr nur vorausgesetzt, dass ein bestimmter Grad an verdichteter Organisation besteht.[409] Darunter versteht man, dass eine Vereinigung auf Dauer angelegt und organisiert ist.[410] Zwar ist grundsätzlich Voraussetzung für die Grundrechtsberechtigung, dass die juristische Person noch besteht, jedoch kann sie sich auch nach ihrer

---

§ 2 Rn. 16, wonach sich die Berechtigung aus einer systematischen Auslegung von Art. 1 des 1. ZP und Art. 34 EMRK ergeben soll.

406 Vgl. *Schäfer*, in: Karpenstein/Mayer (Hrsg.), EMRK-Kommentar, Art. 34 Rn. 48; *Grabenwarter/Pabel*, § 13, Rn. 15; *Peters/Altwicker*, § 35 Rn. 19.

407 Vgl. *Rogge*, in: Pabel/Schmahl (Hrsg.), IntKommEMRK, Art. 34 Rn. 126; *Grabenwarter/Pabel*, § 13, Rn. 15; *Peters/Altwicker*, § 35 Rn. 19.

408 Vgl. *Ehlers*, in: Ehlers (Hrsg.), Europäische Grundrechte und Grundfreiheiten, § 2 Rn. 44; *Schweizer*, in: Merten/Papier (Hrsg.), HGR VI/1, § 138 Rn. 54; *Rogge*, in: Pabel/Schmahl (Hrsg.), IntKommEMRK, Art. 34 Rn. 127 spricht auch von einer Geltung der Grundrechte sowohl für Handelsgesellschaften als auch für den nicht rechtsfähigen Verein.

409 So *Röben*, in: Dörr/Grote/Marauhn (Hrsg.) EMRK/GG Konkordanzkommentar, Kap. 5, Rn. 41.

410 Vgl. *Peters/Altwicker*, § 35 Rn. 18.

staatlich veranlassten Auflösung auf die Grundrechte berufen, um die Konventionswidrigkeit der Auflösung geltend zu machen.[411]

Juristische Personen des Privatrechts sind grundsätzlich nichtstaatliche Organisationen und damit berechtigt, sich auf die Grundrechte der EMRK zu berufen.[412] Hingegen wird bei juristischen Personen des Öffentlichen Rechts in der Regel angenommen, dass es sich um staatliche Organisationen handelt.[413]

2 *Geltendmachen eigener Rechte*

Weiterhin ist wegen der Ausgestaltung der Menschenrechtskonvention als Individualrechtskatalog Voraussetzung für die Grundrechtsberechtigung juristischer Personen, dass sich die juristische Person des Privatrechts selbst auf eigene Grundrechte beruft und nicht anstelle der dahinter stehenden natürlichen Personen deren Grundrechte im Wege einer Prozessstandschaft geltend macht.[414] Denn wie sich aus der Zusammenschau von Art. 34 EMRK mit Art. 1 EMRK ergibt, ist eine juristische Person nur hinsichtlich eigener Grundrechte berechtigt („Opfereigenschaft“[415]beziehungsweise „victim of a violation“). Dagegen lässt sich auch nicht, wie vereinzelt ausgeführt, einwenden, dass juristische Personen auf einen Willensentschluss einer oder mehrerer natürlicher Personen zurückzuführen sind und deshalb auch deren Interessen durch die juristische Person gewahrt werden müssen.[416]

---

411 Vgl. *Rogge*, in: Pabel/Schmahl (Hrsg.), IntKommEMRK, Art. 34 Rn. 142; *Ehlers*, in: Ehlers (Hrsg.), Europäische Grundrechte und Grundfreiheiten, § 2 Rn. 44.

412 Vgl. EGMR, 10.03.2004, *Senator Lines GmbH ./. Österreich u. a.*, 56672/00; EGMR, 16.06.2015, *Delfi AS ./. Estland*, 64569/09, Rn. 110–117; *Rogge*, in: Pabel/Schmahl (Hrsg.), IntKommEMRK, Art. 34 Rn. 132 f.; *Schäfer*, in: Karpenstein/Mayer (Hrsg.), EMRK-Kommentar, Art. 34 Rn. 42; *Grabenwarter/Pabel*, § 17 Rn. 5.

413 Zu den Einzelheiten der Abgrenzung zwischen Regierungsorganisationen und Nichtregierungsorganisationen sowohl bei juristischen Personen des Privatrechts als auch des Öffentlichen Rechts Kap. 2 Abschn. B.

414 Vgl. *Schweizer*, in: Merten/Papier (Hrsg.), HGR VI/1, § 138 Rn. 54; *Ehlers*, in: Ehlers (Hrsg.), Europäisch Grundrechte und Grundfreiheiten, § 2, Rn. 44; *Rogge*, in: Pabel/Schmahl (Hrsg.), IntKommEMRK, Art. 34 Rn. 129, 141; *Schäfer*, in: Karpenstein/Mayer (Hrsg.), EMRK-Kommentar, Art. 34 Rn. 39; *Grabenwarter/Pabel*, § 13 Rn. 11.

415 *Peters/Altwicker*, § 35 Rn. 24.

416 Vgl. *Rogge*, in: Pabel/Schmahl (Hrsg.), IntKommEMRK, Art. 34 Rn. 141.

3 *Herrschaftsbezug*

Art. 1 EMRK setzt nach seinem Wortlaut voraus, dass die juristische Person der „jurisdiction“ der Vertragsparteien untersteht. Unter *jurisdiction* versteht man die Herrschaftsbefugnisse des Staates wie Gesetzgebung, Verwaltung und Rechtsprechung, wodurch ein territorialer Bezug als Voraussetzung der Grundrechtsberechtigung eingeführt wird.[417] Von diesem Grundprinzip gibt es zwar auch Ausnahmen, die praktisch jedoch überwiegend für natürliche Personen relevant sind. Eine relevante Ausnahme liegt vor, sofern ein Drittstaat auf dem Gebiet eines Mitgliedstaates extraterritorial handelt und damit die mitgliedstaatliche Hoheitsgewalt verdrängt wird (Besatzung).[418]

III Grundrechtsberechtigung im Einzelnen

Die Europäische Menschenrechtskonvention liefert keine weiteren Kriterien, nach denen sich die Grundrechtsberechtigung juristischer Personen bestimmt. Jedoch haben Rechtsprechung und Literatur zum Teil Kriterien entwickelt, nach denen die Berechtigung juristischer Personen, sich auf einzelne Grundrechte zu berufen, ermittelt wird. Diese Kriterien werden im Folgenden anhand einzelner Gewährleistungen herausgearbeitet.

1 *Verfahrensgarantien*

Art. 6 Abs. 1 EMRK gewährleistet die Grundlagen eines fairen Verfahrens, im Einzelnen ein unabhängiges und unparteiisches Gericht, den Öffentlichkeitsgrundsatz sowie die Garantie des effektiven Rechtsschutzes. Der „nemotenetur“-Grundsatz gehört zu den nicht ausdrücklich in Art. 6 Abs. 1 EMRK erwähnten Gewährleistungen, ist aber nach der Rechtsprechung und Literatur von ihm umfasst.[419] Auf die Rechte aus Art. 6 Abs. 1 EMRK sollen sich ohne

---

417 Vgl. *Fastenrath*, in: Pabel/Schmahl (Hrsg.), IntKommEMRK, Art. 1 Rn. 77; *Johann*, in: Karpenstein/Mayer (Hrsg.), EMRK-Kommentar, Art. 1 Rn. 18 f.; *Grabenwarter/Pabel*, § 17 Rn. 12.

418 Vgl. EGMR, 08.04.2004, *Assanidze ./.* Georgien, 71503/01, Rn. 139, 142; Peters/*Altwicker*, § 35 Rn. 12; *Grabenwarter/Pabel*, § 17 Rn. 13; entsprechend von rechtlicher und tatsächlicher Möglichkeit der Gewährleistung der Garantien der EMRK sprechend *Johann*, in: Karpenstein/Mayer (Hrsg.), EMRK-Kommentar, Art. 1 Rn. 18; *Fastenrath*, in: Pabel/Schmahl (Hrsg.), IntKommEMRK, Art. 1 Rn. 89.

419 Vgl. nur EGMR (GK), 17.12.1996, *Saunders ./. Vereinigtes Königreich*, 19187/91, Rn. 69; EGMR (GK), 29.06.2007, *O'Halloran u. Francis ./. Großbritannien*, 15809/02 und

Weiteres auch juristische Personen berufen können.[420] Juristische Personen des Privatrechts sind auch berechtigt, sich auf die Unschuldsvermutung des Art. 6 Abs. 2 EMRK und auf die besonderen Garantien eines fairen Strafverfahrens aus Art. 6 Abs. 3 EMRK zu berufen.[421] Dies folgt in Deutschland daraus, dass zwar juristische Personen keine Beteiligten von Strafverfahren, aber dennoch Beschuldigte im Rahmen eines Ordnungswidrigkeitenverfahrens sein können (vgl. § 30 OWiG) und die Garantien des Art. 6 EMRK nach der Rechtsprechung des EGMR eben auch für Ordnungswidrigkeitenverfahren gelten.[422] Überdies existiert in anderen Konventionsstaaten sogar ein Unternehmensstrafrecht.

Auch Art. 7 EMRK, der den Grundsatz *nullum crimen, nulla poena sine lege* festlegt, ist auf juristische Personen anwendbar.[423] Im Einzelnen enthält Art. 7 EMRK den Grundsatz der Rechtsbasiertheit, den Bestimmtheitsgrundsatz, das Rückwirkungsverbot und das Verbot der rückwirkenden Verhängung schwerer Strafen.[424] Wie Art. 6 EMRK bezieht sich der von Art. 7 EMRK vorausgesetzte Begriff der Strafe nicht nur auf das Strafrecht im Sinne des deutschen Rechts, sondern umfasst gleichermaßen auch Ordnungswidrigkeitenverfahren, in denen juristische Personen Beschuldigte sein können.[425]

Juristische Personen sind daneben auch berechtigt, sich auf Art. 13 EMRK zu berufen, der das Recht auf eine wirksame Beschwerde gegen Verletzungen von Konventionsrechten garantiert.[426]

Art. 1 des 7. ZP legt die verfahrensrechtlichen Schutzvorschriften in Bezug auf die Ausweisung von Personen fest. Ferner regelt Art. 5 des 7. ZP die

---

25624/02, Rn. 45 ff.; *Meyer*, in: Karpenstein/Meyer (Hrsg.), EMRK-Kommentar, Art. 6 Rn. 127 ff.;

420 Vgl. EGMR, 24.09.1997, *Affaire Garyfallou AEBE ./. Griechenland*, 18996/91, Rn. 29 ff., 35; *Meyer*, in: Karpenstein/Mayer (Hrsg.), EMRK-Kommentar, Art. 6 Rn. 6; *Weiß*, in: NJW 1999, 2236 (2237); *Schubert*, S. 34.

421 Dies ergibt sich aus den authentischen Sprachfassungen; vgl. für die Anwendbarkeit von Art. 6 Abs. 2 EMRK auf Bußgeldverfahren EKMR, 25.08.1987, *Lutz ./. Deutschland*, 9912/82, Rn. 50 ff.

422 Vgl. *Kühne*, in: Pabel/Schmahl (Hrsg.), IntKommEMRK, Art. 6 Rn. 423; *Sinner*, in: Karpenstein/Mayer (Hrsg.), EMRK-Kommentar, Art. 7 Rn. 8; EGMR EuGRZ 1987, 399 (402); *Peters/Altwicker*, § 19 Rn. 15 ff.

423 Zumindest nicht ausschließend *Rogge*, in: Pabel/Schmahl (Hrsg.), IntKommEMRK, Art. 34 Rn. 139 ff.

424 EGMR, 22.11.1995, *S. W. ./. Vereinigtes Königreich*, 20166/92, Rn. 35; *Peters/Altwicker*, § 23 Rn. 1.

425 Vgl. *Sinner*, in: Karpenstein/Mayer (Hrsg.), EMRK-Kommentar, Art. 7 Rn. 7 f.

426 So BVerfGE, 143, 246, Rn. 202.

Gleichberechtigung von Ehegatten. Juristische Personen können weder ausgewiesen werden noch können sie heiraten, weshalb eine Anwendbarkeit dieser Grundrechte ausscheiden muss. Auf die übrigen Verfahrensgarantien aus Art. 2, 3 und 4 des 7. ZP können sich juristische Personen des Privatrechts hingegen genauso wie auf die des Art. 6 EMRK berufen.[427] Art. 2 des 7. ZP garantiert dabei Rechtsmittel in Strafsachen, Art. 3 des 7. ZP legt Vorschriften über eine Entschädigung nach einem auf einem Tatsachenirrtum basierenden Fehlurteil fest und in Art. 4 des 7. ZP ist das Doppelbestrafungsverbot (*ne bis in idem*) verankert.

2 Materielle Gewährleistungen

a) Recht auf Achtung des Privat- und Familienlebens

Art. 8 Abs. 1 EMRK gewährleistet seinem Wortlaut nach, dass jede Person („everyone" beziehungsweise „toute personne") das Recht auf Achtung ihres Privat- und Familienlebens, ihrer Wohnung und ihrer Korrespondenz hat. Daneben hat der EGMR im Wege der Rechtsfortbildung Aspekte der persönlichen Lebensgestaltung wie Telekommunikation und Internet und darüber hinaus auch Umwelt- und Datenschutz unter Art. 8 EMRK gefasst.[428]

Die Literatur, die für die Grundrechtsberechtigung juristischer Personen das Kriterium der wesensmäßigen Anwendbarkeit zugrunde legt, lehnt die Anwendung des Rechts auf Achtung des Familienlebens nach Art. 8 Abs. 1 Alt. 2 EMRK auf juristische Personen ab.[429] Denn ein gemeinsames Leben zu führen und persönliche Kontakte zueinander unterhalten zu können, ohne dass der Staat in die Sphäre der familiären Privatheit und Intimität eingreift, habe einen spezifischen Bezug zu natürlichen Personen.

Durch das Recht auf Achtung des Privatlebens nach Art. 8 Abs. 1 Alt. 1 EMRK wird das Selbstbestimmungsrecht über den Körper, die Privatsphäre und

427 Vgl. *Gundel*, in: Merten/Papier (Hrsg.), HGR VI/1, § 146; *Kadelbach*, in: Dörr/Grote/Marauhn (Hrsg.), EMRK/GG Konkordanzkommentar, Kap. 29, Rn. 41.

428 Vgl. für einen Überblick *Peters/Altwicker*, § 25 Rn. 1; zur Korrespondenz per E-Mail EGMR, 03.04.2007, *Copland ./. Vereinigtes Königreich*, 62617/00, Rn. 41; zu verdeckten Überwachungsmaßnahmen EGMR, 01.07.2008, *Liberty ./. Vereinigtes Königreich*, 58243/00; zu elektronisch gespeicherten Daten EGMR,16.10.2007, *Wieser u. Bicos Beteiligungen GmbH ./. Österreich*, 74336/01; zum Umweltschutz EGMR, 09.06.2005, *Fadeyeva ./. Russland*, 55723/00.

429 Vgl. *Gersdorf*, in: Gersdorf/Paal (Hrsg.), BeckOK InfoMedienR, Art. 8 EMRK, Rn. 12; *Grabenwarter/Pabel*, § 17 Rn. 5, § 22 Rn. 4; zum Familienleben *Mückl*, in: Merten/Papier (Hrsg.), HGR VI/1, § 141 Rn. 39.

die freie Gestaltung der Lebensführung geschützt.[430] Vereinzelt wird wegen des engen Zusammenhangs zwischen dem Recht auf Achtung des Familienlebens und dem Recht auf Privatheit Art. 8 EMRK als ein einheitliches Grundrecht verstanden. Daher soll wegen der untrennbaren Verbindung der beiden Gewährleistungsinhalte mit der menschlichen Persönlichkeit eine Anwendung des Art. 8 EMRK auf juristische Personen ausscheiden.[431] Überwiegend wird jedoch im Schrifttum das Recht auf Achtung des Privatlebens, der Wohnung und der Korrespondenz als separater Gewährleistungsinhalt von Art. 8 Abs. 1 EMRK verstanden. Das hat zur Folge, dass sich juristische Personen auf dieses Recht berufen können.[432] Daneben will eine Strömung ebenso den Briefverkehr juristischer Personen als von Art. 8 EMRK geschützt ansehen.[433] Auch der EGMR geht davon aus, dass juristische Personen des Privatrechts berechtigt sind, sich auf Art. 8 EMRK zu berufen, um eine Verletzung ihrer Geschäftsräume zu rügen.[434] Damit nimmt auch er keine so enge Verbindung zwischen dem Recht auf den Schutz der Wohn- und Geschäftsräume nach Art. 8 Abs. 1 Alt. 1 EMRK und dem Schutz der menschlichen Persönlichkeit an, dass eine Grundrechtsberechtigung juristischer Personen im Hinblick auf Art. 8 EMRK ausscheiden müsste. Entsprechend dem Recht auf Privatheit natürlicher Personen können demnach juristische Personen über einen räumlichen Bereich verfügen, der nicht der Öffentlichkeit zugänglich gemacht werden soll.[435] Der Gerichtshof gelangte zu diesem Ergebnis, indem er gemäß der von ihm entwickelten Auslegungsmethode, die Menschenrechtskonvention als *living instrument* zu betrachten,[436] die Umstände der Gegenwart einbezog, um so ein möglichst umfassendes Schutzniveau zu schaffen. Denn die hinter den juristischen Personen stehenden natürlichen Personen sind durch Eingriffe in eine Privatheit der Geschäftsräume der

---

430 Zum Überblick *Grabenwarter/Pabel*, § 22 Rn. 6 ff.

431 Vgl. *Wiederin*, in: Merten/Papier (Hrsg.), HGR VII/1, § 190 Rn. 10.

432 Vgl. aus dem Schrifttum *Grabenwarter/Pabel*, § 22 Rn. 4; ähnlich *Marauhn/Thorn*, in: Dörr/Grote/Marauhn (Hrsg.), EMRK/GG Konkordanzkommentar, Kap. 16, Rn. 69; in diesem Sinne auch *Peters/Altwicker*, § 30 Rn. 1 ff.

433 Vgl. *Wiederin*, in: Merten/Papier (Hrsg.), HGR VII/1, § 190 Rn. 10..

434 Vgl. EGMR, 16.04.2002, *Société Colas Est. u. a. ./. Frankreich*, 37971/97, Rn. 42; zur Anwendbarkeit von Art. 8 EMRK auf Geschäftsräume EGMR, 16.12.1992, *Niemitz ./. Deutschland*, 13710/88, Rn. 27–33.

435 So EGMR, 16.04.2002, *Société Colas Est. u. a. ./. France*, 37971/97, Rn. 40 ff.; so auch *Kleinlein*, in: JöR 65 (2017), 85 (100), der darin eine Loslösung vom *personalen Substrat* sieht.

436 Vgl. hierzu *Peters/Altwicker*, § 2 Rn. 41.

juristischen Personen gleichermaßen betroffen, wie wenn ihr eigenes Recht auf Privatheit verkürzt würde. An dieser Auslegung hinderte ihn auch nicht der Wortlaut, denn die französische Sprachfassung lässt dieses Ergebnis durch den weiteren Bedeutungsgehalt des verwendeten Begriffs *domicile* zu.[437]

Auch die Achtung des Briefverkehrs aus Art. 8 EMRK wurde durch den EGMR auf juristische Personen angewandt.[438]

Des Weiteren soll Art. 8 EMRK nach der Rechtsprechung des EGMR davor schützen, einen Beruf nicht ergreifen oder fortsetzen zu können.[439] Ebenso sieht die Rechtsprechung den Umweltschutz als Teil des Gewährleistungsumfangs von Art. 8 EMRK, wobei die Umweltbeeinträchtigungen eine Intensität aufweisen müssen, die die körperliche und psychische Integrität des Einzelnen betrifft.[440] Eine Anwendung des Umweltschutzes und der Berufsfreiheit auf juristische Personen wurde vom EGMR bisher jedoch noch nicht thematisiert. Zumindest für die Anwendbarkeit der Berufsfreiheit auf juristische Personen sprechen gute Gründe. So kann eine juristische Person in gleichem Maße wie eine natürliche Person von der Aufnahme einer (beruflichen) Tätigkeit durch staatliches Handeln abgehalten werden. Mithin weisen weder der Gewährleistungsinhalt noch die Eingriffshandlung einen spezifischen Bezug zu natürlichen Personen auf. Anders ist dies auf der Grundlage der Rechtsprechung beim Umweltschutz zu beurteilen. Durch die Anknüpfung an die körperliche und psychische Integrität des Einzelnen werden gerade Beeinträchtigungen geschützt, die natürlichen Personen eigen sind. Mithin liegt eine Anwendbarkeit des Umweltschutzes zugunsten juristischer Personen fern.

Art. 8 EMRK enthält neben den genannten materiell-rechentlichen Gewährleistungen auch eine Verfahrensgarantie, nach der den Beeinträchtigungen gemäß Art. 8 EMRK ein angemessenes Verfahren vorangehen muss, das fair ist und die Interessen des Einzelnen gebührend berücksichtigt.[441] Zwar haben

---

437 Vgl. *Peters/Altwicker*, § 2 Rn. 41; in der englischen Sprachfassung heißt es hingegen „home".

438 Vgl. EGMR, 03.04.2007, *Copland ./. Vereinigtes Königreich*, 62617/00, Rn. 41; EGMR, 01.07.2008, *Liberty ./. Vereinigtes Königreich*, 58243/00; EGMR, 16.10.2007, *Wieser u. Bicos Beteiligungen GmbH ./. Österreich*, 74336/01, Rn. 45.

439 Vg. EGMR, 27.07.2004, *Sidabras u. a. ./. Litauen*, 55480/00, 47 ff.; *Peters/Altwicker*, § 26 Rn. 24.

440 Vgl. EGMR, 09.06.2005, *Fadeyeva ./. Russland*, 55723/00, Rn. 68; *Peters/Altwicker*, § 26 Rn. 25.

441 Vgl. EGMR, 25.09.1996, *Buckley ./. Vereinigtes Königreich*, 20348/92, Rn. 76; *Peters/Altwicker*, § 29 Rn. 3.

sich weder Rechtsprechung noch Literatur bisher mit der Anwendbarkeit dieser Gewährleistung auf juristische Personen auseinandergesetzt, so lassen sich dennoch keine Gründe finden, weshalb die Verfahrensgarantie nicht für juristische Personen gelten sollte.

b) Gedanken-, Gewissens- und Religionsfreiheit

Art. 9 EMRK schützt das Recht jeder Person auf Gedanken-, Gewissens- und Religionsfreiheit. Die Anwendbarkeit der drei Gewährleistungsinhalte, die als einzelne Grundrechte verstanden werden, auf juristische Personen wird unterschiedlich beurteilt.

Die Rechtsprechung hält jedenfalls die Gewissensfreiheit (*freedom of conscience)* im Hinblick auf ihre Natur für nicht auf juristische Personen anwendbar.[442]

aa) Religionsgemeinschaften als juristische Personen des Privatrechts

In einigen Mitgliedstaaten sind die Religionsgemeinschaften als juristische Personen des Privatrechts organisiert.[443] Die Anwendbarkeit der Religionsfreiheit auf diese wird weithin anerkannt.[444] Bis auf eine vereinzelte Stimme wurden als juristische Personen im Kontext des Art. 9 EMRK aber nur die Kirchen oder andere religionsgemeinschaftsähnliche Personengesamtheiten verstanden. Sonstige juristische Personen, die zwar religiös geprägt handeln, bei denen es sich jedoch nicht um Religionsgemeinschaften handelt, gehörten nicht dazu.[445] Für das Vorliegen einer Religionsgemeinschaft oder religionsgemeinschaftsähnlichen Personengruppe im Sinne des Art. 9 EMRK kommt es nicht darauf an, ob es sich um eine große, etablierte Gruppe handelt oder um eine neue religiöse

---

442 Vgl. EKMR, 12.10.1988, Verein *„Kontakt-Information-Therapie" u. a. ./. Österreich*, 11921/86, die ausdrücklich zwischen Gedanken- und Religionsfreiheit differenziert.

443 Vgl. die Länderberichte in Kap. 1 Abschn. A.

444 Vgl. EKMR, 12.10.1988, *Verein „Kontakt-Information-Therapie" u. a. ./. Österreich*, 11921/86; *Frowein*, in: Frowein/Peukert (Hrsg.), EMRK, Art. 9 Rn. 11; *Meyer-Ladewig/Schuster*, in: Meyer-Ladewig/Nettesheim/von Raumer (Hrsg.), EMRK-Handkommentar, Art. 9 Rn. 22 ff.; *Grabenwarter*, in: Pabel/Schmahl (Hrsg.), IntKommEMRK, Art. 9 Rn. 43; *Walter*, in: Dörr/Grote/Marauhn (Hrsg.), EMRK/GG Konkordanzkommentar, Kap. 17, Rn. 103 f.

445 Vgl. *Walter*, in: Dörr/Grote/Marauhn (Hrsg.), EMRK/GG Konkordanzkommentar, Kap. 17 Rn. 107.

Bewegung; es muss nur formal ein gewisser Grad von Triftigkeit, Ernsthaftigkeit, Zusammenhang und Bedeutung gewahrt werden.[446]

Art. 9 Abs. 1 EMRK schützt das *forum externum* als den für juristische Personen relevanten Aspekt der Religionsfreiheit.[447] Denn die vom *forum externum* umfasste Religionsausübung findet oft in Form von Gemeinschaften statt, weshalb sich Religionsgemeinschaften im Rahmen des Art. 9 Abs. 1 EMRK auf eigene Rechte berufen können sollen.[448] Im Fall der *Jüdischen liturgischen Vereinigung Cha'are Shalom ve Tsedek gegen Frankreich* ging es um die Religionsausübung einer privatrechtlichen religiösen Vereinigung.[449] Die Vereinigung strebte ein Zugangsrecht zu Schlachthäusern an, damit sie entsprechend ihren religiösen Gebräuchen Schlachtungen durchführen kann. Der EGMR entschied, dass die juristische Person als Beschwerdeführer zwar grundrechtsberechtigt ist und die Methode des rituellen Schlachtens unter Art. 9 EMRK fällt, jedoch erkannte er keine Beeinträchtigung der Religionsfreiheit.[450] Diese Entscheidung zeigt die Grundrechtsberechtigung von privatrechtlich organisierten Religionsgemeinschaften hinsichtlich Art. 9 EMRK.

bb) Sonstige juristische Personen

Daneben kann die Religionsfreiheit auch für Handelsgesellschaften, die sich gegen die Pflicht, Kirchensteuer zahlen zu müssen, zur Wehr setzen, relevant werden.[451] Das trifft auch für Organisationen zu, die religiös geprägte Aufgaben wahrnehmen wollen, wie zum Beispiel kirchliche Wohlfahrtsverbände.[452] Bei Letzteren soll eine Berufung auf das Grundrecht der Religionsfreiheit aus Art. 9 Abs. 1 Alt. 1 EMRK zwar ausscheiden, soweit nicht die Ausübung der Religion durch die Organisation im Zentrum der Tätigkeit steht, sondern die Verwirklichung eines Berufs.[453] Sofern aber im Einzelfall der Bereich des religiösen

---

446 St. Rspr., so EGMR, 06.11.2008, *Leela Förderkreis e. V. u. a. ./. Deutschland*, 58911/00, Rn. 80; so auch *Peters/Altwicker*, § 31 Rn. 3.

447 Vgl. *Grabenwarter*, in: Pabel/Schmahl (Hrsg.), IntKommEMRK, Art. 9 Rn. 43.

448 Vgl. *Grabenwarter*, in: Pabel/Schmahl (Hrsg.), IntKommEMRK, Art. 9 Rn. 43.

449 Vgl. EGMR (GK), 27.06.2000, *Cha'aree Shalom Ve Tsedek ./. Frankreich*, 27417/95.

450 Vgl. EGMR (GK), 27.06.2000, *Cha'aree Shalom Ve Tsedek ./. Frankreich*, 27417/95, Rn. 74, 85.

451 Vgl. EKMR,15.04.1996, *Kustannus oy vapaa ajattelija AB u. a. ./. Finnland*, 20471/92.

452 Vgl. *Walter*, in: Dörr/Grote/Marauhn (Hrsg.), EMRK/GG Konkordanzkommentar, Kap. 17 Rn. 107 f. unter Hinweis auf die geringe praktische Relevanz.

453 Vgl. *Vachek*, 211 f.

Selbstverständnisses eines Wohlfahrtsverbands betroffen ist, soll eine Grundrechtsberechtigung hingegen möglich sein.[454]

c) *Freiheit der Kommunikation*

Art. 10 Abs. 1 EMRK schützt die *Freiheit der Meinungsäußerung*, wovon die aktive wie passive Informationsfreiheit umfasst ist. Daneben werden die Pressefreiheit, Kunstfreiheit, Wissenschaftsfreiheit sowie die Rundfunkfreiheit durch Art. 10 EMRK gewährleistet. Die Gewährleistungsinhalte des Art. 10 EMRK gelten sowohl zu Gunsten natürlicher als auch juristischer Personen.[455] Der Rechtsprechung zufolge steht der Anwendung der Meinungsfreiheit auf juristische Personen weder der Wortlaut des Art. 10 EMRK („everyone" beziehungsweise „toute personne") noch der Charakter oder die Teilhabe juristischer Personen am Wirtschaftsleben entgegen.[456] So wurde später eine Tierschutzorganisation ohne Diskussion der Anwendbarkeit des Art. 10 EMRK als grundrechtsberechtigt hinsichtlich der Meinungsfreiheit angesehen.[457]

Ebenso kommt die *Pressefreiheit* aus Art. 10 EMRK juristischen Personen zugute, die im Pressewesen tätig sind, sodass sie unter anderem ihre Quellen nicht preisgeben müssen.[458]

Juristische Personen des Privatrechts können sich auch auf die *Kunstfreiheit* aus Art. 10 EMRK berufen und sich dadurch insbesondere gegen ein

---

454 Vgl. *Walter*, in: Dörr/Grote/Marauhn (Hrsg.), EMRK/GG Konkordanzkommentar, Kap. 17 Rn. 108.

455 Vgl. EGMR, 20.11.1989, *markt intern Verlag GmbH u. a. ./. Deutschland*, 10572/83, Rn. 24 ff.; EGMR, 12.06.2014, *Couderc and Hachette Filipacchi associés ./. Frankreich*, 40454/07, in dem der Gerichtshof ohne auf die persönliche Anwendbarkeit einzugehen, den sachlichen Gewährleistungsumfang von Art. 10 EMRK prüft; *Daiber*, in: Meyer-Ladewig/Nettesheim/von Raumer (Hrsg.), EMRK-Handkommentar, Art. 10 Rn. 22; *Grote/Wenzel*, in: Dörr/Grote/Marauhn (Hrsg.), EMRK/GG Konkordanzkommentar, Kap. 18, Fn. 252.

456 Vgl. EGMR, 22.05.1990, *Autronic AG ./. Schweiz*, 12726/87, Rn. 47.

457 Vgl. EGMR, 30.06.2009, *Verein gegen Tierfabriken ./. Schweiz*, 32772/02.

458 Vgl. EGMR, 14.09.2010, *Sanoma Uitgevers B.V. ./. Niederlande*, 38224/03; allgemein zur Grundrechtsberechtigung im Pressewesen tätiger juristischer Personen des Privatrechts EGMR, 22.10.2009, *Europapress Holding d.o.o. ./. Ungarn*, 25333/06, Rn. 52; EGMR,14.02.2008, *July und Sarl Liberation ./. Frankreich*, 20893/03, Rn 49.

Ausstellungsverbot zur Wehr setzten.[459] Dadurch sich zeigt, dass neben dem Werkbereich auch der Wirkbereich umfasst ist.

Nach einer Entscheidung des EGMR sind juristische Personen des Privatrechts des Weiteren berechtigt, sich auf die aktive und passive *Informationsfreiheit* aus Art. 10 EMRK zu berufen.[460]

Der Schutz des *Rundfunks und Internets* durch Art. 10 EMRK stellt einen Unterfall der aktiven Informationsfreiheit dar und soll auch juristischen Personen des Privatrechts zukommen.[461]

Über die Anwendbarkeit der sich aus Art. 10 EMRK ergebenen *Wissenschaftsfreiheit* auf juristische Personen hat der EGMR bisher hingegen noch nicht geurteilt.[462]

d) Versammlungs- und Vereinigungsfreiheit

Auch Art. 11 Abs. 1 EMRK enthält mehre Gewährleistungen. Zunächst wird das Recht geschützt, sich frei und friedlich mit anderen zu *versammeln* sowie sich zusammenzuschließen. Juristische Personen können sich zwar nicht versammeln, aber als Veranstalter und Träger von Versammlungen auftreten. In dieser Funktion sind sie berechtigt, sich auf die Versammlungsfreiheit aus Art. 11 Abs. 1 EMRK zu berufen.[463]

---

459 Vgl. hierzu und im Folgendem EMRK, 25.01.2007, *Vereinigung Bildender Künstler ./. Österreich*, 68354/01, Rn. 27 ff.; EMRK, 20.09.1994, *Otto-Preminger-Institut ./. Österreich*, 13470/87, Rn. 43; *Peters/Altwicker*, § 11 Rn. 1.

460 Vgl. zur aktiven Informationsfreiheit EGMR, 03.02.2009, *Women on Waves u. a. ./. Portugal*, 31276/05; zur Eröffnung des Schutzbereichs EGMR (GK), 13.07.2012, *Mouvement Raëlien suisse ./. Schweiz*, 16354/06, Rn. 49 f.; EGMR, 29.10.1992, *Open Door u. Dublin Well Woman ./. Irland*, 14234/88, Rn. 61 ff.; zur passiven Informationsfreiheit EGMR, 14.04.2009, *Társaság a Szabadságjogokért ./. Ungarn*, 37374/05, Rn. 55.

461 Vgl. EGMR, 22.05.1990, *Autronic AG ./. Schweiz*, 12726/87, Rn. 47; EGMR, 05.05.2011, *Editorial Board of Pravoye Delo u. Shtekel ./. Ukraine*, 33014/05, 47 ff.; *Peters/Altwicker*, § 14 Rn. 2 sowie Rn. 3 zum Streitstand hinsichtlich der Zuordnung der Internetnutzung zu Art. 8 bzw. 10 EMRK.

462 Vgl. hierzu die Darstellung bei *Peters/Altwicker*, § 13; zur Anwendbarkeit auf Hochschulen, Kap. 2 Abschn. B. I. 4.

463 Vgl. nur EKMR, 10.10.1979, *Rassemblement Jurassien, Unite Jurassienne ./. Switzerland*, 8191/78; EGMR, 21.06.1988, *Platform „Ärzte für das Leben" ./. Österreich, 10126/82;* EKMR, 06.04.1995, *Milan RAI u. a. ./. Vereinigtes Königreich*, 25522/94; EGMR, 02.02.2010, *Christian Democratic People's Party ./. Moldavien*, 25196/04; *Bröhmer*, in: Dörr/Grote/Marauhn (Hrsg.), EMRK/GG Konkordanzkommentar, Kap. 19, Rn. 20; *Daiber*, in: Meyer-Ladewig/Nettesheim/von Raumer (Hrsg.), EMRK-Handkommentar, Art. 11 Rn. 6.

Die Reichweite der *Vereinigungsfreiheit* richtet sich nicht nur danach, ob es sich um eine nach mitgliedstaatlichen Vorschriften nicht-registrierte oder für verfassungswidrig erklärte Vereinigung handelt, sondern allgemein nach Art. 11 Abs. 2 EMRK.[464] Unter der durch Art. 11 EMRK geschützten Vereinigung versteht man einen auf Dauer angelegten, organisatorisch verfestigten, in der Regel privaten Zusammenschluss mehrerer Personen mit gemeinsamer Zwecksetzung.[465] Juristische Personen können sich auch auf die Vereinigungsfreiheit berufen.[466] Berechtigt sind in diesem Zusammenhang insbesondere die von Art. 11 EMRK geschützten Vereinigungen. Zu nennen sind in diesem Zusammenhang die im folgenden behandelten Gewerkschaften und Parteien sowie kulturelle, religiöse und auch soziale Zwecke verfolgende Vereinigungen.[467]

aa) Gewerkschaften

Durch Art. 11 Abs. 1 EMRK wird auch das Recht geschützt, Gewerkschaften zu gründen. Zum einen sichert dieses Recht den Gewerkschaften einen Gestaltungsspielraum hinsichtlich ihrer inneren Organisation und der Rechtsstellung ihrer Mitglieder.[468] Zum anderen kommt den Gewerkschaften das Recht aus Art. 11 EMRK zu, vom Arbeitgeber, unabhängig davon, ob es sich dabei um den Staat handelt oder nicht, angehört zu werden und mit ihm Tarifverhandlungen zu führen und einen Tarifvertrag abzuschließen.[469] Die Grundrechtsberechtigung besteht ohne Ansehung der Organisationsform der Gewerkschaften, denn sie sind, soweit sie sich auf eigene Rechte berufen, als nichtstaatliche Organisationen nach Art. 34 EMRK grundrechtsberechtigt.[470]

---

464 Vgl. EGMR, 02.10.2001, *Stankov u. United Macedonian Organisation Ilinden ./. Bulgarien*, 29225/95, Rn. 92.

465 Vgl. EGMR, 08.10.2009, *Tebieti Mühafize Cemiyyeti u. Israfilov ./. Asserbaidschan*, 37083/03, Rn. 52; *Peters/Altwicker*, § 16 Rn. 2.

466 Vgl. *Daiber*, in: Meyer-Ladewig/Nettesheim/von Raumer (Hrsg.), EMRK-Handkommentar, Art. 11 Rn. 12.

467 Vgl. *Daiber*, in: Meyer/Ladewig/Nettesheim/von Raumer (Hrsg.), EMRK-Handkommentar, Art. 11 EMRK, Rn. 7.

468 Vgl. EKMR, 13.05.1985, *Cheall ./. Vereinigtes Königreich*, 10550/83; *Daiber*, in: Meyer-Ladewig/Nettesheim/von Raumer (Hrsg.), EMRK-Handkommentar, Art. 11 EMRK, Rn. 9.

469 Vgl. EGMR, 27.10.1975, *National Union of Belgian Police ./. Belgien*, 4464/70, Rn. 39; EGMR, 12.11.2008, *Demir u. a. ./. Türkei*, 34503/97, Rn. 154; so auch *Arndt/Engels*, in: Karpenstein/Mayer (Hrsg.), EMRK-Kommentar, Art. 11 Rn. 52.

470 Vgl. *Schäfer*, in: Karpenstein/Mayer (Hrsg.), EMRK-Kommentar, Art. 34 Rn. 43.

bb) Parteien

Auch Parteien sind berechtigt, sich auf Art. 11 EMRK zu berufen, weil es sich bei ihnen um eine für die Funktionalität der Demokratie notwendige Vereinigung handelt.[471] So schützt Art. 11 EMRK die Parteien bei staatlich veranlassten Auflösungen.[472] Die Grundrechtsfähigkeit der Parteien endet aber grundsätzlich mit ihrer Auflösung, welche nach Art. 11 Abs. 2 EMRK durch Maßnahmen erfolgen kann, die gesetzlich vorgesehen und in einer demokratischen Gesellschaft für die nationale oder öffentliche Sicherheit, zur Aufrechterhaltung der Ordnung oder zur Verhütung von Straftaten, zum Schutz der Gesundheit oder der Moral oder zum Schutz der Rechte und Freiheiten anderer nötig sind. Eine Auflösung ist demnach möglich, wenn der Kerngehalt demokratischer Prinzipien, die in der Menschenrechtskonvention niedergelegt sind, missachtet wird.[473] Dabei ist zu berücksichtigen, dass ein Kernelement einer Demokratie zwar die Möglichkeit der Lösung gesellschaftlicher Probleme durch öffentlichen Dialog ist, dass dabei aber auf Gewalt verzichtet werden muss.[474] In einem Fall entschied der EGMR des Weiteren, dass sich auch eine Partei auf Art. 3 des 1. Zusatzprotokolls, der das Recht auf freie Wahlen garantiert, als eigenes Recht berufen kann.[475]

cc) Religionsgemeinschaften als juristische Personen des Privatrechts

Auch Religionsgemeinschaften sind berechtigt, sich auf Art. 11 EMRK (in Verbindung mit Art. 9 EMRK) zu berufen, sofern sie sich nicht zum Ziel gesetzt haben, die Ideale und Werte einer demokratischen Gesellschaft zu schwächen oder zu zerstören.[476] Von Art. 9 EMRK in Verbindung mit Art. 11 EMRK wird die Möglichkeit der Religionsgemeinschaften geschützt, sich registrieren zu

---

471 Vgl. EGMR (GK), 30.01.1998, *United Communist Party of Turkey u. a. ./. Türkei*, 19392/92, Rn. 25.

472 Vgl. EGMR, 30.01.1998, *United Communist Party of Turkey u.a. ./. Türkei*, 19392/92, Rn. 25; *Bröhmer*, in: Dörr/Grote/Marauhn (Hrsg.), EMRK/GG Konkordanzkommentar, Kap. 19, Rn. 95 ff.

473 Vgl. EGMR, 13.02.2003 *Refah Partisi ./. Türkei*, 41340/98, Rn. 98.

474 Vgl. zu alledem EGMR, 30.01.1998, *United Communist Party of Turkey u. a. ./. Türkei*, 19392/92, Rn. 30, 57–60; so auch *Bröhmer*, in: Dörr/Grote/Marauhn (Hrsg.), EMRK/GG Konkordanzkommentar, Kap. 19, Rn. 104 f.; für das Vorliegen „überzeugender und zwingender Gründe" EGMR (GK), 13.02.2003, *Refah Partisi u. a. ./. Türkei*, 41340/98, Rn. 100; nach *Peters/Altwicker*, § 16 Rn. 10, genügt das Infragestellen der bestehenden Rechts- und Verfassungsordnung nicht für ein Parteiverbot.

475 Vgl. EGMR, 08.07.2008, *Georgian Labour Party ./. Georgien*, 9103/04, Rn. 71 ff.

476 Vgl. *Weber*, in: NVwZ 2009, 503 (506).

lassen beziehungsweise innerstaatlich Rechtsfähigkeit zu erlangen, sofern dies auf mitgliedstaatlicher Ebene vorgesehen ist.[477]

e) Diskriminierungsverbot

Auf eine Verletzung des Diskriminierungsverbots aus Art. 14 EMRK können sich neben natürlichen Personen und Personengruppen auch juristische Personen berufen.[478] Allgemein soll das Diskriminierungsverbot den Einzelnen davor schützen, nur als Teil einer feststehenden Gruppe und nicht als Individuum mit eigener Selbst-Definition behandelt zu werden.[479] Voraussetzung einer Verletzung des Diskriminierungsverbots ist, dass die Diskrimierung im Regelungsbereich eines Konventionsrechts erfolgt.[480] Damit ist die Berechtigung einer juristischen Person, sich auf Art. 14 EMRK zu berufen, akzessorisch dazu, dass sie sich zugleich auf ein anderes Grundrecht der EMRK berufen kann.

f) Eigentumsschutz

Schon dem Wortlaut des Art. 1 des 1. ZP nach sind juristische Personen berechtigt, sich auf den dadurch vermittelten Eigentumsschutz zu berufen („legal person" beziehungsweise „personne physique au morale"). Art. 1 Abs. 1 S. 1 des 1. ZP verlangt als allgemeines Prinzip die Achtung des Eigentums, Abs. 1 S. 2 nennt die Voraussetzungen einer Enteignung und Abs. 2 legt Anforderungen an Benutzungsregeln fest.[481] Auch der *Goodwill* eines Unternehmens, als über das Recht am eingerichteten und ausgeübten Gewerbebetrieb hinausgehendes Recht, wird von Art. 1 des 1. ZP geschützt.[482] Darunter versteht man den Wert eines Unternehmens als Ganzes unter Berücksichtigung zukünftiger,

---

477 Vgl. EGMR, 10.06.2010, *Jehovah's Witnesses of Moscow ./. Russland*, 302/02, Rn. 99 f.; *Peters/Altwicker*, § 16 Rn. 11; zu den Staaten, in denen eine Registrierung möglich ist Kap. 1 Abschn. A.

478 Vgl. EGMR, 09.12.1994, *The Holy Monasteries ./. Griechenland*, 13092/87, 13984, 88, Rn. 49; EGMR, 31.07.2008, *Religionsgemeinschaft der Zeugen Jehovas ./. Österreich*, 40825/98; *Peters/König*, in: Dörr/Grote/Marauhn (Hrsg.), EMRK/GG Konkordanzkommentar, Kap. 21, Rn. 108.

479 Vgl. *Altwicker*, S. 465 ff.; *Peters/Altwicker*, § 33 Rn. 2.

480 Vgl. zum Grundsatz der Akzessorietät des Diskriminierungsverbots *Peters/Altwicker*, § 33 Rn. 3; *Meyer-Ladewig/Lehner*, in: Meyer-Ladewig/Nettesheim/von Rauscher (Hrsg.), EMRK-Handkommentar, Art. 14 Rn. 7.

481 Vgl. *Peters/Altwicker*, § 32 Rn. 2.

482 Vgl. EGMR, 25.03.1999, *Iatridis ./. Griechenland*, 31107/96, Rn. 54; *Kaiser*, in: Karpenstein/Mayer (Hrsg.), EMRK-Kommentar, Art. 1 ZP I, Rn. 22 f.

hinreichend verfestigter Ertragserwartungen, der über den Wert der einzelnen Vermögensgegenstände nach Abzug der Schulden hinausgeht.[483] Hingegen ist vom *Goodwill* und damit von Art. 1 des 1. ZP nicht die Möglichkeit der Erbringung einer Dienstleistung aufgrund einer Lizenz erfasst.[484]

g) Freizügigkeit

Aus dem 4. Zusatzprotokoll wird die Anwendbarkeit der Garantie der Freizügigkeit nach Art. 2 auf juristische Personen diskutiert. Nach einer Ansicht sollen Träger der Grundrechts nur natürliche Personen sein.[485] Der sachliche Gewährleistungsumfang von Art. 2 des 4. ZP ist demnach so auszulegen, dass die Aufnahme einer Erwerbstätigkeit, Gründung eines Unternehmens/Gewerbes, Verlagerung von Unternehmensanteilen und Gründen einer Zweigniederlassung nicht umfasst seien.[486] Überzeugender ist aber die Gegenansicht, auch die Gewährleistungen gemäß Art. 2 des 4. ZP auf juristische Personen des Privatrechts anzuwenden.[487] Dafür spricht, dass auch andere Grundrechte, die keinen ausdrücklichen wirtschaftlichen Bezug in ihrem Wortlaut aufweisen, dennoch Anwendung auf wirtschaftliche Situationen finden (vgl. Art. 8, 10 EMRK, Art. 1 des 1. ZP zur EMRK), der Wortlaut („everyone" beziehungsweise „quiconque") nicht entgegensteht und die Entstehungsgeschichte ebenfalls nichts Gegenteiliges nahelegt.[488] Daher können sich juristische Personen auf die unternehmerische Freizügigkeit aus Art. 2 des 4. ZP berufen, die die Verlegung des Unternehmenssitzes beinhaltet.[489]

h) Allgemeines Diskriminierungsverbot

Art. 1 des 12. ZP kodifiziert ein allgemeines Diskriminierungsverbot. Die Rechtsprechung geht, ohne die Anwendbarkeit näher zu thematisieren, davon aus, dass sich juristische Personen grundsätzlich auf Art. 1 des 12. ZP berufen

---

483 So *Kaiser*, in: Karpenstein/Mayer (Hrsg.), EMRK-Kommentar, Art. 1 ZP I, Rn. 22.

484 Vgl. EGMR, 03.10.1984, *H. J. Batelaan/J. Huiges ./. Niederlande*, 10438/83; *Kriebaum*, in: Pabel/Schmahl (Hrsg.), IntKommEMRK, Art. 1 ZP I, Rn. 100.

485 Vgl. *Bröhmer*, in: Merten/Papier (Hrsg.), HGR VI/1, § 139 Rn. 92.

486 Vgl. *Bröhmer*, in: Merten/Papier (Hrsg.), HGR VI/1, § 139 Rn. 89 ff., 92.

487 Vgl. *Giegerich*, in: Dörr/Grote/Marauhn (Hrsg.), EMRK/GG Konkordanzkommentar, Kap. 26, Rn. 35.

488 Vgl. *Giegerich*, in: Dörr/Grote/Marauhn (Hrsg.), EMRK/GG Konkordanzkommentar, Kap. 26, Rn. 35.

489 Vgl. *Giegerich*, in: Dörr/Grote/Marauhn (Hrsg.), EMRK/GG Konkordanzkommentar, Kap. 26, Rn. 36.

können.[490] Auch die Literatur hat festgestellt, dass zwischen Art. 1 des 12. ZP und Art. 3 Abs. 1 GG eine Strukturgleichheit besteht.[491] Deshalb müsse Art. 1 des 12. ZP auf juristische Personen anwendbar sein, wenn man bei identischen Voraussetzungen von einer Anwendbarkeit des Art. 3 Abs. 1 GG auf juristische Personen des Privatrechts ausgehe.[492]

3 *Zwischenfazit*

Juristische Personen des Privatrechts können sich grundsätzlich gemäß Art. 1 EMRK in Verbindung mit Art. 34 EMRK als nichtstaatliche Organisationen auf Grundrechte berufen, sofern diese im Einzelfall bei wertender Betrachtung ihrem Wesen beziehungsweise Inhalt nach auf sie anwendbar sind.[493] Die Unterscheidung ist hierbei aber auch nur eine textuelle, denn es wird beide male eine wertungsmäßige Betrachtung in Orientierung am Schutzzweck des jeweiligen Konventionsrechts vorgenommen. Die diesbezügliche Rechtsprechung des EGMR orientiert sich daneben im Einzelfall an der Methode der evolutiven Auslegung der EMRK als *living instrument*, dem Wortlaut und auch dem Telos der Gewährleistung.[494] Demnach kommt es nicht auf die Auslegung der Konvention zum Zeitpunkt ihrer Entstehung an, denn sie ist vielmehr als wertbezogener Vertrag zu verstehen, dessen Inhalt sich dynamisch neuen Anforderungen und einem sich weiter entwickelnden Menschenrechtsschutz anpasst.[495] Im Hintergrund steht das Ziel eines nicht nur theoretischen, sondern praktischen und tatsächlich wirksamen, und das heißt auch zeitgemäßen,[496]

---

490 Vgl. EGMR, 09.12.2010, *Savez Crkava „Rijec Zivota" u. a. ./. Kroatien*, 7798/08, Rn. 103–108.

491 Vgl. *Peters/König*, in: Dörr/Grote/Marauhn, EMRK/GG Konkordanzkommentar, Kap. 21, Rn. 49.

492 Vgl. zur Anwendbarkeit von Art. 3 Abs. 1 GG auf juristische Personen des Privatrechts *Remmert*, in: Maunz/Dürig (Hrsg), GG, Art. 19 Abs. 3 Rn. 102.

493 Vgl. auch *Bröhmer*, in: Dörr/Grote/Marauhn (Hrsg.), EMRK/GG Konkordanzkomentar, Kap. 19, Rn. 42, wonach das Grundrecht danach zu befragen ist, ob es nach Sinn und Zweck einer kollektiven Wahrnehmung offensteht; so auch *Grabenwarter/Pabel*, § 17 Rn. 5; *Peters/Altwicker*, § 35 Rn. 20.

494 Zur EMRK als „living instrument" *Bernhardt*, in: Merten/Papier (Hrsg.), HGR VI/1, § 137 Rn. 73 f.; *Peters/Altwicker*, § 2 Rn. 40; so erstmals EGMR, 25.04.1978, *Tyrer ./. Vereinigtes Königreich*, 5856/72, Rn. 31.

495 Vgl. *Fastenrath*, in: Pabel/Schmahl (Hrsg.), IntKommEMRK, Art. 1 EMRK, Rn. 23.

496 Vgl. *Mayer*, in: Karpenstein/Mayer (Hrsg.), EMRK-Kommentar, Einleitung, Rn. 47; Grabenwarter/Pabel § 5 Rn. 15 f.

Grundrechtsschutzes.[497] Um dieses Ziel zu erreichen, ist es daher Notwendig, auch juristischen Personen soweit einen grundrechtlichen Schutz zukommen zu lassen, wie diese gleichermaßen wie die hinter ihnen stehenden natürlichen Personen von hoheitlichem Handeln betroffen sein können.

B Grundrechtsberechtigung juristischer Personen des Öffentlichen Rechts

Die EMRK selbst kennt die Kategorie der juristischen Person des Öffentlichen Rechts nicht. Die Grundrechtsberechtigung hängt vielmehr maßgeblich davon ab, ob eine juristische Person als Nichtregierungsorganisation im Sinne des Art. 34 S. 1 EMRK zu qualifizierten ist. Dies ist bei juristischen Personen des Öffentlichen Rechts grundsätzlich nicht der Fall. Die Rechtsprechung des Gerichtshofs beurteilt das Vorliegen einer nichtstaatlichen Organisation nach Art. 34 EMRK dabei aber nicht starr, sondern entscheidet hierüber von Fall zu Fall unabhängig davon, welche Rechtsstellung das nationale Recht der jeweiligen Organisation einräumt.[498]

I Einzelfälle

1 Gemeinden

Gemeinden sind als Gebietskörperschafen nicht berechtigt, sich auf die Grundrechte der Konvention zu berufen,[499] da sie als Regierungsorganisationen im Sinne des Art. 34 EMRK zu qualifizieren sind. Kommunen, die öffentliche Aufgaben im Auftrag des Staates wahrnehmen, sind nach Auffassung des EGMR den Regierungsorganisationen zuzuordnen, da ihr Handeln dem Staat zuzurechnen ist.[500] Auch die dezentrale Struktur eines Staates, kleinere Einheiten autonom von der zentralen Regierung in Einzelfällen selbst entscheiden zu

---

497 Vgl. *Mayer*, in: Karpenstein/Mayer (Hrsg.), EMRK-Kommentar, Einleitung, Rn. 48 mit Verweis auf EGMR, 09.10.1979, *Airey ./. Irland*, 6289/73, Rn. 24.

498 EGMR, 23.10.2010, *Dösemealti Belediyesi ./. Türkei*, 50108/06, in: NVwZ 2011, 479 (480).

499 Vgl. EGMR, 27.09.2007, *Karagiannis u. a. ./. Griechenland*, 33408/05; EGMR, 03.02.2004, *Regierung der Autonomen Gemeinschaft Baskenland ./. Spanien*, 29134/03; EGMR, 07.06.2001, *Danderyds Kommun ./. Schweden, 52559/99*; EGMR, 23.11.1999, *Section de commune d'Antilly ./. Frankreich*, 45129/98; EKMR, 14.12.1987, *Rothenthurm Commune ./. Schweiz*, 13252/87.

500 Vgl. EGMR, 31.05.1974, *Austrian Communes u. a. ./. Österreich*, 5767/72; EGMR, 23.10.2010, *Dösemealti Belediyesi ./. Türkei*, 50108/06, in: NVwZ 2011, 479 (480).

lassen, ändere demnach nichts hieran. Denn der Begriff der staatlichen Organisation bezeichne im Völkerrecht nicht nur die Regierung und Zentralorgane eines Staates, vielmehr sei dort, wo es Dezentralisierung gibt, auch jede staatliche Behörde umfasst, die öffentliche Gewalt ausübt.[501] Auf dieses Ergebnis ist auch ohne Einfluss, dass in einzelnen Mitgliedstaaten die Möglichkeit besteht, dass den Gemeinden als dezentralisierten Einheiten (Privat-)Eigentum zusteht, das ihnen von einer staatlichen Behörde entzogen werden kann.[502] Entscheidend ist nämlich, dass Gemeinden wegen ihrer Befugnis, öffentliche Gewalt auszuüben, immer als staatliche Organisationen zu qualifizieren sind, unabhängig davon, welche konkrete Handlung oder welches Verfahren vor dem Gerichtshof durch sie angegriffen wird.[503] Zu einem anderen Ergebnis gelangt die Rechtsprechung auch nicht in dem Fall, in dem eine Gemeinde sich in einem Rechtsstreit mit der Zentralregierung über die Zuordnung von Kompetenzen befindet.[504] Dies wird zunächst mit den bereits ausgeführten allgemeinen Grundlinien zur Grundrechtsberechtigung von Gebietskörperschaften begründet. Weiter führt der EGMR aus, dass die Konventionsverletzung durch eine Gemeinde dem Staat zuzurechnen gewesen wäre, weshalb eine Einordnung von Gemeinden als Nichtregierungsorganisationen ausscheide. Daneben stützt der Gerichtshof seine Argumentation darauf, dass Kompetenzzuweisungen abschließend im nationalen Recht geregelt sind.[505] Auch die Literatur lehnt mit ähnlicher Argumentation die Grundrechtsberechtigung von Gemeinden ab.[506] Daneben hebt sie noch hervor, dass die EMRK die Freiheit des Einzelnen gegenüber dem Staat sichern soll, weshalb juristische Personen des Öffentlichen Rechts grundsätzlich nicht grundrechtsberechtigt sein sollen.[507]

---

501 Vgl. EGMR, 31.05.1974, *Austrian Communes u. a. ./. Österreich*, 5767/72.

502 Vgl. EGMR, 18.05.2000, *Hatzitakis et les Mairies de Thermaikos et Mikra ./. Griechenland*, 48391/99, 48392/99.

503 Vgl. EGMR, 23.10.2010, *Dösemealti Belediyesi ./. Türkei*, 50108/06, in: NVwZ 2011, 479 (480).

504 Vgl. EGMR, 15.09.1988, *Messeni Nemagna ./. Italien*, 41877/98, zitiert nach EGMR, 23.10.2010, *Dösemealti Belediyesi ./. Türkei*, 50108/06, in: NVwZ 2011, 479 (480).

505 Vgl. EGMR, 23.10.2010, *Dösemealti Belediyesi ./. Türkei*, 50108/06, in: NVwZ 2011, 479 (480).

506 Vgl. *Rogge*, in: Pabel/Schmahl (Hrsg.), IntKommEMRK, Art. 34 EMRK, Rn. 136.

507 Vgl. *Röben*, in: Dörr/Grote/Marauhn (Hrsg.), EMRK/GG Konkordanzkommentar, Kap. 5, Rn. 48.

2 Kirchen und Religionsgemeinschaften

Nachdem die Europäische Kommission für Menschenrechte[508] eine Grundrechtsberechtigung von öffentlich-rechtlichen Religionsgemeinschaften aus Art. 9 EMRK zunächst ablehnte, hat sie später, ohne näher darauf einzugehen, deren Grundrechtsberechtigung bejaht.[509] In der Rechtsprechung war zunächst keine klare Linie zu erkennen, wann die Religionsgemeinschaften Grundrechte für ihre Mitglieder und wann sie selbst Art. 9 EMRK als eigenes Grundrecht geltend machen können.[510] Im Ergebnis wird heute eine eigene Grundrechtsberechtigung der Religionsgemeinschaften bejaht. Klargestellt hat dies der EGMR für Religionsgemeinschaften als juristische Personen des Öffentlichen Rechts in der Rechtssache *The Holy Monasteries*.[511] Er hat in diesem Verfahren Verletzungen von Art. 6 Abs. 1 EMRK und Art. 1 des 1. ZP zur EMRK bejaht und daneben den sachlichen Gewährleistungsumfang von Art. 9, 11, 13 und 14 EMRK angesprochen, mithin also auch den persönlichen Anwendungsbereich in Bezug auf diese Grundrechte bejaht. Dabei hat die Tatsache, dass die der griechischen Kirche zuzuordnenden Klöster historische, finanzielle und rechtliche Verbindungen zum Staat haben, nicht zu ihrer Einordnung als Regierungsorganisation geführt. Vielmehr hat der Gerichtshof festgestellt, dass die Klöster trotz allem gerade keine Regierungsgewalt ausüben. Sie verfolgen im Wesentlichen geistige, kulturelle oder soziale Ziele und die ihnen verliehenen Befugnisse ermächtigen nur dazu, binnenorganisatorisch Recht zu setzen. Die rechtliche Ausgestaltung als juristische Person des Öffentlichen Rechts diene weiterhin lediglich dazu, denselben Rechtsschutz gegenüber Dritten zu garantieren, den die anderen juristischen Personen des Öffentlichen Rechts genießen. Damit sei auch keine staatliche Aufsicht verbunden. Die Aufsicht obliege vielmehr allein

---

508 Vgl. EKMR, 17.12.1968, *Scientologie ./. Vereinigtes Königreich*, 3798/68; *Walter*, in: Dörr/Grote/Marauhn (Hrsg.), EMRK/GG Konkordanzkommentar, Kap. 17, Rn. 104.

509 Vgl. EKMR, 13.03.1986, *Vereiniging Rechtswinkeles Utrecht ./. Niederlande*, 11308/84; *Walter*, in: Dörr/Grote/Marauhn (Hrsg.), EMRK/GG Konkordanzkommentar, Kap. 17, Rn. 104.

510 Für einen Überblick *Walter*, in: Dörr/Grote/Marauhn (Hrsg.), EMRK/GG Konkordanzkommentar, Kap. 17, Rn. 104 ff.; vgl. auch *Peters/Altwicker*, § 2 Rn. 16.; so wurde in der Entscheidung EKMR, 05.05.1979, *Church of Scientology ./. Schweden*, 7805/77 noch eine Prozessstandschaft der Religionsgemeinschaft für ihre Mitglieder angenommen.

511 Vgl. zu alledem und Folgendem EGMR, 09.12.1994, *The Holy Monasteries ./. Griechenland*, 13092/87, 13984/88, Rn. 48 f.

dem Erzbischof als nichtstaatlicher Stelle. Somit bestehe keine Abhängigkeit der Religionsgemeinschaft vom Staat, und es handelt sich bei ihnen um nichtstaatliche Organisationen im Sinne des Art. 34 EMRK.

Die von Art. 9 EMRK gewährleistete Religionsfreiheit erstreckt sich nicht nur auf die Garantie der freien Religionsausübung, sondern erfasst auch das Selbstbestimmungsrecht der Religionsgemeinschaften.[512] Davon ist insbesondere das Recht auf Anerkennung der Rechtspersönlichkeit sowie auf Organisationsfreiheit umfasst.[513] Ferner beinhaltet Art. 9 EMRK das Neutralitätsgebot des Staates, wonach er bei der Gesetzgebung und der Behandlung der verschiedenen Religionsgemeinschaften und Glaubensrichtungen zur Neutralität und Unparteilichkeit verpflichtet ist.[514]

Ungeklärt scheint, ob eine religiöse Vereinigung, der noch keine Rechtspersönlichkeit verliehen wurde, dennoch berechtigt ist, sich vor dem Europäischen Gerichtshof für Menschenrechte auf Art. 9 EMRK zu berufen.[515] In diesem Zusammenhang hat die Rechtsprechung die Beschwerdebefugnis einer Gemeinschaft bejaht, der noch keine Rechtspersönlichkeit verliehen wurde, sondern die sich vielmehr im Streit darüber befand.[516] Mithin ist daher von der Grundrechtsberechtigung von religiösen Vereinigungen ohne Rechtspersönlichkeit auszugehen.

---

512 Zum Umfang der Autonomie EGMR, 17.06.2007, *Svyato-Mykhaylivska Parafiya ./. Ukraine*, 77703/01, Rn. 146; EGMR, 23.09.2010, *Obst ./. Deutschland*, 425/03; EGMR, 23.09.2010, *Schüth ./. Deutschland*, 1620/03; EGMR, 26.10.2000, *Hasan u. Chaush ./. Bulgarien*, 30985/96, Rn. 62; EGMR, 16.09.2010, *Holy Synod of the Bulgarian Orthodox Church (Metropolitan Inokentiy) u. a. ./. Bulgarien*), 421/03, Rn. 103; vgl. auch *Walter*, in: Dörr/Grote/Marauhn (Hrsg.), EMRK/GG Konkordanzkommentar, Kap. 17, Rn. 110 ff.; *Peters/Altwicker*, § 31 Rn. 7.

513 Vgl. zur Reichweite der Selbstbestimmung in arbeitsrechtlichen Fragen EGMR, 23.09.2010, *Obst ./. Deutschland*, 425/03.

514 Vgl. zum Neutralitätsgebot EGMR (GK), 26.10.2000, *Hasan u. Chaush ./. Bulgarien*, 30985/96, Rn. 78; EGMR, 03.05.2007, *Fall der 97 Mitglieder der Gldani Gemeinschaft der Zeugen Jehovas u. a. ./. Georgien*, 71156/01, Rn. 131; EGMR, 15.09.2009, *Miroļubovs u. a. ./. Lettland*, 798/05; EGMR, 13.12.2001, *Metropolitan Church of Bessarabia u. a. ./. Moldawien*, 425/03, Rn. 39 f.; *Peters/Altwicker*, § 31 Rn. 8.

515 Vgl. das Verfahren EGMR, 05.10.2006, *The Moscow Branch of the Salvation Army ./. Russland*, 72881/01, in dem die Vereinigung bereits gegründet war, streitig hingegen ihre Wiederanerkennung nach Erlass eines neuen Gesetzes.

516 Vgl. EGMR, 16.12.1997, *Canea Catholic Curch ./. Griechenland*, 25528/94, Rn. 31; EGMR, 31.07.2008, *Religionsgemeinschaft der Zeugen Jehovas u. a. ./. Österreich*, 40825/98, Rn. 60–63.

3 Öffentlich-rechtliche Rundfunkanstalten

Auch die als juristische Personen des Öffentlichen Rechts organisierten Rundfunkanstalten werden als grundrechtsberechtigt angesehen.[517] Es handelt sich nämlich auch bei diesen um Nichtregierungsorganisationen. Zur Begründung führt der EGMR – wie bei den öffentlich-rechtlichen Religionsgemeinschaften – zunächst aus, dass eine öffentlich-rechtliche Vereinigung unabhängig davon, ob Dezentralisierung gegeben ist, als Regierungsorganisation im Sinne des Art. 34 EMRK eingeordnet werden könne. Um eine Regierungsorganisation handle es sich insbesondere, wenn die juristische Person an der Ausübung von Regierungsgewalt teilnimmt oder eine öffentliche Dienstleistung unter staatlicher Kontrolle erbringt. Hierfür kommt es auf den rechtlichen Status der Organisation und die ihr verliehenen Rechte an, die Natur der Tätigkeit, den Kontext, in dem sie ausgeübt wird, und den Grad an Unabhängigkeit von politischen Autoritäten.[518]

Sowohl im Fall von *Radio France* als auch im Fall des *Österreichischen Rundfunks* qualifizierte der EGMR die öffentlich-rechtlichen Rundfunkanstalten als Nichtregierungsorganisationen, da deren Unabhängigkeit gesetzlich gewährleistet werde und sie keine Regierungsgewalt ausübten. Dieser Einordnung steht zum einen nicht entgegen, dass der Staat Alleineigentümer der Rundfunkanstalt ist beziehungsweise eines ihrer Organe mehrheitlich mit Regierungsmitgliedern besetzt ist. Es wird nämlich durch die Ausgestaltung der Rechtsposition der Rundfunkanstalten eine hinreichende Unabhängigkeit gesichert, sodass trotz der genannten Verbindung zum Staat und des Erbringens einer öffentlichen Dienstleistung nicht von einer Regierungsorganisation gesprochen werden kann, weil gerade keine staatliche Aufsicht beziehungsweise Kontrolle erfolgt. Daran änderte sich im Fall von Radio France auch nichts dadurch, dass eine finanzielle Abhängigkeit vom Staat besteht und der Rundfunkanstalt öffentlich-rechtliche Aufgaben zugewiesen sind. Es bestand dennoch redaktionelle Unabhängigkeit und institutionelle Selbstständigkeit.[519] Ferner sprach nach Ansicht des EGMR für die Einordnung als Nichtregierungsorganisation auch noch, dass die Rundfunkanstalten keine Monopolstellung besitzen, sondern im Wettbewerb mit privaten Anbietern stehen und sich ihre Rechtsstellung im Übrigen

517 Vgl. EGMR, 23.09.2003, *Radio France u. a. ./. Frankreich*, 53984/00; EGMR, 07.12.2006, *Österreichischer Rundfunk ./. Österreich*, 35841/02; *Grote/Wenzel*, in: Dörr/Grote/Marauhn (Hrsg.), EMRK/GG Konkordanzkommentar, Kap. 18, Rn. 51.

518 Vgl. EGMR, 23.09.2003, *Radio France u. a. ./. Frankreich*, 53984/00, Rn. 26; EGMR, 07.12.2006 *Österreichischer Rundfunk ./. Österreich*, 35841/02, Rn. 46 ff.

519 Vgl. EGMR, 23.09.2003, *Radio France u. a. ./. Frankreich*, 53984/00, Rn. 26.

nach dem Privatrecht richtet. Auch die Literatur nimmt eine Grundrechtsberechtigung von öffentlich-rechtlich organisierten Rundfunkanstalten an, wenn sie als „Sachwalter des Einzelnen bei Wahrnehmung seiner Grundrechte" auftreten und staatsfern organisiert sind.[520]

4 Universitäten

Die EMRK kennt kein Grundrecht der Wissenschaftsfreiheit. Eine gewisse Nähe zur Wissenschaftsfreiheit weist ein Teilbereich von Art. 10 EMRK auf. Er umfasst die Freiheit der wissenschaftlichen Meinungsäußerung und damit auch die wissenschaftliche Publikation und Lehre.[521] Die Rechtsprechung hat sich bisher nicht mit dem grundrechtlichen Schutz der Universitäten auseinandergesetzt. Teilweise wird in der Literatur auf der Grundlage der gemeinsamen Verfassungsüberlieferungen der Mitgliedstaaten die Grundrechtsberechtigung der Universitäten und die Garantie ihrer wissenschaftlichen Autonomie durch die EMRK verneint.[522] Hingegen wird mehrheitlich unter Verweis auf die Rechtsprechung zur Grundrechtsberechtigung des öffentlich-rechtlichen Rundfunks beziehungsweise der Freiheit der Medien die Grundrechtsberechtigung der Universitäten wegen ihrer Staatsferne angenommen.[523] Zur Begründung wird dabei auch auf die *Empfehlung 1762 (2006) betreffend die akademische Freiheit und Hochschulautonomie der parlamentarischen Versammlung des Europarates* Bezug genommen. Darin wird die Bedeutung der Unabhängigkeit der Wissenschaft für die Entwicklung der Zivilisation hervorgehoben.

Die Rechtsprechung hat sich darüber hinaus mit der Frage beschäftigt, ob es sich bei Universitäten um Vereinigungen im Sinne des Art. 11 EMRK handelt. Eine Einordnung als Vereinigung im Sinne des Art. 11 EMRK wurde vom

---

520 Vgl. *Peters/Altwicker*, § 2 Rn. 16.

521 Vgl. *Grabenwarter/Pabel*, § 23 Rn. 12.

522 Vgl. *Fink*, in: EuGRZ 2001, 193 (200); siehe auch das Ergebnis in Kap. 1 Abschn. B. wonach keine einheitliche europäische Linie besteht.

523 Vgl. *Röben*, in: Dörr/Grote/Marauhn (Hrsg.), EMRK/GG Konkordanzkommentar, Kap. 5 Rn. 95; *Cornils*, in: Gersdorf/Paal (Hrsg.), BeckOK InfoMedienR, Art. 10 EMRK, Rn. 33; *Gundel*, in: Grabenwarter (Hrsg.), EnzEUR, Bd. 2, § 2 Rn. 30, wobei hier davon auszugehen ist, dass er eine Grundrechtsberechtigung nur dann annehmen will, wenn die Autonomie der Hochschulen vergleichbar zu den Rundfunkanstalten gesichert ist; ähnlich zu *Gundel*, a. a. O.: *Peters/Altwicker*, § 2 Rn. 16, wonach es auch bei den Universitäten neben einer staatsfernen Organisation darauf ankomme, dass die Universitäten als „Sachwalter des Einzelnen bei Wahrnehmung seiner Grundrechte" auftreten.

EGMR beziehungsweise der EKMR verneint, da es sich bei den Universitäten in der Regel um juristische Personen des Öffentlichen Rechts handle und diese nicht von Art. 11 EMRK erfasst werden.[524] Für die Einordnung der Universitäten als juristische Personen des Öffentlichen Rechts sprach, dass sie in die staatliche Struktur integriert und nicht privatrechtlich organisiert sind sowie der (Rechts-) Aufsicht der Regierung unterstehen und ein Allgemeininteresse im Einklang mit staatlichen Vorgaben und Anforderungen verfolgen. Ob sich diese Argumentation auf die Abgrenzung der Regierungs- von Nichtregierungsorganisation im Sinne des Art. 34 EMRK übertragen lässt, ist dagegen noch offen. Es spricht jedoch vieles dafür, den Universitäten eine Grundrechtsberechtigung zuzusprechen, sofern sie nach der mitgliedstaatlichen Rechtsordnung[525] über einen noch näher zu bestimmenden Grad an Autonomie verfügen.

II Zwischenfazit

Die Abgrenzung von grundrechtsberechtigten und nicht grundrechtsberechtigten juristischen Personen des Öffentlichen Rechts richtet sich nach Art. 34 EMRK und dem Kriterium der *Nichtregierungsorganisation.* Aus den dargestellten Urteilen ergibt sich, dass das Vorliegen einer Regierungsorganisation insbesondere in zwei Fällen bejaht werden kann: Entweder wenn Regierungsgewalt ausgeübt wird oder wenn bei der Erbringung von öffentlichen Dienstleistungen eine Kontrolle durch die Regierung stattfindet. Im Übrigen werden folgende Kriterien für die Beurteilung des Vorliegens einer Nichtregierungsorganisation in der Rechtsprechung des Gerichtshofs herangezogen: Der rechtliche Status einer Organisation und die sich daraus ergebenden Rechte sind zunächst zu berücksichtigen, weiterhin sind die Natur der Tätigkeit und der Kontext, in dem diese von der juristischen Person ausgeübt wird, Indikatoren für die Einordnung als Regierungsorganisation, wenn es sich um eine juristische Person des öffentlichen Rechts handelt und diese eine öffentliche Dienstleistung unter Staatsaufsicht erbringt. In einem Urteil des EGMR aus dem Jahr 2016 wurde die Ärztekammer für Wien auf Grund dieser Kriterien als Regierungsorganisation eingeordnet.[526] Im Hinblick auf die Antragsbefugnis wurde festgestellt, dass es

524 Vgl. EGMR, 18.11.2004, *Slavic University in Bulgaria u. a. ./. Bulgarien*, 60781/00; EKMR, 14.01.1998, *M.A. ./. Schweden*, 32721/96.

525 So z.B. in Deutschland, Frankreich oder Italien; vgl. im Einzelnen Kap. 1 Abschn. B. 2. d).

526 Vgl. auch zu Folgendem EGMR,16.05.2016, *Ärztekammer für Wien und Dorner ./. Österreich*, 8895/10, Rn. 41.

sich bei der Organisation um eine juristische Person des Öffentlichen Rechts handelt, die eine öffentliche Dienstleistung wahrnimmt, indem sie die Ausbildung der Ärzte organisiert und leitet und deren Zugang zu selbstständiger und unselbstständiger Arbeit regelt. Dies geschieht unter staatlicher Aufsicht und auf Grund einer Vereinbarung zwischen dem Staat und der Ärztekammer als juristischer Person. Unschädlich sei, dass daneben die Möglichkeit des Zugangs zu den Zivilgerichten besteht. Es kommt daher vielmehr auf die tatsächlichen Handlungsmöglichkeiten an.

Nach alledem können juristische Personen des Öffentlichen Rechts nicht pauschal als Regierungsorganisationen eingeordnet werden. Vielmehr kommt es auf eine Einzelfallbetrachtung an, die insbesondere die rechtliche Ausgestaltung im einzelnen Mitgliedstaat mit in die Betrachtung einbezieht.[527] Erst auf der Grundlage dessen kann unter Orientierung an den oben genannten einzelnen Kriterien eine endgültige Aussage über die Grundrechtsberechtigung der juristischen Personen des Öffentlichen Rechts getroffen werden. Unabhängig davon bejahen Teile der Literatur die Berechtigung juristischer Personen des Öffentlichen Rechts, sich auf die Eigentumsfreiheit aus Art. 1 des 1. ZP zur EMRK zu berufen, da der Wortlaut keine Beschränkung erkennen lasse.[528] Dagegen spricht jedoch schon, dass sich die Grundrechtsberechtigung juristischer Personen nicht losgelöst von den durch das Regelungsregime gegebenen Durchsetzungsmechanismen beurteilen lässt. Daher ist wegen Art. 34 EMRK, der nur eine nichtstaatliche Organisation als beschwerdebefugt betrachtet, die Grundrechtsberechtigung juristischer Personen des Öffentlichen Rechts hinsichtlich des Art. 1 des 1. ZP zur EMRK auch davon abhängig, ob es sich bei ihnen um nichtstaatliche Organisationen handelt.

C Öffentliche Unternehmen

Mit der Grundrechtsberechtigung juristischer Personen, die zur staatlichen Wirtschaftsbetätigung geschaffen wurden hat sich der EGMR bisher nur in Einzelfällen beschäftigt.

---

527 Vgl. *Peters/Altwicker*, § 35 Rn. 20, wonach es konkret auch darauf ankomme, ob eine staatliche Funkton ausgeübt wird.

528 Vgl. *Tettinger*, in: FS Börner, S. 625 (634 f.); *Sasse*, in: EuR 2012, 628 (645 f.).

I Öffentliche Unternehmen in mehrheitlich staatlichem Eigentum

Die Grundrechtsberechtigung mehrheitlich in staatlichem Eigentum stehender Unternehmen wurde vom EGMR in der Entscheidung *Islamic Republic of Iran Shipping Lines* gegen die Türkei bejaht.[529] Beschwerdeführerin war eine zu 100 Prozent in Staatseigentum befindliche Rederei, die eine Verletzung der Eigentumsfreiheit nach Art. 1 des 1. ZP zur EMRK geltend machte. Bei der Bestimmung der „nichtstaatlichen Organisation" legte der EGMR seine in der Rechtsprechung zu den Rundfunkanstalten und Kirchen entwickelten Kriterien zugrunde und stellte fest, dass die Beschwerdeführerin keine Regierungsgewalt ausübt.[530] Er stützte die Einordnung als „nichtstaatliche Organisation" auch darauf, dass sich die Rechtsstellung des nicht monopolistischen Unternehmens nach dem Gesellschaftsrecht richtet, es deshalb gerade keine Regierungsgewalt ausübt und überwiegend der Zivilgerichtsbarkeit untersteht. In die Beurteilung floss hier ferner ein, dass das Verfahren auch nicht im Interesse des Staates, in dessen Eigentum das Unternehmen steht, betrieben wurde. Letztlich begründete der EGMR seine Entscheidung damit, dass der Iran als Eigentümer kein Konventionsstaat ist.[531] Somit schloss der EGMR das *Konfusionsargument* aus. Die Kritik an diesem Urteil bezieht sich darauf, dass sich der Gerichtshof allein von der Rechtsform habe leiten lassen, denn an sich können sich nach seiner Rechtsprechung öffentlich-rechtliche Körperschaften für ihr „privates" Grundeigentum nicht auf die Eigentumsfreiheit berufen.[532]

In einem anderen Urteil lehnte der Gerichtshof die Grundrechtsfähigkeit eines öffentlichen Unternehmens in Privatrechtsform hingegen sogar hinsichtlich des Verfahrensgrundrechts aus Art. 6 EMRK ab.[533] Das beschwerdeführende Unternehmen (eine slowakische AG) stand zunächst in überwiegendem, nach Fortschreiten des Verfahrens vor dem EGMR in alleinigem Eigentum des Staates. Der EGMR ging zur Ermittlung der Grundrechtsberechtigung auf die von ihm aufgestellten allgemeinen Kriterien für das Vorliegen einer nichtstaatlichen

529 Vgl. hierzu und im Folgenden EGMR, 13.12.2007, *Islamic Republic of Iran Shipping Lines ./. Türkei*, 40998/98, Rn. 79 ff.

530 Vgl. hinsichtlich dieser Kriterien Kap. 2 Abschn. B. II.

531 Vgl. EGMR, 13.12.2007, *Islamic Republic or Iran Shipping Lines ./. Türkei*, 40998/98, Rn. 81.

532 Vgl. *Gundel*, in: Grabenwarter (Hrsg.), EnzEUR, Bd. 2, § 2 Rn. 34 mit Verweis auf EGMR, 18.05.2000, *Hatzitakis et les Mairies de Thermaikos et Mikra ./. Griechenland*, 48391/99, 48392/99.

533 Vgl. EGMR, 15.11.2011, *Transpetrol, u. a. ./. Slowakei*, 28502/08, Rn. 60 ff.

Organisation und sein Urteil in der Rechtssache *Iran Shipping Lines* ein, stellte dann aber entscheidend auf den gesamten verfahrensrechtlichen und materiellen Zusammenhang der Beschwerde und den ihr zugrunde liegenden Sachverhalt ab. Er führte aus, dass das natürliche Monopol mit marktbeherrschender Stellung in der Slowakei gegen die Grundrechtsberechtigung der AG spreche. Zentrales Argument war bei seiner Beurteilung aber die sich überschneidende Interessenlage von beschwerdeführendem Unternehmen und der Regierung des Staates, der mittlerweile Alleineigentümer der AG war.[534] Wenn von einem öffentlichen Unternehmen durch die Beschwerde gleichermaßen Interessen des Staates verfolgt werden, so sei dies nicht mit dem Grundsatz vereinbar, wonach ein Vertragsstaat vor dem Gerichtshof nicht zugleich als Kläger und Beklagter auftreten könne. Insofern geht der Ausschluss der Grundrechtsberechtigung in diesem Fall auf das *Konfusionsargument* zurück.

Kein öffentliches Unternehmen im Sinne des Untersuchungsbegriffs ist die staatliche spanische Eisenbahn, da sie als juristische Person des Öffentlichen Rechts organisiert ist.[535] Da durch die staatliche Spanische Eisenbahn quasi Waren auf dem Markt angeboten wurden, soll die Entscheidung der EKMR zu ihrer Grundrechtsberechtigung dennoch hier betrachtet werden. Nach dieser Entscheidung ist die staatliche spanische Eisenbahn trotz eigener Rechtsträgerschaft nicht grundrechtsberechtigt, weil der Verwaltungsrat gegenüber der spanischen Regierung verantwortlich ist. Weiterhin ist die staatliche spanische Eisenbahn zuständig für die Verwaltung der staatlichen Schienennetze, womit ihr eine Aufgabe in der Daseinsvorsorge und damit eine Regierungsaufgabe zukommt. Zuletzt spreche auch nicht die interne Organisation für die Qualifikation als Nichtregierungsorganisation, denn diese wird im Fall der staatlichen spanischen Eisenbahn durch Erlasse der Regierung und nicht durch das Privatrecht geregelt. Auch in dieser Entscheidung zeigt sich, inwiefern die Rechtsprechung im Wege einer Gesamtbetrachtung von rechtlicher Struktur und Aufgaben die Abgrenzung von staatlicher zu nicht-staatlicher Organisation nach Art. 34 EMRK vornimmt und somit die Grundrechtsberechtigung juristischer Personen, hier öffentlicher Unternehmen, bestimmt.

Soweit in der Literatur eine eigene Kategorie öffentlicher Unternehmen im Zusammenhang mit der EMRK diskutiert wird, lehnt sie deren Grundrechtsberechtigung zum Teil generell ab.[536] Dies soll selbst dann gelten, wenn das

---

534 Vgl. EGMR, 15.11.2011, *Transpetrol, u. a. ./. Slowakei*, 28502/08, Rn. 78.

535 Vgl. EKMR, 08.09.1997, *Renfe ./. Spanien*, 35216/97.

536 Vgl. *Stieglitz*, S. 39 f.; ähnlich *Gundel*, in: Grabenwarter (Hrsg.), EnzEUR, Bd. 2, § 2 Rn. 34; *Peters/Altwicker*, § 2 Rn. 16.

öffentliche Unternehmen in Privatrechtsform organisiert ist, denn die Grundrechtsberechtigung soll nicht von der Wahl der Organisationsform durch den Staat abhängen. Es komme nur darauf an, ob die Organisation dem Staat funktional wegen der Erfüllung hoheitlicher Aufgaben oder wegen seines beherrschenden Einflusses zugeordnet werden müsse. Auch hinter dieser Argumentation steht das *Konfusionsargument*, das Grundrechtsberechtigte von Grundrechtsgebundenen trennen soll. Andere wollen hingegen auch bei öffentlich-rechtlich organisierten öffentlichen Unternehmen zumindest die Grundrechtsberechtigung hinsichtlich der Prozessgrundrechte zulassen.[537]

II Öffentliche Unternehmen in überwiegend privatem Eigentum

Urteile zu der Frage, ob teilweise im Eigentum des Staates stehende öffentliche Unternehmen in Privatrechtsform berechtigt sind, sich auf die Grundrechte der Menschenrechtskonvention zu berufen, sind noch nicht ergangen. Im Schrifttum wird vertreten, dass diese grundrechtsberechtigt sein sollen, sofern der Hoheitsträger keine Möglichkeit hat, andere Teilhaber zu überstimmen.[538] Insofern stellt sie auf die Beherrschungsverhältnisse innerhalb des öffentlichen Unternehmens ab, wie dies auch auf nationaler Ebene in Deutschland der Fall ist.[539] Andererseits liegt es auf Grund der Entscheidung in der Rechtssache *Iran Shipping Lines* auch für diese Konstellation nahe, die Grundrechtsberechtigung wie dort zu bestimmen.[540]

D Fazit

Die erste Weiche zur Bestimmung der Grundrechtsberechtigung juristischer Personen stellt in der EMRK die Beantwortung der Frage, ob eine nicht-staatliche Organisation nach Art. 34 EMRK vorliegt. Dabei handelt es sich bei Art. 34 EMRK nicht um eine ausdrückliche Normierung der Grundrechtsberechtigung juristischer Personen, vielmehr nur um eine prozessuale Norm. Die Grundrechtsberechtigung juristischer Personen ergibt sich sodann i.V.m. Art. 1 EMRK.

---

537 Vgl. *Röben*, in: Dörr/Grote/Marauhn (Hrsg.), EMRK/GG Konkordanzkommentar Kap. 5 Rn. 48; ähnlich *Ludwigs/Friedmann*, in: NVwZ 2018, 22, (26 f.); *Goldhammer/Sieber*, in: JuS 2018, 22 (26).

538 Vgl. *Stieglitz*, S. 40; ebenso auf die Herrschaftsverhältnisse Bezug nehmend *Ehlers*, in: Ehlers (Hrsg.), Europäische Grundrechte und Grundfreiheiten, § 2 Rn. 45.

539 Vgl. *Ehlers*, in: Ehlers (Hrsg.), Europäische Grundrechte und Grundfreiheiten, § 14 Rn. 57.

540 Vgl. Kap. 2 Abschn. C. I.

Die EMRK kennt die Kategorien der juristischen Person des Privatrechts, des Öffentlichen Rechts und öffentliche Unternehmen nicht unmittelbar. Liegt eine nicht-staatliche Organisation vor, so wenden die Rechtsprechung beziehungsweise die Literatur die Grundrechte aus den Art. 6, 7, 8, 9, 10, 11, 13 und 14 EMRK sowie Art. 1 des 1. ZP, Art. 2 des 4. sowie Art. 1 des 12. ZP zur EMRK auf juristische Personen des Privatrechts an. Erfolgt dies durch die Rechtsprechung zumeist ohne weitere Begründung, so beurteilt die Literatur die Grundrechtsberechtigung juristischer Personen im Einzelfall danach, ob ein Grundrecht seinem *Wesen* nach auf eine juristische Person anwendbar ist.

Besondere Bedeutung erfährt die Abgrenzung der staatlichen von der nichtstaatlichen Organisation im Sinne des Art. 34 EMRK bei juristischen Personen des Öffentlichen Rechts. Insofern hat die Rechtsprechung die Grundrechtsberechtigung von Gemeinden abgelehnt.[541] Hingegen bejaht sie die Grundrechtsberechtigung von Rundfunkanstalten und Religionsgemeinschaften.[542] Sie stützt dies dabei auf eine Gesamtbetrachtung von Funktion und Ausgestaltung der Rechtsstellung der juristischen Personen. Soweit eine gewisse Unabhängigkeit vom Staat besteht, wird die Grundrechtsberechtigung infolgedessen bejaht. Die Literatur stimmt dem zu. Zu Universitäten hat sich die Rechtsprechung noch nicht geäußert und auch in der Literatur hat sich noch keine herrschende Ansicht herausgebildet. Da Universitäten aber eine vergleichbare Staatsferne wie öffentlich-rechtliche Rundfunkanstalten und Religionsgemeinschaften aufweisen und auch der individuellen Freiheitsentfaltung des Einzelnen dienen, spricht mehr dafür, ihre Grundrechtsberechtigung zu bejahen.

Die Rechtsprechung bestimmt die Grundrechtsberechtigung öffentlicher Unternehmen, die mehrheitlich oder sogar ganz im Eigentum des Staates stehen, auch anhand der Abgrenzung staatlicher von nicht-staatlichen Unternehmen nach Art. 34 EMRK. Hierbei bezieht sie sich teils auf die Kriterien, die sie an Religionsgemeinschaften und Rundfunkanstalten angelegt hat, teils berücksichtigt sie auch, ob das Unternehmen eine marktbeherrschende Stellung einnimmt und welche Interessen mit der Beschwerde verfolgt werden. Zu öffentlichen Unternehmen, die sich zu weniger als 50 Prozent im Eigentum des Staates befinden, hat sich die Rechtsprechung noch nicht geäußert. Solange diese öffentlichen Unternehmen keine Hoheitsgewalt ausüben und es sich daher bei ihnen um eine Nichtregierungsorganisation im Sinne des Art. 34 S. 1 EMRK handelt, sind sie grundrechtsberechtigt. Hingegen hat der EGMR jedenfalls

541 Vgl. Kap. 2 Abschn. B. II.

542 Vgl. Kap. 2 Abschn. B. III. sowie IV.

die Grundrechtsberechtigung staatlich beherrschter, öffentlicher Unternehmen aus Drittstaaten bejaht. Eine Übertragbarkeit dieser Rechtsprechung auf mitgliedstaatliche öffentliche Unternehmen ist noch nicht geklärt. In der Literatur wird zutreffend zur Bestimmung der Grundrechtsberechtigung aller öffentlicher Unternehmen die Ansicht vertreten, dass es auf die tatsächlichen Beherrschungsverhältnisse ankomme.

Kapitel 3: Die Grundrechtsberechtigung juristischer Personen nach der Grundrechte-Charta

Der zweite Grundrechtekatalog auf europäischer Ebene ist die GRC, welche Teil des europäischen Primärrechts ist (vgl. Art. 6 Abs. 1 EUV) und auch auf die in der Rechtsprechung des EuGH zuvor bereits als allgemeine Rechtsgrundsätze (vgl. Art. 6 Abs. 3 EUV) entwickelten Grundrechte zurückgeht.[543]

A Juristische Personen des Privatrechts

I Strukturelle Anforderungen an die Grundrechtsberechtigung

1 Zulässigkeit der Grundrechtsberechtigung juristischer Personen

In der GRC werden juristische Personen lediglich in Art. 42 bis 44 GRC erwähnt und dort zugleich ausdrücklich als Begünstigte der durch diese Artikel gewährleisteten Rechte benannt. Ein Teil der übrigen Grundrechte spricht hingegen entweder von *jeder Person* (z.B. Art. 4, 5, 7, 15 GRC) oder definiert den Kreis der Grundrechtsberechtigten als *jeder Mensch* (Art. 1, 2, 3, 6, 26, 29, 33 Abs. 2, 34 Abs. 2, 35 GRC). Auf die Grundrechte der letzten Gruppe können sich juristische Personen nicht berufen, da dies bereits dem Wortlaut widersprechen würde.[544] Im Übrigen lässt sich aus der gesetzgeberischen Gestaltung keine allgemeingültige Regel für die Grundrechtsberechtigung juristischer Personen ableiten. Es kann insbesondere nicht der Umkehrschluss gezogen werden, dass nur die Grundrechte der Art. 42 bis 44 GRC wegen ihres eindeutigen Wortlauts auf juristische Personen anwendbar sind.[545] Soweit jedoch der Wortlaut der GRC zwischen den Grundrechtsträgern Mensch und Person differenziert, spricht die Formulierung „jede Person" in vielen Fällen für die Grundrechtsberechtigung

543 Vgl. zur Entstehung des prätorischen Grundrechtsschutzes *Rengeling/Szczekalla*, GRC, § 1 Rn. 21 ff.; auf Rechtsgrundsatz-Grundrechte wird im Folgenden eingegangen, soweit sie Bedeutung für die Ermittlung der Grundrechtsberechtigung haben.

544 Vgl. *Ladenburger/Vondung*, in: Stern/Sachs (Hrsg.), GRC, Art. 51 Rn. 4; offener hingegen die englische und französische Sprachfassung, die von „everyone" beziehungsweise „toute personne" spricht.

545 Vgl. *Ladenburger/Vondung*, in: Stern/Sachs (Hrsg.), GRC, Art. 51 Rn. 3.

juristischer Personen.[546] Insofern kommt dem Wortlaut der deutschen Fassung der GRC eine starke Indizwirkung zu. Dennoch kann dieser Schluss zum Beispiel beim Recht auf Achtung des Familienlebens nach Art. 7 GRC nicht hinsichtlich jeder Gewährleistung gezogen werden.[547] Im Ergebnis ist daher festzuhalten, dass der GRC über Art. 42 bis 44 GRC hinaus nicht unmittelbar entnommen werden kann, wann juristische Personen grundrechtsberechtigt sind.[548]

Auch aus den allgemeinen Bestimmungen des Kapitels 7 der GRC ergibt sich nichts anderes, denn auch der dort niedergelegte Art. 51 GRC, der seiner Überschrift nach den Anwendungsbereich der Charta bestimmt, erwähnt juristische Personen nicht.

2 Der Begriff der juristischen Person in der GRC

Die Bestimmung des Begriffs der juristischen Person orientiert sich im Unionsrecht nicht unmittelbar an mitgliedstaatlichen Kriterien, sondern erfolgt unionsrechtsautonom.[549] Im Geltungsbereich der GRC ist dabei jedoch wegen Art. 52 Abs. 3 GRC eine enge Orientierung an den Vorgaben der EMRK notwendig. Denn aus der „Transferklausel"[550] des Art. 52 Abs. 3 S. 1 GRC folgt, dass die Gewährleistungen der GRC, die den durch die EMRK garantierten Rechten entsprechen, die gleiche Bedeutung und Tragweite haben, wie die der Konvention. Diese dynamische Verweisung[551] führt dazu, dass die Grundrechte der Charta einen zumindest ebenso weitgehenden Schutz garantieren müssen, wie er sich aus der EMRK und der dazugehörigen Rechtsprechung des EGMR ergibt.[552]

---

546 So *Jarass*, GRC, Art. 51 Rn. 53; *Ladenburger/Vondung*, in: Stern/Sachs (Hrsg.), GRC, Art. 51 Rn. 4; *Ehlers*, in: Ehlers (Hrsg.), Europäische Grundrechte und Grundfreiheiten, § 14 Rn. 56.

547 Vgl. Kap. 3 Abschn. A. III. 1.

548 Vgl. dahingehend auch die Entscheidung des Grundrechte-Konvents, die Frage nach der Grundrechtsberechtigung juristischer Personen der Rechtsprechung und Literatur zu überlassen, so *Ladenburger/Vondung*, in: Stern/Sachs (Hrsg.), GRC, Art. 51 Rn. 3.

549 So zum Begriff der juristischen Person in Art. 263 Abs. 4 AEUV: *Frenz*, Europarecht, Rn. 1322.

550 Siehe hierzu *Streinz/Michl*, in: Streinz (Hrsg.), EUV/AEUV, Art. 52 GRC, Rn. 24 ff. *Krämer*, in: Stern/Sachs (Hrsg.), GRC, Art. 52 Rn. 65.

551 Vgl. *von Dannwitz*, in: Grabenwarter (Hrsg.), EnzEuR, Bd. 2, § 6 Rn. 44; *Jarass*, GRC, Art. 52 Rn. 65; ähnlich *Krämer*, in: Stern/Sachs (Hrsg.), GRC, Art. 52 Rn. 75.

552 Vgl. EuGH, Rs. C-400/10, Slg. 2010, I-8965, Rn. 53 – McB; EuGH, Rs. C-279/09, Slg. 2010, I-13849, Rn. 35 – DEB; SchlA GA *Trstenjak*, in: EuGH, Rs. C-245/11, ECLI: EU: C:2012:389, Rn. 87–K; *Niedobitek*, in: Merten/Papier (Hrsg.), HGR VI/1, § 159 Rn. 95 f.; *Jarass*, GRC, Art. 52 Rn. 63; ähnlich *Krämer*, in: Stern/Sachs (Hrsg.),

Infolgedessen ist die Grundrechte-Charta entsprechend dem Mindeststandard der EMRK auszulegen.[553] Daher sind unter juristischen Personen im Sinne der GRC zumindest die Vereinigungen zu verstehen, die auch nach den Vorgaben der EMRK grundrechtsberechtigt sein können.[554] Voraussetzung ist demnach ein in gewissem Maße verdichteter Organisationsgrad, der sich dadurch auszeichnet, dass die Vereinigung auf Dauer angelegt und organisiert ist.[555] Übertragen auf die deutsche Rechtsordnung sollen demnach neben juristischen Personen im Sinne des BGB auch solche Personenmehrheiten grundrechtsberechtigt sein, die sich als Zusammenschlüsse natürlicher Personen einer organisatorischen Willensbildung unterworfen haben.[556] So sind neben den vollrechtsfähigen Unternehmen in der Rechtsform der AG oder GmbH ebenso teilrechtsfähige Personengesellschaften wie die OHG oder GbR potenziell grundrechtsberechtigte juristische Personen im Sinne der GRC.

An die Struktur juristischer Personen werden keine weiteren Voraussetzungen gestellt. Die Verfolgung eines Erwerbszwecks durch die juristische Person ist in Abgrenzung zu den Grundfreiheiten des europäischen Primärrechts keine Voraussetzung für die Grundrechtsberechtigung, auch nicht für die wirtschaftlichen Grundrechte.[557] Vor Inkrafttreten der GRC wurde von der Rechtsprechung als zusätzliche Anforderung an die Grundrechtsberechtigung juristischer Personen ein räumlicher Bezug der geschützten Tätigkeit oder Rechtsposition zum Gebiet der Gemeinschaft gefordert, der unter Berücksichtigung des Einzelfalls zu bestimmen war.[558] Mittlerweile geht ein Teil der Literatur hingegen davon aus, dass auch juristische Personen ohne Sitz innerhalb der Union nicht von der

---

GRC, Art. 52 Rn. 72; *Schwerdtfeger*, in: Meyer/*Hölscheidt* (Hrsg.), GRC, Art. 52 Rn. 61; *Pache*, in: EuGRZ 2000, 601 (603); dies gilt auch für die nicht von allen EU-Mitgliedstaaten ratifizierten Zusatzprotokolle zur EMRK, so *Krämer*, in: Stern/Sachs (Hrsg.), GRC, Art. 52 Rn. 66.

553 Vgl. *Krämer*, in: Stern/Sachs (Hrsg.), GRC, Art. 52 Rn. 70; im Ergebnis auch *Jarass*, GRC, Art. 52 Rn. 64.

554 So *Ehlers*, in: Ehlers (Hrsg.), Europäische Grundrechte und Grundfreiheiten, § 14 Rn. 56; *Ladenburger*/*Vondung*, in: Stern/Sachs (Hrsg.), GRC, Art. 51 Rn. 3.

555 Vgl. Kap. 2 Abschn. A. II.

556 So *Jarass*, GRC, Art. 51 Rn. 50; *Schwerdtfeger*, in: Meyer/Hölscheidt (Hrsg.), GRC, Art. 51 Rn. 61; weder Voll- noch Teilrechtsfähigkeit fordernd *Sasse*, in: EuR 2012, 628 (635); vgl. zur EMRK im Einzelnen Kap. 2 Abschn. A. II. 1. a.

557 Vgl. *Ehlers*, in: Ehlers (Hrsg.), Europäische Grundrechte und Grundfreiheiten, § 14 Rn. 56.

558 Vgl. EuGH, Rs. C-36/74, Slg. 1974, 1405, Rn. 28/29 – Walrave; *Jarass*, GRC, Art. 51 Rn. 39.

Grundrechtsberechtigung ausgeschlossen sind, soweit nicht einzelne Grundrechte als Unionsbürgerrechte dies ausdrücklich voraussetzen.[559] In letztgenannten Fällen ist der Sitz der juristischen Person in Anlehnung an Art. 54 AEUV zu ermitteln.[560] Soweit nach vorstehenden Voraussetzungen eine juristische Person im Sinne der GRC vorliegt, ist deren Grundrechtsberechtigung mangels einer allgemeinen Regelung in Bezug auf jede einzelne Gewährleistung der GRC zu ermitteln.

II Prozessuale Gewährleistungen der GRC

1 Recht auf einen wirksamen Rechtsbehelf und ein unparteiisches Gericht

Art. 47 Abs. 1 GRC garantiert zunächst das Recht auf einen wirksamen Rechtsbehelf. Bei einer Verletzung der Konventionsrechte muss daher gewährleistet sein, dass bei irgendeiner innerstaatlichen Instanz eine wirksame Beschwerde erhoben werden kann.[561] Daneben ergibt sich aus Art. 47 Abs. 2 GRC, dass jede Person das Recht darauf hat, dass über ihre Sache von einem unabhängigen und unparteiischen sowie bei einem zuvor durch Gesetz errichteten Gericht in einem fairen Verfahren, öffentlich und innerhalb angemessener Frist verhandelt wird. Ferner soll jede Person sich beraten, verteidigen und vertreten lassen können. Weiter gewährleistet Art. 47 Abs. 1, 2 GRC in der Zusammenschau ein Grundrecht auf Zugang zu einem Gericht.[562] Nach Art. 47 Abs. 3 GRC haben Personen,

559 Vgl. *Gundel*, in: Grabenwarter (Hrsg.), EnzEuR, Bd. 2, § 2 Rn. 24, *Jarass*, GRC, Art. 51 Rn. 52.

560 Vgl. *Ehlers*, in: Ehlers (Hrsg.), Europäische Grundrechte und Grundfreiheiten, § 14 Rn. 56, Fn. 158; *Jarass*, GRC, Art. 51 Rn. 54.

561 Vgl. EuGH, Rs. C-334/12, ECLI: EU: C:2013:134, Rn. 41 – Oscar Orlando Arango Jaramillo u. a.; EuGH, Rs. C-389/10 P, Slg. 2011, I-13125, Rn. 119 – KME Germany u. a.; *Pabel*, in: Grabenwarter (Hrsg.), EnzEUR, Bd. 2, § 19 Rn. 3 f., 33; *Alber*, in: Stern/Sachs (Hrsg.), GRC, Art. 47 Rn. 2; so auch die Erläuterungen, in: ABl. 2007, C 303/17, S. 29; zur Geltung der Verfahrensrechte als allgemeine Rechtsgrundsätze bereits EuGH, Rs. C-402/05 P, C-415/05 P, Slg. 2008, I-6351, Rn. 335 ff. – Kadi u. Al Barakaat International Foundation; EuGH, Rs. C-263/02, Slg. 2004, I-3425, Rn. 32 – Jégo-Quéré & Cie SA; EuGH, Rs. C-97/91, Slg. 1992, I-6313, Rn. 14 – Oleificio Borelli; EuGH, Rs. C-294/83, Slg. 1986, I-1339, Rn. 23 – Les Verts; EuGH, Rs. C-314/85, Slg. 1987, I-4199, Rn. 16 – Foto-Frost; EuGH, Rs. C-222/86, Slg. 1987, I-4097, Rn. 15 – Unectef; EuGH, Rs. C-222/84, Slg. 1986, I-1651, Rn. 18 – Johnstons; *Nowak*, in: Heselhaus/Nowak (Hrsg.), EU-Grundrechte, § 51 Rn. 1 ff.

562 Vgl. *Pabel*, in: Grabenwarter (Hrsg.), EnzEUR, Bd. 2, § 19 Rn. 34; *Alber*, in: Stern/Sachs (Hrsg.), Art. 47 GRC, Rn. 34 ff.

die nicht über ausreichende Mittel verfügen, einen Anspruch auf Prozesskostenhilfe, soweit diese Hilfe erforderlich ist, um ihren Zugang zu den Gerichten wirksam zu gewährleisten.

Im Entstehungsprozess der GRC wurde zunächst vonseiten der Kirchen verlangt, hinsichtlich der Berechtigten der Verfahrensgrundrechte durchgängig von *Mensch* anstatt von *Person* zu sprechen, um so den Schutz des Lebens zu betonen.[563] Dies hätte dazu geführt, dass juristische Personen dem Wortlaut nach vom Geltungsbereich der Verfahrensrechte ausgeschlossen gewesen wären. Da aber in der am Ende beschlossenen Fassung der Grundrechte-Charta von *Person* die Rede ist, wird die Grundrechtsberechtigung juristischer Personen im Hinblick auf die Gewährleistungen des Art. 47 GRC bejaht, sofern sie ihrem *Wesen* nach auf juristische Personen anwendbar sind.[564] In diesem Sinne sind juristische Personen zum Beispiel berechtigt, sich auf das Gebot effektiven Rechtsschutzes zu berufen, soweit die Verletzung von GemeinschaftsrechtUnionsrecht im Raum steht, auf das sie sich berufen können.[565] So hat eine finnische Gewerkschaft erfolgreich das Recht auf Zugang zu Gericht aus Art. 47 GRC geltend gemacht, um die Interessen ihrer Mitglieder im Klageweg zu verfolgen.[566]

Auch das Recht auf Prozesskostenhilfe aus Art. 47 Abs. 3 GRC ist nach der Literatur und Rechtsprechung auf juristische Personen anwendbar.[567] Hierauf ist ohne Einfluss, dass sonstige, sekundärrechtliche Vorschriften des Unionsrechts keine Prozesskostenhilfe für juristische Personen vorsehen.[568] Bei der

---

563 Vgl. hierzu und Folgenden *Alber*, in: Stern/Sachs (Hrsg.), GRC, Art. 47 Rn. 20.

564 Vgl. zum Grundsatz der Waffengleichheit als Teil des Rechts auf ein faires Verfahren EuGH, Rs. C-199/11, Rn. 71 – Otis; zur Entscheidung in angemessener Frist EuGH, Rs. C-295/12 P, ECLI: EU: C:2014:2062, Rn. 63 ff. – Telefonica und Telefonica Espana; zu Art. 47 Abs. 3 GRC EuGH, Rs. C-279/09, Slg. 2010, I-13849, Rn. 59 – DEB; *Jarass*, GRC, Art. 47 Rn. 12; *Alber*, in: Stern/Sachs (Hrsg.), GRC, Art. 47 Rn. 19; *Pabel*, in: Grabenwarter (Hrsg.), EnzEuR, Bd. 2, § 19 Rn. 7; *Nehl*, in: Pechstein/Nowak/Häde (Hrsg.), EUV/GRC/AEUV, Art. 47 GRC, Rn. 17.

565 Vgl. EuGH, Rs. C-272/09 P, Slg. 2011, I-12789, Rn. 91 ff. – KME Germany u. a.; EuGH, Rs. C-432/05, Slg. 2007, I-2271, Rn. 77 – Unibet; EuGH, Rs. C-97/91, Slg. 1992, I-6313, Rn. 14 – Oleificio Borelli; so auch *Nowak*, in: Heselhaus/Nowak (Hrsg.), EU-Grundrechte, § 51 Rn. 33.

566 Vgl. EuGH, Rs. C-396/13, ECLI: EU: C:2015:86, Rn. 26 – Sähköalojen ammattiliitto.

567 Vgl. EuGH, Rs. C-279/09, Slg. 2010, I-13849, Rn. 59 ff. – DEB; *Eser/Kubiciel*, in: Meyer/Hölscheidt (Hrsg.), GRC, Art. 47 Rn. 44; *Nehl*, in: Pechstein/Nowak/Häde (Hrsg.), EUV/GRC/AEUV, Art. 47 GRC, Rn. 16.

568 Vgl. EuGH, Rs. C-279/09, Slg. 2010, I-13849, Rn. 38 bis 42 – DEB; *Nehl*, in: Pechstein/Nowak/Häde (Hrsg.), EUV/GRC/AEUV, Art. 47 Rn. 17.

Entscheidung, dass sich juristische Personen auf das Recht auf Prozesskostenhilfe berufen können, berücksichtigt der EuGH aber neben der Rechtsprechung des EGMR auch die wirtschaftlichen Verhältnisse der juristischen Person, etwa die Finanzkraft der Gesellschafter und Anteilseigner, was in diesen Fällen zu einem im Vergleich zu natürlichen Personen faktisch geringeren Schutz führt.[569] Zur Begründung der Grundrechtsberechtigung stützt er sich auf den offenen Wortlaut des Art. 47 GRC („Person" beziehungsweise „everyone" oder „toute personne"), die systematische Stellung im Titel VI, in dem justizielle Rechte verankert sind, auf die sich auch im Übrigen juristische Personen berufen können, sowie den Zweck der Prozesskostenhilfe, der juristische Personen nicht ausschließe.[570]

Art. 47 GRC ist vorbehaltlos auf juristische Personen aus Drittstaaten anwendbar, da sich auch natürliche Personen aus Drittstaaten auf seinen Gewährleistungsinhalt berufen können und keine Gründe für eine unterschiedliche Behandlung von natürlichen und juristischen Personen ersichtlich sind.[571]

2 Unschuldsvermutung und Verteidigungsrechte

Art. 48 Abs. 1 GRC gewährleistet, dass jeder Angeklagte bis zum rechtsförmlich erbrachten Beweis seiner Schuld als unschuldig gilt.[572] Art. 48 Abs. 2 GRC bestimmt, dass die Verteidigungsrechte jedes Angeklagten gewährleistet werden. Zu diesen Verteidigungsrechten gehören die Wahrung der Vertraulichkeit des Schriftverkehrs zwischen Rechtsbeistand und Angeklagtem,[573] das Recht auf eine

---

569 Vgl. EuGH, Rs. C-279/09, Slg. 2010, I-13849, Rn. 62 – DEB; so im Ergebnis *Gundel*, in: Grabenwarter (Hrsg.), EnzEuR, Bd. 2, § 2 Rn. 21; zur Rechtsprechung des EGMR EGMR, Entscheidung vom 26.08.2008, *VP Diffusion SARL ./. Frankreich*, 14565/04; EGMR, Entscheidung vom 24.09.2009, *Agromodel Ood ./. Bulgarien*, Rn. 39 ff.; so auch *Nehl*, in: Pechstein/Nowak/Häde (Hrsg.), EUV/GRC/AEUV, Art. 47 GRC Rn. 17.

570 Vgl. EuGH, Rs. C-279/09, Slg. 2010, I-13849, Rn. 37–42 – DEB

571 Vgl. zur Grundrechtsberechtigung natürlicher Personen aus Drittstaaten *Nehl*, in: Pechstein/Nowak/Häde (Hrsg.), EUV/GRC/AEUV, Art. 47 GRC Rn. 15.

572 Vgl. zum Gleichlauf von Art. 6 Abs. 2, 3 EMRK und Art. 48 GRC bereits die Erläuterungen, in: ABl. 2007, C 303/30; EuGH, Rs. C-220/13 P, ECLI: EU: C:2014:2057, Rn. 35 – Nikolaou; *Alber*, in: Stern/Sachs (Hrsg.), GRC, Art. 48 Rn. 7 ff; *Eser/Kubiciel*, in: Meyer/Hölscheidt (Hrsg.), GRC, Art. 48 Rn. 2, 23.

573 Vgl. noch zu den allgemeinen Rechtsgrundsätzen EuGH, Rs. C-94/00, Slg. 2002, I-9011, Rn. 46 – Roquette Frères; EuGH, Rs. C-155/79, Rn. 21 – AM & S; EuGH, Rs. C-85/87, Slg. 1989, I-3137, Rn. 27 – Dow Benelux; so auch *Jarass*, GRC, Art. 48 Rn. 29 f.

anwaltliche Vertretung vor Gericht,[574] das Recht auf (anwaltliche) Beratung,[575] das Recht auf Information über die Anschuldigung,[576] das Recht auf Stellungnahme zu den Anschuldigungen[577] und die Selbstbelastungsfreiheit[578]. Mit Ausnahme der Selbstbelastungsfreiheit sind nach der Rechtsprechung und Literatur juristische Personen berechtigt, sich umfassend auf die Gewährleistungen des insbesondere in wettbewerbsrechtlichen Verfahren relevanten Art. 48 GRC zu berufen.[579] Neben dem Argument der wesensmäßigen Anwendbarkeit spricht für die Grundrechtsberechtigung juristischer Personen auch, dass sich der Charta insoweit keine Einschränkung des persönlichen Gewährleistungsumfangs entnehmen lässt.[580] Daneben ist zu berücksichtigen, dass sich juristische Personen auf die entsprechenden Gewährleistungen des Art. 6 EMRK berufen können.[581] Dagegen hat der EuGH die Grundrechtsberechtigung juristischer Personen

574 Vgl. noch zu den allgemeinen Rechtsgrundsätzen EuGH, Rs. C-7/98, Slg. 2000, I-1935 Rn. 38 Krombach; EuGH, Rs. C-85/87, Slg. 1989, I-3137, Rn. 27 – Dow Benelux; sodann zur GRC EuGH, Rs. C-314/13, ECLI: EU: C:2014:1645, Rn. 34 – Peftiev u. a.; siehe hierzu und zu Folgendem *Jarass*, GRC, Art. 48 Rn. 29 f.

575 Vgl. EuGH, Rs. C-314/13, ECLI: EU: C:2014:1645, Rn. 34 – Peftiev u. a.

576 Vgl. EuGH, Rs. C-462/98 P, Slg. 2000, I-7183, Rn. 36 f. – Medicurso; EuGH, Rs. C-238/99 P, C-244/99 P, C-245/99 P, C-247/99 P, C-250/99 P, C-251/99 P, C-252/99 P u. C-254/99 P, Slg. 2002, I-8375, Rn. 315 – Limburgse Vinyl Maatschappij u. a.; EuGH, Rs. C-204/00 P, C-205/00 P, C-211/00 P, C-213/00 P, C-217/00 P, 219/00 P, Slg. 2004, I-123, Rn. 68 ff. – Aalborg Portland A/S u. a.; EuG, Rs. T-99/04, Slg. 2008, II-1501, Rn. 52 – AC-Treuhand; EuG, Rs. T-67/00, T-68/00, T-71/00 u. T-78/00, Slg. 2004, II-2501, Rn. 429 – JFE Engineering u. a.

577 Vgl. zum Recht auf persönliche Teilnahme am Verfahren EuGH, Rs. C-399/11, ECLI: EU: C:2013:107, Rn. 49 – Melloni; EuGH, Rs. C-462/98 P, Slg. 2000, I-7183, Rn. 36 f. – Medi;; *Jarass*, GRC, Art. 48 Rn. 27.

578 Vgl. zur eingeschränkten Geltung zugunsten von juristischen Personen EuGH, Rs. C-204/00 P, C-205/00 P, C-211/00 P, C-213/00 P, C-217/00 P, 219/00 P, Slg. 2004, I-123, Rn. 65 – Aalborg Portland A/S u. a;; grundsätzlich EuGH, Rs. C-374/87, Slg. 1989, I-3283, Rn. 35 – Orkem; so auch *Jarass*, GRC, Art. 48 Rn. 31.

579 Vgl. EuGH, Rs. C-200/13, ECLI: EU: C:2016:284, Rn. 47 f. – Bank Saderat Iran; EuGH, Rs. C-176/13, ECLI: EU: C:2016:96, Rn. 49 – Bank Mellat; EuGH, Rs. C-462/98 P, Slg. 2000, I-7183, Rn. 36 f. – Medicurso;.; z.B. die Anwendbarkeit der Unschuldsvermutung bejahend EuGH, Rs. C-74/14, ECLI: EU: C:2016:42, Rn. 39 – Eturas;; s. auch *Jarass*, GRC, Art. 48 Rn. 20, 32; *von Vormizeele*, in: Schwarze (Hrsg.), EU-Kommentar, Art. 48 GRC, Rn. 2; *Pabel*, in: Grabenwarter (Hrsg.), EnzEuR, Bd. 2, § 19 Rn. 83; *Lemke*, in: von der Groeben/Schwarze/Hatje (Hrsg.), EU-Recht, Art. 48 GRC Rn. 7; *Schorkopf*, in: Heselhaus/Nowak (Hrsg.), EU-Grundrechte, § 53 Rn. 11.

580 So *Pabel*, in: Grabenwarter (Hrsg.), EnzEUR, Bd. 2, § 19 Rn. 83.

581 Vgl. Kap. 2, Abschn. A. III. 1.

hinsichtlich der Selbstbelastungsfreiheit (Art. 48 Abs. 2 GRC) abgelehnt. Er geht vielmehr davon aus, dass Unternehmen verpflichtet sind, in Kartellverfahren auch selbstbelastende Auskünfte zu erteilen.[582] Die Auskunftspflicht finde demnach erst dort ihre Grenzen, wo die Verteidigungsrechte des betroffenen Unternehmens eingeschränkt würden beziehungsweise die Beweislast für den Verstoß aufseiten der Kommission liege. Von dieser Rechtsprechung weicht der EuGH auch in einem späteren Urteil nicht wesentlich ab.[583] Denn wettbewerbsrechtlichen Verfahren sei eigen, dass die Kommission zu einem effektiven Vollzug gerade darauf angewiesen sei, von den betroffenen Unternehmen Auskünfte zu erlangen.[584] Mit der Begründung, die Selbstbelastungsfreiheit weise einen besonderen Persönlichkeitsbezug auf, spricht sich *Gundel* insoweit ebenfalls gegen eine Grundrechtsberechtigung juristischer Personen aus.[585] Gegen diese Ansicht spricht, dass wettbewerbsrechtliche Erwägungen wertungsmäßig hinter grundlegenden Verfahrensgarantien grundsätzlich zurücktreten müssen.[586] Juristische Personen haben lediglich gegebenenfalls stärkere Eingriffe in das Grundrecht auf Selbstbelastungsfreiheit hinzunehmen, die sich aber auch am Verhältnismäßigkeitsgrundsatz messen lassen müssen. Hierfür spricht auch die nach Art. 52 Abs. 3 S. 1 GRC als Mindeststandard zu berücksichtigende Rechtsprechung des EGMR zur Selbstbelastungsfreiheit in der EMRK. Denn der EGMR wendet die Selbstbelastungsfreiheit als Kernstück des Rechts auf ein faires Verfahren grundsätzlich ohne Differenzierung zugunsten juristischer Personen an, zum Beispiel in zollrechtlichen Verfahren.[587] Eine Einschränkung erfährt der Gewährleistungsumfang demnach erst im Rahmen der Verhältnismäßigkeit. Zur Vermeidung von Divergenzen zwischen den Gewährleistungen der GRC und der EMRK ist daher die Grundrechtsberechtigung juristischer Personen bezüglich

---

582 Vgl. EuG, Rs. T-305/94, T-306/94, T-307/94, T-313/94, T-314/94, T-315/94, T-316/94, T-316/94, T-318/94, T-325/94, T-328/94, T-329/94 und T-335/94, Slg. 1999, II-931 Rn. 447, 449 – Limburgse Vinyl Maatschappij u. a; EuGH, Rs. 374/87, Slg. 1989, I-3283, Rn. 30 ff. – Orkem.

583 Vgl. EuGH, Rs. C-301/04 P, Slg. 2006, I-5915, Rn. 44 – SGL Carbon.

584 Vgl. EuGH, Rs. C-301/04 P, Slg. 2006, I-5915, Rn. 41 ff. – SGL Carbon; im Ergebnis so auch *Pabel*, in: Grabenwarter (Hrsg.), EnzEuR, Bd. 2, § 19 Rn. 95.

585 Vgl. *Gundel*, in: Grabenwater (Hrsg.), EnzEuR, Bd. 2, § 2 Rn. 23.

586 Vgl. hierzu und zum Folgenden *Pabel*, in: Grabenwarter (Hrsg.), EnzEuR, Bd. 2, § 19 Rn. 95.

587 Vgl. EGMR, Entscheidung vom 25.02.1993, *Funke ./. Frankreich*, 10828/84, Rn. 44; zur Divergenz *Gundel*, in: Grabenwarter (Hrsg), EnzEuR, Bd. 2, § 2 Rn. 23; s, auch *Pabel*, in: Grabenwarter (Hrsg.), EnzEuR, Bd. 2, § 19 Rn. 95; siehe im Einzelnen zur Reichweite der Selbstbelastungsfreiheit in der EMRK Kap. 2, Abschn. A. III. 1.

der Selbstbelastungsfreiheit aus Art. 48 GRC zu bejahen. Unberührt bleibt jedoch die Möglichkeit von verhältnismäßigen Einschränkungen, beispielsweise um Ermittlungen der Kommission nicht zu vereiteln.

3 Grundsätze der Gesetzmäßigkeit und der Verhältnismäßigkeit im Zusammenhang mit Straftaten und Strafen

Nach Art. 49 Abs. 1 S. 1 GRC muss für die Verhängung einer Strafe eine gesetzliche Grundlage existieren.[588] Weiter beinhaltet Art. 49 Abs. 1 S. 1 GRC das Bestimmtheitsgebot hinsichtlich Tatbestand und Rechtsfolge einer Strafrechtsnorm.[589] Daneben ist in Abs. 1 S. 1 nicht nur das Analogieverbot niedergelegt, sondern auch das Verbot einer vom Wortlaut erheblich abweichenden extensiven Tatbestandsauslegung zulasten eines Beschuldigten.[590] In Art. 49 Abs. 1 S. 1 und 2 GRC findet sich ferner das Rückwirkungsverbot.[591] In Art. 49 Abs. 1 S. 3

588 Vgl. EuGH, Rs. C-303/05, Slg. 2007, I-3633, Rn. 50 – Advocaten voor de Wereld; *Schröder*, in: Pechstein/Nowak/Häde (Hrsg.), EUV/GRC/AEUV, Art. 49 Rn. 5 ff.

589 Vgl. EuGH, Rs. C-501/11 P, ECLI: EU: C:2013:522, Rn. 57 – Schindler Holding u. a.; EuGH, Rs. C-352/09 P, Slg. 2011, I-2539, Rn. 81 – ThyssenKrupp Nirosta; EuGH, Rs. C-413/08 P, Slg. 2010, I-5361, Rn. 94 – Lafarge; EuGH, Rs. C-74/95, C-129/95, Slg. 1996, I-6609, Rn. 25-X; ebenso *Jarass*, GRC Art. 49 Rn. 11; *Alber*, in: Stern/Sachs (Hrsg.), GRC, Art. 49 Rn. 9; zum Bestimmtheitsgebot als allgemeiner Rechtsgrundsatz EuGH, Rs. C-172/89, Slg.1990, I-4677, Rn. 9 – Vandemoortele; EuGH, Rs. C-117/83, Slg. 1984, I-3291, Rn. 11 – Könecke; EuGH, Rs. C-212/80 bis 217/80, Slg. 1981, I-2735, Rn. 10 – Amministrazione Delle Finanze Dello Stato; zu den Anforderungen des Bestimmtheitsgebots EuGH, Rs. C-405/10, Slg. 2011, I-11035, Rn. 48 – Garenfeld; EuGH, Rs. C-303/05, Slg. 2007, I-3633, Rn. 50 – Advocaten voor de Wereld.

590 Vgl. zum entsprechenden Art. 7 EMRK EuG, Rs. T-99/04, Slg. 2008, II-1501, Rn. 140 – AC-Treuhand; *Alber*, in: Stern/Sachs (Hrsg.), Art. 49 Rn. 9; *Blanke*, in: Calliess/Ruffert (Hrsg.), EUV/AEUV, Art. 49 GRC Rn. 5; *Jarass*, GRC, Art. 49 Rn. 12; *Schröder*, in: Pechstein/Nowak/Häde (Hrsg.), EUV/GRC/AEUV, Art. 49 Rn. 12 f.

591 Vgl. zum Rückwirkungsverbot als allgemeinen Grundsatz des Unionsrechts sowie als Bestandteil von Art. 7 EMRK EuGH, Rs. C-189/02 P, C-202/02 P, C-205/02 P bis C-208/02 P, C-213/02 P, Slg. 2005, I-5425, Rn. 202 – Dansk Rørindustri u. a.; EuG, Rs. T-329/01, Slg. 2006, II-3255 Rn. 38 – Archer Daniels Midland; so auch *Alber*, in: Stern/Sachs (Hrsg.), GRC, Art. 49 Rn. 12; *Jarass*, GRC, Art. 49 Rn. 14; *Schröder*, in: Pechstein/Nowak/Häde (Hrsg.), EUV/GRC/AEUV, Art. 49 Rn. 14 ff.; für einen Überblick *Jarass*, GRC, Art. 49 Rn. 14.

GRC ist das Gebot „der rückwirkenden Anwendung des milderen Strafgesetzes“[592] verankert.[593]

Aus Art. 49 Abs. 3 GRC ergibt sich der Verhältnismäßigkeitsgrundsatz. Er gilt sowohl für die Festlegung der (wettbewerbsrechtlichen) Strafandrohungen durch Gesetz als auch für die Verhängung der Strafe im Einzelfall.[594] Soweit Art. 49 GRC nahezu wortgleich mit Art. 7 EMRK ist, sollen die durch Art. 49 GRC gewährleisteten Rechte nach Art. 52 Abs. 3 GRC dieselbe Tragweite und Bedeutung wie Art. 7 EMRK haben.[595] Dies gilt für Art. 49 Abs. 1 S. 1 und 2 sowie Art. 49 Abs. 2 GRC. Somit ergibt sich dahingehend die Grundrechtsberechtigung juristischer Personen bereits aus der Transferklausel des Art. 52 Abs. 3 S. 1 GRC.[596] Daneben hat auch schon die Rechtsprechung zu den Rechtsgrundsatz-Grundrechten, wenn auch ohne Begründung, entsprechende Rechte juristischen Personen zuerkannt.[597]

Sofern juristische Personen Beschuldigte eines Strafverfahrens oder strafähnlichen Verfahrens sind, wozu auch Kartellverfahren und andere repressive Verfahren wegen der Verantwortlichkeit einer juristischer Person gehören, sind sie grundrechtsberechtigt, da die Gewährleistungen des Art. 49 GRC dann wegen ihres Wesens auf sie anwendbar sind.[598] Jedoch sollen Maßnahmen vom Anwendungsbereich des Art. 49 GRC ausgenommen sein, die im Zusammenhang mit

---

592 EuGH, Rs. C-61/11, Slg. 2011, I-3015, Rn. 61 – El Dridi; EuGH, Rs. C-420/06, Slg. 2008, I-1315, Rn. 59 – Jager; EuGH, Rs. C-387/02, C-391/02, C-403/02, Slg. 2005, I-3565, Rn. 68 f. – Berlusconi u. a.

593 Vgl. EuGH, Rs. C-17/10, ECLI: EU: C:2012:72, Rn. 64 – Toshiba Corporation u. a.; siehe zur Geltung als allgemeiner Rechtsgrundsatz EuGH, Rs. C-387/02, C-391/02, C-403/02, Slg. 2005, I-3565, Rn. 68 f. – Berlusconi u. a.; *Jarass*, GRC, Art. 49 Rn. 15; *Schröder*, in: Pechstein/Nowak/Häde (Hrsg.), EUV/GRC/AEUV, Art. 49 Rn. 19.

594 Vgl. EuG, Rs. T-254/12, ECLI: EU: T:2016:113 Rn. 208 – Kühne + Nagel International u. a.; *Bachl/Raschauer*, in: Holobek/Lienbacher (Hrsg.), GRC, Art. 49 Rn. 23; *Schröder*, in: Pechstein/Nowak/Häde (Hrsg.), EUV/GRC/AEUV, Art. 49 Rn. 20.

595 Vgl. Erläuterungen, in: ABl. 2007 C 303/30 f.; *Jarass*, GRC, Art. 49 Rn. 1.

596 Vgl. zur entsprechenden Grundrechtsberechtigung juristischer Personen in der EMRK Kap. 2 Abschn. A. III. 1.

597 Vgl. zum Verhältnismäßigkeitgrundsatz EuGH, Rs. C-293/12, C-594/12, ECLI: EU: C:2014:238 – Digital Rights Ireland u. Seitlinger u. a.; EuGH, Rs. C-413/08 P, Slg. 2010, I-5361, Rn. 94 – Lafarge; EuGH, Rs. C-172/89, Slg.1990, I-4677, Rn. 9 – Vandemoortele; EuG, Rs. T-254/12, ECLI: EU: T:2016:113, Rn. 208 – Kühne + Nagel International u.a.

598 Vgl. *Jarass*, GRC, Art. 49 Rn. 7, 9; *Lemke*, in: von der Groeben/Schwarze/Hatje (Hrsg.), EU-Recht, Art. 49 GRC Rn. 6.

der Rückabwicklung von Beihilfen stehen, da in diesen Fällen im Gegensatz zu Sanktionen der restitutive Charakter der Maßnahme überwiege.[599]

4 Das Recht, wegen derselben Straftat nicht zweimal strafrechtlichverfolgt oder bestraft zu werden

Nach Art. 50 GRC darf niemand wegen einer Straftat, derentwegen er bereits in der Union nach dem Gesetz rechtskräftig verurteilt oder freigesprochen worden ist, in einem Strafverfahren wegen desselben Lebenssachverhalts erneut verfolgt oder bestraft werden.[600] Trotz seines insofern eindeutigen Wortlauts, erfasst auch Art. 50 GRC neben strafrechtlichen auch sonstige Sanktionen, sofern sie strafrechtlichen Charakter haben.[601] Umfasst sind damit auch wettbewerbsrechtliche Sanktionen, die sich gegen juristische Personen richten können.[602] Der Gewährleistungsinhalt des Art. 50 GRC richtet sich gemäß Art. 52 Abs. 3 S. 1 GRC nach Art. 4 des 7. ZP zur EMRK, da sich diese Vorschriften inhaltlich entsprechen.[603] Bereits aus dem Gleichlauf von EMRK und GRC folgt, dass zur einheitlichen Reichweite des europäischen Grundrechtsschutzes und zur Gewährleistung eines gemeinsamen Mindeststandards juristische Personen berechtigt sind, sich

---

599 Vgl. *Jarass*, GRC, Art. 49 Rn. 8.

600 Hierbei handelt es sich nach *Alber*, in: Stern/Sachs (Hrsg.), GRC, Art. 50 Rn. 1, um eine sinngemäße Wiedergabe des Art. 4 des 7. ZP zur EMRK; des Weiteren geht das Doppelbestrafungsverbot als allgemeiner Rechtsgrundsatz auf die Rechtsprechung des EuGH zurück, statt Vieler EuGH, Rs. C-18/65, C-35/65, Slg. 1967, 79 (87) – Gutmann; EuGH, Rs. C-238/99 P, C-244/99 P, C-245/99 P, C-247/99 P, C-250/99 P, C-251/99 P, C-252/99 P u. C-254/99 P, Slg. 2002, I-8375, Rn. 59 ff. – Limburgse Vinyl Maatschappij u.a.; EuG, Rs. T-333/99, Slg. 2001, II-3021, Rn. 149–X; *Nehl*, in: Heselhaus/Nowak (Hrsg.), EU-Grundrechte, § 58 Rn. 11; so auch die Erläuterungen, in: ABl. 2007, C 303/17, S. 31.

601 Ein strafrechtlicher Charakter richtet sich in der Orientierung an innerstaatliches Recht nach der Art der Zuwiderhandlung und der Art und Schwere der angedrohten Sanktion, vgl. EuGH, Rs. C-617/10, ECLI: EU: C:2013:105, Rn. 34 f. – Akerberg Fransson; EuGH, Rs. C-489/10, ECLI: EU: C:2012:319, Rn. 37 – Bonda; zu alledem *Jarass*, GRC, Art. 50 Rn. 5; ferner *Alber*, in: Stern/Sachs (Hrsg.), GRC, Art. 50, Rn. 6 f.; a. A. *Rengeling/Szczekalla*, GRC, § 47 Rn. 1218.

602 Vgl. EuGH, Rs. C-17/10, ECLI: EU: C:2012:72, Rn. 93 ff. – Toshiba Corporation u. a.; EuGH, Rs. C-289/04 P, Slg. 2006, I-5859, Rn. 50 ff. – Showa Denko; EuGH, Rs. C-7/72, Slg. 1972, 1281, Rn. 3 – Boehringer.

603 Vgl. *Rengeling/Szczekalla*, GRC, Rn. 1214; Erläuterungen, in: ABl. 2007, C 303/17, S. 31; so im Ergebnis auch *Alber*, in: Stern/Sachs (Hrsg.), GRC, Art. 50, Rn. 4: Art. 50 GRC.

auf Art. 50 GRC zu berufen.[604] Unabhängig davon, bejahen sowohl Rechtsprechung als auch Literatur, letztere insbesondere wegen des Sinns und Zwecks der Vorschrift, die Anwendbarkeit des Art. 50 GRC auf juristische Personen.[605] Dagegen soll die getrennte strafrechtliche Verfolgung von juristischer Person und natürlicher Person als ihr ausführendes Organ nicht durch Art. 50 GRC verhindert werden, da es sich insoweit um unterschiedliche Rechtssubjekte handelt.[606] Eine Ausnahme gelte in Fällen wirtschaftlicher Identität, sodass hier bei der Bestrafung des einen die bereits gegenüber dem anderen verhängte Strafe zu berücksichtigen sei.An wirtschaftliche Identität ist beispielsweise bei einer GmbH zu denken, die nur über einen Gesellschafter-Geschäftsführer verfügt.

III Materielle Gewährleistungen

1 Achtung des Privat- und Familienlebens

Nach Art. 7 GRC hat jede Person das Recht auf Achtung ihres Privat- und Familienlebens, ihrer Wohnung sowie ihrer Kommunikation.[607] Wegen der grundlegend unterschiedlichen Gewährleistungsinhalte des Art. 7 GRC kann keine einheitliche Aussage über die Grundrechtsberechtigung juristischer Personen hinsichtlich Art. 7 GRC getroffen werden, vielmehr ist zwischen den einzelnen Gewährleistungsinhalten zu differenzieren:

Das Recht auf Achtung des *Privatlebens* schützt nach der Rechtsprechung und Teilen der Literatur zunächst auch die Privatheit des Geschäftslebens, worauf sich juristische Personen – in Anlehnung an die Rechtsprechung des EGMR – hinsichtlich ihrer Geschäftsgeheimnisse berufen können.[608] Hiervon

---

604 Vgl. zur Grundrechtsberechtigung juristischer Personen in der EMRK Kap. 2 Abschn. A. III. 1.

605 Vgl. statt Vieler EuGH, Rs. C-17/10, ECLI: EU: C:2012:72, Rn. 93 ff. – Toshiba Corporation u. a.; EuGH, Rs. C-7/72, Slg. 1972, 1281, Rn. 5 – Boehringer; EuG, Rs. T-128/11, ECLI: EU: T:2014:88 – LG Display und LG Display Taiwan; s. auch Jarass, GRC, Art. 50 Rn. 7; *Hochmayer*, in: Pechstein/Nowak/Häde (Hrsg.), EUV/GRC/AEUV, Art. 50 GRC Rn. 4.

606 Vgl. hierzu und zu folgendem *Hochmayr*, in: Pechstein/Nowak/Häde (Hrsg,), EUV/GRC/AEUV, Art. 50 GRC Rn. 4.

607 Dieses Recht entspricht den durch Art. 8 EMRK garantierten Rechten und hat daher gem. Art. 52 Abs. 3 GRC dieselbe Bedeutung und Tragweite, vgl. Erläuterungen, in: ABl. 2007 C 303/20.

608 Vgl. EuGH, Rs. C-450/06, Slg. 2008, I-581, Rn. 48 f. – Varec SA; SchlA GA *Wathelet*, in: EuGH Rs. C-419/14, ECLI: EU: C:2015:606, Rn. 111 ff. – WebMindLicenses; die Achtung der Geschäftsgeheimnisse wohl eher als ein Verfahrensrecht verstehend

sind Beziehungen im geschäftlichen Bereich umfasst, die gegenüber der Öffentlichkeit geheimgehalten werden sollen.[609] Ferner fällt nach einer Ansicht unter diesen Gewährleistungsinhalt auch der Schutz des guten Rufs, auf den sich juristische Personen und Personenvereinigungen ebenfalls berufen können.[610]

Als zweiten Gewährleistungsinhalt beinhaltet Art. 7 GRC das Recht auf Achtung der *Wohnung*. Unter Wohnung sind ebenso Geschäftsräume zu verstehen, auf deren Schutz sich juristische Personen und Personenvereinigungen nach der Literatur berufen können.[611] Vom EuGH wurde der grundrechtliche Schutz von Geschäftsräumen juristischer Personen hingegen zunächst abgelehnt.[612] Später bejahte er jedoch die dahingehende Grundrechtsberechtigung juristischer Personen, weil nur so ein Schutz vor unverhältnismäßigen und willkürlichen Eingriffen garantiert werde und sich dies auch aus der Rechtsprechung des EGMR ergebe.[613] Die Literatur sieht hierüber hinaus auch den Schutz von

---

EuGH, Rs. C-36/92 P, Slg. 1994, I-1911, Rn. 37 – SEP ./. Kommission; Frenz, Hdb. EU-Recht, Bd. 4, Rn. 1173; *Marauhn*, in: Heselhaus/Nowak (Hrsg.), EU-Grundrechte, § 19 Rn. 33; so mit *Wolff*, in: Pechstein/Nowak/Häde (Hrsg.), EUV/GRC/AEUV, Art. 7 GRC, Rn. 12; *Nettesheim*, in: Grabenwarter (Hrsg.), EnzEUR, Bd. 2, § 9 Rn. 46; a. A. *Kingreen*, in: Calliess/Ruffert (Hrsg.), EUV/AEUV, Art. 7 GRC, Rn. 11; vgl. zur EMRK Kap. 2, Abschn. A. III. 2. a.

609 Vgl. EuGH, Rs. C-450/06, Slg. 2008, I-581, Rn. 48 – Varec SA; zur Erfassung privater Beziehungen im beruflichen Bereich EuG, Rs. T-194–04, Slg. 2007, II-4523, Rn. 114 f. – Bavarian Lager; siehe auch *Frenz*, Hdb. EU-Recht, Bd. 4, Rn. 1203, der die Berufsfreiheit aus Art. 15 GRC in dieser Hinsicht als spezieller ansieht; ferner *Jarass*, GRC, Art. 7 Rn. 13.

610 Vgl. *Weber*, in: Stern/Sachs (Hrsg.), GRC, Art. 7 Rn. 6, 14 f.; ähnlich, auch zum guten Ruf, *Jarass*, GRC, Art. 7 Rn. 16 f.

611 Vgl. *Frenz*, Hdb. EU-Recht, Bd. 4, Rn. 1173, 1239 f.; für den Schutz des privaten Raums *Weber*, in: Stern/Sachs (Hrsg.), GRC, Art. 7 Rn. 6; *Jarass*, GRC, Art. 7 GRC Rn. 24; *Kingreen*, in: Calliess/Ruffert (Hrsg.), EUV/AEUV, Art. 7 GRC Rn. 11; *Wolff*, in: Pechstein/Nowak/Häde (Hrsg.), EUV/GRC/AEUV, Art. 7 GRC Rn. 12; *Bernsdorff*, in: Meyer/Hölscheidt (Hrsg.), GRC, Art. 7 Rn. 19.

612 Zunächst noch offen EuGH, Rs. C-136/79, Slg. 1980, 2033, Rn. 17 ff. – National Panasonic; EuGH, Rs. C-46/87, C-227/88, Slg. 1989, 2859, Rn. 17 – Hoechst; EuGH, Rs. C-97 bis 99/87, Slg. 1989, 3165, Rn. 14 – Dow Chemical Ibérica u. a.; ferner *Weber*, in: Stern/Sachs (Hrsg.), GRC, Art. 7 Rn. 43; zum Überblick *Nettesheim*, in: Grabenwarter (Hrsg.), EnzEUR, Bd. 2, § 9 Rn. 33–35; *Marauhn*, in: Heselhaus/Nowak (Hrsg.), EU-Grundrechte, § 19, Rn. 24 ff.

613 Vgl. EuGH, Rs. C-94/00, Slg. 2002, I-9011, Rn. 29, 46 – Roquette Frères; EuGH, Rs. C-583/13 P, ECLI: EU: C:2015:404, Rn. 19 ff. – Deutsche Bahn u.a.; zur Rechtsprechung des EMRK Kap. 2 Abschn. A. III. 2. a.

Betriebsräumen juristischer Personen durch Art. 7 GRC gewährleistet.[614] Sofern hierbei wegen des im Vergleich zu Wohnungen geringeren Persönlichkeitsbezugs von Betriebs- und Geschäftsräumen deren geringere Schutzwürdigkeit angenommen wird, dürfe dies nicht zum Ausschluss juristischer Personen vom persönlichen Gewährleistungsumfang führen, sondern solle erst auf Rechtfertigungsebene im Rahmen der Verhältnismäßigkeit berücksichtigt werden.[615]

Der dritte Gewährleistungsinhalt des Art. 7 GRC ist die Achtung der *Kommunikation*, womit, wie bei Art. 8 EMRK.[616] Bereits vor Inkrafttreten der Grundrechte-Charta bejahte die Rechtsprechung einen Grundsatz der Vertraulichkeit des Gesprächs zwischen dem Anwalt und der durch ihn vertretenen juristischen Person.[617] In der Literatur wird die Berechtigung juristischer Personen, sich auf den Schutz der Kommunikation zu berufen, damit begründet, dass eine tatsächliche Unterscheidung zwischen privater und geschäftlicher Kommunikation kaum möglich ist und in einem Kommunikationsvorgang zugleich natürliche und juristische Personen betroffen sein können.[618] Demnach gebiete die Effektivität des Grundrechtsschutzes die Grundrechtsberechtigung juristischer Personen.

Sofern Stimmen in der Literatur sich grundlegend zur Anwendbarkeit des Art. 7 GRC auf juristische Personen äußern, orientieren sie sich unter Berücksichtigung der Notwendigkeit grundrechtlichen Schutzes im wirtschaftsrechtlich geprägten Unionsrecht an der *wesensmäßigen Anwendbarkeit* des

614 Vgl. *Marauhn*, in: Heselhaus/Nowak (Hrsg.), EU-Grundrechte, § 19 Rn. 25 f.; *Kingreen*, in: Calliess/Ruffert (Hrsg.), EUV/AEUV, Art. 7 GRC Rn. 9, 11; *Bernsdorff*, in: Meyer/Hölscheidt (Hrsg.), GRC, Art. 7 Rn. 19; *Jarass*, GRC, Art. 7 Rn. 23.

615 Vgl. *Jarass*, GRC, Art. 7 Rn. 23; *Kingreen*, in: Calliess/Ruffert (Hrsg.), EUV/AEUV, Art. 7 GRC Rn. 9; ähnlich *Nettesheim*, in: Grabenwarter (Hrsg.), EnzEUR, Bd. 2, § 9 Rn. 36.

616 So *Bernsdorff*, in: Meyer/Hölscheidt (Hrsg.), GRC, Art. 7 Rn. 20; *Kingreen*, in: Calliess/Ruffert (Hrsg.), EUV/AEUV, Art. 7 GRC Rn. 10; zum Umfang des Art. 8 EMRK Kap. 2 Abschn. A. III. 2. a; siehe hierzu auch die Erläuterungen, in: ABl. 2007 C 303/20.

617 Vgl. bereits EuGH, Rs. C-155/79, Slg. 1982, 1575, Rn. 18 ff. – AM & S; ablehnend im Verhältnis zu Syndikusanwälten EuGH, Rs. C-550/07 P, Slg. 2010, I-8301, Rn. 76 – Akzo Nobel Chemicals Ltd. u. Akcros Chemicals Ltd.

618 So *Jarass*, GRC, Art. 7 Rn. 26; *Frenz*, Hdb. EU-Recht, Bd. 4, Rn. 1173; zustimmend soweit die Schutzbedürftigkeit natürlicher und juristischer Personen funktionell vergleichbar ist *Bernsdorff*, in: Meyer/Hölscheidt (Hrsg.), GRC, Art. 7 Rn. 22; *Weber*, in: Stern/Sachs (Hrsg.), GRC, Art. 7 Rn. 6; *Wolff*, in: Pechstein/Nowak/Häde (Hrsg.), EUV/GRC/AEUV, Art. 7 GRC Rn. 12; tendenziell bejahend *Kingreen*, in: Calliess/Ruffert (Hrsg.), EUV/AEUV, GRC, Art. 7 GRC Rn. 11.

Grundrechts.[619] Demnach finde die Grundrechtsberechtigung dort ihre Grenzen, wo der Gewährleistungsinhalt an die persönliche Intimsphäre natürlicher Personen anknüpft, weshalb das Recht auf Achtung des Familienlebens nicht auf juristische Personen übertragbar sei. Daneben stützt sich die Literatur darauf, dass der Wortlaut des Art. 7 GRC die Anwendung auf juristische Personen des Privatrechts nicht ausschließe („jede Person", „everyone" beziehungsweise „toute personne") und dieses Ergebnis der gemäß Art. 52 Abs. 3 GRC zu berücksichtigenden Rechtsprechung des EGMR zu Art. 8 EMRK entspreche.[620]

2 Schutz personenbezogener Daten

Nach Art. 8 Abs. 1 GRC hat jede Person das Recht auf den Schutz der sie betreffenden personenbezogenen Daten.[621] Unter personenbezogenen Daten werden alle Informationen über bestimmte oder bestimmbare, das heißt direkt oder indirekt durch spezifische Elemente identifizierbare Personen verstanden.[622] In der Literatur wird die Grundrechtsberechtigung juristischer Personen, sich auf Art. 8 GRC zu berufen, vereinzelt kritisch gesehen, da Art. 8 GRC ausweislich seiner Erläuterungen auf Normen zurückgeht, die überwiegend nur für natürliche Personen gelten.[623] Daher spreche gegen die Grundrechtsberechtigung juristischer Personen zum einen, dass sich nach Art. 16 Abs. 2 AEUV die

---

619 Vgl. *Marauhn*, in: Heselhaus/Nowak (Hrsg.), EU-Grundrechte, § 19 Rn. 33; s. hierzu und Folgendem auch *Wolff*, in: Pechstein/Nowak/Häde (Hrsg.), EUV/GRC/AEUV, Art. 7 GRC Rn. 12.

620 Vgl. *Marauhn*, in: Heselhaus/Nowak (Hrsg.), EU-Grundrechte, § 19 Rn. 33; im Einzelnen hierzu und zum sachlichen Gewährleistungsumfang *Jarass*, GRC, Art. 7 Rn. 1; zum Wortlaut *Frenz*, Hdb. EU-Recht, Bd. 4, Rn. 1174.

621 Grundlage des Art. 8 GRC sind Art. 286 EGV, RL 95/46/EG, Art. 8 EMRK und das Übereinkommen des Europarates vom 28.01.1991 zum Schutz des Menschen bei der automatischen Verarbeitung personenbezogener Daten, vgl. Erläuterungen, in: ABl. 2007 C 303/20; s. zum Schutz der Privatheit als allgemeiner Rechtsgrundsatz zugunsten juristischer Personen EuGH, Rs. C-94/00, Slg. 2002, I-9011, Rn. 27, 59 – Roquette Frères; hingegen zunächst nur eine Verhältnismäßigkeitsprüfung vornehmend EuGH, Rs. C-46/87, C-227/88, Slg. 1989, 2859, Rn. 19 – Hoechst.

622 Ähnlich EuGH, Rs. C-131/12, ECLI: EU: C:2014:317, Rn. 80 – Google Spain u. Google; so EuGH, Rs. C-92/09, Slg. 2010, I-11063, Rn. 52 – Volker und Markus Schecke GbR und Hartmut Eifert; so auch *Mehde*, in: Heselhaus/Nowak (Hrsg.), EU-Grundrechte, § 21 Rn. 23.

623 So *Bernsdorff*, in: Meyer/Hölscheidt (Hrsg.), GRC, Art. 8 Rn. 25; *Frenz*, Hdb. EU-Recht, Bd. 4, Rn. 1367 ff.; *Kühling/Seidel/Sivridis*, Datenschutzrecht, S. 45; siehe Erläuterungen, in: ABl. 2007 C 302/20.

Kompetenz der Union in datenschutzrechtlichen Fragestellungen auf den Schutz natürlicher Personen beschränkt, wobei jedoch außer Acht gelassen wird, dass die Reichweite des Grundrechtsschutzes nicht durch Kompetenznormen beeinflusst wird.[624] Zum anderen wird auf die Einführung der auf natürliche Personen beschränkten Datenschutzgrundverordnung VO (EU) 2016/679 verwiesen, die aber die Grundrechtsberechtigung juristischer Personen nicht ausschließt,[625] da sie nur den sekundärrechtlichen Schutz natürlicher Personen regelt.[626] Im Gegensatz hierzu bejahen die Rechtsprechung und der überwiegende Teil der Literatur die Grundrechtsberechtigung juristischer Personen, wenn auch in unterschiedlichem Umfang. So wendet die Rechtsprechung Art. 8 GRC nur dann auf juristische Personen an, wenn ihr Name *eine oder mehrere natürliche Personen bestimmt.*[627] Dies kann zum Beispiel dadurch geschehen, dass die Firma einer juristischen Person die Namen der Gesellschafter beinhaltet. Der geringere grundrechtliche Schutz juristischer Personen folge demnach aus der Einschränkungsmöglichkeit von Grundrechten nach Art. 52 Abs. 1 GRC sowie aus der Rechtsprechung des EGMR i.V.m. Art. 52 Abs. 3 GRC.[628] So setzt der EGMR hinsichtlich der Grundrechtsberechtigung aus Art. 8 EMRK einen Bezug zu einem identifizierbaren Individuum voraus.[629] Der daneben durch Art. 16 GRC beziehungsweise Art. 17 GRC anerkannte Schutz von Geschäftsdaten juristischer Personen steht nicht im Widerspruch dazu, denn dabei steht nach dem EuGH nicht primär der Geheimnisschutz, sondern die freie Ausübung einer wirtschaftlichen Tätigkeit im Mittelpunkt.[630] Einzelne Strömungen in der Literatur gehen weiter und wenden Art. 8 GRC unabhängig von der Rechtsform und unabhängig davon, ob die

---

624 So *Wolff*, in: Pechstein/Nowak/Häde (Hrsg.), EUV/GRC/AEUV, Art. 8 Rn. 11.

625 Diesen Gedanken aufgreifend, aber im Ergebnis auch für eine weiten persönlichen Anwendungsbereich des Art. 8 GRC *Raschauer/Riesz*, in: Holoubek/Lienbacher (Hrsg.), GRC, Art. 8 Rn. 18.

626 Vgl. *Wolff*, in: Pechstein/Nowak/Häde (Hrsg.), EUV/GRC/AEUV, Art. 8 Rn. 11.

627 Vgl. EuGH, Rs. C-419/14, ECLI: EU: C:2015:832, Rn. 79 – WebMindLicenses; EuGH, Rs. C-92/09, Slg. 2010, I-11063, Rn. 52 – Volker und Markus Schecke GbR und Hartmut Eifert.

628 Vgl. EuGH, Rs. C-92/09, Slg. 2010, I-11063, Rn. 52 – Volker und Markus Schecke GbR und Hartmut Eifert.

629 Vgl. EuGH, Rs. C-92/09, Slg. 2010, I-11063, Rn. 52 – Volker und Markus Schecke GbR und Hartmut Eifert; EGMR, Entscheidung vom 16.02.2000, Amann ./. Schweiz, 27798/95, Rn. 65; EGMR, Entscheidung vom 04.05.2000, Rotaru ./. Rumänien, 28341/95, Rn. 43; s. auch Kap. 2 Abschn. A. III. 2. a.

630 So EuGH, Rs. C-453/03, C-11/04, C-12/03, C-194/04, Slg. 2005, I-10423, Rn. 82, 87 – ABNA Ltd. u. a.

Firma einen Namen bestimmt, auf juristische Personen an.[631] Denn der Wortlaut lasse keine Beschränkung erkennen („jede Person", „everyone" beziehungsweise „toute personne") und Art. 7 GRC, der einen ähnlich engen Persönlichkeitsbezug wie Art. 8 GRC aufweist, werde bereits weitgehend auf juristische Personen angewendet. Andere sprechen sich dafür aus, Art. 8 GRC nur bereichsspezifisch anzuwenden, das hieße auf die Fälle, in denen nach Art. 1 Abs. 2 RL 2002/58/EG berechtigte Interessen von juristischen Personen betroffenen sind.[632]

Zwar spricht der enge Persönlichkeitsrechtsbezug personenbezogener Daten gegen die Grundrechtsberechtigung juristischer Personen, soweit die Daten nicht zumindest mittelbar natürliche Personen betreffen. Dennoch ist zugunsten eines umfassenden Grundrechtsschutzes Art. 8 GRC auf juristische Personen anzuwenden, soweit dies *seinem Wesen* nach möglich ist.[633] Hierfür spricht zunächst die Entstehungsgeschichte des Art. 8 GRC, der seinem Wortlaut nach ursprünglich auf natürliche Personen beschränkt sein sollte, in der jetzt geltenden Fassung aber *jede Person* erfasst.[634] Weiter verkennt die Beschränkung des Datenschutzgrundrechts auf natürliche Personen oder zumindest auf Situationen mit einem Bezug zu diesen, dass der Datenschutz neben seinem der Menschenwürde nahen Kerngehalt auch der Gewährleistung einer allgemeinen Handlungsfreiheit dient.[635] Aufgrund dessen und der sonst drohenden Diskrepanz zwischen einem beschränkten persönlichen Anwendungsbereich und dem weiten sachlichen Gewährleistungsumfang, der sich auch auf wirtschaftlich nutzbare Daten bezieht, müssen juristische Personen berechtigt sein, sich auf den Schutz personenbezogener Daten aus Art. 8 GRC zu berufen. Dafür sprechen auch die vergleichbare Gefährdungslage, in die juristische und natürliche

---

631 Vgl. hierzu und zu Folgendem *Jarass*, GRC, Art. 8 Rn. 7; ähnlich *Knecht*, in: Schwarze (Hrsg.), EU-Kommentar, Art. 8 GRC Rn. 3; *Kingreen*, in: Calliess/Ruffert (Hrsg.), EUV/AEVU, Art. 8 GRC Rn. 11.

632 Vgl. *Kübler*, S. 66; ähnlich und der Rechtsprechung des EuGH zustimmend *Raschauer/Riesz*, in: Holoubek/Lienbacher (Hrsg.), GRC, Art. 8 Rn. 20; ähnlich *Johlen*, in: Stern/Sachs (Hrsg.), GRC, Art. 8 Rn. 28.

633 Ähnlich und zusätzlich auf den *effet utile* stützend Raschauer/Riesz, in: Holoubek/Lienbacher (Hrsg.), GRC Art. 8 Rn. 19.

634 Vgl. zur Entstehung *Raschauer/Riesz*, in: Holoubek/Lienbacher (Hrsg.), GRC, Art. 8 Rn. 15.

635 Vgl. hierzu und zu Folgenden *Wolff*, in: Pechstein/Nowak/Häde (Hrsg.), EUV/GRC/AEUV, Art. 8 GRC Rn. 11; ähnlich kritisch *Gundel*, in: Grabenwarter (Hrsg.), EnzEUR, Bd. 2, §2 Rn. 22; a. A. und gegen einen Schutz geschäftlicher Daten durch Art. 8 GRC *Frenz*, Hdb. EU-Recht, Bd. 4, Rn. 1367.

Personen aufgrund des weiten sachlichen Anwendungsbereichs des Art. 8 GRC kommen können, der auch wirtschaftlich nutzbare Daten schützt.

3 *Gedanken-, Gewissens- und Religionsfreiheit*

Zwar hatte der EuGH die Religionsfreiheit bereits vor Inkrafttreten der Grundrechte-Charta anerkannt, diese Fälle betrafen jedoch keine juristischen Personen.[636]

Nach Art. 10 Abs. 1 GRC hat jede Person das Recht auf Gedanken-, Gewissens- und Religionsfreiheit. So umfasst Art. 10 GRC die Freiheit, die Religion oder Weltanschauung zu wechseln sowie die Freiheit, sich seiner Religion oder Weltanschauung einzeln oder gemeinsam mit anderen öffentlich oder privat durch Gottesdienst, Unterricht, Bräuche und Riten zu bekennen.[637] Nach einer Auffassung kann von diesen Gewährleistungen nur die Religionsfreiheit Bedeutung für die Grundrechtsberechtigung juristischer Personen erlangen, da die Gedanken- und Gewissensfreiheit wegen ihres Zuschnitts auf natürliche Personen nicht auf juristische Personen anwendbar seien.[638]

Der Wortlaut des Art. 10 GRC („gemeinsam mit anderen", „in comunity with outhers" beziehungsweise „collectivement") spreche bereits dafür, dass juristische Personen des Privatrechts berechtigt sind, sich auf die korporative Dimension Religionsausübungsfreiheit zu berufen.[639] Auch wenn die Rechtsprechung sich nicht zur Grundrechtsberechtigung juristischer Personen geäußert hat, so hat sie dennoch zu Art. 10 GRC festgestellt, dass die Religionsfreiheit sowohl das Praktizieren im privaten Kreis als auch in der Öffentlichkeit und damit das

---

636 Vgl. EuGH, Rs. 130/75, Slg. 1976, 1589, Rn. 12/19 – Prais; EuGH, Rs. C-300/84, Slg. 1986, 3097, Rn. 13 – Van Roosmalen; EuGH, Rs. C-196/87, Slg. 1988, 6159, Rn. 8 ff. – Steymann; EuGH, Rs. C-54/99 – Église de Sientologie; zum Überblick *Gaitanides*, in: Heselhaus/Nowak (Hrsg.), EU-Grundrechte, § 29 Rn. 2.

637 Dies entspricht Art. 9 EMRK und damit hat Art. 10 GRC gemäß Art. 52 Abs. 3 GRC die gleiche Bedeutung und Tragweite wie dieser, vgl. Erläuterungen, in: ABl. 2007 C 303/21.

638 So *Muckel*, in: Stern/Sachs (Hrsg.), GRC, Art. 10 Rn. 10; *Jarass*, GRC, Art. 10 Rn. 16; sich anschließend *Thiele*, in: Pechstein/Nowak/Häde (Hrsg.), EUV/GRC/AEUV, Art. 10 GRC Rn. 9.

639 Vgl. *Muckel*, in: Stern/Sachs (Hrsg.), GRC, Art. 10 Rn. 29; *Winkler*, S. 410; Muckel, in: Stern/Sachs (Hrsg.), GRC, Art. 10 Rn. 26, 29; *Gaitanides*, in: Heselhaus/Nowak (Hrsg.), EU-Grundrechte, § 29 Rn. 19; *Unruh*, S. 336.

forum externum umfasst.[640] Da das *forum externum* Teil der für juristische Personen relevanten Religionsausübungsfreiheit ist, schließt das Schweigen des EuGH die Grundrechtsberechtigung juristischer Personen momentan zumindest nicht aus. Was genau von der Ausübungsfreiheit umfasst ist, bestimmt der EuGH in einer seiner wenigen Entscheidungen zur Religionsfreiheit schwerpunktmäßig nach dem subjektiven Selbstverständnis der Angehörigen der Religionsgemeinschaft.[641] Soweit sich die Frage nach der Grundrechtsberechtigung von öffentlich-rechtlich organisierten Religionsgemeinschaften beziehungsweise Weltanschauungsgemeinschaften stellt, ist auf die Ausführungen zu den juristischen Personen des Öffentlichen Rechts zu verweisen.[642]

In der Literatur wird daneben auch die Berechtigung sonstiger, unter Umständen wirtschaftlich tätiger, juristischer Personen des Privatrechts diskutiert, sich auf Art. 10 GRC berufen zu können. Diese sollen nicht grundrechtsberechtigt sein, sofern sie sich lediglich als religiös bezeichnen, objektiv aber vorrangig mit Gewinnerzielungsabsicht handeln.[643] Auch wird unter Verweis auf die Rechtsprechung des EGMR die Grundrechtsberechtigung werbender juristischer Personen abgelehnt, bei denen es sich um politische Organisation mit religiösem Hintergrund handelt.[644] Der Ausschluss der Grundrechtsberechtigung solcher primär wirtschaftlich tätiger juristischer Personen des Privatrechts wird unter anderem damit begründet, dass die GRC wirtschaftlich orientiertes Handeln in Art. 15 bis 17 GRC schützen will.[645] Dies schließe aber nicht zugleich aus, dass sich Religionsgemeinschaften nebenbei wirtschaftlich betätigen dürfen. Demnach genüge aber ein religiöser Vorwand beziehungsweise das Berufen auf religiöse Beweggründe nicht, um rein wirtschaftliche oder politische Handlungen unter den Schutz der Religionsfreiheit zu stellen. Grundrechtsberechtigt sind somit nur solche juristische Personen, deren Handeln nicht schwerpunktmäßig dem Wirtschaftsleben zuzuordnen ist, sondern der Religionsausübung im Sinne des Art. 10 GRC dient.

---

640 Vgl. zum weiten Gewährleistungsumfang EuGH, Rs. C-71/11, C-99/11, ECLI: EU: C:2012:518, Rn. 62 f. – Y u. Z, wobei jedoch strenge Kriterien wie *forum externum* und *forum internum* abgelehnt werden.

641 Vgl. EuGH, Rs. C-71/11, C-99/11, ECLI: EU: C:2012:518, Rn. 70 – Y u. Z.

642 Siehe Kap. 3 Abschn. B. IV.

643 Vgl. *Muckel*, in: Stern/Sachs (Hrsg.), GRC, Art. 10 Rn. 20; *Jarass*, GRC, Art. 10 Rn. 15

644 Vgl. EGMR, Nr. 41615/98; n. 2; *Jarass*, GRC, Art. 10 Rn. 15; im Ergebnis auch *Muckel*, in: Stern/Sachs (Hrsg.), GRC, Art. 10 Rn. 20.

645 Vgl. hierzu und zum Folgenden *Muckel*, in: Stern/Sachs (Hrsg.), GRC, Art. 10 Rn. 20.

4 *Freiheit der Meinungsäußerung und Informationsfreiheit*

Nach Art. 11 Abs. 1 GRC hat jede Person das Recht auf freie Meinungsäußerung, welches, neben der Meinungsfreiheit, die Freiheit einschließt, Informationen und Ideen ohne behördliche Eingriffe und ohne Rücksicht auf Staatsgrenzen zu empfangen und weiterzugeben.[646] Die Rechtsprechung bestimmt den Gewährleistungsumfang der als allgemeines Kommunikationsgrundrecht verstandenen Meinungsfreiheit in Anlehnung an Art. 10 EMRK.[647]

Juristische Personen sind nach umfassend berechtigt, sich auf die Gewährleistungen aus Art. 11 Abs. 1 GRC zu berufen.[648] Dies folgt nicht nur aus der Erweiterung des Schutzumfangs auf kommerzielle Werbung, welcher schon alleine seinem Wesen nach primär auf juristische Personen anwendbar wäre, sondern auch aus den gemäß Art. 52 Abs. 3 GRC zu berücksichtigenden Gewährleistungen der EMRK.[649]

Unabhängig davon, ob es sich bei Art. 11 Abs. 2 GRC um ein eigenständiges Grundrecht der Medienfreiheit handelt[650] oder bloß um eine Erläuterung des Art. 11 Abs. 1 GRC[651], wird durch Art. 11 GRC sowohl die Medienfreiheit als

---

646 Dieses Recht entspricht Art. 10 EMRK, weshalb es gem. Art. 52 Abs. 3 GRC dieselbe Bedeutung und Tragweite wie Art. 10 EMRK hat, vgl. Erläuterungen, in: ABl. 2007 C 303/21.

647 Vgl. EuGH, Rs. C-260/89, Slg. 1991, I-2925, Rn. 44 – ERT; EuGH, Rs. C-353/89, Slg. 1991, I-4069, Rn. 30 – Kommission./.Niederlande; EuGH, Rs. C-368/95, Slg. 1997, I-3689, Rn. 25 – Familiapress; EuGH, Rs. C-274/99 P, Slg. 2001, I-1611, Rn. 39 ff. – Conolly; EuGH, Rs. C-163/10, Slg. 2011, I-7565, Rn. 31 – Patriciello; s. zur EMRK Kap. 2 Abschn. A. III. 2. c.

648 Vgl. für viele EUGH, Rs. C-157/14, ECLI: EU: C:2015:823 – Neptune Distribution; EuGH, Rs. C-70/10, Slg. 2011, I-11959 – Scarlet Extendet; Rs. C-368/95, Slg. 1997, I-3689 – Vereinigte Familiapress Zeitungsverlags- und Vertriebs GmbH; so im Ergebnis *Calliess*, in: Calliess/Ruffert (Hrsg.), EUV/AEUV, Art. 11 Rn. 10, 26; *Jarass*, GRC, Art. 11 Rn. 16; *Walter*, in: Grabenwarter (Hrsg.), EnzEUR, Bd. 2, § 12 Rn. 27; *Pünder*, in: Ehlers (Hrsg.), EU-Grundrechte, § 17 Rn. 9.

649 Vgl. *Walter*, in: Grabenwarter (Hrsg.), EnzEUR, Bd 2, § 12 Rn. 27; *Kühling*, in: Heselhaus/Nowak (Hrsg.), EU-Grundrechte, § 23 Rn. 32; siehe zur EMRK Kap. 2 Abschn. A. III. 2. c.

650 So jedenfalls *Calliess*, in: Callies/Ruffert (Hrsg.), EUV/AEUV, Art. 11 GRC Rn. 33; *Bernsdorff*, in: Meyer/Hölscheidt (Hrsg.), GRC, Art. 11 Rn. 18; *von Coelln*, in: Stern/Sachs (Hrsg.), GRC, Art. 11 Rn. 29; *Jarass*, GRC, Art. 11 Rn. 3.

651 So die Erläuterungen, in: ABl. 2007 C 303/21, wonach Abs. 2 auch auf die Rechtsprechung des Gerichtshofs bezüglich des Fernsehens, insbesondere auf EuGH, Rs. 288/89, Slg. 1991, I-4007, Rn. 23 – Collectieve Antennevoorziening Gouda, und das

auch die Pluralität der Medien im Interesse der Wahrung der Meinungsvielfalt geschützt.[652] Juristische Personen und Personenvereinigungen, die als Medienunternehmen auftreten, sind aufgrund der besonderen Relevanz der Medienfreiheit berechtigt, sich auf diesen Gewährleistungsinhalt des Art. 11 GRC zu berufen.[653]

5 *Versammlungs- und Vereinigungsfreiheit*

Nach Art. 12 Abs. 1 GRC[654] hat jede Person das Recht, sich insbesondere im politischen, gewerkschaftlichen und zivilgesellschaftlichen Bereich auf allen Ebenen frei und friedlich mit anderen zu versammeln sowie frei mit anderen zusammenzuschließen. Art. 12 Abs. 1 GRC schützt demnach neben der Versammlungsfreiheit auch die Vereinigungsfreiheit. Dies beinhaltet das Recht jeder Person, zum Schutz ihrer Interessen Gewerkschaften zu gründen und diesen beizutreten.

Die Rechtsprechung hat sich bisher noch nicht zur Grundrechtsberechtigung juristischer Personen aus Art. 12 GRC geäußert. Nach der Literatur sollen juristische Personen sowie Personenvereinigungen bezüglich der *Versammlungsfreiheit* grundrechtsberechtigt sein, soweit die Gewährleistung auf sie anwendbar ist.[655] Das ist im Zusammenhang mit der Versammlungsfreiheit beispielsweise

---

Protokoll über den öffentlich-rechtlichen Rundfunk in den Mitgliedstaaten sowie die RL 89/552/EWG zurückgehe.

652 Vgl. hierzu EuGH, Rs. C-353/89, Slg. 1991, I-4069, Rn. 30 – Kommission ./. Niederlande; EuGH, Rs. C-23/93, Slg. 1994, I-4795, Rn. 25 – TV10; *Pünder*, in: Ehlers (Hrsg.), Europäische Grundrechte und Grundfreiheiten, § 17 Rn. 16, 18; zum Überblick *Jarass*, GRC, Art. 11 Rn. 17; im Bereich der neuen Medien *Bernsdorff*, in: Meyer/Hölscheidt (Hrsg.), GRC, Art. 11 Rn. 178; *von Coelln*, in: Stern/Sachs (Hrsg.), GRC, Art. 11 Rn. 35; einschränkend *Walter*, in: Grabenwarter (Hrsg.), EnzEUR, Bd. 2, § 12 Rn. 19 ff.

653 Vgl. EuGH, Rs. C-353/89, Slg. 1991, I-4069, Rn. 30 – Kommission ./. Niederlande; EuGH, Rs. 288/89, Slg. 1991, I-4007, Rn. 23 ff. – Collectieve Antennevoorziening Gouda; zu Art. 11 Abs. 2 GRC SchlA GA *Kokott*, in: EuGH, Rs. C-234/12, ECLI: EU: C:2013:323, Rn. 79 – Sky Italia; *Bernsdorff*, in: Meyer/Hölscheidt (GRC), GRC, Art. 11 Rn. 23; *Jarass*, GRC, Art. 11 Rn. 19; *Walter*, in: Grabenwarter (Hrsg.), EnzEUR, Bd. 2, § 12 Rn. 27; *Pünder*, in: Ehlers (Hrsg.), Europäische Grundrechte und Grundfreiheiten § 17 Rn. 9.

654 Dieser Gewährleistungsumfang entspricht Art. 11 EMRK und hat dieselbe Bedeutung, er darf nicht weiter eingeschränkt werden als nach Art. 11 Abs. 2 EMRK rechtmäßig möglich, vgl. Erläuterungen, in: ABl. 2007 C 303/22.

655 Vgl. *Bernsdorff*, in: Meyer/Hölscheidt (Hrsg.), GRC, Art. 12 Rn. 19; *Mann/Ripke*, in: EuGRZ 2004, 125 (131); *Mann*, in: Heselhaus/Nowak (Hrsg.), EU-Grundrechte, § 27 Rn. 18; *Heindl/Kalteis*, in: Holoubek/Lienbacher (Hrsg.), GRC, Art. 12 Rn. 11;

der Fall, wenn eine juristische Person als Veranstalter der Versammlung auftritt. Im Gegensatz dazu, kann sich eine Versammlung selbst nicht auf das Grundrecht aus Art. 12 GRC berufen, da die Versammlung in der Regel nicht die strukturellen Anforderungen an das Vorliegen einer juristischen Person erfüllt.[656] Hier verbleibt nur die Möglichkeit, dass die einzelnen Teilnehmer ihre Abwehrrechte geltend machen.

Da nach Stimmen aus der Literatur auch natürliche Personen aus Drittstaaten berechtigt sein sollen, sich auf Art. 12 GRC zu berufen,[657] ist mangels sachlicher Differenzierungskriterien auch von der Grundrechtsberechtigung juristischer Personen mit Sitz außerhalb der Union auszugehen.

Die daneben durch Art. 12 Abs. 1 GRC garantierte aktive wie negative *Vereinigungsfreiheit* setzt für das Vorliegen einer Vereinigung einen freiwilligen Zusammenschluss einer Personenmehrheit zu einem gemeinsamen Zweck mit einem Mindestmaß an zeitlicher und organisatorischer Stabilität voraus.[658] Vom Vereinigungsbegriff sind neben politischen, gewerkschaftlichen und sonstigen zivilgesellschaftlichen auch wirtschaftliche Vereinigungen sowie Interessenverbände umfasst.[659] Durch Art. 12 Abs. 1 GRC wird neben der Gründung von Vereinigungen und dem Beitritt zu bestehenden Vereinigungen die freie Betätigung der Vereinigung wie Namensführung, Mitgliederwerbung, Selbstdarstellung und Selbstauflösung gewährleistet.[660] Da die Betätigung der Vereinigung selbst erfasst ist, sind auch diese als juristische Personen, so insbesondere in Form der in Art. 12 GRC erwähnten Gewerkschaften oder Parteien, grundrechtsberechtigt.[661]

Knecht, in: Schwarze (Hrsg.), EU-Kommentar, Art. 12 GRC Rn. 3; *Jarass*, GRC, Art. 12 Rn. 13; a. A. *Rixen/Scharl*, in: Stern/Sachs (Hrsg.), GRC, Art. 12 Rn. 4.

656 So im Ergebnis auch *Heindl/Kalteis*, in: Holoubek/Lienbacher (Hrsg.), GRC, Art. 12 Rn. 11.

657 Vgl. *Ruffert*, in: Calliess/Ruffert (Hrsg.), EUV/AEUV, Art. 12 GRC Rn. 3; *Jarass*, GRC, Art. 12 Rn. 13.

658 Vgl. zur negativen Vereinigungsfreiheit, EuGH, Rs. C-499/04, Slg. 2006, I-2397, Rn. 34 – Werhof; s. auch *Bernsdorff*, in: Meyer/Hölscheidt (Hrsg.), GRC, Art. 12 Rn. 17; *Jarass*, GRC, Art. 12 Rn. 15.

659 Vgl. *Bernsdorff*, in: Meyer/Hölscheidt (Hrsg.), GRC, Art. 12, Rn. 15 *Jarass*, GRC, Art. 12 Rn. 13; *Ruffert*, in: Calliess/Ruffert (Hrsg.), EUV/AEUV, Art. 12 GRC Rn. 11.

660 Vgl. *Jarass*, GRC, Art. 12 Rn. 17; *Rixen/Scharl*, in: Stern/Sachs (Hrsg.), GRC, Art. 12 Rn. 8; *Ruffert*, in: Calliess/Rufferrt (Hrsg.), EUV/AEUV, Art. 12 GRC Rn. 11.

661 Vgl. *Rixen/Scharl*, in: Stern/Sachs (Hrsg.), GRC, Art. 12 Rn. 4; *Jarass*, GRC, Art. 12 Rn. 19; *Bernsdorff*, in: Meyer/Hölscheidt (Hrsg.), GRC, Art. 12 Rn. 19; *Thiele*, in: Pechstein/Nowak/Häde (Hrsg.), EUV/GRC/AEUV, Art. 12 GRC Rn. 18.

Die Rechtsstellung der *Gewerkschaften* wird neben Art. 12 GRC insbesondere durch Art. 28 GRC beeinflusst, der das Recht auf Kollektivverhandlungen und Kollektivmaßnahmen beinhaltet.[662] Die Reichweite der einzelnen Gewährleistungsinhalte orientiert sich dabei an Art. 11 EMRK.[663]

Was die Grundrechtsberechtigung der ebenso ausdrücklich in Art. 12 Abs. 2 GRC angesprochenen *Parteien*[664] betrifft, ist im Übrigen auf die allgemeinen Ausführungen zur Vereinigungs- und Versammlungsfreiheit nach Art. 12 Abs. 1 GRC sowie auf den durch die EMRK gewährleisteten Schutz, insbesondere vor Auflösung, zu verweisen.[665] Denn Art. 12 Abs. 2 GRC unterstreicht – ohne (Grund-)Rechte zu verleihen – nur den Wert der Parteien auf europäischer Ebene, was dennoch bei Eingriffen in die durch Art. 12 Abs. 1 GRC gewährleisteten Rechte auf Rechtfertigungsebene zu berücksichtigen ist.[666]

6 *Freiheit von Kunst und Wissenschaft*

Nach Art. 13 S. 1 GRC sind Kunst und Forschung frei.[667] Die Rechtsprechung hat sich vor Inkrafttreten der Grundrechte-Charta nur zum Bestehen von wirtschaftlichen Rechten an Kunstwerken geäußert, dabei aber keine Aussagen zu juristischen Personen getroffen.[668] Die durch Art. 13 GRC vermittelte Freiheit

662 Vgl. zu Art. 28 GRC, Kap. 3 Abschn. A. III. 15. *Ruffert*, in: Calliess/Ruffert (Hrsg.), EUV/AEUV, Art. 12 GRC Rn. 15; *Rebhahn*, in: Grabenwarter (Hrsg.), EnzEUR, Bd. 2, § 1 Rn. 61.

663 Vgl. Kap. 2 Abschn. A. III. 2. d. aa.; so auch *Rixen/Scharl*, in: Stern/Sachs (Hrsg.), GRC, Art. 12 Rn. 10.

664 Hierbei handelt es sich um kein separates Grundrecht, so *Knecht*, in: Schwarze (Hrsg.) EU-Kommentar, Art. 12 GRC Rn. 9; *Bernsdorff*, in: Meyer/Hölscheidt, GRC (Hrsg.), Art. 12 Rn. 21; zur Bedeutung des Art. 12 GRC *Rixen/Scharl*, in: Stern/Sachs (Hrsg.), GRC, Art. 12 Rn. 12; a. A. *Ruffert*, in: Calliess/Ruffert (Hrsg.), EUV/AEUV, Art. 12 GRC Rn. 17.

665 Vgl. hierzu Kap. 2 Abschn. A. III. 2. d bb; so auch *Jarass*, GRC, Art. 12 Rn. 5, 30; *Ruffert*, in: Calliess/Ruffert (Hrsg.), EUV/AEUV, Art. 12 GRC Rn. 17.

666 Vgl. *Jarass*, GRC, Art. 12, Rn. 5; ähnlich *Rixen/Scharl*, in: Stern/Sachs (Hrsg.), GRC, Art. 12 Rn. 12.

667 Dieses Recht leitet sich aus der Gedanken- und Meinungsäußerungsfreiheit ab und soll den durch Art. 10 EMRK gestatteten Einschränkungen unterworfen werden können, vgl. Erläuterungen, in: ABl. 2007 C/303/22; soweit die Kunst- und Wissenschaftsfreiheit durch die Rechtsprechung des EGMR geschützt wird, soll diese Rechtsprechung wegen Art. 52 Abs. 3 GRC Anwendung finden, vgl. *Kempen*, in: Sachs/Stern (Hrsg.), GRC, Art. 13 Rn. 7.

668 Vgl. hierzu EuGH, Rs. 92/92, Slg. 1993, I-5145, Rn. 19 ff. – Phil Collins u. a.; EuGH, Rs. C-360/00, Slg. 2002, I-5089, Rn. 24 – Ricordi.

von Kunst und Wissenschaft ist bisher nur durch die Literatur näher erörtert worden. Die *Kunstfreiheit* schützt somit auch Tätigkeiten, die über die Herstellung des Kunstwerkes hinausgehen (*Wirkbereich*), wie zum Beispiel die Veröffentlichung eines Kunstwerks, die auch durch eine juristische Personen erfolgen kann. Diese werden daher auch als Träger der Kunstfreiheit angesehen.[669] Steht hingegen die wirtschaftliche Verwertung der Kunst im Mittelpunkt, so sind die Art. 16 GRC und Art. 17 GRC einschlägig.[670]

Unter die inArt. 13 GRC garantierte *Forschungsfreiheit* fällt jede „Tätigkeit mit dem Ziel, in methodischer, systematischer und nachprüfbarer Weise neue Erkenntnisse zu gewinnen"[671]. Juristische Personen des Privatrechts können sich hierauf berufen.[672] Zur Begründung ist auch hier darauf zu verweisen, dass – wie bei der Kunstfreiheit – wesentliche Teilbereiche der Forschung wie zum Beispiel die Publikation durch juristische Personen erfolgen kann und diese daher eines gleichermaßen grundrechtlichen Schutzes wie natürliche Personen bedürfen.

Daneben wird nach Art. 13 S. 2 GRC die akademische Freiheit geachtet, worunter die wissenschaftlich fundierte Weitergabe der Forschungsergebnisse und damit die akademische Lehre, verstanden wird.[673] Auch hierauf können sich juristische Personen des Privatrechts in Form von Forschungseinrichtungen berufen.[674] Denn ebenso wie bei der Forschungsfreiheit gilt hier, dass das von der akademischen Freiheit geschützte Verhalten typischerweise innerhalb eines institutionellen Rahmens und damit innerhalb juristischer Personen ausgeübt wird.

---

669 Vgl. *Jarass*, GRC, Art. 13 Rn. 9; *Moser*, in: Holubek/Lienbacher (Hrsg.), GRC, Art. 13 R. 7;; ähnlich *Calliess*, in: Calliess/Ruffert (Hrsg.), EUV/AEUV, Art. 13 GRC Rn. 4.

670 Nach *Jarass*, GRC, Art. 13 Rn. 4, handelt es sich um Idealkonkurrenz.

671 *Jarass*, GRC, Art. 13 Rn. 6; ähnlich *Ruffert*, in: Calliess/Ruffert (Hrsg.), EUV/AEUV, Art. 13 GRC Rn. 6; *Pünder*, in: Ehlers (Hrsg.), EU-Grundrechte, § 18 Rn. 8; ähnlich *Kempen*, in: Stern/Sachs (Hrsg.), GRC, Art. 13 Rn. 15, der den Begriff der Forschung in Anlehnung an Art. 2 Buchst. b RL des Rates vom 12.10.2005 über ein besonderes Zulassungsverfahren für Drittstaatsangehörige zum Zwecke der wissenschaftlichen Forschung bestimmt.

672 Vgl. *Thiele*, in: Pechstein/Nowak/Häde (Hrsg.), EUV/GRC/AEUV, Art. 13 GRC Rn. 8; *Jarass*, GRC, Art. 13 Rn. 10; siehe zu öffentlich-rechtlichen Universitäten Kap. 4 Abschn. B. V.

673 Vgl. *Jarass*, GRC, Art. 13 Rn. 8; ähnlich *Kempen*, in: Stern/Sachs (Hrsg.), GRC, Art. 13 Rn. 17; a.A. *Bernsdorf*, in Meyer/Holscheidt, GRC, Art. 13, Rn. 14, der in der akademischen Freiheit nur eine Ausprägung der Wissenschaftsfreiheit sieht

674 Vgl. *Jarass*, GRC, Art. 13 Rn. 10; *Kempen*, in: Stern/Sachs (Hrsg.), GRC, Art. 13 Rn. 9; vgl. zur Grundrechtsberechtigung der Universitäten als juristische Personen des Öffentlichen Rechts Kap. 3 Abschn. B V.

7 Recht auf Bildung

Nach Art. 14 Abs. 1 GRC hat jede Person das Recht auf Bildung sowie Zugang zur beruflichen Ausbildung und Weiterbildung. Nach ganz überwiegender und überzeugender Meinung in der Literatur ist dieses Grundrecht als Menschenrecht konzipiert und steht damit nur natürlichen Personen zu.[675] Die Übertragbarkeit dieses Grundrechts scheidet daher aus, da es seinem Schutzzweck nach nicht auf juristische Personen angewandt werden kann.

Art. 14 Abs. 3 GRC gewährleistet daneben unter anderem die Freiheit zur Gründung von Lehranstalten unter Achtung der demokratischen Grundsätze.[676] Lehranstalten nach Art. 14 Abs. 3 Alt. 1 GRC sind Schulen in privater Trägerschaft.[677] Im Unterschied zu Art. 14 Abs. 1 GRC können juristische Personen und Personenvereinigungen berechtigt sein, sich auf die Freiheit aus Art. 14 Abs. 3 GRC zu berufen. Denn sie können als Träger der entsprechenden Schulen beziehungsweise als diejenigen, die beabsichtigen, eine entsprechende Schule zu errichten, auftreten und haben an dem Betrieb beziehungsweise der Gründung einer solchen Schule auch ein eigenes Interesse.[678]

8 Berufsfreiheit und Recht zu arbeiten

Nach Art. 15 Abs. 1 GRC hat jede Person das Recht, zu arbeiten und einen frei gewählten oder angenommenen Beruf auszuüben.[679] Nach einer Auffassung soll

---

675 Vgl. *Kingreen*, in: Calliess/Ruffert (Hrsg.), EUV/AEUV, Art. 14 Rn. 6; ferner *Jarass*, GRC, Art. 14 Rn. 9; *Blauensteiner/Kalteis*, in: Holoubek/Lienbacher (Hrsg.), GRC, Art. 14 Rn. 11; offenlassend *Kempen*, in: Sachs/Stern (Hrsg.), GRC, Art. 14 Rn. 13; a.A. *Bernsdorff*, in: Meyer/Hölscheidt (Hrsg.), GRC, Art. 14 Rn. 17.

676 Die Gründung privater und öffentlicher Lehranstalten werde als Aspekt der unternehmerischen Freiheit garantiert, vgl. Erläuterungen, in: ABl. 2007 C 303/22.

677 Vgl. *Bernsdorff*, in: Meyer/Hölscheidt (Hrsg.), GRC, Art. 14 Rn. 18; *Jarass*, GRC, Art. 14 Rn. 20, wonach zwar auch private Hochschulen erfasst werden, diese jedoch unter Art. 13 GRC als lex specialis fallen; ähnlich *Kingreen*, in: Calliess/Ruffert (Hrsg.), EUV/AEUV, Art. 14 GRC Rn. 11, der neben Art. 13 GRC auch Art. 16 GRC für private Hochschulen erwägt.

678 Vgl. *Kempen*, in: Stern/Sachs (Hrsg.), GRC, Art. 14 Rn. 14; *Odendahl*, in: Heselhaus/Nowak (Hrsg.), EU-Grundrechte, § 39 Rn. 34; *Jarass*, GRC, Art 14 Rn. 22; *Kingreen*, in: Calliess/Ruffert (Hrsg.), EUV/AEUV, Art. 14 GRC Rn. 12; *Blauensteiner/Kalteis*, in: Holoubek/Lienbacher (Hrsg.), GRC, Art. 14 Rn. 11.

679 Grundlage dieser Gewährleistung sind die allgemeinen Rechtsgrundsätze sowie Art. 1 Abs. 2 der Europäischen Sozialcharta sowie Nr. 4 der Gemeinschaftscharta der Arbeitnehmer, vgl. Erläuterungen, in: ABl. 2007 C 303/17; siehe hierzu EuGH, Rs. C-4/73,

von Art. 15 Abs. 1 GRC in Abgrenzung zu Art. 16 GRC lediglich die unselbstständige Arbeit erfasst sein.[680] Infolge dessen wären juristische Personen nicht grundrechtsberechtigt.[681] Dagegen spricht, dass Art. 15 GRC auch einzelne Teilbereiche einer selbstständigen Tätigkeit, beispielsweise den Erwerbsantritt, umfasst.[682] Daher wird teils sowohl der Schutz von selbstständiger als auch unselbstständiger Arbeit beziehungsweise allgemein jeglicher Berufstätigkeit durch Art. 15 Abs. 1 GRC bejaht.[683] *Bernsdorff* vertritt daneben, dass sich juristische Personen wegen des *personalen Charakters* der Berufsfreiheit nur dann auf sie berufen könnten, wenn jene eine Tätigkeit ausüben, die ihrem Wesen und ihrer Art nach auch von einer natürlichen Person verrichtet werden könne.[684] Auch der EuGH ging zunächst von einer Überschneidung von Berufsausübung und unternehmerischer Freiheit aus.[685] Nunmehr grenzt der EuGH Art. 15 Abs. 1 GRC von der Unternehmerischen Freiheit nach Art. 16 GRC ab und scheint zunächst die Berufswahl dem Art. 15 Abs. 1 GRC, die Berufsausübung dem Art 16 GRC zuzuordnen.[686] Anders lässt sich die Entscheidung aber auch dahingehend verstehen, dass die Abgrenzung zwischen den beiden Gewährleistungen

---

Slg. 1974, 491, Rn. 14 – Nold; EuGH, Rs. C-44/79, Slg. 1979, 3727, Rn. 32 – Hauer; EuGH, Rs. C-234/85, Slg. 1986, 2897, Rn. 8 – Keller.

680 Vgl. *Streinz*, in: Streinz (Hrsg.) EUV/AEUV, Art. 15 GRC Rn. 8; *Ruffert*, in: Calliess/Ruffert (Hrsg.), EUV/AEUV, Art. 15 GRC Rn. 7 f.; einschränkend auch *Bernsdorff*, in: Meyer/Hölscheidt (Hrsg.), GRC, Art. 15 Rn. 13; im Ergebnis *Kühling*, in: Pechstein/Nowak/Häde (Hrsg.), EUV/GRC/AEUV, Art. 15 GRC Rn. 25; Art. 16 GRC als lex specialis bei juristischen Personen begreifend *Jarass*, GRC, Art. 15 Rn. 9.

681 Vgl. *Ruffert*, in: Calliess/Ruffert (Hrsg.), EUV/AEUV, Art. 15 Rn. 8; *Streinz*, in: Streinz (Hrsg.), EUV/AEUV, Art. 15 GRC Rn. 7 ff.; *Sasse*, S. 192, 288.

682 Vgl. *Grabenwarter*, in: Grabenwarter (Hrsg.), EnzEUR, Bd. 2, § 13 Rn. 13, 25.

683 Vgl. *Grabenwarter*, in: Grabenwarter (Hrsg.), EnzEUR, Bd. 2, § 13 Rn. 5; *Blanke*, in: Stern/Sachs (Hrsg.), GRC, Art. 15 Rn. 40; mit Einschränkungen *Jarass*, GRC, Art. 15 Rn. 6.

684 Vgl. *Bernsdorff*, in: Meyer/Hölscheidt (Hrsg.), GRC, Art. 15, Rn. 21.

685 Vgl. EuGH, Rs. C-544/10, ECLI: EU: C:2012:526, Rn. 54 – Deutsches Weintor; EuGH, Rs. C-184/02, C-223/02, Slg. 2004, I-7789, Rn. 51 – Spanien u. Finnland ./. Parlament u. Rat; ähnlich SchlA GA *Stix-Hackl*, in: EuGH, Rs. C-37/02, C-38/02, Slg. 2004, I-6911, Rn. 110 – Di Lenardo und Dilexport.

686 Vgl. EuGH, Rs. C-134/15, ECLI: EU: C:2016:498, Rn. 26; ähnlich *Streinz*, in: JuS 2017, 798 (800); *Kahl/Hilbert*, in: Kahl/Waldhoff/Walter (Hrsg.), BK, Art. 19 Abs. 3, 112; *Germelmann/Gundel*, in: BayVBl. 2017, 649 (654); *Drechsler*, in: EuR 2016, 691 (695).

in Orientierung an der Personalität des Trägers stattzufinden hat.[687] Eine solche Abgrenzung bietet sich jedoch nicht an, da weder der Wortlaut des Art. 15 GRC („jede Person", „everyone" beziehungsweise „toute personne") noch dessen Entstehungsgeschichte Hinweise dafür enthält, dass durch die Berufsfreiheit lediglich natürliche Personen geschützt werden sollen.[688] Eine personale Abgrenzung verbietet sich ferner, da sonst die durch Art. 16 GRC geschützte Vertragsfreiheit nicht mehr auf natürliche Personen anwendbar wäre.[689] Dadurch entstünden erhebliche Schutzlücken im Grundrechtsschutz auf europäischer Ebene. Vielmehr ist Art. 16 GRC weiterhin als lex specialis zu Art. 15 Abs. 1 GRC zu verstehen, die die unternehmerisch ausgeübte Berufsfreiheit schützt.[690]

Sofern man dem bislang überwiegend vertretenen Ansatz folgt, dass die Aufnahme selbstständiger Arbeit durch Art. 15 Abs. 1 GRC geschützt wird, sind auch juristische Personen des Privatrechts grundrechtsberechtigt.[691] Dies ist Folge des Wortlauts des Art. 15 Abs. 1 GRC, der von *Person* spricht. Regelmäßig ist jedoch Art. 16 GRC wegen seines spezielleren Unternehmergrundrechts vorrangig auf juristische Personen anzuwenden.[692] Auch juristische Personen aus Drittstaaten können sich auf das Grundrecht aus Art. 15 Abs. 1 GRC berufen, solange damit kein Recht auf Marktzugang verbunden ist, da dieses nicht durch Art. 15 Abs. 1 GRC gewährleistet wird.[693]

---

687 So *Goldhammer/Sieber*, in: JuS 2018, 22 (25); ähnlich *Schwarze/van Vormizeele*, in: Schwarze (Hrsg.), EU-Kommentar, Art. 15 GRC Rn. 4; a.A. *Kahl/Hilbert*, in: Kahl/Waldhoff/Walter (Hrsg.), BK, Art. 19 Abs. 3, 112.

688 Vgl. *Kahl/Hilbert*, in: Kahl/Waldhoff/Walter (Hrsg.), BK, Art. 19 Abs. 3, 112; auch ablehnend *Drechsler*, in: EuR 2016, 691 (698).

689 Ähnlich *Drechsler*, in: EuR 2016, 691 (698).

690 Vgl. *Kahl/Hilbert*, in: Kahl/Waldhoff/Walter (Hrsg.), BK, Art. 19 Abs. 3, 112; ähnlich *Ruffert*, in: Calliess/Ruffert, EUV/AEUV, Art. 15 GRC, Rn. 4, der auch die Abgrenzung des EuGH als nicht überzeugend einordnet, jedoch die umfassende Gewährleistung der wirtschaftlichen Betätigungsfreiheit ins Zentrum seiner Überlegungen rückt; *Drechsler*, in: EuR 2016, 691 (696).

691 Vgl. zur grundsätzlichen Anwendbarkeit statt vieler EuGH, Rs. C-280/93, Slg. 1994, I-4973 Rn. 81 – Deutschland ./. Rat; *Blanke*, in: Stern/Sachs (Hrsg.), GRC, Art. 15 Rn. 40; *Ruffert*, in: Ehlers (Hrsg.), Europäische Grundrechte und Grundfreiheiten, § 19 Rn. 25; *Frenz*, Hdb. EU-Recht, Bd. 4, Rn. 2534; *Nowak*, in: Heselhaus/Nowak (Hrsg.), EU-Grundrechte, § 30 Rn. 46; *Grabenwarter*, in: Grabenwarter (Hrsg.), EnzEUR, Bd. 2, § 13 Rn. 12; grundsätzlich bejahend *Jarass*, GRC, Art 15 Rn. 9.

692 So *Jarass*, GRC, Art. 15 Rn. 9; *Frenz*, Hdb. Europarecht, Bd. 4, Rn. 2534; im Ergebnis auch *Bezemek*, in: Holoubek/Lienbacher (Hrsg.), GRC, Art. 15 Rn. 10.

693 Vgl. insofern zur Berechtigung natürlicher Personen aus Drittstaaten *Bernsdorff*, in: Meyer/Hölscheidt (Hrsg.), GRC, Art. 15 Rn. 21; *Grabenwarter*, in: Grabenwarter

Nach Art. 15 Abs. 2 GRC haben alle Unionsbürgerinnen und Unionsbürger die Freiheit, in jedem Mitgliedstaat Arbeit zu suchen, zu arbeiten, sich niederzulassen oder Dienstleistungen zu erbringen.[694] Dadurch knüpft die GRC an die Grundfreiheiten des AEUV an. Der EuGH prüft über Art. 15 Abs. 2 GRC die einschlägigen Grundfreiheiten, da sie den Erläuterungen zufolge durch Art. 15 Abs. 2 GRC aufgenommen wurden und nach Art. 52 Abs. 3 GRC die Ausübung der durch die Charta anerkannten Rechte, die in den Verträgen geregelt sind, im Rahmen der in den Verträgen festgelegten Bestimmungen und Grenzen zu erfolgen hat.[695] Aus dem Grund betrachtet die werden die Grundfreiheiten teilweise als lex specialis zu Art. 15 Abs. 2 GRC gesehen.[696] Andere verstehen Art. 15 Abs. 2 GRC hingegen nicht als Grundrecht, sondern als klarstellende Norm ohne eigenen Anwendungsbereich.[697] Demnach werden in Verbindung mit Art. 52 Abs. 2 GRC die Grundfreiheiten durch Art. 15 Abs. 2 GRC weder ersetzt noch verdrängt, vielmehr ist entsprechend der Rechtsprechung des Europäischen Gerichtshofs allein auf die Grundfreiheiten des AEUV zurückzugreifen. Sofern Art. 15 Abs. 2 GRC als eigenständiges Grundrecht angesehen wird, sollen juristische Personen zum Kreis der Berechtigten zählen.[698] Dies folge aus der Anwendbarkeit der Grundfreiheiten auf juristische Personen (vgl. Art. 54 Abs. 1 AEUV) und der Rechtsprechung, die die Arbeitnehmerfreizügigkeit auf eine juristische Person als Arbeitgeber angewendet habe.[699]

Da Art. 15 Abs. 3 GRC nur Arbeitnehmer schützt und nur natürliche Personen Arbeitnehmer sein können,[700] scheidet eine Berechtigung

---

(Hrsg.), EnzEUR, Bd. 2, § 13 Rn. 15; *Ruffert*, in: Ehlers (Hrsg.), EU-Grundrechte, §19 Rn. 4; *Bezemek*, in: Holoubek/Lienbacher (Hrsg.), GRC, Art. 15 Rn. 10.

694 Hiermit wurden drei Grundfreiheiten des AEUV, die Niederlassungsfreiheit, die Dienstleistungsfreiheit und die Arbeitnehmerfreizügigkeit aufgenommen, vgl. die Erläuterungen, in: ABl. 2007 C 303/123.

695 Vgl. zu Art. 45 AEUV EuGH, Rs. C-284/15, ECLI: EU: C:2016:220, Rn. 33 – ONEm u. M; EuGH, Rs. C-233/12, ECLI: EU: C:2013:449, Rn. 39 – Gardella; siehe auch die Erläuterungen, in: ABl. 2007 C 303/23.

696 Vgl. *Ruffert*, in: Calliess/Ruffert (Hrsg.), EUV/AEUV, Art. 15 GRC Rn. 27.

697 Vgl. hierzu und zu folgendem *Blanke*, in: Stern/Sachs (Hrsg.), GRC, Art. 15 Rn. 55 f.; ähnlich *Streinz*, in: Streinz (Hrsg.), EUV/AEUV, Art. 15 GRC Rn. 14.

698 So wohl nur *Frenz*, Hdb. EU-Recht, Bd. 4, Rn. 2535.

699 Vgl. EuGH, Rs. C-350/96, Slg. 1998, I-2521, Rn. 19 ff. – Clean Car Autoservice; *Frenz* Hdb. EU-Recht, Bd. 4, Rn. 2535.

700 Vgl. *Frenz*, Hdb. EU-Recht, Bd. 4, Rn. 2536; zum ausschließlichen Schutz der Arbeitnehmer *Bernsdorf*, in: Meyer/Hölscheidt (Hrsg.), GRC, Art. 15 Rn. 25; *Blanke*, in: Stern/Sachs (Hrsg.), GRC, Art. 15 Rn. 62; *Jarass*, GRC, Art. 15 Rn. 26; ähnlich *Grabenwarter*, in: Grabenwarter (Hrsg.), EnzEUR, Bd. 2, § 13 Rn. 10.

juristischer Personen hinsichtlich der Gewährleistungen des Art. 15 Abs. 3 GRC aus.[701]

9 *Unternehmerische Freiheit*

Gemäß Art. 16 GRC wird die unternehmerische Freiheit nach dem Unionsrecht und den einzelstaatlichen Rechtsvorschriften und Gepflogenheiten anerkannt.[702] Nach der Rechtsprechung schützt Art. 16 GRC jede unternehmerische Betätigung, mithin die Freiheit, eine Wirtschafts- oder Geschäftstätigkeit durch freie Verfügung über wirtschaftliche, technische und finanzielle Möglichkeiten auszuüben sowie die Vertragsfreiheit und den freien Wettbewerb.[703] Der Schutz reicht dabei von der Aufnahme, über die Durchführung bis zur Beendigung der unternehmerischen Betätigung.[704]

Art. 16 GRC benennt im Gegensatz zu den übrigen wirtschaftlichen Grundrechten keinen Grundrechtsträger, da er nicht von *jeder Person* spricht. Hingegen wird durch die amtliche Überschrift „*Unternehmerische Freiheit*" ein Bezug zu juristischen Personen hergestellt, da diese typischer Weise unternehmerisch handeln. Aus diesem Grund sind sie nach allgemeiner Ansicht Träger der Freiheit aus Art. 16 GRC.[705] Die Stimmen, die die Anwendbarkeit des Art. 15 GRC

701 So auch *Frenz*, Hdb. EU-Recht, Bd. 4, Rn. 2536.

702 Diese Gewährleistung geht auf die allgemeinen Rechtsgrundsätze sowie auf Art. 119 Abs. 1, Abs. 3 AEUV zurück, so die Erläuterungen, in: ABl. 2007 C 303/23; EuGH, Rs. C-4/73, Slg. 1974, 491, Rn. 14 – Nold 4; EuGH, Rs. C-240/97, Slg. 1999, I-6571, Rn. 99 – Spanien ./. Kommission.

703 Vgl. EuGH, Rs. C-283/11, ECLI: EU: C:2013:28, Rn. 42 – Sky Österreich; EuGH, Rs. C-101/12, ECLI: EU: C:2013:661, Rn. 25 – Schaible; EuGH, Rs. C-314/12, ECLI: EU: C:2014:192, Rn. 49 – UPC Telekabel Wien; *Blanke*, in: Stern/Sachs (Hrsg.), GRC, Art. 16 Rn. 6 ff.; *Bernsdorff*, in: Meyer/Hölscheidt (Hrsg.), GRC, Art. 16 Rn. 12 ff.

704 Vgl. *Frenz*, Hdb. EU-Recht, Bd. 4, Rn. 2693 f.; *Jarass*, GRC, Art. 16 Rn. 9; *Grabenwarter*, in: Grabenwarter (Hrsg.), EnzEUR, Bd. 2, § 13 Rn. 30; ähnlich *Blanke*, in: Stern/Sachs (Hrsg.), GRC, Art. 16, Rn. 6.

705 Vgl. EuGH, Rs. C-283/11, ECLI: EU: C:2013:28, Rn. 41 ff. – Sky Österreich; so wohl auch EuGH, Rs. C-510/10, ECLI: EU: C:2012:244, Rn. 57 – DR und TV2 Danmark; EuGH, Rs. C-435/02, C-103/03, Slg. 2004, I-8663, Rn. 49 – Springer; *Jarass*, GRC, Art. 16 Rn. 11; *Ruffert*, in: Calliess/Ruffert (Hrsg.), EUV/AEUV, Art. 16 GRC Rn. 3; *Grabenwarter*, in: Grabenwarter (Hrsg.), EnzEUR, Bd. 2, § 13 Rn 35; *Streinz*, in: Streinz (Hrsg.), EUV/AEUV, Art. 16 GRC Rn. 7; *Bernsdorff*, in: Meyer/Hölscheidt (Hrsg.), GRC, Art. 16 Rn. 18; *Sasse*, in: EuR 2012, 628 (635); *Frenz*, Hdb. EU-Recht, Bd. 4, Rn. 2671; *Nowak*, in: Heselhaus/Nowak (Hrsg.), EU-Grundrechte, § 31 Rn. 39.

auf juristische Personen ablehnen, stützen dies sogar darauf, dass Art. 16 GRC im Gegensatz zu Art. 15 GRC ein *„Jedermann-Grundrecht“* sei und die Unternehmensfreiheit ihrem Wesen nach durch juristische Personen ausgeübt werden könne.[706]

Die Grundrechtsberechtigung juristischer Personen mit Sitz in einem Drittstaat ist bereits unter Anwendung der Rechtsgrundsatz-Grundrechte bejaht worden.[707] Da Art. 6 Abs. 3 EUV den Fortbestand der Rechtsgrundsatzgrundrechte sichert und es bisher an abweichender Rechtsprechung fehlt, spricht nichts dafür diesen Grundrechtsschutz nunmehr abzulehnen.

10 Eigentumsrecht

Art. 17 Abs. 1 S. 1 GRC berechtigt jede Person, ihr rechtmäßig erworbenes Eigentum zu besitzen, zu nutzen, darüber zu verfügen und es zu vererben.[708] Hingegen regelt Art. 17 Abs. 1 S. 2 GRC den Eigentumsentzug und S. 3 Inhalts- und Schrankenbestimmungen des Eigentums. Art. 17 Abs. 2 GRC verdeutlicht den durch das Eigentumsrecht gewährleisteten Schutz des geistigen Eigentums.[709] Die Grundrechtsberechtigung juristischer Personen wird wegen des offenen Wortlauts des Art. 17 GRC („jede Person“, „everyone“ beziehungsweise „toute personne“) und der eindeutigen Berechtigung juristischer Personen durch Art. 1 Abs. 1 S. 1 des ersten 1. ZP zur EMRK bejaht.[710] Dabei ist

---

706 Vgl. *Blanke*, in: Stern/Sachs (Hrsg.), GRC, Art. 16 Rn. 11; *Nowak*, in: Heselhaus/Nowak (Hrsg.), EU-Grundrechte, § 31 Rn. 39.

707 Vgl. EuGH C-84/95, Slg. 1996, I-3953, Rn. 21 – Bosphorus; so auch *Nowak*, in: Heselhaus/Nowak (Hrsg.), EU-Grundrechte, § 31 Rn. 40; *Wunderlich*, S. 125; a. A. *Weber*, in: NJW 2000, 537 (542); zu den Rechtsgrundsatz-Grundrechten *Kingreen/Störmer*, in: EuR 1998, 263 (277).

708 Grundlage sind Art. 1 des 1. ZP zur EMRK, die gemeinsamen Verfassungsüberlieferungen und die allgemeinen Rechtsgrundsätze, wobei der Gewährleistungsumfang nicht hinter dem des Art. 1 des 1. ZP zur EMRK zurückbleiben darf, vgl. Erläuterungen, in: ABl. 2007 C 303/23; so auch EuGH, Rs. C-347/03, Slg. 2004, I-3785, Rn. 120 – Regione autonoma Friuli-VeneziaGuila u. Ersa; EuGH, Rs. C-402/05 P, C-415/15 P, Slg. 2008, I-6352, Rn. 356 – Kadi und Al Barakaat Internatonal Foundation; *Sonnevend*, in: Grabenwarter (Hrsg.), EnzEUR, Bd. 2, § 14 Rn. 6.

709 Vgl. Erläuterungen, in: ABl. 2007 C 303/23, wonach vom Eigentumsrecht das Urheberrecht, Patent-, Verlags- und Markenrecht sowie ähnliche Schutzrechte erfasst sind.

710 Vgl. EuGH, Rs. C-20/00, C-64/00, Slg. 2003, I-7411, Rn. 68 ff. – Booker Aquaculture und Hyro Seafood; EuGH, Rs. C-368/96, Slg. 1998, I-7967, Rn. 79 ff. – Genercis (UK) u. a.; ausdrücklich juristische Personen einbeziehend EuG, Rs. T-496/10, ECLI: EU: T:2013:30, Rn. 36 – Bank Mellat; *Jarass*, GRC, Art. 17 Rn. 17; *Kühling*,

für die Grundrechtsberechtigung ohne Einfluss, wo der Sitz der juristischen Person ist.[711]

Daneben wird im Zusammenhang mit Art. 17 GRC das Recht am eingerichteten und ausgeübten Gewerbebetrieb diskutiert. Ausdrückliche Entscheidungen des EuGH sind hierzu nach Inkorporation der GRC in das europäische Primärrecht noch nicht ergangen. Zuvor hat der EuGH zur Rüge der Verletzung des Rechts am eingerichteten und ausgeübten Gewerbebetrieb entschieden, dass sich ein Unternehmen nicht auf die Beibehaltung eines Vorteils berufen kann.[712] Innerhalb der Literatur ist das Bestehen des Rechts am eingerichteten und ausgeübten Gewerbebetrieb umstritten.[713] Daher ist der Schutz juristischer Personen durch das Recht am eingerichteten und ausgeübten Gewerbebetrieb noch ungeklärt. Ausgehend davon, dass der Schutz des eingerichteten und ausgeübten Gewerbebetriebes nicht weiter reicht als die von der Eigentumsfreiheit geschützten Bestandteile des Gewerbebetriebes,[714] sollten juristische Personen des Privatrechts unter der Grundrechte-Charta auch berechtigt sein, sich hierauf zu berufen. Es sprechen insbesondere keine teleologischen Erwägungen gegen eine Grundrechtsberechtigung.

11 Gleichheit vor dem Gesetz

Nach Art. 20 GRC sind alle Personen vor dem Gesetz gleich.[715] Damit ist die Rechtsanwendungsgleicheit sowie die Rechtssetzungsgleichheit erfasst.[716]

---

in: Pechstein/Nowak/Häde (Hrsg.), EUV/GRC/AEUV, Art. 17 GRC Rn. 5; *Frenz*, Hdb. EU-Recht, Bd. 4, Rn. 2807; allgemein *Calliess*, in: Calliess/Ruffert (Hrsg.), EUV/AEUV, Art. 17 GRC, Rn. 5; EuGH, Rs. 265/87, Slg. 1989, 2237, Rn. 2, 13 ff. – Schräder ./. Hauptzollamt Gronau.

711 Vgl. *Jarass*, GRC, Art. 17 Rn. 17.

712 Vgl. EuGH, Rs. C-59/83, Slg. 1984, 4057, Rn. 21 ff. – Biovilac.

713 Vgl. zum Streit *Jarass*, GRC, Art. 17 Rn. 13; ähnlich *Heselhaus*, in: Heselhaus/Nowak (Hrsg.), EU-Grundrechte, § 32 Rn. 42, da auch nach der Rechtsprechung des EuGH der Schutz des Eigentums nicht auf kaufmännische Interessen ausgedehnt werden solle: EuGH, Rs. C-154/70, C-205/78, C-206/78, C-226/78 bis C-228/78, C-263/78, C-31/79, C-39/79, C-84/79, C-85/79, Slg. 1980, 907, Rn. 88 f. – Valsabbia.

714 So *Calliess*, in: Ehlers (Hrsg.), Europäische Grundrechte und Grundfreiheiten, § 20 Rn. 22; *Müller-Michaels*, S. 39.

715 Dieses Grundrecht geht auf das als allgemeiner Rechtsgrundsatz anerkannte Grundprinzip der Gleichheit zurück, vgl. hierzu Erläuterungen, in: Abl. 2007 C 303/23; EuGH, Rs. C-283/83, Slg. 1984, 3791, Rn. 7 – Racke; EuGH, Rs., C-15/95, Slg. 1997, I-1961, Rn. 34 ff. – Earl de Kerlast; EuGH, Rs. C-292/97, Slg. 2000, I-2737, Rn. 39 – Karlsson u. a.

716 Vgl. *Streinz*, in: Streinz (Hrsg.), EUV/AEUV, Art. 20 GRC, Rn. 7; *Graser*, in: Schwarze (Hrsg.), EU-Kommentar, Art. 20 GRC Rn. 9; *Jarass*, GRC, Art. 20 Rn. 3.

Juristische Personen des Privatrechts sind nach der Rechtsprechung voraussetzungslos berechtigt, sich auf den allgemeinen Gleichheitssatz nach Art. 20 GRC zu berufen.[717] Die Literatur begründet die Grundrechtsberechtigung im Wesentlichen mit dem offenen Wortlaut („alle Personen“, „everyone“ beziehungsweise „toute les personnes“) und dem Sinn und Zweck der Vorschrift, einen umfassenden und allgemeinen Gleichheitssatz zu gewähren.[718]

12 Spezielle Diskriminierungsverbote

Aus Art. 21 Abs. 1 GRC ergibt sich das Verbot, wegen des Geschlechts, der Rasse, der Hautfarbe, der ethnischen oder sozialen Herkunft, der genetischen Merkmale, der Sprache, der Religion oder der Weltanschauung, der politischen oder sonstigen Anschauung, der Zugehörigkeit zu einer nationalen Minderheit, des Vermögens, der Geburt, einer Behinderung, des Alters oder der sexuellen Ausrichtung zu diskriminieren. Des Weiteren ist nach Art. 21 Abs. 2 GRC unbeschadet besonderer Bestimmungen der Verträge jede Diskriminierung aus Gründen der Staatsangehörigkeit verboten. Juristische Personen und Personenvereinigungen sollen sich auf das Grundrecht auf Nichtdiskriminierung aus Art. 21 Abs. 1 GRC berufen können, soweit es um eine Diskrimierung wegen der Religion oder Weltanschauung, politischen oder sonstigen Anschauung oder des Vermögens geht, da diese Merkmale *ihrem Wesen nach* auch auf juristische Personen anwendbar seien.[719] Sie seien aber auch berechtigt, sich auf das Recht

---

717 Vgl. statt Vieler EuGH, Rs. C-580/12, ECLI: EU: C:2014:2363, Rn. 51 ff. – Guardian Industries und Guardian Europe; EuGH, Rs. C-234/12, ECLI: EU: C:2013:496, Rn. 1 6 ff. – Sky Italia; EuGH, Rs. C-245/81, Slg. 1982, 2745 Rn. 11 ff. – Edeka; EuGH, Rs. C-306/93, Slg. 1994, I-5555, Rn. 30 ff. – SMW Winzersekt; EuGH, Rs. C-124/76, 20/77, Slg. 1977, 1795 Rn. 14/17 – Moulins Pont-à-Mousson; *Jarass*, GRC, Art. 20 Rn. 6; *Rossi*, in: Calliess/Ruffert (Hrsg.), EUV/AEUV, Art. 20, Rn. 5; *Heselhaus*, in: Pechstein/Nowak/Häde (Hrsg.), EUV/GRC/AEUV, Art. 20 GRC Rn. 31; offenlassend *Hölscheidt*, in: Meyer/Hölscheidt (Hrsg.), GRC, Art. 20 Rn. 14.

718 Vgl. *Rossi*, in: Calliess/Ruffert (Hrsg.), EUV/AEUV, Art. 20 Rn. 5; *Sachs*, in: Stern/Sachs (Hrsg.), GRC, Art. 20 Rn. 12; so auch im Ergebnis EuGH, Rs. C-364/95, C-365/95, Slg. 1998, I-1023, Rn. 81 ff. – T. Port.

719 Vgl. *Sachs*, in: Stern/Sachs (Hrsg.), GRC, Art. 21 Rn. 13; *Rossi*, in: Calliess/Ruffert (Hrsg.), EUV/AEUV, Art. 21, Rn. 4; *Jarass*, GRC, Art. 21 Rn. 8; *Hölscheidt*, in: Meyer/Hölscheidt (Hrsg.), GRC, Art. 21 Rn. 33; *Frenz*, Hdb. EU-Recht, Bd. 4, Rn. 3289; *Michl*, in: Pechstein/Nowak/Häde (Hrsg.), EUV/GRC/AEUV, Art. 21 GRC Rn. 12.

auf Nichtdiskrimierung aus Gründen der Staatsangehörigkeit aus Art. 21 Abs. 2 GRC zu berufen, falls sie ihren Sitz in der Union haben, wobei dann Art. 21 Abs. 2 GRC entsprechend der Natur juristischer Personen vor einer Diskriminierung wegen ihres Sitzes schützt.[720]

Vereinzelt wird eine Ausdehnung der Grundrechtsberechtigung juristischer Personen auch auf solche Merkmale erwogen, die nur auf natürliche Personen anwendbar sind.[721] Damit werde die Möglichkeit einer Prozessstandschaft juristischer Personen beziehungsweise ein entsprechendes Verbandsklagerecht geschaffen.[722] Dieser Ansatz geht darauf zurück, dass die Rechtsprechung die Grundrechtsberechtigung solcher natürlicher Personen anerkannt habe, die nicht selbst benachteiligt wurden, sondern die Benachteiligung eines Dritten geltend gemacht hätten.[723] Hiergegen spricht jedoch, dass sich diese Entscheidung ausdrücklich mit der Reichweite des durch die Richtlinie 2000/78 konkretisierten Diskriminierungsverbots beschäftigt, auf das sich nicht nur Personen berufen können, die selbst eine Behinderung im Sinne der Richtlinie haben.[724] Der Schluss minore ad maiore, hier von der Rechtsprechung zum Anwendungsbereich der Richtlinie auf die Reichweite eines Grundrechts, überzeugt nicht. Da eine Prozessstandschaft in der GRC nicht gewollt ist, können Rechte nur durch die geltend gemacht werden, die die Voraussetzungen dafür in ihrer Person vorweisen.[725]

13 Gleichheit von Frauen und Männern

Nach Art. 23 Abs. 1 GRC ist die Gleichheit von Frauen und Männern in allen Bereichen, einschließlich der Beschäftigung, der Arbeit und des Arbeitsentgelts sicherzustellen. Die Grundrechtsberechtigung juristischer Personen und von Personenmehrheiten, sich auf diese Rechte zu berufen, wird in der Literatur

---

720 So im Ergebnis *Frenz*, Hdb. EU-Recht, Bd. 4, Rn. 3302; *Jarass*, GRC, Art. 21 Rn. 43; unabhängig von der Staatszgehörigkeit *Sachs*, in: Stern/Sachs (Hrsg.), GRC, Art. 21 Rn. 30.

721 Vgl. *Sachs*, in: Stern/Sachs (Hrsg.), GRC, Art. 21 Rn. 13; eine weite Auslegung bejahend *Michl*, in: Pechstein/Nowak/Häde (Hrsg.), EUV/GRC/AEUV, Art. 21 GRC Rn. 12.

722 Vgl. *Michl*, in: Pechstein/Nowak/Häde (Hrsg.), EUV/GRC/AEUV, Art. 21 GRC Rn. 12.

723 Vgl. EuGH, Rs. C-81/12, *Asociatia ACCEPT*, Rn. 36 ff.; für Fälle der Diskriminierung Behinderter EuGH, Rs. C-303/06, Slg. 2008, I-5603 Rn. 38 – Coleman; *Sachs*, in: Stern/Sachs (Hrsg.), GRC, Art. 21 Rn. 13 Fn. 39.

724 Vgl. EuGH, Rs. C-303/06, Slg. 2008, I-5603, Rn. 38 – Coleman; zur Konkretisierung des Art. 21 Abs. 1 GRC durch Sekundärrecht *Jarass*, GRC, Art. 21 Rn. 7.

725 So im Ergebnis auch *Jarass*. GRC, Art. 21 Rn. 8.

überwiegend abgelehnt.[726] Eine einzelne Stimme spricht Vereinigungen jedoch dann eine Grundrechtsberechtigung zu, wenn diese aufgrund ihrer Mitgliederstruktur diskriminiert werden.[727] Dagegen lässt sich jedoch anführen, dass der Menschenwürdegehalt des Art. 23 GRC und das Anknüpfen an das natürlichen Personen eigene Geschlecht der Grundrechtsberechtigung juristischer Personen von vornherein entgegenstehen.[728] Daher muss sie auch dann ausscheiden, wenn juristische Personen überwiegend oder ausschließlich ein unterrepräsentiertes Geschlecht beschäftigen und die Benachteiligung sogar statistisch ermittelbar ist.[729]

14 Recht auf Unterrichtung und Anhörung im Unternehmen

Obwohl Art. 27 GRC in der amtlichen Überschrift als Recht bezeichnet wird, wird in ihm überwiegend nur eine Grundsatz im Sinne des Art. 52 Abs. 5 GRC gesehen.[730] Denn der EuGH hat, genauso wie bei der als Grundsatz anerkannten Regelung des Art. 26 GRC, festgestellt, dass Art. 27 GRC nur unter den Voraussetzungen konkretisierenden europäischen oder nationalen Rechts zur Anwendung gelangt und Art. 27 selbst dem Einzelnen kein subjektives Recht verleiht.[731] Dies spricht zusammen mit der entsprechenden Einschätzung des Generalanwalts in der Rechtssache *médiation sociale* dafür, dass es sich bei Art. 27 GRC nur um einen Grundsatz handelt. Die Frage nach der Grundrechtsberechtigung juristischer Personen als Vertreter der Arbeitnehmerinnen und Arbeitnehmer stellt sich damit nicht.

---

726 Vgl. *Jarass*, GRC, Art. 23 Rn. 9; *Weber*, in: Stern/Sachs (Hrsg.), GRC, Art. 23 Rn. 24; *Hölscheid*, in: Meyer/Hölscheidt (Hrsg.), GRC, Art. 23 Rn. 18.

727 Vgl. *Winkler*, Grundrechte, 452.

728 Vgl. *Jarass*, GRC, Art. 23 Rn. 2, 9; *Weber*, in: Stern/Sachs (Hrsg.), GRC, Art. 23 Rn. 24.

729 So *Weber*, in Sachs/Stern (Hrsg.), GRC, Art. 23 Rn. 24.

730 Ähnlich EuGH, Rs. C-176/12, ECLI: EU: C:2013:2, Rn. 48 – Association de médiation sociale; ausdrücklich SchlA GA *Villalón*, in: EuGH, Rs. C-176/12, ECLI: EU: C:2013:491, Rn. 56 – Association de médiation sociale; *Krebber*, in: Calliess/Ruffert (Hrsg.), EUV/AEUV, Art. 27 GRC Rn. 10; *Frenz*, Hdb. EU-Recht, Bd. 4, Rn. 3631; kritisch *Rebhan*, in: Grabenwarter (Hrsg.), EnzEUR, Bd. 2, § 16 Rn. 38; wohl a. A. *Kingreen*, in: Ehlers (Hrsg.), Europäische Grundrechte und Grundfreiheiten, § 22 Rn. 24; *Jarass* GRC, Art. 27 Rn. 3.

731 Vgl. EuGH, Rs. C-176/12, ECLI: EU: C:2013:2, Rn. 45 ff. – Association de médiation sociale; so auch *Jarass*, GRC, Art. 27 Rn. 3.

15 Recht auf Kollektivverhandlungen und Kollektivmaßnahmen

Nach Art. 28 GRC haben Arbeitnehmerinnen und Arbeitnehmer sowie Arbeitgeberinnen und Arbeitgeber oder ihre jeweiligen Organisationen nach dem Unionsrecht und den einzelstaatlichen Rechtsvorschriften und Gepflogenheiten das Recht, Tarifverträge auf den geeigneten Ebenen auszuhandeln und zu schließen sowie bei Interessenkonflikten kollektive Maßnahmen zur Verteidigung ihrer Interessen, einschließlich Streiks, zu ergreifen. Art. 28 GRC spricht mit der Bezugnahme auf Organisationen die *Gewerkschaften* sowie Betriebsräte als Grundrechtsträger ausdrücklich an, weshalb sie als juristische Personen berechtigt sind, sich auf Art. 28 GRC zu berufen.[732] Es sollen folglich in Anlehnung an Nr. 12 der Gemeinschaftscharta der sozialen Grundrechte der Arbeitnehmer alle Einrichtungen und Vereinigungen von Arbeitnehmern oder Arbeitgebern vom Kreis der Berechtigten erfasst sein, die nach den einzelstaatlichen Rechtsvorschriften und Gepflogenheiten Tarifverträge und ähnliche Vereinbarungen aushandeln und abschließen können.[733] Eine Organisation nach Art. 28 GRC erfordert eine feste, auf Dauer angelegte Verbindung durch eine hinreichende innere Struktur samt Eintrittsregelungen, wobei wegen Art. 28 GRC bereits die Möglichkeit der Gründung solcher Vereinigungen durch innerstaatliche Rechtsvorschriften gewährleistet werden soll.[734] Was die Ausgestaltung der Organisationen angeht, konkretisiert die Literatur zum Teil die Anforderungen an die grundrechtsberechtigten juristischen Personen dahingehend, dass nur die Organisationen erfasst seien, die ausschließlich entweder aus Arbeitnehmern oder Arbeitgebern bestehen, denn nur dadurch (oder zumindest dann, wenn der jeweils andere über keinen nennenswerten Einfluss verfügt) werde

---

732 Vgl. zu den Arbeitnehmer- sowie Arbeitgebervertretern EuGH, C-152/11, ECLI: EU: C:2012:772, Rn. 53 – Odar; allgemein EuGH, Rs. C-438/05, Slg. 2007, I-10779, Rn. 44 – The International Transport Workers' Federation und Finnish Seamen's Union; EuGH, Rs. C-341/05, Slg. 2007, I-11767, Rn. 91 – Laval un Partneri Ltd; *Jarass*, GRC, Art. 28 Rn. 11; zu den Organisationen *Frenz*, Hdb. EU-Recht, Bd. 4, Rn. 3734; kritisch im Hinblick auf den Schutz innerbetrieblicher Organisationen *Hüpers/Reese*, in: Meyer/Hölscheidt (Hrsg.), GRC, Art. 28 Rn. 30 ff.

733 Vgl. *Hüpers/Reese*, in: Meyer/Hölscheidt (Hrsg,), GRC, Art. 28 Rn. 30 ff.; *Jarass*, GRC, Art. 28 Rn. 11; *Lembke*, in: von der Groeben/Schwarze/Hatje (Hrsg.), EU-Recht, Art. 28 GRC Rn. 8.

734 Vgl. *Frenz*, Hdb. EU-Recht, Bd. 4, Rn. 3734; *Kocher*, in: Pechstein/Nowak/Häde (Hrsg.), EUV/GRC/AEUV, Art. 28 GRC Rn. 16.

die notwendige Unabhängigkeit gewahrt.[735] Wird die Vereinigung im Sinne des Art. 28 GRC von einem Mitgliedstaat oder der Union dominiert, so scheidet die Grundrechtsberechtigung aus.[736]

16 Recht auf Zugang zu Dokumenten

Dieses Grundrecht aus Art. 42 GRC garantiert jeder juristischen Person mit satzungsmäßigem Sitz in einem Mitgliedstaat das Recht auf Zugang zu den Dokumenten der Organe, Einrichtungen und sonstigen Stellen der Union, unabhängig von der Form der für diese Dokumente verwendeten Träger.[737] Hier ergibt sich bereits aus dem Wortlaut („juristische Person", „legal person" beziehungsweise „toute personne physique ou morale") der Vorschrift die Grundrechtsberechtigung juristischer Personen.

17 Der Europäische Bürgerbeauftragte

Nach Art. 43 GRC hat neben Unionsbürgerinnen und Unionsbürgern jede natürliche oder juristische Person mit Wohnsitz oder satzungsmäßigem Sitz in einem Mitgliedstaat das Recht, den Europäischen Bürgerbeauftragen im Falle von Missständen bei der Tätigkeit der Organe, Einrichtungen und sonstigen Stellen der Union, mit Ausnahme des Gerichtshofs der Europäischen Union in Ausübung seiner Rechtsprechungsbefugnisse, zu befassen.[738] Die Grundrechtsberechtigung juristischer Personen mit Sitz innerhalb der Union ergibt sich bereits aus dem Wortlaut des Art. 43 GRC („juristische Person", „legal person" beziehungsweise „toute personne physique ou morale"). Wann die juristische Person ihren Sitz innerhalb der Union hat, bestimmt sich wiederum nach den Voraussetzungen des Vertrags über die Arbeitsweise der Europäischen Union.[739]

---

735 Vgl. *Rixen/Scharl*, in: Stern/Sachs (Hrsg.), GRC, Art. 28 Rn. 6; *Frenz*, Hdb. EU-Recht, Bd. 4, Rn. 3735; *Kocher*, in: Pechstein/Nowak/Häde (Hrsg.), EUV/GRC/AEUV, Art. 28 GRC Rn. 16.

736 Vgl. *Rixen/Scharl*, in: Stern/Sachs (Hrsg.), GRC, Art. 28 Rn. 7; zum Ausschluss von Mischorganisationen *Frenz*, in: Hdb. EU-Recht, Bd. 4, Rn. 3735; vgl. zur Grundrechtsberechtigung juristischer Personen des öffentlichen Rechts unter der GRC Kap. 3 Abschn. B.

737 Zur Konkretisierung des Inhalts, s. VO 1049/2001, so *Jarass*, GRC, Art. 42 Rn. 5.

738 Die adressierten Organe, Einrichtungen und sonstigen Stellen entsprechen dem Kreis der nach Art. 51 GRC grundrechtsverpflichteten.

739 Vgl. zur Voraussetzung des Sitzes innerhalb der Europäischen Union Kap. 3 Abschn. A. I. 2.

18 Petitionsrecht

Art. 44 GRC gewährleistet den Unionsbürgerinnen und Unionsbürgern sowie jeder natürlichen oder juristischen Person mit Wohnsitz oder satzungsmäßigem Sitz in einem Mitgliedstaat das Recht, eine Petition an das Europäische Parlament zu richten. Auch nach Art. 44 GRC sind juristische Personen, die ihren satzungsmäßigen Sitz in einem Mitgliedstaat haben, ausdrücklich grundrechtsberechtigt.

19 Freizügigkeit und Aufenthaltsfreiheit

Nach Art. 45 Abs. 1 GRC haben Unionsbürgerinnen und Unionsbürger das Recht, sich im Hoheitsgebiet der Mitgliedstaaten frei zu bewegen und aufzuhalten, wovon sowohl das Recht, „sich in andere Mitgliedstaaten als ihren Herkunftsstaat zu begeben, als auch das entsprechende Recht, ihren Herkunftsmitgliedstaat zu verlassen"[740] umfasst ist. Art. 45 Abs. 2 GRC bestimmt, dass Drittstaatlern, die sich rechtmäßig im Hoheitsgebiet eines Mitgliedstaats aufhalten, nach Maßgabe der Verträge Freizügigkeit und Aufenthaltsfreiheit gewährt werden kann. Anwendungsvoraussetzung des Art. 45 GRC ist nach der Rechtsprechung, dass kein rein innerstaatlicher Sachverhalt vorliegt.[741] Ob sich juristische Personen des Privatrechts auf die Gewährleistung aus Art. 45 GRC berufen können, ist umstritten. Gegen eine Grundrechtsberechtigung juristischer Personen wird angeführt, dass diese weder mit dem Wortlaut des Art. 45 GRC („Unionsbürgerinnen und Unionsbürger", „citizen" beziehungsweise „citoyen") noch der Systematik der Grundrechte im selben Abschnitt vereinbar sei, da darin juristische Personen ausdrücklich als Berechtigte benannt werden. Auch bestehe für eine solche Ausweitung kein Bedürfnis, denn Freizügigkeitsrechte seien für juristische Personen nur im Zusammenhang mit wirtschaftlicher Betätigung relevant und dieser Bereich werde bereits durch die Grundfreiheiten, im

740 Vgl. zum inhaltlich entsprechenden Art. 21 AEUV EuGH, Rs. C-434/10, Slg. 2011, I-11659, Rn. 25 – Alahzov; EuGH, Rs. C-33/07, Slg. 2008, I-5157, Rn. 18 – Jipa; s. noch zu Art. 8a EGV EuGH, Rs. C-135/99, Slg. 2000, I-10409, Rn. 34 f. – Elsen; ferner zur inhaltlichen Vergleichbarkeit von Art. 21 AEUV und Art. 45 GRC *Heselhaus*, in: Pechstein/Nowak/Häde (Hrsg.), EUV/GRC/AEUV, Art. 45 GRC Rn. 2.

741 Vgl. EUGH, Rs. C-256/11, Slg. 2011, I-734, Rn. 60 – Dereci u.a.; zum entsprechenden Art. 21 AEUV EuGH, Rs. C-434/09, Slg. 2011, I-3375, Rn. 45 – McCarthy; EuGH, Rs. C-212/06, Slg. 2008, I-1683, Rn. 33 – Government de la Communauté francaise und Gouverment wallon; a. A: *Klement*, in: Grabenwarter (Hrsg.), EnzEUR, Bd. 2, § 8 Rn. 67.

Einzelnen Art. 49 ff. AEUV sowie Art. 56 ff. AEUV, geschützt.[742] Andere hingegen bejahen die Grundrechtsberechtigung juristischer Personen, denn dies entspreche dem Sinn und Zweck des Art. 45 GRC und folge auch aus einem Vergleich mit Art. 54 Abs. 1 AEUV.[743] Wegen der unterschiedlichen Schutzrichtung von Grundfreiheiten und Grundrechte-Charta sind auch juristischen Personen des Privatrechts unter den Schutz von Art. 45 GRC zu stellen, wenn die von der juristischen Person begehrte Freizügigkeit auf keinen wirtschaftlichen Zweck abzielt.[744] Auch kann der Wortlaut, da er sich nicht ausdrücklich auf Menschen bezieht, nicht als Argument gegen die Grundrechtsberechtigung juristischer Personen angeführt werden. Dadurch, dass es sich bei Art. 45 GRC dem Wortlaut nach um ein Unionsbürgerrecht handelt, kann sich die Grundrechtsberechtigung aber nur auf juristische Personen erstrecken, die ihren satzungsmäßigen Sitz innerhalb eines Mitgliedstaates haben. Ein Recht Drittstaatsangehöriger auf Marktzugang ist damit bereits dem Wortlaut nach ausgeschlossen.

20 Diplomatischer und konsularischer Schutz

Unionsbürgerinnen und Unionsbürger genießen nach Art. 46 GRC im Hoheitsgebiet eines Drittstaates, in dem der Mitgliedstaat, dessen Staatsangehörigkeit sie besitzen, nicht vertreten ist, den Schutz durch die diplomatischen und konsularischen Behörden eines jeden anderen Mitgliedstaats unter denselben Bedingungen wie Staatsangehörige dieses Staates. Ob sich auch juristische Personen des Privatrechts mit Sitz innerhalb der Europäischen Union in einem Drittstaat auf dieses Grundrecht berufen können, ist umstritten. Dagegen spreche, dass bei vergleichbaren Gewährleistungen wie denen aus Art. 42, 43 und 44 GRC die juristischen Personen ausdrücklich als Berechtigte genannt werden.[745] Die Grundrechtsberechtigung ist dennoch zu bejahen. Denn juristischen Personen wird im Völkerrecht ein entsprechender Schutz gewährt und unternehmerisch

742 Vgl. hierzu und vorstehendem *Frenz*, Hdb. EU-Recht, Bd. 4, Rn. 4794; *Kluth*, in: Calliess/Ruffert (Hrsg.), EUV/AEUV, Art. 45 GRC Rn. 3; ähnlich *Lukan/Seifert*, in: Holoubek/Lienbacher (Hrsg.), GRC, Art. 45 Rn. 11, wonach durch Art. 45 GRC kein Schutz mit wirtschaftlichem Bezug vermittelt werde.

743 Vgl. *Schöbener*, in: Stern/Sachs (Hrsg.), Art. 45 Rn. 16; eine Grundrechtsberechtigung nur im Falle keiner wirtschaftlicher Betätigung bejahend *Lukan/Seifert*, in: Holoubek/Lienbacher (Hrsg.), GRC, Art. 45 Rn. 7.

744 Vgl. *Lukan/Seifert*, in: Holoubek/Lienbacher (Hrsg.), GRC, Art. 45 Rn. 7.

745 Vgl.; *Jarass*, GRC, Art. 46 Rn. 7; *Kluth/Blanke*, in: Calliess/Ruffert (Hrsg.), EUV/AEUV, Art. 47 GRC Rn. 4; *Magiera* in: Meyer/Hölscheidt (Hrsg.), GRC, Art. 46 Rn. 9; *Heselhaus*, in: Pechstein/Nowak/Häde (Hrsg.), EUV/GRC/AEUV, Art. 46 GRC Rn. 14.

tätige juristische Personen sind gleichermaßen, wenn nicht sogar erst recht, auf entsprechenden Schutz angewiesen.[746] Dieser Argumentationsansatz entspricht überdies der Theorie der grundrechtstypischen Gefährdungslage,[747] weshalb auch die Grundrechtsberechtigung zu bejahen ist.

21 Sonstige grundrechtliche Gewährleistungen

Raum für einen Rückgriff auf die Rechtsgrundsatz-Grundrechte kann noch dann bestehen, wenn die GRC die Rechtsgrundsatz-Grundrechte nicht übernommen hat.[748] Daher sollen neben den in der GRC niedergelegten Gewährleistungen noch eine unionsrechtlich garantierte allgemeine Handlungsfreiheit existieren.[749] Denn in der älteren Rechtsprechung des EuGH wird eine allgemeine Handlungsfreiheit ausdrücklich zugunsten von Unternehmen beziehungsweise juristischen Personen erwogen, wenn sich die Frage der freien wirtschaftlichen Betätigung stelle.[750] Bisher hat die Rechtsprechung nicht wieder auf diese zurückgegriffen, jedoch wird in der Literatur diskutiert, dass – zumindest über Art. 6 Abs. 3 EUV beziehungsweise Art. 53 Abs. 3 GRC – die Rechtsprechung zur allgemeinen Handlungsfreiheit durch die Normierung des Grundrechtsschutzes nicht überholt sei.[751] Auch wenn diese Stimmen die Grundrechtsberechtigung juristischer Personen nicht ansprechen, so ergibt sich doch aus der Rechtsprechung zu den Rechtsgrundsatz-Grundrechten auch die Berechtigung juristischer Personen.[752]

---

746 Vgl. *Hobe*, in: Stern/Sachs, GRC, Art. 46 Rn. 30; *Bungenberg*, in: Heselhaus/Nowak (Hrsg.), EU-Grundrechte, § 48, Rn. 13; *Rengeling/Szczekalla*, GRC, Rn. 1144.

747 Vgl. zur grundrechtstypischen Gefährdungslage Kap. 1 Abschn. A. I. 1.

748 Vgl. *von Danwitz*, in: Grabenwarter (Hrsg.), EnzEUR Bd. 2, § 6 Rn. 19; *Schwarze*, in: DVBl. 2011, 721 (726 f.); so auch *Streinz*, in: Streinz (Hrsg.), EUV/AEUV, Art. 6 EUV Rn. 35; Calliess, S. 326.

749 Vgl. *Marauhn*, in: Heselhaus/Nowak (Hrsg.), EU-Grundrechte, § 18 Rn. 6 ff., 36; *Pauly*, in: EuR 1998, 242 (254); wohl a.A. *Dreier*, in: Dreier (Hrsg.), GG, Art. 2 Rn. 14.

750 Vgl. EuGH, Rs. 133/85, Slg. 1987, 2289, Rn. 15, 19 – Rau ./. Balm; EuGH, Rs. C-46/87, C-227/88, Slg. 1989, 2859, Rn. 17 – Hoechst; EuGH, Rs. C-94/00, Slg. 2002, I-9011, Rn. 27 – Roquette Frères; EuGH, Rs. C-238/99 P, C-244/99 P, C-245/99 P, C-247/99 P, C-250/99 P, C-251/99 P, C-252/99 P und C-254/99 P, Slg. 2002, I-8375, Rn. 252 – Limburgse Vinyl Maatschappij u. a.

751 Vgl. *Gärditz*, in: Grabenwarter (Hrsg.), EnzEUR, Bd. 2, § 4 Rn. 49; *Wolff*, in: Pechstein/Nowak/Häde (Hrsg.), EUV/GRC/AEUV, Art. 6 Rn. 16; a.A. *Kahl*, in: Merten/Papier (Hrsg.), HGR V, § 124 Rn. 28.

752 Siehe EuGH, Rs. 133/85 u.a., Slg. 1987, 2289, Rn. 15, 19 – Rau ./. Balm; EuGH, Rs. C-46/87, C-227/88, Slg. 1989, 2859, Rn. 17 – Hoechst.

B Juristische Personen des Öffentlichen Rechts

I Grundlagen

Wie festgestellt, sind der GRC keine allgemeinen Ausführungen zum Kreis der Grundrechtsberechtigten zu entnehmen. Erst recht gilt dies für die Grundrechtsberechtigung juristischer Personen des Öffentlichen Rechts. Für eine vorbehaltlose Übertragung des auf nationalstaatlicher Ebene weit verbreiteten Ausschlusses der Grundrechtsberechtigung juristischer Personen des Öffentlichen Rechts liefert die Grundrechte-Charta keinen über die Regelung des Art. 52 Abs. 4 GRC hinausgehenden Ansatzpunkt, der sich auf die gemeinsamen Verfassungsüberlieferungen der Mitgliedstaaten bezieht. Die Grundrechtsberechtigung juristischer Personen des Öffentlichen Rechts ist in den Mitgliedstaaten der Union aber derart unterschiedlich geregelt, dass keine gemeinsamen Verfassungsüberlieferungen als Grundlage einer Grundrechtsberechtigung herangezogen werden können.[753]

1 Verfahrensgrundrechte

Die Verfahrensgrundrechte wurden von der Rechtsprechung bereits vor Inkrafttreten der GRC auf juristische Personen des Öffentlichen Rechts angewandt.[754] Demnach waren sogar die Mitgliedstaaten in Rechtsstreitigkeiten zwischen ihnen und der Kommission berechtigt, sich auf die Garantie rechtlichen Gehörs, das Recht auf Entscheidung in angemessener Frist sowie den Grundsatz effektiven Rechtsschutzes durch den EuGH zu berufen, weil es sich bei den Verfahrensgrundrechten um fundamentale Grundsätze des Gemeinschaftsrechts handelt, die als objektive Maßstäbe in allen Verfahren zu beachten sind.[755] Auch wenn nach weit überwiegender Ansicht juristische Personen des Öffentlichen

753 Vgl. Kap. 1 Abschn. B. II. 2.

754 Vgl. EuGH, Rs. C-48/90, C-66/90, Slg. 1992, I-565, Rn. 44 – Niederlande u. PTT Nederland.

755 Vgl. EuGH, Rs. C-406/01, Slg. 2002, I-4561, Rn. 20 – Deutschland ./. Parlament und Rat; EuGH, Rs. 377/99, Slg. 2002, I-7421, Rn. 52 – Deutschland ./. Kommission; EuGH, Rs. C-288/96, Slg. 2000, I-8237, Rn. 99 – Deutschland ./. Kommission; EuGH, Rs. C-35/96, Slg. 1998, I-3851, Rn. 29 – Kommission ./. Italienische Republik, Rn. 29; EuGH, Rs. C-48/90, C-66/90, Slg. 1992, I-565, Rn. 44 – Niederlande und PTT Nederland; EuGH, Rs. C-301/87, Slg. 1990, I-307, Rn. 25 ff. – Kommission ./. Frankreich, Rn. 25, 59; EuGH, Rs. 234/84, Slg. 1986, I-2263, Rn. 27 – Belgien ./. Kommission.

Rechts grundsätzlich nicht grundrechtsberechtigt sind,[756] geht auch sie davon aus, dass sich grundsätzlich alle juristischen Personen des Öffentlichen Rechts auf die Rechtsschutzgarantien des Art. 47 GRC sowie auf das Recht auf gute Verwaltung aus Art. 41 GRC berufen können.[757] Eine Grundrechtsberechtigung soll aber in den Fällen ausscheiden, in denen sich eine juristische Person des Öffentlichen Rechts gegenüber der Union nicht länger in einem Subordinationsverhältnis befindet, sondern sich zur Durchsetzung eigenen repressiven Handelns gegenüber Privaten auf die Verfahrensrechte beruft.[758] In diesem Sinne hat auch der EuGH geurteilt, wonach sich ein Mitgliedstaat dann nicht auf den Vertrauensschutzgrundsatz berufen kann, wenn er dadurch seine Grundrechtsbindung umginge, um in Rechte Privater einzugreifen.[759]

2 Materielle Grundrechte

Die Grundrechtsberechtigung juristischer Personen des Öffentlichen Rechts, sich auf die materiellen Gewährleistungen der GRC zu berufen, kann nicht auf dieselbe Begründung wie bei den Verfahrensgrundrechten gestützt werden. Denn die Verfahrensgrundrechte nehmen dadurch, dass sie neben der subjektiven Gewährleistungsdimension auch einen objektiv-rechtlichen Bedeutungsgehalt als Grundlage des Verfahrensrechts haben, eine Sonderstellung ein.[760] Eine vergleichbare objektiv-rechtliche Dimension kommt den materiellen Grundrechten nicht zu, denn diese haben als Abwehrrechte im Gegensatz zu den Verfahrensrechten grundsätzlich nur eine subjektive Gewährleistungsdimension.

Überwiegend wird die Grundrechtsberechtigung juristischer Personen hinsichtlich materieller Grundrechte grundsätzlich aufgrund des auch aus der deutschen Grundrechtsdogmatik bekannten Konfusionsarguments abgelehnt.[761]

---

756 Vgl, *Nowak*, in: Heselhaus/Nowak (Hrsg.), EU-Grundrechte, § 6 Rn. 23; kritisch *Schwerdtfeger*, in: Meyer/Hölscheidt (Hrsg.), GRC, Art. 51, Rn. 61; *Jarass*, GRC, Art. 41 Rn. 11, Art. 51 Rn. 57; *Stern/Hamacher*, in: Stern/Sachs (Hrsg.), GRC, A, Rn. 77; *Rengeling/Szczekalla*, GRC, Rn. 392.

757 Vgl. *Schwerdtfeger*, in: Meyer/Hölscheidt (Hrsg.), GRC, Art. 51, Rn. 61 *Rengeling/Szczekalla*, GRC, Rn. 361; *Ladenburger/Vondung*, in: Stern/Sachs (Hrsg.), GRC, Art. 51 Rn. 5; *Jarass*, GRC, Art. 51 Rn. 57.

758 Vgl. *Weber*, S. 107 f.

759 Vgl. EuGH, Rs. C-177/99, C-181/99, Slg. 2000, I-7013, Rn. 67 – Ampafrance u. Sanofi; SchlA GA *Cosmas* in: EuGH, Rs. C-177/99, C-181/99, Rn. 83 – Ampafrance u. Sanofi; siehe auch *Lindermuth*, in: Kahl/Raschauer/Störr (Hrsg.), GRC, S. 111 (121).

760 Vgl. *Weber*, S. 107; *Crones*, S. 181.

761 Vgl. *Rengeling/Szczekalla*, Rn. 359, 392; *Sasse*, in: EUR, 2012, 628 (654); *Hatje*, in: Schwarze (Hrsg.), EU-Kommentar, Art. 51 GRC Rn. 7; ähnlich *Stern/Hambacher*,

Daneben spreche die Funktion der Grundrechte als Abwehrrechte gegen eine Grundrechtsberechtigung juristischer Personen des Öffentlichen Rechts. Einzelne Stimmen wenden sich, teilweise unter Bezugnahme auf die Rechtsprechung zu den Verfahrensgrundrechten, gegen diesen Ansatz.[762] Demnach soll nur bei juristischen Personen des Öffentlichen Rechts der Union die Grundrechtsberechtigung wegen des Konfusionsarguments von vornherein ausscheiden, da diese keine hinreichende Distanz zur Union aufweisen.[763] Bei mitgliedstaatlichen juristischen Personen des Öffentlichen Rechts wird hingegen die vorbehaltlose Geltung des Konfusionsarguments abgelehnt, da sie gemäß Art. 51 GRC nur bei der Durchführung von Unionsrecht an die GRC gebunden sind und die Union ihnen gegenüber auch wie bei Privaten hoheitlich tätig werden könne.[764] So verbleibe Raum für eine Grundrechtsberechtigung. Wegen der unionsrechtlichen Determination sei außerdem der Union die mitgliedstaatliche Durchführung des Unionsrechts funktional zuzurechnen. Eine ausnahmslose Ablehnung der Grundrechtsträgerschaft juristischer Personen des Öffentlichen Rechts wegen des Konfusionsarguments scheide daher aus.[765]

Bei der Bestimmung der Grundrechtsberechtigung juristischer Personen des Öffentlichen Rechts ist wegen Art. 52 Abs. 3 GRC auch ein Blick auf die Grundrechtsberechtigung in der EMRK und deren Ausgestaltung durch den EGMR angezeigt.[766] Danach ist es Voraussetzung für die Grundrechtsberechtigung juristischer Personen des Öffentlichen Rechts, dass es sich bei ihnen um Nichtregierungsorganisationen handelt und sie daher keine Hoheitsgewalt ausüben.[767] Vergleichbar zur Reichweite der Grundrechtsberechtigung juristischer Personen des Öffentlichen Rechts unter der EMRK spricht eine verbreitete

---

in: Stern/Sachs (Hrsg.), GRC, A, Rn. 77; *Jarass*, GRC, Art. 51 Rn. 57; im Hinblick auf Art. 16 GRC *Blanke*, in: Stern/Sachs (Hrsg.), GRC, Art. 16 Rn. 12; zum Konfusionsargument *Winkler*, S. 109; eher offen *Crones*, S. 173 f.

762 So *Winkler*, S. 108; *Crones* S. 174; *Feise*, S. 106; die Grundrechtsberechtigung nur für den Fall eines Weisungsrechts der Union gegenüber der juristischen Person des Öffentlichen Rechts oder einem hoheitlichen Unterordnungsverhältnis gegenüber der Union ablehnend *Frenz*, Hdb. EU-Recht, Bd. 4, Rn. 301.

763 So *Winkler*, S. 108 mit dem Beispiel der Europäischen Zentralbank; *Crones*, S. 188 f.

764 Vgl. *Lindermuth*, in: Kahl/Raschauer/Storr (Hrsg.), GRC, S. 111 (121 f.).

765 Vgl. hierzu und zu Vorstehendem *Lindermuth*, in: Kahl/Raschauer/Storr (Hrsg.), GRC, S. 111 (122 f.); so auch im Ergebnis *Crones*, S. 173 f.; ähnlich *Winkler* S. 109.

766 So auch *Gundel*, in: Grabenwarter (Hrsg.), EnzEUR, Bd. 2, § 2 Rn. 29; in Bezug auf Art. 16 GRC und Art. 17 GRC *Sasse*, in: EuR 628 (651); allgemein zur Grundrechtsberechtigung *Streinz/Michl*, in: Streinz (Hrsg.), EUV/AEUV, Art. 51 GRC Rn. 20.

767 Vgl. Kap. 2 Abschn. B.

Strömung juristischen Personen des Öffentlichen Rechts eine sachbereichsspezifische Grundrechtsträgerschaft unter der GRC zu, „wenn und soweit sie gleichsam gebündelt Grundrechte von Individuen wahrnehmen und dem nach Art. 51 Abs. 1 GRC Grundrechtsverpflichteten in einer vergleichbaren grundrechtstypischen Gefährdungslage gegenüberstehen“[768]. Soweit juristische Personen des Öffentlichen Rechts keine Hoheitsgewalt ausüben, hängt deren Grundrechtsberechtigung demnach von der Funktion ab, die sie wahrnehmen.

Kompetenzrechtliche Streitigkeiten zwischen unterschiedlichen juristischen Personen des Öffentlichen Rechts dürfen jedoch nicht durch die Anwendung von Grundrechten gelöst werden.[769] So solle bei solchen Streitigkeiten weiterhin die Kompetenzverteilung der Verträge zugrunde gelegt werden, da sonst der abwehrrechtliche Charakter der Grundrechte verkannt werde. Denn das Verhältnis juristischer Personen des Öffentlichen Rechts zur Union richtet sich nicht nach den Charta-Grundrechten, sondern nach Kompetenzverteilungsnormen.[770]

Nach alledem bietet es sich an, die verschiedenen spezifischen Erscheinungsformen juristischer Personen des Öffentlichen Rechts und deren Grundrechtsberechtigung einzeln zu betrachten.

II Gemeinden

Bisher sind keine Entscheidungen des Europäischen Gerichtshofs ergangen, die sich mit der Grundrechtsberechtigung von Gemeinden beschäftigen. Allein die Frage nach der Grundrechtsberechtigung der Mitgliedstaaten wurde in der Rechtsprechung zu den Rechtsgrundsatz-Grundrechten mit dem Ergebnis diskutiert, dass sie sich auf die Verfahrensrechte berufen können.[771] Es spricht nichts dagegen, diese Rechtsprechung auf Gemeinden zu übertragen, denn auch

768 *Rengeling/Szczekalla*, GRC, Rn. 394; entsprechend *Stern/Hamacher*, in: Stern/Sachs (Hrsg.), GRC, A, Rn. 77; ähnlich *Quasdorf*, S. 143 f.; *Winkler*, S. 107, der ein zu Privaten vergleichbares Subordinationsverhältnis und dadurch eine Mediatisierung der Interessen des Einzelnen in der juristischen Person fordert; ähnlich, jedoch auch Art. 20 GRC auf Hoheitsträger anwendend *Heselhaus*, in: Pechstein/Nowak/Häde (Hrsg.), EUV/GRC/AEUV, Art. 20 GRC Rn. 32.

769 Ähnlich in Bezug auf die Meinungsäußerungs- und Medienfreiheit *Walter*, in: Grabenwarter (Hrsg.), EnzEUR, Bd. 2, § 12 Rn. 28; für eine Trennung von institutionellen und grundrechtlichen Fragen *Winkler*, S. 108.

770 Vgl. *Lindermuth*, in: Kahl/Raschauer/Storr (Hrsg.), GRC, S. 111 (121).

771 Vgl. EuGH, Rs. C-48/90, Slg. 1992, I-565, Rn. 40 ff. – Niederlande; EuGH, Rs- 89/08, Slg. 2009, I-11245, Rn. 53, 58 – K ./. Irland.

für diese müssen die Verfahrensgrundrechte als objektiv rechtsstaatliche Garantien gelten.[772]

Ausgehend vom Ansatz einer sachbereichsspezifischen Grundrechtsträgerschaft aufgrund einer grundrechtsgleichen Gefährdungslage[773] liegt es nahe, Parallelen zum deutschen Verfassungsrecht zu ziehen. Nach der in diesem Zusammenhang vertretenen Theorie von der grundrechtsgleichen Gefährdungslage sind Gemeinden von der Grundrechtsträgerschaft ausgeschlossen.[774] Denn Gemeinden nehmen zwar mittelbar auch die Interessen ihrer Gemeindebürger wahr, handeln primär jedoch im staatlichen Interesse. Kein anderes Ergebnis folgt auch aus der Rechtsprechung des EGMR, der die Grundrechtsberechtigung von Gemeinden mit der Begründung einer zu großen Staatsnähe ablehnt.[775] Es sind keine Situationen denkbar, in denen Gemeinden in eine grundrechtsgleiche Gefährdungslage kommen könnten, sodass sie grundrechtsberechtigt sein müssten.[776] Der Mediatisierungsgedanke, nach dem die Grundrechtsberechtigung juristischer Personen dazu dient, die Rechte ihrer freiwillig zusammengeschlossenen Mitglieder kollektiv wahrzunehmen, führt auch zu keinem anderen Ergebnis.[777] Gemeinden können kein einheitliches Interesse ihrer Mitglieder wahrnehmen, da sie nicht aus einem freiwilligen Zusammenschluss Einzelner zur Verwirklichung einheitlicher oder zumindest gleichlaufender Interessen geschaffen wurden. Die Grundrechtsberechtigung von Gemeinden scheidet auf der Grundlage dessen aus. Ebenfalls folgt aus dem Gebot der Achtung der nationalen Identität in Art. 4 Abs. 2 S. 1 EUV kein anderes Ergebnis. Mit Art. 4 Abs. 2 S. 1 EUV ist schon kein einklagbares Recht verbunden.[778] Des Weiteren ist trotz der Erwähnung der regionalen und lokalen Selbstverwaltung in Art. 4 Abs. 2 S. 1

---

772 Ähnlich *Winkler*, S. 107.

773 Vgl. statt vieler *Rengeling/Szczekalla*, GRC, Rn. 394; siehe auch Kap. 3 Abschn. B. I.

774 Vgl. BVerfGE 23, 353 (372); 25, 198 (205); BVerfG (K), in: NVwZ 2008, 778; *Sachs*, in: Sachs (Hrsg.), GG, Art. 19 Fn. 310; zur grundrechtsgleichen Gefährdungslage in Deutschland BVerfGE 45, 63 (79); *Sachs*, in: Sachs (Hrsg.), GG, Art. 19 Rn. 91. a. A. *Pieper*, in: Dauses/Ludwigs (Hrsg.), Hdb. EU-Wirtschaftsrecht, Bd. 1, Abschn. B. I., Rn. 152, der die Grundrechtsberechtigung von Gebietskörperschaften hinsichtlich der Freizügigkeitsrechte ihrer Bediensteten bejaht.

775 Vgl. Kap. 2 Abschn. B. I. 1.

776 Die Frage der Grundrechtsberechtigung öffentlicher Unternehmen betrifft nicht unmittelbar die Gemeinden als Rechtsträger, sondern die öffentlichen Unternehmen in ihren verschiedenen Erscheinungsformen als eigene Rechtssubjekte.

777 Vgl. zur Mediatisierung *Winkler*, S. 108 f.

778 Vgl. *Puttler*, in: Calliess/Ruffert (Hrsg.), EUV/AEUV, Art. 4 EUV Rn. 20; ähnlich *Crones*, S. 179 f.

EUV in dieser Norm kein Selbstverwaltungsrecht der Gemeinden kodifiziert.[779] Es handelt sich bei Art. 4 Abs. 2 S. 1 EUV vielmehr um eine Achtungsverpflichtung der Union, die lediglich in Extremfällen kompetenzbeschränkend wirken soll.[780] Nach alledem sind Gemeinden nicht grundrechtsberechtigt.

III Rundfunkanstalten

Die Rundfunkfreiheit ist in der GRC nicht ausdrücklich kodifiziert. Den Rundfunk schützende Gewährleistungen sind in verschiedenen Grundrechten enthalten. Der Schutz der Rundfunkanstalten setzt sich aus Art. 11 GRC, der die Freiheit der Meinungsäußerung inklusive der Achtung der Medien und ihrer Pluralität schützt, und der unternehmerischen Freiheit aus Art. 16 GRC zusammen. Denn der EuGH berücksichtigt in medienrelevanten Sachverhalten mit Wirtschaftsbezug auch Art. 16 GRC.[781]

Zu Art. 11 GRC sind noch keine Entscheidungen des EuGH ergangen, die sich mit juristischen Personen des Öffentlichen Rechts beschäftigten. Hingegen hat er sich im Rahmen einer Vorlagefrage aus einem Verfahren unter Beteiligung zweier öffentlich-rechtlich organisierter Rundfunkanstalten bei der Auslegung einer Richtlinie dahingehend geäußert, dass der Schutzumfang des Art. 16 GRC zugunsten von Sendeunternehmen *Berücksichtigung* finden müsse.[782] Der EuGH wendet damit zwar die Gewährleistungen des Art. 16 GRC nicht ausdrücklich auf juristische Personen des Öffentlichen Rechts an, jedoch wird dessen Gewährleistungsinhalt zu ihren Gunsten ausdrücklich als ein zu berücksichtigender Aspekt angeführt. Diese Entscheidung ist damit ein Hinweis dafür, dass der EuGH die Grundrechtsberechtigung öffentlich-rechtlich organisierter Rundfunkanstalten nicht kategorisch ausschließt.[783] Die Literatur bejaht zum Teil eine sachbereichsspezifische Grundrechtsträgerschaft öffentlich-rechtlicher Rundfunkanstalten. Denn es könne eine mit Privaten vergleichbare grundrechtstypische Gefährdungslage hinsichtlich der Meinungsäußerungs- und Informationsfreiheit aus Art. 11 GRC angenommen werden, weil die Grundrechtsberechtigung juristischer Personen die Wahrnehmung des durch Art. 11 GRC gewährleisteten Informationsgrundrechts durch den Einzelnen gerade erst ermöglicht.[784] Soweit

---

779 Vgl. *Puttler*, in: Calliess/Ruffert (Hrsg.), EUV/AEUV, Art. 4 EUV Rn. 20.
780 Vgl. *Puttler*, in: Calliess/Ruffert (Hrsg,), EUV/AEUV, Art. 4 EUV Rn. 22.
781 Vgl. EuGH, Rs. C-510/10, ECLI: EU: C:2012:244, Rn. 57 – DR u. TV2 Danmark.
782 Vgl. EuGH, Rs. C-510/10, ECLI: EU: C:2012:244, Rn. 57 – DR u. TV2 Danmark.
783 So auch Jarass, GRC, Art. 16 Rn. 11.
784 Vgl. *Rengelin/Szczekalla*, Rn. 362; *Lindermuth*, in: Kahl/Raschauer/Störr (Hrsg.), S. 111 (123); *Pieper*, in: Dauses/Ludwigs (Hrsg.), Hdb. EU-Wirtschaftsrecht, Bd. 1,

Art. 11 Abs. 2 GRC als eigenständiges Grundrecht verstanden wird, wird auch eine vergleichbare Grundrechtsberechtigung öffentlich-rechtlicher Rundfunkanstalten unter Bezug auf Art. 11 Abs. 2 GRC bejaht.[785] Voraussetzung für die Grundrechtsberechtigung ist jedoch in jedem Fall eine hinreichende Unabhängigkeit vom Staat, da nur dann eine zu einem Privaten vergleichbare Situation für die betroffenen öffentlich-rechtlichen Rundfunkanstalten eintreten kann.[786] So kommt auch die wegen Art. 53 Abs. 3 GRC zu berücksichtigende Rechtsprechung des EGMR zur Grundrechtsberechtigung des öffentlich-rechtlichen Rundfunks nach der EMRK zu dem Ergebnis, dass beim Vorliegen hinreichender Staatsferne eine Grundrechtsberechtigung dieser Rundfunkanstalten zu bejahen ist.[787] Der geforderte Grad an Unabhängigkeit soll dann erreicht sein, wenn der Staat weder Rundfunkveranstalter ist, noch bestimmenden Einfluss auf das Programm der Veranstalter nehmen darf.[788] Dann wird, obwohl öffentlich-rechtliche Rundfunkanstalten wegen ihrer rechtlichen Ausgestaltung in einem Spannungsverhältnis zwischen Grundrechtsbindung und -verwirklichung stehen, die Grundrechtsberechtigung bei hinreichender Staatsferne bejaht. Denn die öffentlich-rechtlichen Rundfunkanstalten trügen im Rahmen ihres öffentlichen Auftrages zur öffentlichen Meinungsbildung und damit zur Wahrnehmung des Grundrechts aus Art. 11 GRC durch den Einzelnen bei, weshalb sie sich in

---

Abschn. B.I. Rn. 153; *Ehlers*, in: Ehlers (Hrsg.), Europäische Grundrechte und Grundfreiheiten, § 14 Rn. 57; so im Ergebnis *Jarass*, GRC, Art. 11 Rn. 19, Art. 16 Rn. 11; *Stern/Hamacher*, in: Stern/Sachs (Hrsg.), GRC, Abschn. A Rn. 77; sofern hinreichende Unabhängigkeit vom Staat besteht, so auch *von Coelln*, in: Stern/Sachs (Hrsg.), GRC, Art. 11 Rn. 38.

785 Vgl. *Knecht*, in: Schwarze (Hrsg.), EU-Kommentar, Art. 11 GRC Rn. 4; *Calliess*, in: Calliess/Ruffert (Hrsg.), Art. 11 GRC Rn. 25; *Bernsdorff*, in: Meyer/Hölscheidt (Hrsg.), GRC, Art. 11, Rn. 23.

786 Vgl. statt Vieler *von Coelln*, in: Stern/Sachs (Hrsg.), Art. 11 Rn. 38; *Jarass*, GRC, Art. 11 Rn 19, Art. 16 Rn. 11; *Schladebach/Simantiras*, in: EuR 2011, 784 (791); *Frenz*, Hdb. EU-Recht, Bd. 4, Rn. 1964 f.; *Pünder*, in: Ehlers (Hrsg.), Europäische Grundrechte und Grundfreiheiten, § 17 Rn. 9; so auch *Walter*, in: Grabenwarter (Hrsg.), EnzEUR, Bd. 2, § 12 Rn. 28; allgemein bejahend *Gundel*, in: Grabenwarter (Hrsg.), EnzEUR, Bd. 2, § 2 Rn. 30; *Thiele*, in: Pechstein/Nowak/Häde (Hrsg.), EUV/GRC/AEUV, Art. 11 GRC Rn. 8.

787 Vgl. hierzu bereits Kap. 2 Abschn. B. I. 3.; Erläuterungen, in: ABl. 2007 C 303/21; so im Ergebnis *Calliess*, in: Calliess/Ruffert (Hrsg.), EUV/AEUV, Art. 11 GRC Rn. 26.

788 Vgl. *Schladebach/Simantiras*, in: EuR 2011, 784 (791); so schon der EGMR, vgl. Kap. 2 Abschn. B. I. 3.

einer schutzwürdigen Gefährdungslage befänden.[789] Dem ist zuzustimmen. Für die Grundrechtsberechtigung öffentlich-rechtlicher Rundfunkanstalten spricht auch, dass die Erläuterungen zur Charta für die Auslegung von Art. 11 GRC auf das Rundfunkprotokoll zum Vertrag von Amsterdam verweisen, woraus sich die besondere Bedeutung des öffentlich-rechtlichen Rundfunks, insbesondere für die Demokratie und Medienvielfalt ergibt.[790] Dies stellt die Bedeutung des Auftrags des öffentlich-rechtlichen Rundfunks heraus und damit einen weiteren Indikator seines grundrechtlichen Schutzes dar. Da ein effektiver Beitrag zur öffentlichen Meinungsbildung und damit zur Erfüllung des Auftrags nur durch unabhängige und gegen eventuelle staatliche Eingriffe geschützte Rundfunkanstalten möglich ist, sind die öffentlich-rechtlichen Rundfunkanstalten trotz ihrer Natur als juristische Person des Öffentlichen Rechts grundrechtsberechtigt.[791]

IV Religionsgemeinschaften

Die Religionsfreiheit wird in Art. 10 GRC garantiert; Art. 10 GRC schützt neben der individuellen auch die korporative Religionsfreiheit.[792] Zur Grundrechtsberechtigung von öffentlich-rechtlich organisierten Religionsgemeinschaften hat die Rechtsprechung des EuGH bisher noch nicht Stellung nehmen müssen. Da aber sowohl nach den Erläuterungen zur GRC als auch nach der Entstehungsgeschichte Art. 10 GRC und Art. 9 EMRK die gleiche Bedeutung und Tragweite gemäß Art. 53 Abs. 2 GRC haben,[793] kann bereits auf der Grundlage der Rechtsprechung des EGMR die Grundrechtsberechtigung öffentlich-rechtlicher Religionsgemeinschaften nach der GRC bejaht werden. Zentrale Anforderung an die Religionsgemeinschaften ist auf der Grundlage dieser Rechtsprechung, dass eine hinreichende Unabhängigkeit vom Staat besteht, infolgedessen seine Einflussmöglichkeiten auf sie nur gering sind.[794] Unter teilweiser Bezugnahme

---

789 Vgl. auch zu vorstehendem *Frenz*, Hdb. EU-Recht. Bd. 4, Rn. 1965; so auch *Feise*, S. 106; *Schadeldebach/Simantiras*, in: EuR 2011, 784 (792).

790 Vgl. Erläuterungen, in: ABl. 2007 C 303/21; ähnlich *von Coelln*, in: Stern/Sachs (Hrsg.), GRC, Art. 11 Rn. 40; *Streinz*, in: Streinz (Hrsg.), EUV/AEUV, Art. 11 GRC Rn. 1.

791 Vgl. hierzu und zu Vorstehendem *Kühling*, in: von Bogdandy/Bast (Hrsg.), Europäisches Verfassungsrecht, S. 687; so auch unter Bezug auf die spezifische Gefährdungslage *Schladebach/Simantiras*, in: EuR 2011, 784 (792).

792 Vgl. *Häberle/Kotzur*, Rn. 1345; *Muckel*, in: Stern/Sachs (Hrsg.), GRC, Art. 1 Rn. 29.

793 Vgl. Erläuterungen, in: ABl. 2007 C 303/21; so auch *Waldhoff*, in: Grabenwarter (Hrsg.), EnzEUR, Bd. 2, § 11 Rn. 9, 15; entsprechend EuGH, Rs. C-71/11, C-99/11, ECLI: EU: C:2012:518, Rn. 56 – Y u. Z.

794 Vgl. Kap. 2 Abschn. B. I. 2.

auf vorgenannte Rechtsprechung des EGMR bejaht auch die Literatur überwiegend die Grundrechtsberechtigung öffentlich-rechtlicher Religionsgemeinschaften.[795] Diese ergebe sich bereits aus dem Wortlaut des Art. 10 Abs. 1 GRC, der die Ausübung *gemeinsam mit anderen* schützt. Daneben spreche nicht gegen eine Grundrechtsberechtigung der öffentlich-rechtlichen Religionsgemeinschaften, dass korporative Elemente ausdrücklich nicht in den Wortlaut des Art. 10 GRC aufgenommen wurden, denn Ziel des Grundrechtekonvents war es, einen textuellen und inhaltlichen Gleichlauf von Art. 10 GRC und Art. 9 EMRK zu erreichen.[796] Auch dies spricht gerade für eine Grundrechtsberechtigung öffentlich-rechtlicher Religionsgemeinschaften analog der Rechtsprechung des EGMR zu Art. 9 EMRK. Demnach ist die Berechtigung öffentlich-rechtlicher Religionsgemeinschaften, sich auf die grundrechtlich garantierte Religionsausübungsfreiheit als Gemeinschaft aus Art. 10 GRC zu berufen, zu bejahen. Der Kreis der berechtigten Religionsgemeinschaften bestimmt sich nach der Literatur danach, ob es sich „tatsächlich, nach äußerem Erscheinungsbild" um eine Religionsgemeinschaft handelt.[797]

Hinsichtlich des Schutzes der Selbstverwaltung der Religionsgemeinschaften durch Art. 10 GRC wird in der Literatur vereinzelt vertreten, dass er aufgrund der gemeinsamen Verfassungsüberlieferungen zu bejahen sei.[798] Dafür spreche auch, dass eine bestimmte innere Organisation bei einigen Religionsgemeinschaften maßgeblicher Bestandteil der Religionsausübung ist und daher zur Realisierung

---

795 Vgl. *Waldhoff*, in: Grabenwarter (Hrsg.), EnzEUR, Bd. 2, § 11 Rn. 20; *Waldhoff*, in: Calliess/Ruffert (Hrsg.), EUV/AEUV, Art. 10 GRC Rn. 7; allgemein *Bernsdorff*, in: Meyer/Hölscheidt (Hrsg.), GRC, Art. 10 Rn. 16; *Rengeling/Szczekalla*, GRC, Rn. 362; *Jarass*, GRC, Art. 10 Rn. 15; im Ergebnis zustimmend *Augsberg*, in: von der Groeben/Schwarze/Hatje (Hrsg.), EU-Recht, Art. 10 GRC Rn. 10; *Knecht*, in: Schwarze (Hrsg.), EU-Kommentar, Art. 10 GRC Rn. 3; im Ergebnis zustimmend unter Bezugnahme auf die grundrechtstypische Gefährdungslage *Pieper*, in: Dauses/Ludwigs (Hrsg.), Hdb. EU-Wirtschaftsrecht, Bd. 1, Abschn. B.I. Rn. 153; *Ehlers*, in: Ehlers (Hrsg.), Europäische Grundrechte und Grundfreiheiten, § 14 Rn. 57.

796 Vgl. hierzu und zu vorstehendem *Waldhoff*, in: Grabenwarter (Hrsg.), EnzEUR, Bd. 2, § 11 Rn. 20; *Gaitanides*, in: Heselhaus/Nowak (Hrsg.), EU-Grundrechte, § 29 Rn. 3; *Muckel*, in FS Stern, S. 852.

797 Siehe BVerfGE 83, 343 (353); hierfür als objektive Mindestkriterien *Waldhoff*, in: Grabenwarter (Hrsg.), EnzEUR, Bd. 2, § 11 Rn. 21.

798 Vgl. *Muckel*, in: Tettinger/Stern (Hrsg.), GRC, Art. 10 Rn. 45; *Muckel*, in: Stern/Sachs (Hrsg.), GRC, Art. 10 Rn. 45.; so auch *Waldhoff* (Hrsg.), in: Grabenwarter (Hrsg.), EnzEUR, Bd. 2, § 11 Rn. 22; zu den gemeinsamen Verfassungsüberlieferungen im Einzelnen Kap. 1 Abschn. C.

eines umfassenden Schutzes durch Art. 10 GRC auch die innere Organisation und damit Selbstverwaltung geschützt werden müsse.[799] Entsprechendes ergibt sich aus der gemäß Art. 53 Abs. 2 GRC zu berücksichtigenden Rechtsprechung des EGMR, wonach die Binnenorganisation Teil der Religionsausübungsfreiheit ist beziehungsweise unter deren Schutz fällt.[800] Bei der Ermittlung der Reichweite der Grundrechtsberechtigung der öffentlich-rechtlichen Religionsgemeinschaften nach Art. 10 GRC ist auch Art. 17 Abs. 1 AEUV zu berücksichtigen, wonach die Union den Status, den Kirchen und religiöse Vereinigungen oder Gemeinschaften in den Mitgliedstaaten nach deren Rechtsvorschriften genießen, achtet und nicht beeinträchtigt.[801] Aufgrund dieses Beeinträchtigungsverbots muss auch auf unionaler Ebene die Rechtsstellung der Religionsgemeinschaften – unabhängig von ihrer Rechtsform – im selben Umfang wie im jeweiligen Mitgliedstaat geschützt werden. Soweit das mitgliedstaatliche Recht daher über die Ausübungsfreiheit hinaus eine Selbstverwaltungsgarantie beziehungsweise institutionelle Garantie vermittelt, muss Entsprechendes auch für den unionsrechtlichen Grundrechtsschutz gelten.[802] Unabhängig von der Reichweite des mitgliedstaatlichen Schutzes ergibt sich jedoch bereits aus dem historischen Hintergrund des Art. 17 Abs. 1 AEUV, dass im Unionsrecht die Garantie des Selbstverwaltungsrechts der Religionsgemeinschaften angelegt ist, denn die Norm ging aus der Amsterdamer Kirchenerklärung hervor, in der bereits das kirchliche Selbstbestimmungsrecht niedergelegt war.[803] Dagegen spricht auch nicht, dass Art. 17 AEUV überwiegend als objektiv-rechtliche Vorschrift gesehen wird[804] und nur eine einzelne Stimme darin einen unmittelbaren

799 Vgl. Waldhoff, in: Grabenwarter (Hrsg.), EnzEUR, Bd. 2, § 11 Rn. 22; ähnlich *Bernsdorff*, in: Meyer/Hölscheidt (Hrsg.), GRC, Art. 10 Rn. 14.

800 Vgl. hierzu Kap. 2 Abschn. B. I. 2.; *Muckel*, in: Stern/Sachs (Hrsg.), GRC, Art. 10 Rn. 43 ff.

801 Vgl. *Bernsdorff*, in: Meyer/Hölscheidt (Hrsg.), GRC, Art. 10 Rn. 14; a. A. *Muckel*, in: Stern/Sachs (Hrsg.), GRC, Art. 10 Rn. 47, der einen eigenen Anwendungsbereich des Art. 17 AEUV neben Art. 10 GRC sieht.

802 Im Ergebnis auch für eine Bestandsgarantie der innerstaatlichen Rechte der Religionsgemeinschaften *Bernsdorff*, in: Meyer/Hölscheidt (Hrsg.), GRC, Art. 10 Rn. 14; *Waldhoff*, in: Grabenwarter (Hrsg.), EnzEUR, Bd. 2, § 11 Rn. 22.

803 Vgl. *Muckel*, in: FS Stern, S. 864; *Stern*, StR IV/2, S. 1395 f.; zur Bedeutung des Art. 17 AEUV als Grundlagennorm des „Europäischen Religionsverfassungsrechts" *Häberle/Kotzur*, Rn. 1356; *Kotzur*, in: Geiger/Kahn/Kotzur (Hrsg.), EUV/AEUV, Art. 17 AEUV Rn. 1.

804 Vgl. *Waldhoff*, in: Calliess/Ruffert (Hrsg.), EUV/AEUV, Art. 17 AEUV Rn. 17; *Kraus*, in: von der Groeben/Hatje/Schwarze (Hrsg.), EU-Recht, Art. 17 AEUV Rn. 2.

subjektiv-rechtlichen Achtungsanspruch sieht.[805] Der durch Art. 17 Abs. 1 AEUV vermittelte Achtungsanspruch bestehe darin, dass die Union die jeweiligen nationalen Besonderheiten zu beachten habe und ihr Handeln entsprechend anpassen müsse, sodass der mitgliedstaatliche Status der Religionsgemeinschaften nicht beeinträchtigt werde.[806] Zumindest die Wertungen des Art. 17 AEUV sollen den unionsrechtlichen Grundrechtsschutz von Religionsgemeinschaften durch Art. 10 GRC beeinflussen.[807] Ob dies alles sowohl für Religionsgemeinschaften als juristische Personen des Privatrechts als auch des Öffentlichen Rechts gilt, wenn es sich bei diesen um keine staatsfernen, öffentlich-rechtlich organisierten Religionsgemeinschaften im Sinne der Rechtsprechung des EGMR handelt, muss dahinstehen. Soweit nach mitgliedstaatlichem Recht den wie auch immer rechtlich organisierten Religionsgemeinschaften eine Sonderstellung zukommt, muss diese jedenfalls wegen des Einflusses von Art. 17 Abs. 1 AEUV durch Art. 10 GRC auch auf unionaler Ebene gewahrt bleiben.

V Universitäten

Die für Universitäten relevante Wissenschaftsfreiheit wird durch Art. 13 GRC gewährleistet. Art. 13 S. 2 GRC thematisiert ausdrücklich die akademische Freiheit. Es ist aber vorauszuschicken, dass trotz des Wortlauts, wonach die akademische Freiheit (beziehungsweise „academic freedom“ oder „liberté académique“) zu achten ist, nicht von vornherein von einem geringeren (grundrechtlichen) Schutzumfang auszugehen ist.[808] Die Anwendbarkeit des Art. 13 GRC auf öffentlich-rechtlich organisierte Universitäten wurde in der Rechtsprechung bisher nicht thematisiert. Hingegen hat sich die Rechtsprechung in einem Einzelfall zur Grundrechtsberechtigung von Universitäten im Übrigen geäußert. Nach einer Entscheidung des EuGH kann sich die Technische Universität München auf grundlegende Verfahrensgarantien wie das Recht auf eine ausreichende Begründung der Entscheidung sowie auf rechtliches Gehör berufen.[809] Wie jedoch

---

805 Vgl. *Kotzur*, in: Geiger/Kahn/Kotzur (Hrsg.), EUV/AEUV, Art. 17 AEUV Rn. 3.

806 So *Kotzur*, in: Geiger/Kahn/Kotzur (Hrsg.), EUV/AEUV, Art. 17 AEUV Rn. 4; zur durch Art. 17 AEUV vermittelten Bedeutung der Religionsgemeinschaften *Muckel*, in: FS Stern, S. 864; *Streinz*, in: Streinz (Hrsg.), EUV/AEUV, Art. 10 GRC Rn. 7; i. E. auch *Muckel*, in: Stern/Sachs (Hrsg.), GRC, Art. 10 Rn. 48.

807 Vgl. *Augsberg*, in: von der Groeben/Schwarze/Hatje (Hrsg.), EU-Recht, Art. 10 GRC Rn. 1.

808 Vgl. *Ruffert*, in: Calliess/Ruffert (Hrsg.), EUV/AEUV, Art. 13 GRC Rn. 9.

809 Vgl. EuGH, Rs. C-269/90, Slg. 1991, I-5469, Rn. 14 ff. – Technische Universität München ./. Hauptzollamt München-Mitte.

bereits festgestellt, handelt es sich bei der Grundentscheidung, die Verfahrensgarantien auf juristische Personen des Öffentlichen Rechts anzuwenden, um keine verallgemeinerbare Regelung, aus der ein umfassender, auch materieller Grundrechtsschutz abgeleitet werde kann, sondern um eine Folge der objektivrechtlichen Grundentscheidung zur Wahrung eines geregelten Verfahrens.

Die Literatur bejaht die Grundrechtsberechtigung von Universitäten unter Berufung auf eine sachbereichstypische Grundrechtsträgerschaft.[810] Universitäten sollen sich demnach auf Art. 13 GRC berufen können, da nur so ein umfassender Schutz der Wissenschaftsausübung, auch durch den Einzelnen, möglich ist.[811] Die Grundrechtsberechtigung der Universitäten folgt somit aus der schützenswerten Rechtsposition des Einzelnen, der an ihnen tätig ist. In dieses Bild fügen sich auch andere Stimmen ein, die – ohne ausdrücklich auf die Berechtigung juristischer Personen des Öffentlichen Rechts einzugehen – von einem Schutz institutioneller Rahmenbedingungen durch Art. 13 GRC zur Wissenschaftsausübung ausgehen, solange ein Bezug zur individuellen Forschungsfreiheit hergestellt werden kann.[812] Denn zur Ausübung der Wissenschaftsfreiheit durch den Einzelnen seien bestimmte schützenswerte organisatorische Strukturen zu wahren, auch wenn Ausgestaltungsspielräume beim Unionsgesetzgeber verbleiben sollen.[813] Diese Ausgestaltungsfreiheit ist jedoch keine Frage der Berechtigung, sondern des durch Art. 13 GRC vermittelten Schutzumfangs. Grundlage der Grundrechtsberechtigung ist demnach auch ein Gleichlauf des Interesses der Universität als Institution und der dahinterstehenden, an ihr tätigen, natürlichen Personen an einer freien und unabhängigen

---

810 Vgl. *Regenling/Szczekall*, § 4 Rn. 362; *Stern/Hamacher*, in: Stern/Sachs (Hrsg.), A, Rn. 78; *Jarass*, GRC, Art. 51 Rn. 58; *Lindermuth*, in: Kahl/Raschauer/Störr (Hrsg.), GRC, S. 111 (123); *Quasdorf*, S. 144; allgemein *Thiele*, in: Pechstein/Nowak/Häde (Hrsg.), EUV/GRC/AEUV, Art. 13 GRC Rn. 8; im Ergebnis *Augsberg*, in: von der Groeben/Schwarze/Hatje (Hrsg.), EU-Recht, Art. 13 GRC Rn. 7; zumindest für eine institutionelle Freiheit *Kempen*, in: Stern/Sachs (Hrsg.), GRC, Art. 13 Rn. 17; a. A: *Fink*, in: EuGRZ 2001, 193 (200); *Pieper*, in: Dauses/Ludwigs (Hrsg.), Hdb. EU-Wirtschaftsrecht, Bd. 1, Abschn. B.I. Rn. 153; *Ehlers*, in: Ehlers (Hrsg.), Europäische Grundrechte und Grundfreiheiten, § 14 Rn. 57.

811 Ähnlich *Jarass*, GRC, Art. 13 Rn. 10.

812 Vgl. *Frenz*, EU-Recht, § 7 Rn. 2341, 2368 f.; *Ruffert*, in: Calliess/Ruffert (Hrsg.), EUV/AEUV, Art. 13 GRC Rn. 9, wonach sich der Schutz des Art. 13 S. 2 GRC auch auf die für die Wahrnehmung der Wissenschaftsfreiheit durch dein Einzelnen notwendigen organisatorischen Voraussetzungen erstrecken soll.

813 Vgl. *Ruffert*, in: Calliess/Ruffert (Hrsg.), EUV/AEUV, Art. 13 GRC Rn. 9.

Wissenschaftsausübung.[814] Eine einzelne Stimme bezieht sich daneben noch auf die Rechtsprechung des EuGH vor Inkrafttreten der GRC[815] und bejaht aufgrund dessen einen institutionellen Schutz von Forschungseinrichtungen im Rahmen ihres satzungsmäßigen oder anderweitig vorgegebenen Forschungsgegenstandes.[816] Ausgehend vom Gedanken der Staats- beziehungsweise Unionsferne soll eine Grundrechtsberechtigung daher auch zugunsten des Europäischen Hochschulinstituts in Florenz als juristischer Person des Öffentlichen Rechts der Europäischen Union zu bejahen sein.[817]

Im Einzelfall ist die Reichweite des durch Art. 13 GRC vermittelten Grundrechtsschutzes noch nicht hinreichend geklärt.[818] Einige ziehen aus den gemeinsamen Verfassungsüberlieferungen der Mitgliedstaaten den Schluss, dass zwar eine *individuelle Autonomiegarantie*, welche das „Ob" freier wissenschaftlicher Meinungsäußerung im Kontext der wissenschaftlichen Betätigung umfasst, jedoch nicht das „Wie" im Wege eines wertenden Rechtsvergleichs hergeleitet werden könne.[819] Andere vertraten vor Inkrafttreten der GRC, dass sich aus dem europäischen Primärrecht auf der Grundlage der gemeinsamen Verfassungsüberlieferungen zugunsten von Hochschulen und Universitäten kein Grundrechtsschutz ergebe, da sich keine entsprechende europäische Verfassungstradition erkennen lasse.[820] Vielmehr divergiere der Schutz der Universitäten durch die Verfassungen der Mitgliedstaaten zu sehr.[821] Dieses Bild hat sich bisher auch nicht verändert, die Unabhängigkeit der Universitäten unterscheidet sich von Mitgliedstaat zu Mitgliedstaat auch heute noch erheblich.[822] Andererseits spricht sich eine Strömung für den umfassenden Schutz der Wissenschaftsfreiheit der Universitäten inklusive der institutionellen Autonomie durch Art. 13 GRC aus, weil sich die Freiheit der Lehre erst bei entsprechenden Rahmenbedingungen entfalten kann, wofür auch das Vorbereitungsstadium und damit die

---

814 Vgl. zum Mediatisierungsgedanken bereits Kap. 3 Abschn. B. I.

815 Vgl. EuGH, Rs. C-35/72, Slg. 1973, 679, Rn. 36/40 – Kley.

816 So *Sparr*, in: Schwarze (Hrsg.), EU-Kommentar, Art. 13 GRC Rn. 2.

817 Vgl. hierzu und zur hinreichenden Staatsferne *Rengeling/Szczekalla*, GRC, Rn. 395; *Crones*, S. 189.

818 Ähnlich *Bernsdorff*, in: Meyer/Hölscheidt (Hrsg.), GRC, Art. 13 Rn. 15.

819 Vgl. *Kotzur*, in: Schulze/Zuleeg/Kadelbach (Hrsg.), Europarecht, § 38 Rn. 44.

820 So *Fink*, in: EuGRZ 2001, 193 (199 f.).

821 Vgl. *Fink*, in: EuGRZ 2001, 193 (198 ff.).

822 Vgl. hierzu Kap. 1 Abschn. B.

Organisation der Hochschule und der Forschung geschützt sein muss.[823] Dieser Strömung ist zuzustimmen. Soweit die Ausübung von Rechten des Einzelnen an die Unabhängigkeit von Institutionen gekoppelt ist, so muss auch diesen das entsprechende Grundrecht zustehen. Nur so kann ein effektiver und umfassender Grundrechtsschutz gewährleistet werden. Dies gilt aber auch für Universitäten nur solange, wie sie keine hoheitliche Gewalt ausüben und weitgehend weisungsunabhängig vom Staat sind.

C Öffentliche Unternehmen

I Grundlagen

1 Begriff des öffentlichen Unternehmens

Neben dem Begriff der juristischen Person wird im Unionsrecht auch der Begriff des öffentlichen Unternehmens autonom bestimmt.[824] Erwähnt werden öffentliche Unternehmen in Art. 106 Abs. 1 AEUV. Der Begriff des Unternehmens im Sinne des Europarechts setzt voraus, dass es sich um eine organisatorisch verfestigte Einheit handelt, die mit personellen und materiellen Mitteln am Wirtschaftsleben durch den Austausch von Gütern oder Leistungen am Markt teilnimmt, weshalb Einrichtungen der Daseinsvorsorge sowie hoheitlich tätige Organisationen nicht darunter fallen.[825] Um ein öffentliches Unternehmen handelt es sich im Unionsrecht unabhängig von der Rechtsform bei jedem Unternehmen, auf das die öffentliche Hand aufgrund ihres Eigentums, ihrer finanziellen Beteiligung, der Satzung oder sonstiger Bestimmungen, die die Tätigkeit des Unternehmens regeln, unmittelbar oder mittelbar einen beherrschenden Einfluss ausüben kann.[826]

---

823 Vgl. *Kempen*, in: Tettinger/Stern (Hrsg.), GRC, Art. 13 Rn. 13; *Frenz*, Hdb. EU-Recht, Bd. 4, § 6 Rn. 2341 f.; *Thiele*, in: Pechstein/Nowak/Häde (Hrsg.), EUV/GRC/AEUV, Art. 13 GRC Rn. 13.

824 Vgl. zur autonom europarechtlichen Bedeutung des Begriffs des öffentlichen Unternehmens *Jung*, in: Calliess/Ruffert (Hrsg.), EUV/AEUV, Art. 106 AEUV Rn. 12; *Burgi*, in: EuR 1998, 261 (264 f., 267).

825 So *Korte*, in: FS Stober, S. 127 (128); auch zur Staatsnähe *Korte/Oschmann*, in: NJW 2003, 1766 (1768); EuGH, Rs. C-41/90, Slg. 1991, I-1979, Rn. 21 – Höfner und Elsner.

826 So *Kahn/Suh*, in: Geiger/Kahn/Kotzur, EUV/AEUV, Art. 106 AEUV Rn. 4 unter Bezugnahme auf Art. 2 Buchst. b Transparenzrichtlinie 2006/111/EG; *Jung*, in: Calliess/Ruffert (Hrsg.), EUV/AEUV, Art. 106 AEUV Rn. 13.

2 Strukturelemente der Grundrechtsberechtigung

a) Verfahrensgrundrechte

Auch bei öffentlichen Unternehmen bietet es sich an, zwischen den materiellen Grundrechten und den Verfahrensgrundrechten zu unterscheiden. So wird allgemein die Grundrechtsberechtigung öffentlicher Unternehmen im Hinblick auf die Verfahrensgrundrechte bejaht.[827] Diese sind berechtigt, sich auf die Gewährleistungen aus Art. 47 ff. GRC zu berufen. Dies folgt auch daraus, dass die justiziellen Rechte der Art. 47 ff. GRC als objektiv-rechtsstaatliche Prinzipien, die auch aus den gemeinsamen Verfassungsüberlieferungen resultieren, unabhängig von der Rechtsform der Beteiligten gewahrt werden müssen.[828]

b) Materielle Grundrechte

Weder die Rechtsprechung noch die Literatur bieten hinsichtlich der materiellen Grundrechte eine abschließende Beantwortung der Frage nach der Grundrechtsberechtigung öffentlicher Unternehmen. Sowohl der EuGH als auch das später eingerichtete EuG hatten bisher nur vereinzelt die Gelegenheit, sich zur Grundrechtsberechtigung öffentlicher Unternehmen zu äußern. Die behandelten Fallgestaltungen betrafen immer spezielle, nicht verallgemeinerbare Situationen.[829] Innerhalb der Literatur divergieren hingegen die Meinungen zur Grundrechtsberechtigung öffentlicher Unternehmen stark, insbesondere in Abhängigkeit von den Beteiligungsverhältnissen. Daher muss im Folgenden differenziert werden.

---

827 Vgl. EuG, Rs. T-111/96, Slg. 1998, II-2937, Rn. 60 f. – ITT Promedia/Kommission; EuG, Rs. T-260/94, Slg. 1997, II-997 Rn. 63 – Air Inter./.Kommission; lediglich Beteiligtenrechte zuerkennend EuG, Rs. T-427/04, Slg. 2009, II-474, Rn. 146 ff. – Frankreich ./. Kommission; *Gundel*, in: Grabenwarter (Hrsg.), EnzEUR, Bd. 2, § 2 Rn. 31 Fn. 140; *Nowak*, in: Heselhaus/Nowak (Hrsg.), EU-Grundrechte, § 6 Rn. 26; *Crones*, S. 176; so allgemein für juristische Personen des Öffentlichen Rechts *Rengeling/Szczekalla*, GRC, Rn. 361.

828 Vgl. bereits Kap. 3 Abschn. B. I.; s. auch EuGH, Rs. C-48/90, Slg. 1992, I-565, Rn. 37 – Niederlande und PTT Nederland ./. Kommission; EuG, Rs. T-111/96, Slg. 1998, II-2937, Rn. 60 f. – ITT Promedia ./. Kommission.

829 Vgl. Kap. 3 Abschn. C. III. 1. b.

II Öffentliche Unternehmen im staatlichen Alleineigentum (Eigengesellschaften)

1 Öffentliches Unternehmen als juristische Person des Öffentlichen Rechts

Nach der Rechtsprechung des EuGH und dem unionsrechtlichen Begriffsverständnis kann es sich auch bei einer juristischen Person des Öffentlichen Rechts um ein Unternehmen handeln.[830] Nichtsdestotrotz können diese sich nicht auf über die Verfahrensgrundrechte hinausgehende Grundrechte berufen.[831] Insofern ist auf zutreffenden die Ausführungen zur Grundrechtsberechtigung juristischer Personen des Öffentlichen Rechts zu verweisen.[832]

2 Öffentliches Unternehmen als juristische Person des Privatrechts

Der EuGH hat sich zur Grundrechtsberechtigung öffentlicher Unternehmen in Privatrechtsform und staatlichem Alleineigentum bisher nicht geäußert. Lediglich einem Schlussantrag des Generalanwalts vor dem EuGH lässt sich in einem Rechtsmittelverfahren, in dem es um die Grundrechtsberechtigung eines (über ein Unternehmensgeflecht) zu 100 Prozent im Staatseigentum stehenden öffentlichen Unternehmens ging, ohne weitere Begründung die Einschätzung entnehmen, dass sich solche öffentlichen Unternehmen zumindest auf Verfahrensgrundrechte berufen können.[833] In der Literatur finden sich hingegen verschiedene Ansätze zur Grundrechtsberechtigung juristischer Personen.

a) Grundrechtstypische Gefährdungslage

In der Literatur wird überwiegend vertreten, dass öffentliche Unternehmen in Privatrechtsform, die sich in einer grundrechtstypischen Gefährdungslage befinden, unabhängig von den Beteiligungsverhältnissen grundrechtsberechtigt sind.[834] Die im Grunde vergleichbare Situation von öffentlichen Unternehmen

---

830 Vgl. für die Einordnung der Bundesanstalt für Arbeit als Unternehmen im Sinne des Wettbewerbsrechts EuGH, Rs. C-41/90, Slg. 1991, I-1979, Rn. 23 – Höfner und Elser; zum Eigenbetrieb *Fabry*, in: Fabry/Augsten (Hrsg.), Unternehmen der öffentlichen Hand, S. 38, Rn. 8.

831 Vgl. *Grabenwarter*, in: Grabenwarter (Hrsg.), Grundrechte des Wirtschaftslebens, S. 17 (24); für Art. 16 GRC *Blanke*, in: Stern/Sachs (Hrsg.), GRC, Art. 16 Rn. 12.

832 Vgl. Kap. 3 Abschn. B. I.

833 Vgl. SchlA GA *Bot*, in: EuGH, Rs. C-348/12, ECLI: EU: C:470, Rn. 34 – Manufactoring Support & Procurement Kala Naft.

834 Vgl. *Bernsdorf*, in: Meyer/Hölscheidt (Hrsg.), GRC, Art. 16 Rn. 18; ähnlich auf der Grundlage der gemeinsamen Verfassungsüberlieferungen *Lindermuth*, in: Kahl/

und privaten Teilnehmern am Wirtschaftsleben ist demnach insbesondere deshalb anzunehmen, weil beide am gemeinschaftlichen Wettbewerb teilnehmen und dabei wegen Art. 106 Abs. 1 AEUV prinzipiell den gleichen unionsrechtlichen Vorgaben aus Art. 101 ff. AEUV unterworfen sind.[835] Entsprechend macht eine Ansicht die Grundrechtsberechtigung öffentlicher Unternehmen von einer Einzelfallbetrachtung unter Berücksichtigung der Schutzrichtung des Grundrechts, der öffentlich-rechtlichen Organisationsform des Unternehmens und der Stellung der juristischen Person des Öffentlichen Rechts gegenüber dem Staat abhängig.[836]

Eine vergleichbare Gefährdungslage ergebe sich nach anderen Stimmen auch daraus, dass nach Art. 345 AEUV die Verträge die Eigentumsordnung in den verschiedenen Mitgliedstaaten unberührt lassen.[837]

Im Einzelnen wird auf der Grundlage der Lehre von der grundrechtstypischen Gefährdungslage, insbesondere die Grundrechtsberechtigung öffentlicher Unternehmen, hinsichtlich der Wirtschaftsgrundrechte der Art. 15 bis 17 GRC bejaht, sofern die öffentlichen Unternehmen sich in einem zu Privaten vergleichbaren Subordinationsverhältnis befinden. Das soll zum Beispiel für öffentlich-rechtliche Sparkassen und Energieversorger gelten.[838] Vereinzelt wird

---

Raschauer/Storr (Hrsg.), GRC, S. 111 (123 f.); ähnlich auch *Tettinger* in: FS Börner, S. 625 (637); *Frenz*, Hdb. EU-Recht, Bd. 4, Rn. 306 f.

835 Vgl. Bernsdorff, in: Meyer/Hölscheidt (Hrsg.), GRC, Art. 16 Rn. 18; noch zum EWGV *Tettinger*, in: FS Börner, S. 625 (638); i. E. auch *Calliess*, in: Energiewirtschaftliche Tagesfragen (et), 11/2007, S. 92 (95); im Zusammenhang mit Art. 16 GRC *Bezemek*, in: Holoubek/Lienbacher (Hrsg.), GRC, Art. 16 Rn. 12; *Frenz*, Hdb. Eu-Recht, Bd. 4, Rn. 304.

836 So *Pieper*, in: Dauses/Ludwigs (Hrsg.), Hdb. EU-Wirtschaftsrecht, Bd. 1, Abschn. B.I., Rn. 152.

837 Vgl. *Lindermuth*, in: Kahl/Raschauer/Storr (Hrsg.), GRC, S. 111 (124 f.); *Tettinger*, in Schwarze (Hrsg.), Wirtschaftsverfassungsrechtliche Garantien, S. 155 (175); im Ergebnis wegen vergleichbarer Betroffenheit auch *Rengeling*, in: DVBl 2004, 453 (455); *Frenz*, Hdb. EU-Recht, Bd. 4, Rn. 2673 f.;; auch ähnlich zum Schutz durch Art. 16 GRC *Bezemek*, in: Holoubek/Lienbacher (Hrsg.), GRC, Art. 16 Rn. 12; im Ergebnis auch *Schwarze*, in: Schwarze (Hrsg.), EU-Kommentar, Art. 16 GRC Rn. 4; s. auch *Calliess*, in: Energiewirtschaftliche Tagesfragen (et), 11/2007, S. 92 (95).

838 Vgl. *Lindermuth*, in: Kahl/Raschauer/Storr (Hrsg.), GRC, S. 111 (S. 124); *Frenz*, Hdb. EU-Recht, Bd. 4, Rn. 2813 f.; zur Berufsfreiheit *Notthoff*, S. 245; ähnlich *Bezemek*, in: Holoubek/Lienbacher (Hrsg.), GRC, Art. 16 Rn. 12; bejahend bei einer grundrechtsgleichen Gefährdungslage im Zusammenhang mit Art. 17 GRC *Blauenstei-ner/Hanslik*, in: Holoubek/Lienbacher (Hrsg.), GRC, Art. 17 Rn. 10; ähnlich bei

die Grundrechtsfähigkeit öffentlicher Unternehmen hinsichtlich Art. 17 GRC sogar mit dem Ansatz der grundrechtstypischen Gefährdungslage verglichen und damit begründet: Art. 17 GRC sei von vornherein nicht auf den Schutz des Privateigentums gerichtet, sondern auf das Wirtschaftseigentum, da alle Wirtschaftsteilnehmer im Wettbewerb durch das EU-Recht gleichbehandelt werden.[839]

Die Grundrechtsberechtigung öffentlicher Unternehmen nach der grundrechtstypischen Gefährdungslage zu bestimmen wird jedenfalls in Deutschland für das Grundgesetz überwiegend wegen des Konfusionsarguments abgelehnt.[840] Einer entsprechenden Anwendung des Konfusionsarguments im Kontext der Grundrechtsberechtigung öffentlicher Unternehmen in staatlichem Alleineigentum unter der GRC ist jedoch entgegen zu halten, dass der Grundrechte-Charta wegen Art. 51 GRC keine umfassende Bindungswirkung zukommt.[841] Die GRC ist nach Art. 51 GRC nur anwendbar, wenn die Union beziehungsweise eines ihrer Organe handelt oder die Mitgliedstaaten Unionsrecht durchführen und auch nur in diesen Fällen besteht eine Bindung an die GRC. Dies sowie die autonome Rechtsstellung der Europäischen Union sprechen somit gegen eine Anwendung des Konfusionsarguments auf der Ebene des europäischen Primärrechts, da Maßnahmen der Union auf private Wirtschaftsteilnehmer und auf öffentliche Unternehmen in ihrer Rolle als Marktteilnehmer dieselben Auswirkungen haben.[842]

b) *Öffentliche Unternehmen als Teil der Mitgliedstaaten*

Teile der Literatur haben zunächst die Berechtigung allein in Staatseigentum stehender öffentlicher Unternehmen, sich auf die unternehmerische Freiheit aus

---

Art. 20 GRC, soweit keine hoheitlichen Rechtsakte durch das öffentliche Unternehmen erlassen werden, *Schramm*, in: Holoubek/Lienbacher (Hrsg.), GRC, Art. 20 GRC Rn. 16.

839 Vgl. *Frenz*, Hdb. EU-Recht, Bd. 4, Rn. 2814.

840 So *Gundel*, in: Grabenwarter (Hrsg.), EnzEUR, Bd. 2, § 2 Rn. 32.

841 Ähnlich *Frenz*, Hdb. EU-Recht, Bd. 4, Rn. 305 f., der die Grundrechtsberechtigung auch auf die dadurch unterschiedliche Grundrechtsbindung öffentlicher Unternehmen auf nationaler und mitgliedstaatlicher Ebene zurückführt; trotz dieser Ausgangslage zumindest eine Drittwirkung der Grundrechte nicht ausschließend *Kingreen*, in: JöR 65, 1 (11).

842 So auch *Tettinger*, in: FS Börner, S. 625 (639); *Wunderlich*, S. 122 f.; *Strunz*, S. 143; *Schwier*, S. 208.

Art. 16 GRC zu berufen, abgelehnt.[843] Sie wenden sich dabei gegen die Argumente für eine Grundrechtsberechtigung öffentlicher Unternehmen, d. h. zum einen gegen die eingeschränkte Bindung an die Charta-Grundrechte und zum anderen dagegen, dass sowohl von der öffentlichen Hand als auch von Privaten beherrschte Teilnehmer am Wirtschaftsleben den gleichen Vorschriften unterworfen seien. Aus der Rechtsform zu schließen, dass eine Grundrechtsberechtigung bestehen müsse, sei demnach widersprüchlich, denn die Bindung an die Grundrechte bestehe unabhängig von der Rechtsform, von der staatliches Handeln ausgehe („keine Flucht in das Privatrecht"). Bei der Annahme einer Grundrechtsberechtigung würden sonst Grundrechtsgebundener und Grundrechtsberechtigter zusammenfallen (Konfusionsargument). Öffentliche Unternehmen sind nach Art. 106 Abs. 1 AEUV den Mitgliedstaaten und damit den Grundrechtsverpflichteten zuzuordnen.[844] Des Weiteren stelle der umfassende Schutz öffentlicher wie privater Unternehmen durch die Regelungen des AEUV und damit der Grundfreiheiten keine Begründung für deren Grundrechtsberechtigung dar.[845] Die Regelungen des AEUV sind Vorschriften mit objektivrechtlichem Gehalt und auch öffentliche Unternehmen würden nicht umfassend durch sie berechtigt.[846] Die Berechtigung bei den Grundfreiheiten und den Grundrechten sei somit nicht vergleichbar und die Grundrechtsberechtigung öffentlicher Unternehmen abzulehnen.

c) Bestimmung anhand der Eingriffsrichtung

Ein anderer Ansatz besteht darin, die Grundrechtsberechtigung öffentlicher Unternehmen im Einzelfall nach der Richtung des Eingriffs in ihre Rechtsposition zu beurteilen.[847] Geht der Eingriff von der Union selbst in Form

843 Vgl. hierzu und Folgendem *Blanke*, in: Tettinger/Stern (Hrsg.), GRC, Art. 16 Rn. 16 f., Art. 15 Rn. 35; *Blanke*, in: Stern/Sachs (Hrsg.), GRC, Art. 16 Rn. 12; allgemein *Weiß*, in: EuR 2003, 165 (182); allgemein für staatlich beherrschte Unternehmen *Ehlers*, in: Ehlers (Hrsg.), Europäische Grundrechte und Grundfreiheiten, § 14 Rn. 57; *Ruffert*, in: Ehlers (Hrsg.), Europäische Grundrechte und Grundfreiheiten, § 19 Rn. 26; *Rengeling*/Szczekalla, GRC, Rn. 363.

844 Vgl. *Gundel*, in: Grabenwarter (Hrsg.), EnzEUR, Bd. 2, § 2 Rn. 32; *Manthey*, S. 65; zur Qualifikation als öffentliches Unternehmen EuGH, Rs. C-324/98, Slg. 2000, I-10745, Rn. 36 – Teleaustria und Telefonadress.

845 So zum Beispiel *Frenz*, Hdb. GR, Bd. 4, Rn. 2538.

846 Vgl. *Blanke*, in: Tettinger/Stern (Hrsg.), GRC, Art. 16 Rn. 17; *Nicolaysen*, in: EuR 2003, 719 (737).

847 Vgl. hierzu und zum Folgenden *Korte*, in: FS Stober, S. 127 (143).

einer gemäß Art. 263 Abs. 4 AEUV angreifbaren Handlung aus, so sollen sich öffentliche Unternehmen unabhängig von den Beteiligungs- beziehungsweise Beherrschungsverhältnissen auf die GRC berufen können. Dies folge daraus, dass die „Blindheit“ der Union für innerstaatliche Strukturen nicht bestehe, wenn innerhalb des Staates autonome Rechtssubjekte betroffen sind.[848] Geht die Eingriffshandlung hingegen von einem Mitgliedstaat aus, sei es in Form eines unionsrechtlich determinierten Individualrechtsakts oder in Form eines allgemeingültigen Durchführungsrechtsakts, so sollen öffentliche Unternehmen nicht grundrechtsberechtigt sein.[849] Die Grundrechtsberechtigung scheide in Anlehnung an die Rechtsprechung des EGMR zu Art. 34 EMRK in jedem Fall dann aus, wenn ein Mitgliedstaat einen beherrschenden Einfluss ausübt.[850]

d) Fazit

Nach alledem ist die Grundrechtsberechtigung öffentlicher Unternehmen als juristische Personen des Privatrechts in Übereinstimmung mit der überwiegenden Literatur zu bejahen. Öffentliche Unternehmen befinden sich aufgrund ihrer Marktanteile in einer vergleichbaren Situation wie private Unternehmen und damit in einer grundrechtstypischen Gefährdungslage. Die Grundrechtsberechtigung an Hand des Vorliegens einer grundrechtstypischen Gefährdungslage zu bestimmen überzeugt, da nicht mit Hoheitsgewalt ausgestattete öffentliche Unternehmen gleichermaßen wie private Marktteilnehmer betroffen sind. Sie sind den gleichen unionsrechtlichen Vorgaben unterworfen und stehen mithin außerhalb des Staates und sind nicht Teil dessen. Insofern verfängt auch nicht das Konfusionsargument, da eine Bindung an die Grundrechte-Charta wegen Art. 51 GRC nur bei der Durchführung von Unionsrecht besteht. Dies ist bei privatwirtschaftlichem Tätigwerden eines öffentlichen Unternehmens gerade nicht der Fall.

Überdies müssen wegen Art. 52 Abs. 4 GRC die öffentlichen Unternehmen auch unter der GRC grundrechtsberechtigt sein, soweit sie es nach der Rechtsprechung des EGMR sind.

---

848 Vgl. *Korte*, in: FS Stober, S. 127 (143).

849 Vgl. *Korte*, in: FS Stober, S. 127 (143).

850 Vgl. *Korte*, in: FS Stober, S. 127 (144), der jedoch auch öffentliche Unternehmen im Sinne des Unionsrechts von der Grundrechtsberechtigung ausschließt.

III Öffentliche Unternehmen unter Beteiligung Privater (gemischtwirt schaftliche Unternehmen)

1 Öffentliche Unternehmen in mehrheitlich staatlichem Eigentum

a) Literatur

Wenige verneinen die Grundrechtsberechtigung öffentlicher Unternehmen unter Verweis darauf, dass den privaten Anteilseignern selbst im Hinblick auf ihren Unternehmensanteil eine Grundrechtsberechtigung verbleibe.[851] Andere lehnen die Grundrechtsberechtigung öffentlicher Unternehmen mit privaten Minderheitsanteilseignern ab, da diese keinen bestimmenden Einfluss auf das Unternehmen ausüben könnten und sonst die öffentliche Hand durch die teilweise Öffnung des Unternehmens für Private eine systemwidrige Grundrechtsberechtigung herbeiführen könnte.[852]

Sofern ein öffentliches Unternehmen in Privatrechtsform organisiert ist und der Staat die Mehrheit der Anteile daran hält, kann hier auf die Stimmen verwiesen werden, die die Grundrechtsberechtigung öffentlicher Unternehmen (insbesondere wegen der grundrechtstypischen Gefährdungslage) bejahen.[853] Wenn demnach ein zu 100 Prozent im Staatseigentum befindliches öffentliches Unternehmen grundrechtsberechtigt ist, so muss dies erst recht für ein nur teilweise in Staatseigentum befindliches öffentliches Unternehmen gelten.

Soweit die Literatur ausdrücklich die Situation einer privaten Minderheitenbeteiligung anspricht, soll die Grundrechtsberechtigung solcher gemischtwirtschaftlicher öffentlicher Unternehmen nach einer Ansicht daraus folgen, dass hinter der Beteiligung der Privaten deren schützenswerte Grundrechtspositionen stehen.[854] Andere bejahen nur dann eine Grundrechtsberechtigung von überwiegend in staatlichem Eigentum befindlichen öffentlichen Unternehmen, wenn sie nicht an der Ausübung von Hoheitsgewalt beteiligt sind und keine öffentlichen Aufgaben unter staatlicher Kontrolle wahrnehmen; sie

851 So *Rengeling/Sczckalla*, GRC Rn. 363.

852 Vgl. *Gundel*, in: Grabenwarter (Hrsg.), EnzEUR, Bd. 2, § 2 Rn. 33.

853 Vgl. Kap. 3 Abschn. C. II. 2. a.

854 Vgl. *Blanke*, in: Stern/Sachs (Hrsg.), GRC, Art. 16 Rn. 12; *Grabenwarter*, in: Grabenwarter (Hrsg.), Grundrechte des Wirtschaftslebens, S. 17 (24); a.A. *Gundel*, in: Grabenwarter (Hrsg.), EnzEuR, Bd. 2, § 2 Rn. 33.

vielmehr sowohl rechtlich als auch finanziell vom Staat unabhängig sind und demselben Recht unterliegen wie alle anderen Wirtschaftsteilnehmer.[855]

b) Rechtsprechung

Nach einem Schlussantrag der Generalanwaltschaft beim EuGH gilt für öffentliche Unternehmen, wie für alle anderen juristischen Personen, dass sie sich auf die Verfahrensgrundrechte berufen können.[856]

Der EuGH selbst hat erst in einem Urteil Grundrechte öffentlicher Unternehmen thematisiert. In der Sache wurde eine Beeinträchtigung der Eigentumsfreiheit gerügt, da eine Richtlinie vorschreibe, wie die Höhe eines Zahlungsentgelts für die Nutzung einer Flughafeninfrastruktur zu bestimmen ist. Der EuGH ging daher kurz auf den sachlichen Schutzbereich der Eigentumsfreiheit im Zusammenhang mit der Gewinnerzielungsmöglichkeit durch Erhebung eines Zahlungsentgelts für Bodenabfertigungsdienstleistungen auf einem Flughafen ein. Er stellte aber keine Eigentumsbeeinträchtigung fest, da auch bei Anwendung der Maßgaben der Richtlinie eine Gewinnerzielung möglich sei.[857] Mit dieser Entscheidung hat der EuGH weder eine Aussage zu den Voraussetzungen der Grundrechtsberechtigung öffentlicher Unternehmen getroffen noch durch die Ablehnung einer Eigentumsbeeinträchtigung der Flughafenbetreibergesellschaft dazu Stellung genommen, ob die Eigentumsfreiheit überhaupt auf öffentliche Unternehmen anwendbar ist. Dennoch bejaht die Literatur vereinzelt auf der Grundlage dieser Entscheidung die Grundrechtsberechtigung öffentlicher Unternehmen, deren Anteile mehrheitlich im Eigentum des Staates stehen.[858]

Im Gegensatz zum EuGH hat das EuG Stellung zur Grundrechtsberechtigung öffentlicher Unternehmen genommen, die sich im mehrheitlichen Eigentum von Drittstaaten befinden.[859] Das EuG ging auf die von der Kommission

---

855 So *Jarass*, GRC, Art. 51 Rn. 59; ähnlich *Lindermuth*, in: Kahl/Raschauer/Storr (Hrsg.), GRC, S. 111 (124); dies entspricht den Kriterien in Art. 34 EMRK für eine nichtstaatliche Organisation, siehe hierzu Kap. 2 Abschn. B. II.

856 Vgl. SchlA GA *Bot*, in: EuGH, Rs. C-348/12, ECLI: EU: C:470, Rn. 64 ff. – Manufacturing Support & Procurement Kala Naft.

857 Vgl. hierzu und zu Vorstehendem EuGH, Rs. 363/01, Slg. 2003, I-11893, Rn. 55 bis 58 – Flughafen Hannover-Langenhagen.

858 Vgl. EuGH, Rs. 363/01, Slg. 2003, I-11893, Rn. 55, 58 – Flughafen Hannover-Langenhagen; so *Calliess*, in: Energiewirtschaftliche Tagesfragen (et), 11/2007, S. 92 (95); *Korte*, in: FS Stober, S. 127 (134).

859 Vgl. EuG, Rs. T-496/10, ECLI: EU: T:2013:30, Rn. 35 ff. – Bank Mellat; EuG, Rs. T-494/10, ECLI: EU: T:2013:59 Rn. 33 ff. – Bank Sederat Iran.

vorgebrachten Bedenken ein, dass es sich bei der Klägerin um einen „verlängerten Arm des Staates" und damit um eine nicht grundrechtsberechtigte juristische Person des Öffentlichen Rechts handle. Das EuG trat dem entgegen, indem es anführte, dass weder die Verträge noch die GRC Bestimmungen enthalten, wonach juristische Personen wie die Klägerin – also öffentliche Unternehmen aus Drittstaaten – von der Grundrechtsberechtigung ausgeschlossen sind. Auch der Wortlaut der einschlägigen Grundrechte erfasst der Entscheidung zufolge im vorliegenden Fall juristische Personen wie die Klägerinnen, da dort von *jede(r) Person* die Rede ist (vgl. Art. 17, 41 und 47 GRC). Das EuG lehnte es auch ab, Parallelen zur EMRK sowie zur Rechtsprechung des EGMR zu öffentlichen Unternehmen zu ziehen:[860] Art. 34 EMRK, der die Geltendmachung von Grundrechten durch staatliche Organisationen ausschließt und auf den sich die Rechtsprechung des EGMR in diesem Zusammenhang stützt,[861] sei eine reine Verfahrensvorschrift und ihr Zweck liege darin, zu verhindern, dass eine Vertragspartei der EMRK zugleich als Beschwerdeführer und Beschwerdegegner auftritt. Da der Eigentümer des öffentlichen Unternehmens ein nicht an die GRC gebundener Drittstaat ist, sei überdies nach dem EuG auch das Konfusionsargument nicht anwendbar. Nach alledem kommt das EuG zu dem Ergebnis, dass sich juristische Personen aus Drittstaaten auch dann auf die mit ihrer Eigenschaft als juristische Person vereinbaren Grundrechte der GRC berufen können, wenn es sich bei ihnen um einen „verlängerten Arm des Staates" handelt.[862] Demnach geht es zumindest davon aus, dass öffentliche Unternehmen im (überwiegenden) Eigentum von Drittstaaten grundrechtsberechtigt sind. Das EuG geht in seinen Entscheidungen noch darauf ein, dass auch tatsächlich nichts vorgebracht wurde, was für die Ausübung von Hoheitsgewalt durch das öffentliche Unternehmen spräche.[863] Bei der Beurteilung dessen orientiert es sich dann doch an den Kriterien der Rechtsprechung des EGMR zu Art. 34 EMRK, jedoch ohne

---

860 Vgl. zur Rechtslage unter der EMRK EGMR, Entscheidung vom 13.12.2007, *Islamic Republik of Iran Shipping Lines ./. Turkey*, 40998/98; im Einzelnen Kap. 2 Abschn. C. I.

861 Vgl. Kap. 2 Abschn. C. I. m.w.N.

862 Vgl. EuG, Rs. T-496/10, ECLI: EU: T:2013:30, Rn. 35 ff. – Bank Mellat; erstmals aufgeworfen, aber aus Verfahrensgründen nicht beantwortet wurde die Frage nach der Grundrechtsberechtigung öffentlicher Unternehmen aus Drittstaaten in EuG, Rs. T-509/10, ECLI: EU: T:2012:416, Rn. 43 – Manufactoring Support & Procurement Kala Naft.

863 Vgl. EuG, Rs. T-496/10, ECLI: EU: T:2013:30, Rn. 42 ff. – Bank Mellat

die Verfahrensvorschrift des Art. 34 EMRK anzusprechen.[864] Diesen Ausführungen nach solle eine Grundrechtsberechtigung auch dann ausscheiden, wenn das öffentliche Unternehmen einem Dienst für das Gemeinwohl unter behördlicher Aufsicht nachgegangen sei. Dies wird von der Literatur kritisiert, da zumindest die Einbindung in die Erbringung eines Dienstes für das Gemeinwohl (Daseinsvorsorge) nicht zum Ausschluss der Grundrechtsberechtigung führen dürfe; in diesen Fällen bestehe keine Notwendigkeit eines Ausschlusses der Grundrechtsberechtigung, da hierin nicht die Ausübung von Hoheitsgewalt liege.[865] Diese Stimmen bejahen sodann die Grundrechtsberechtigung öffentlicher Unternehmen, soweit keine Hoheitsgewalt ausgeübt wird, ohne auf die Eigentumsverhältnisse einzugehen.[866]

Im Schrifttum wurde eine Übertragbarkeit dieses Urteils auf mitgliedstaatliche öffentliche Unternehmen verneint, soweit diese nach den Kriterien des Urteils des EGMR in der Rechtssache *Holy Monasteries* Hoheitsgewalt ausüben.[867] Demnach sei das Konfusionsargument bei mitgliedstaatlichen öffentlichen Unternehmen zu berücksichtigen, da diese im Gegensatz zu öffentlichen Unternehmen aus Drittstaaten grundrechtsgebunden sein können.

Demnach bleibt festzuhalten, dass jedenfalls öffentliche Unternehmen aus Drittstaaten grundrechtsberechtigt sind, sofern sie den Voraussetzungen des EGMR an nichtstaatliche Organisationen und damit die Beschwerdebefugnis nach Art. 34 EMRK entsprechende Anforderungen erfüllen. Im Hinblick auf mitgliedstaatliche öffentliche Unternehmen ist die Grundrechtsberechtigung jedenfalls dann zu bejahen, wenn sie keine Hoheitsgewalt ausüben.

2 Öffentliche Unternehmen in mehrheitlich privatem Eigentum

Die Rechtsprechung hat sich bisher noch nicht zu öffentlichen Unternehmen, die mehrheitlich im Privateigentum stehen, geäußert.

Die Literatur bejaht bei überwiegendem Eigentum Privater an öffentlichen Unternehmen mehrheitlich deren Grundrechtsberechtigung, ohne zu

864 Vgl. EuG, Rs. T-496/10, ECLI: EU: T:2013:30, Rn. 42 ff. – Bank Mellat; s. auch EGMR, Entscheidung vom 13.12.2007, *Islamic Republik of Iran Shipping Lines/Türkei*, 40998/98.

865 So *Kühling*, in: Pechstein/Nowak/Häde (Hrsg.), EUV/GRC/AEUV, Art. 17 Rn. 7.

866 So *Kühling*, in: Pechstein/Nowak/Häde (Hrsg.), EUV/GRC/AEUV, Art. 17 Rn. 7; *Frenz*, Hdb. EU-Recht, Bd. 4, Rn. 2808, *Jarass*, GRC, Art. 17 Rn. 17; *Tamblé*, in: EuR 2016, 666 (688).

867 So *Kühling*, in: Pechstein/Nowak/Häde (Hrsg.), EUV/GRC/AEUV, Art. 17 GRC Rn. 7; siehe zur Rechtsprechung des EGMR Kap. 2 Abschn. B. I. 2.

differenzieren, ob diese sich in mitgliedstaatlichem Eigentum oder im Eigentum eines Drittstaates befinden.[868] Andere diskutieren nur die Grundrechtsberechtigung öffentlicher Unternehmen, deren Anteile mehrheitlich der Staat hält beziehungsweise die vom Staat beherrscht werden.[869] Jedoch kann auf der Grundlage eines Erst-Recht-Schlusses insoweit von einer Grundrechtsberechtigung öffentlicher Unternehmen mit mehrheitlicher Beteiligung Privater ausgegangen werden, wie die Grundrechtsberechtigung mehrheitlich im Eigentum des Staates stehender öffentlicher Unternehmen bejaht wird.

D Fazit

Die Grundrechtsberechtigung juristischer Personen ist in der GRC nur in den Art. 42 bis 44 GRC vorgesehen. Abseits hiervon existiert keine normative Grundlage für die Grundrechtsberechtigung juristischer Personen. In der Rechtsprechung ist die Grundrechtsberechtigung juristischer Personen des Privatrechts hinsichtlich der Gewährleistungen aus den Art. 7, 8, 10, 11, 12, 15, 16, 17, 20, 28, 47, 48, 49, 50 GRC anerkannt. Sie begründet das entweder nicht oder mit Verweis auf die Rechtsgrundsatz-Grundrechte oder die Rechtsprechung des EGMR. Nur im Einzelfall geht der EuGH auf Telos und Systematik der Gewährleistung ein. Juristische Personen des Privatrechts können sich daneben noch auf die Art. 13, 14, 21, 23, 43, 44, 45, 46 GRC berufen. Zur Begründung wird überwiegend darauf abgestellt, dass diese Gewährleistungen ihrem *Wesen* nach auf juristische Personen anwendbar sind.

Juristische Personen des Öffentlichen Rechts sind abseits der Verfahrensgrundrechte und ihrer spezifischen Erscheinungsformen grundsätzlich nicht grundrechtsberechtigt. Zur Begründung wird vorrangig auf das Konfusionsargument verwiesen. Dies sprichtauch gegen die Grundrechtsberechtigung von Gemeinden. Ausnahmefälle in Form von spezifischen Erscheinungsformen sind Religionsgemeinschaften (Art. 10 GRC), Rundfunkanstalten (Art. 11, 16 GRC) sowie Universitäten (Art. 13 GRC). Die Rechtsprechung hat ausdrücklich bisher nur die Grundrechtsberechtigung der Religionsgemeinschaften hinsichtlich Art. 10 GRC anerkannt.

---

868 Vgl. *Calliess*, in: Energiewirtschaftliche Tagesfragen (et), 11/2007, S. 92 (95); ferner *Ehlers*, in: Ehlers (Hrsg.), Europäische Grundrechte und Grundfreiheiten, § 14 Rn. 57, der nur im Falle eines Beherrschungsverhältnisses eine Grundrechtsberechtigung ablehnt; siehe auch *Blanke*, in: Stern/Sachs (Hrsg.), GRC, Art. 16 Rn. 12; *Korte*, in: FS Stober, S. 126 (144).

869 So *Rengeling/Sczckalla*, GRC, Rn. 363; s. bereits Kap. 3 Abschn. C. III. 1.

Die Grundrechtsberechtigung öffentlicher Unternehmen wird grundsätzlich in Abhängigkeit von den Beteiligungsverhältnissen beurteilt. Die Rechtsprechung hat sich bisher nur zu öffentlichen Unternehmen, die überwiegend oder allein im Eigentum eines Drittstaates stehen, geäußert und deren Grundrechtsberechtigung bejaht. Nach der Literatur wird sie teils unabhängig von den Beteiligungsverhältnissen bejaht, sofern das öffentliche Unternehmen keine Hoheitsgewalt ausübt und wie eine juristische Person des Privatrechts am Wirtschaftsleben teilnimmt. Nach anderen Stimmen seien öffentliche Unternehmen nur grundrechtsberechtigt, wenn der Staat keinen beherrschenden Einfluss hat oder weniger als 50 Prozent der Anteile am Unternehmen hält. Überzeugend ist es im Anschluss an die Rechtsprechung zu öffentlichen Unternehmen aus Drittstaaten und die erstgenannte Literaturmeinung dann eine Grundrechtsberechtigung zu bejahen, wenn öffentliche Unternehmen keine Hoheitsgewalt ausüben und wie Private am Wirtschaftsleben teilnehmen. Unter diesen Voraussetzungen weisen die öffentlichen Unternehmen keine überwiegende Staatsnähe auf und sind bei funktionaler Betrachtung kein Teil des Staates. Infolgedessen kann gegen eine Grundrechtsberechtigung dann auch nicht das Konfusionsargument eingewandt werden.

Kapitel 4: Grundrechtliche Wechselwirkungen im Mehrebenensystem

Die Kapitel 1 bis 3 haben gezeigt, dass im europäischen Mehrebenensystem auf nationalstaatlicher und europäischer Ebene auch juristische Personen grundrechtlich geschützt werden. Dabei stehen die Grundrechtsregime auf nationaler Ebene und die EMRK sowie die GRC auf der europäischen Ebene nicht autark nebeneinander, sondern sind durch wechselseitige Bezüge miteinander verbunden. Diese Bezüge sowie Gemeinsamkeiten und Unterschiede im Europäischen Grundrechtsverbund werden im folgendem Kapitel unter Berücksichtigung der Historie der Grundrechtskataloge herausgearbeitet.

A Beeinflussungswege und Chronologie

I Beeinflussung bei der Verfassungsgebung in den Mitgliedstaaten

Im ersten Kapitel wurde festgestellt, dass weder die Normierung der Grundrechtsberechtigung juristischer Personen in Deutschland und Italien noch ihr Fehlen in den übrigen Mitgliedstaaten auf eine gegenseitige Beeinflussung im jeweiligen Verfassungsgebungsprozess zurückgeht. Auch das Fehlen einer ausdrücklichen normativen Regelung der Grundrechtsberechtigung juristischer Personen wie Art. 19 Abs. 3 GG in der EMRK und in der GRC ist ohne Einfluss auf das Fehlen einer normativen Grundlage auf mitgliedstaatlicher Ebene. Eine Beeinflussung durch die GRC ist bereits aus chronologischer Sicht ausgeschlossen, da sie erst im Jahr 2009 und damit weit nach den letzten Verfassungsreformen in den Mitgliedstaaten in Kraft getreten ist. Obgleich die EMRK, die bereits im Jahr 1950 von den ersten 13 Vertragsstaaten ratifiziert wurde, nachweislich etwa die Entstehung der polnischen Verfassung im Allgemeinen beeinflusste,[870] finden sich keine Hinweise dafür, dass dies auch konkret für das Fehlen einer Regelung der Grundrechtsberechtigung juristischer Personen gilt. Es wurde in der polnischen Verfassung insbesondere keine zu Art. 34 EMRK vergleichbare prozessuale Norm aufgenommen. Trotz Art. 162 Abs. 1 Buchst. b der spanischen Verfassung aus dem Jahr 1974, der Art. 34 EMRK ähnelt, gilt dies auch für sie. Bei der Reform der schwedischen Verfassung wurde zwar auch keine Art. 34 EMRK entsprechende Norm eingeführt, jedoch kann der Entscheidung des EGMR zu

---

870 So *Tuleja*, in: von Bogdandy/Villalón/Huber (Hrsg.), IPE, § 8 Rn. 10.

Art. 1 des 1. ZP zur EMRK in der Rechtssache *Sporrong und Lönnroth*[871] ein bestimmender Einfluss auf die Reichweite des grundrechtlichen Eigentumsschutzes in Schweden zugesprochen werden. Infolge dieser Entscheidung des EGMR wurde durch die Reform der schwedischen Verfassung dort erstmals ein verfassungsrechtlicher Eigentumsschutz verankert.[872] Da sowohl die Quellen aus dem Prozess der Verfassungsreform als auch die schwedische Literatur ab 1994 juristischen Personen die grundrechtlich geschützte Eigentumsfreiheit zuerkennen, spricht vieles dafür, dass die Rechtsprechung des EGMR beziehungsweise die EMRK (Art. 1 des 1. ZP zur EMRK) zumindest in Schweden Einfluss auf den grundrechtlichen Eigentumsschutz juristischer Personen hatte.

II Beeinflussung der europäischen Grundrechtsregime bei ihrer Entstehung

1 Beeinflussung der EMRK durch mitgliedstaatliches Recht

Neben Art. 34 EMRK findet sich nur in Art. 19 Abs. 3 GG und Art. 2 der italienischen Verfassung ein allgemeiner, normativer Anknüpfungspunkt für die Bestimmung der Grundrechtsberechtigung juristischer Personen. Diese Regelungen sind vor der EMRK entstanden und in Kraft getreten. Auch wurde die Frage der Grundrechtsberechtigung juristischer Personen auf mitgliedstaatlicher Ebene bereits vor dem Zweiten Weltkrieg diskutiert. Dennoch finden sich in der Historie der Entstehung der EMRK keine Hinweise auf eine Beeinflussung der Regelung des Art. 34 EMRK (Art. 25 EMRK a. F.) durch mitgliedstaatliche Vorbilder.[873] Entsprechendes gilt für Art. 1 des 1. ZP zur EMRK, der juristische Personen ausnahmsweise ausdrücklich berechtigt.[874]

2 Beeinflussung der GRC durch mitgliedstaatliches Recht

In der GRC wird die Frage nach der Grundrechtsberechtigung juristischer Personen nicht durch eine ausdrückliche Norm beantwortet. Vielmehr soll nach

---

871 Vgl. EGMR, Entscheidung vom 23.09.1982, *Sporrong und Lönnroth ./. Schweden*, 7157/75.

872 Vgl. *Vogel*, in: von Bogdandy/Cruz Villalón/Huber (Hrsg.), IPE, § 9 Rn. 99; s. zum Eigentumsschutz in der reformierten Verfassung *Woltersdorf*, S. 92 ff.

873 Vgl. allgemein zur Entstehung der EMRK *Rogge*, in: Pabel/Schmahl (Hrsg.), IntKommEMRK, Art. 34 Rn. 71 ff.; *Partsch*, in: ZaöRV 15 (1953), 631.

874 Vgl. zur Entstehung des Art. 1 des 1. ZP zur EMRK *Böckstiegel*, S. 11 ff., wonach auch in Alternativfassungen der Eigentumsfreiheit juristische Personen berechtigt waren; *Kriebaum*, in: Pabel/Schmahl (Hrsg.), IntKommEMRK, Art. 1 EMRK/1. ZP, Rn. 7 ff.

dem Grundrechte-Konvent die Antwort darauf der Rechtsprechung und Literatur überlassen bleiben.[875] Diese Entscheidung geht nach der Literatur darauf zurück, dass in der Rechtsprechung des EuGH zu den Rechtsgrundsatz-Grundrechten die Grundrechtsberechtigung juristischer Personen bereits anerkannt sei und eine gemeinsame Verfassungstradition der Mitgliedstaaten bestehe, wonach sich die Anwendbarkeit des einzelnen Grundrechts auf juristische Personen nach seinem „Wesen" beurteile.[876] Dass die Tendenz zu einer solchen gemeinsamen Verfassungstradition besteht, wurde im ersten Kapitel festgestellt. Mit dem Gedanken, die Regelung der Frage der Grundrechtsberechtigung auf der Grundlage der Wesens-Formel der Rechtsprechung und Literatur zu überlassen, steht die GRC in der Tradition der überwiegenden Zahl der Mitgliedstaaten.[877] Insofern kann von einer genetischen Beeinflussung der GRC durch die nationalen Verfassungsüberlieferungen gesprochen werden.

Wegen der Entstehung der GRC in Orientierung an den durch den EuGH richterrechtlich entwickelten Rechtsgrundsatz-Grundrechten ist eine mittelbare Beeinflussung der Grundrechtsberechtigung juristischer Personen durch die mitgliedstaatlichen Rechtsordnungen hinsichtlich einzelner Grundrechte denkbar (vgl. auch Art. 6 Abs. 3 EUV). In den Erläuterungen des Präsidiums des Grundrechtekonvents finden sich hinsichtlich des entstehungsgeschichtlichen Hintergrunds der einzelnen Gewährleistungen der GRC teils ausdrückliche Bezüge auf eine mitgliedstaatliche Verfassungstradition.[878] Da hierbei jedoch in keinem Fall auf die Grundrechtsberechtigung juristischer Personen Bezug genommen wird, sondern es sich stets um allgemeine Erläuterungen handelt, können nur auf der Grundlage dieser Verweise noch keine eindeutigen Schlüsse für deren Grundrechtsberechtigung in der GRC gezogen werden. Vielmehr kann in den Erläuterungen nur ein Hinweis für eine Annäherung des europäischen an das mitgliedstaatliche Grundrechtsschutzniveau gesehen werden.[879]

---

875 So hierzu und zum Folgenden *Ladenburger/Vondung*, in: Stern/Sachs (Hrsg.), GRC, Art. 51 Rn. 3.

876 Vgl. *Ladenburger/Vondung*, in: Stern/Sachs (Hrsg.), GRC, Art. 51 Rn. 3.

877 Vgl. Kap. 1 Abschn. B. II. 1. a.

878 Vgl. ABl. 2007 C 303/17 ff. zur Eigentumsfreiheit aus Art. 17 GRC, zum Gleichheitssatz aus Art. 20 GRC sowie zur Verfahrensgarantie aus Art. 49 Abs. 3 GRC.

879 Vgl. zu den Konvergenzen bei der Reichweite des Schutzes durch einzelne Grundrechte im Mehrebenensystem Kap. 4 Abschn. B. I. 1. c.

3 *Beeinflussung der EMRK durch die EU-Grundrechte*

Eine Beeinflussung der EMRK durch die GRC ist schon aus chronologischen Gründen ausgeschlossen, da die EMRK 50 Jahre vor der GRC in Kraft getreten ist. Es gab damals auch noch keine Rechtsgrundsatz-Grundrechte, die Einfluss auf die Entstehung der EMRK hätten nehmen können. Die EMRK ist teils nur von der allgemeinen Menschenrechtserklärung der UN beeinflusst.[880] Diese beinhaltet aber keine ausdrückliche Regelung der Grundrechtsberechtigung juristischer Personen.

4 *Beeinflussung der GRC durch die EMRK*

Dass ein Einfluss der EMRK auf die Entstehung der GRC besteht, ist nicht nur der Aussage des Grundrechte-Konvents, er habe sich beim Verzicht auf eine Normierung der Frage der Grundrechtsberechtigung juristischer Personen von der vorhandenen Rechtsprechung des EGMR zu dieser Frage leiten lassen,[881] zu entnehmen. Daneben beziehen sich die Erläuterungen des Präsidiums des Konvents auf die korrespondierenden Gewährleistungen der EMRK. Dies gilt für folgende Grundrechte der GRC im Verhältnis zu denen der EMRK:[882]

Gewährleistung der GRC	**Entsprechende Gewährleistung der EMRK**
Art. 7 GRC	Art. 8 EMRK
Art. 10 Abs. 1 GRC	Art. 9 EMRK
Art. 11 GRC	Art. 10 EMRK
Art. 17 GRC	Art. 1 des 1. ZP zur EMRK
Art. 48 GRC	Art. 6 Abs. 2, 3 EMRK
Art. 49 Abs. 1 (ohne letzten Satz), 2 GRC	Art. 7 EMRK

Von diesen Gewährleistungen der EMRK berechtigt jedoch nur das Eigentumsgrundrecht aus Art. 1 des 1. ZP zur EMRK ausdrücklich juristische Personen. Die korrespondierende Eigentumsfreiheit in Art. 17 GRC hingegen hat juristische Personen nicht explizit in ihren persönlichen Anwendungsbereich aufgenommen, sie spricht aber zumindest allgemein von „jeder Person". Auch die übrigen Grundrechte der GRC sprechen in ihrem persönlichen Gewährleistungsumfang juristische Personen nicht ausdrücklich an.

880 Vgl. *Rogge*, in: Pabel/Schmahl (Hrsg.), IntKommEMRK, Art. 34 Rn. 71 ff.; *Partsch*, in: ZaöRV 15 (1953), 631.

881 Zitiert nach *Ladenburger/Vondung*, in: Stern/Sachs (Hrsg.), GRC, Art. 51 Rn. 3.

882 Tabelle in Anlehnung an die Darstellung bei *Terhechte*, in: von der Groeben/Schwarze/Hatje (Hrsg.), EU-Recht, Bd. 1, Art. 52 GRC Rn. 15.

Insofern ist jedenfalls keine textuelle Beeinflussung der GRC feststellbar. Maßgebliche Hinweise auf Grundrechtsberechtigung juristischer Personen bezüglich einzelner Grundrechte haben sich auch in den Erläuterungen nicht finden lassen.

5 Beeinflussung der GRC durch die Rechtsgrundsatz-Grundrechte

Wie ausgeführt, geht die Entscheidung gegen die Normierung der Grundrechtsberechtigung juristischer Personen darauf zurück, dass sie durch den EuGH bereits hinsichtlich der richterrechtlich entwickelten Rechtsgrundsatz-Grundrechte bejaht wurde.[883] Insofern kann von einer dahingehenden Beeinflussung der GRC durch die Rechtsgrundsatz-Grundrechte bei der Entscheidung gegen die Normierung der Grundrechtsberechtigung juristischer Personen gesprochen werden.

Nach den Erläuterungen des Präsidiums des Grundrechte-Konvents gehen einige Grundrechte sogar ausdrücklich auf die Rechtsgrundsatz-Grundrechte zurück.[884] Jedoch wird weder in den Erläuterungen noch in den entsprechenden Grundrechten der GRC ein ausdrücklicher Bezug zu juristischen Personen hergestellt. Lediglich die Formulierung des persönlichen Schutzbereichs der Charta-Grundrechte mit „jeder Person" sowie die Entscheidung des Grundrechte-Konvents, die Frage der Grundrechtsberechtigung juristischer Personen wegen der Rechtsprechung zu den Rechtsgrundsatz-Grundrechten nicht zu normieren, sprechen für eine Beeinflussung.

III Horizontale Beeinflussungswege

1 Beeinflussungswege auf mitgliedstaatlicher Ebene

Obgleich im ersten Kapitel zwar keine eindeutige Leitordnung herausgearbeitet und keine ausdrücklichen Beeinflussungswege identifiziert werden konnten, wurde der „deutsche" Ansatz der wesensgemäßen Anwendbarkeit zumindest von Spanien ausdrücklich übernommen.[885]

883 Vgl. *Ladenburger/Vondung*, in: Stern/Sachs (Hrsg.), GRC, Art. 51 Rn. 3.
884 Siehe zusammenfassend Kap. 4 Abschn. A. II. 2.
885 Vgl. Kap. 1 Abschn. B. I. 2.

2 *Beeinflussungswege auf europäischer Ebene*

a) *Einflüsse des EuGH auf die EMRK*

Mangels Integration der EMRK in das Recht der Europäischen Union steht sie als eigenständiger Grundrechtskatalog formell neben der GRC, die Teil des europäischen Primärrechts ist.[886] Da die EMRK über keine zu Art. 6 Abs. 3 EUV beziehungsweise Art. 52 Abs. 3 S. 1 GRC vergleichbare Öffnungsklausel verfügt, ist zumindest aus normativen Gründen ein horizontaler Einfluss der Rechtsprechung des EuGH auf die Reichweite des Grundrechtsschutzes juristischer Personen in der EMRK ausgeschlossen. Vielmehr verhält es sich wegen Art. 53 EMRK so, dass die EMRK einen Mindeststandard für die Konventionsstaaten darstellt, der nicht unterschritten werden darf.[887] Auch haben sich in der Rechtsprechung des EGMR keine Hinweise finden lassen, wonach er sich an der Rechtsprechung des EuGH zur Begründung und zur Bestimmung des Umfangs des Grundrechtsschutzes juristischer Personen orientierte, auch nicht im Wege der Auslegung der EMRK als *living instrument.*

b) *Einflüsse auf die GRC*

aa) Einflüsse der Rechtsgrundsatz-Grundrechte

Ausgehend von der (zumindest teilweisen) Fortgeltung der richterrechtlich entwickelten Rechtsgrundsatz-Grundrechte,[888] beeinflussen diese in Einzelfällen die Reichweite des Grundrechtsschutzes juristischer Personen unter der GRC, wie sich durch ausdrückliche Bezugnahmen in der Rechtsprechung des EuGH zeigt. Zur Ermittlung der Reichweite der Grundrechtsberechtigung juristischer Personen greift er beim Grundsatz der Waffengleichheit sowie beim Grundrecht auf effektiven Rechtsschutz aus Art. 47 GRC, dem Doppelbestrafungsverbot aus Art. 50 GRC, dem Schutz personenbezogener Daten aus Art. 8 GRC, der unternehmerischen Freiheit aus Art. 16 GRC und der Eigentumsfreiheit aus Art. 17 GRC sowie dem allgemeinen Gleichheitssatz aus Art. 20 GRC auf seine Rechtsprechung zu den Rechtsgrundsatz-Grundrechten zurück.[889] Dabei geht der EuGH ohne Begründung von der Grundrechtsberechtigung juristischer Personen aus.

---

886 Vgl. hierzu auch EuGH, Gutachten 2/13, Rn. 179.

887 Vgl. hierzu *Frowein*, in: Frowein/Peukert (Hrsg.), EMRK, Art. 53.

888 Vgl. *Geiger*, in: Geiger/Kotzur/Kahn (Hrsg.), EUV/AEUV, Art. 6 EUV Rn. 32; *Jarass*, GRC, Art. 52 Rn. 66 ff.

889 Vgl. zu Art. 47 GRC EuGH, Rs. C-199/11, ECLI: EU: C:2012:684, Rn. 71 – Otis; EuGH, Rs. C-272/09 P, Slg. 2011, I-12789, Rn. 92 – KME Germany u. a.; zu Art. 50 GRC EuGH, Rs. C-17/10, ECLI: EU: C:2012:72, Rn. 94 – Toshiba Corporation u. a.;

bb) Einflüsse der EMRK

Die Beeinflussung der GRC durch die EMRK fußt auf normativen Vorgaben. Aufgrund der Art. 6 Abs. 3 EUV und Art. 52 Abs. 3 S. 1 GRC kommt der EMRK bestimmende Bedeutung für Reichweite und Entwicklung des primärrechtlichen Grundrechtsschutzes zu.[890] In der Rechtsprechung des EuGH hat sich der Einfluss des EGMR und damit der EMRK auf die Reichweite des Grundrechtsschutzes juristischer Personen in mehreren Verfahren deutlich gezeigt.

Bereits vor Inkrafttreten der GRC hat der EuGH im Verfahren *Roquette Frères* die Rechtsprechung des EGMR zur Bestimmung der Tragweite des Schutzes der Geschäftsräume gemäß Art. 7 GRC herangezogen. So stellte er fest, dass hierfür die Rechtsprechung des EGMR zu berücksichtigen sei, aus der sich ergebe, dass der Schutz der Wohnung aus Art. 8 EMRK unter bestimmten Umständen auf Geschäftsräume ausgedehnt werden könne sowie dass der Eingriffsvorbehalt des Art. 8 Abs. 2 EMRK in diesen Fällen weitergehen könne als in anderen.[891]

Diese Rechtsprechung des EuGH zum Schutz der Geschäftsräume bildet auch heute noch die Grundlage deren Schutzes durch Art. 7 GRC. Unter Heranziehung der EMRK schränkte der EuGH im Verfahren *Volker und Markus Schecke und Eifert* den Gewährleistungsumfang von Art. 8 GRC bei der Anwendung auf juristische Personen auf die Fälle ein, in denen ihr Name eine oder mehrere natürliche Personen bestimmt. Zur Herleitung dieser Voraussetzung stützte sich der EuGH auf Art. 52 Abs. 3 GRC und auf die Rechtsprechung des EGMR in der Rechtssache *Amann ./. Schweiz*.[892] Die Rechtsprechung des EGMR beeinflusst demnach die Reichweite des Grundrechtsschutzes juristischer Personen unter

---

zu Art. 8 GRC EuGH, Rs C-92/09, Slg. 2010, I-11063, Rn. 76 – Volker und Markus Schecke GbR; EuGH, Rs. C-544/10, ECLI: EU: C:2012, Rn. 54 – Deutsches Weintor; zu Art. 16 GRC EuGH, Rs-70/10, Slg. 2011, I-11959, Rn. 43 f. – Scarlet Extendet; EuGH, Rs. C-283/11, ECLI: EU: C:2013:28 Rn. 43 – SkyÖsterreich; zu Art. 17 GRC, EuGH, Rs. C-283/11, ECLI: EU: C:2013:28, Rn. 34 – Sky Österreich; zu Art. 20 GRC, EuGH, Rs. C-580/12, ECLI: EU: C:2014:2363, Rn. 51 ff. – Guardian Industries und Guardian Europe.

890 Vgl. *Geiger*, in: Geiger/Kotzur/Kahn (Hrsg.), EUV/AEUV, Art. 6 EUV Rn. 26; Art. 6 Abs. 3 EUV als „Entwicklungsklausel" nach *Beutler*, in: von der Groeben/Schwarze/Hatje (Hrsg.), EU-Recht, Bd. 1, Art. 6 EUV Rn. 23.

891 Vgl. EuGH, Rs. C-94/00, Slg. 2002, I-9011, Rn. 29 – Roquette Frères.

892 Vgl. im Einzelnen Kap. 3 Abschn. A. III. 2.; siehe EuGH, Rs C-92/09, Slg. 2010, I-11063, Rn. 52 – Volker und Markus Schecke GbR; EGMR, Entscheidung vom 16.02.2000, *Amann ./. Schweiz*, 27798/97.

der GRC auch, wenn der EGMR sich nicht unmittelbar mit juristischen Personen auseinandersetzt.

Im Verfahren *Neptune Distribution SNC* schließt der EuGH von der Rechtsprechung des EGMR in den Rechtssachen *Casado Coca ./. Spanien* sowie *Krone Verlag GmbH & Co. KG ./. Österreich* und den Erläuterungen zur GRC darauf, dass der Schutzbereich des Art. 11 GRC auch die Verbreitung von Informationen geschäftlicher Art durch Unternehmer schützt.[893] Die damit verbundene Erweiterung des Schutzbereichs des Art. 11 GRC zugunsten juristischer Personen begründet der EuGH normativ mit Art. 52 Abs. 3 GRC sowie mit den Erläuterungen zur GRC, wonach Art. 11 GRC die gleiche Bedeutung und Tragweite wie die korrespondierende Freiheit der EMRK hat.

Schließlich begründet der EuGH in der Rechtssache *DEB Deutsche Energiehandels- und Beratungsgesellschaft mbH* die Berechtigung einer juristischen Person, sich auf die grundrechtlich gewährleistete Prozesskostenhilfe aus Art. 47 Abs. 3 GRC zu berufen, mit der Rechtsprechung des EGMR.[894] Die bestimmende Bedeutung der Rechtsprechung des EMGR zur EMRK für die Reichweite des Grundrechtsschutzes der GRC zeigt sich in dieser Entscheidung ferner darin, dass nicht nur die Berechtigung, sondern auch ihre Grenzen in Orientierung an der Rechtsprechung des EGMR ermittelt werden.[895]

All diese Entscheidungen unterstreichen den sowohl begrenzenden als auch erweiternden Einfluss der EMRK und der Rechtsprechung des EGMR auf die Reichweite des Grundrechtsschutzes juristischer Personen in der GRC.

IV Vertikale Beeinflussungswege

1 Mitgliedstaatlicher Einfluss auf den europäischen Grundrechtsschutz

a) Einfluss auf die EMRK

Die EMRK verfügt im Gegensatz zur GRC über keine Auslegungsregel, die wie Art. 52 Abs. 4 GRC zur Ermittlung der Reichweite ihres Grundrechtsschutzes die gemeinsamen Verfassungsüberlieferungen der Mitgliedstaaten heranzieht. Dem EGMR verbleiben die EMRK als *living instrument* sowie die Rechtsvergleichung als Methoden zum Rückgriff auf nationales Verfassungsrecht. Hinsichtlich des Grundrechtsschutzes juristischer Personen zog er die nationalen

893 Vgl. im Einzelnen Kap. 3 Abschn. A. III. 4.; s. EuGH, Rs. C-157/14, ECLI: EU: C:2015:823, Rn. 64.

894 Vgl. EuGH, Rs. C-279/09, Slg. 2010, I-13849, Rn. 49 ff. – DEB.

895 Vgl. EuGH, Rs. C-279/09, Slg. 2010, I-13849, Rn. 49 ff. – DEB.

Grundrechtskataloge bisher noch nicht rechtsvergleichend heran. Lediglich bezüglich Art. 8 EMRK hat er die EMRK als *living instrument* entsprechend gesellschaftlich-sozialer Entwicklungen ausgelegt und auf diese Weise die Grundrechtsberechtigung juristischer Personen begründet.[896] Einen Bezug zu mitgliedstaatlichem Verfassungsrecht hat der EGMR dabei jedoch nicht hergestellt. Insofern ist in der Rechtsprechung kein Einfluss mitgliedstaatlichen Rechts auf die Reichweite des Grundrechtsschutzes der EMRK feststellbar. Lediglich in der deutschen Literatur wird zur Begründung der Anwendbarkeit der Grundrechte der EMRK auf juristische Personen darauf zurückgegriffen, dies nach dem Wesen des jeweiligen Grundrechts entsprechend Art. 19 Abs. 3 GG zu beurteilen.[897]

b) Einfluss auf die GRC

Nach Art. 52 Abs. 4 GRC sind die Gewährleistungen der GRC so auszulegen, dass sie im Einklang mit den gemeinsamen Verfassungsüberlieferungen ein möglichst hohes Schutzniveau garantieren.[898] Unter den gemeinsamen Verfassungsüberlieferungen verstand der EuGH schon früh die Gewährleistungen, die in der Verfassungsordnung der Mitgliedstaaten in gleicher oder ähnlicher Form existieren.[899] Seit Inkrafttreten der GRC hat der EuGH zur Begründung des Grundrechtsschutzes juristischer Personen selten ausdrücklich auf die gemeinsamen Verfassungsüberlieferungen zurückgegriffen. So stellte er in den Rechtssachen *DEB Deutsche Energiehandels- und Beratungsgesellschaft mbH* sowie *Kadi und Al Barakaat International Foundation* lediglich im Ausgangspunkt fest, dass der Grundsatz des effektiven gerichtlichen Rechtsschutzes ein allgemeiner Grundsatz des Unionsrechts ist, der sich aus den gemeinsamen Verfassungsüberlieferungen der Mitgliedstaaten ergibt.[900] Ein Zusammenhang mit der Grundrechtsberechtigung juristischer Personen wird nicht hergestellt.

---

896 Vgl. EGMR, Entscheidung vom 16.04.2002, *Société Colas Est. u. a. ./. Frankreich*, 37971/97, Rn. 40 ff.

897 Vgl. zum Überblick *Kahl/Hilbert*, in: Kahl/Waldhoff/Walter (Hrsg.), BK, Art. 19 Abs. 3, Rn. 64.

898 Vgl. *Geiger/Kotzur/Kahn*, in: dies. (Hrsg.), EUV/AEUV, Art. 52 GRC Rn. 8; *Terhechte*, in: von der Groeben/Schwarze/Hatje (Hrsg.), EU-Recht, Bd. 1, Art. 52 GRC Rn. 18.

899 Vgl. statt Vieler EuGH, Rs. C-44/79, Slg. 1979, 3727 – Hauer, Rn. 22.

900 Vgl. EuGH, Rs. C-279/09, Slg. 2010, I-13849, Rn. 29 – DEB; EuGH, Rs. C-402/05 P, C-415/05 P, Slg. 2008, I-6351, Rn. 335 – Kadi und Al Barakaat International Foundation.

Die Literatur orientiert sich auch bei der GRC zur Beantwortung der Frage der Anwendbarkeit der Grundrechte auf juristische Personen am Ansatz der *wesensgemäßen Anwendbarkeit.*[901] An einem ausdrücklichen Bezug auf diesen in den Mitgliedstaaten verbreiteten Lösungsansatz fehlt es hingegen ebenfalls.

2 Europäischer Einfluss auf den mitgliedstaatlichen Grundrechtsschutz

a) Einfluss der EMRK

Wie im ersten Kapitel festgestellt, hat die EMRK in allen Mitgliedstaaten wesentlichen Einfluss auf die Reichweite des Grundrechtsschutzes, auch im Hinblick auf den juristischer Personen. Insofern gibt sie ein Mindestmaß für den nationalen Grundrechtsschutz vor.[902] In der Rechtsprechung Deutschlands, Österreichs, Belgiens und der Niederlande zeigt sich ein unmittelbarer Einfluss der EMRK auf die Reichweite des Grundrechtsschutzes juristischer Personen.[903]

b) Einfluss der GRC

Die Antwort auf die Frage des Einflusses der GRC auf die Reichweite des mitgliedstaatlichen Grundrechtsschutzes ergibt sich bereits aus ihrem in Art. 51 Abs. 1 GRC definierten Anwendungsbereich. Im Gegensatz zur EMRK kommt der GRC nach Art. 51 Abs. 1 GRC keine universelle Geltung zu. Sie gilt nur für die Organe, Einrichtungen und sonstigen Stellen der Union unter Wahrung des Subsidiaritätsprinzips und für die Mitgliedstaaten ausschließlich bei der Durchführung des Rechts der Union. Die GRC ist Teil des europäischen Primärrechts und dient dem Schutz vor europarechtlich determinierten Eingriffen, auch auf mitgliedstaatlicher Ebene. Die GRC wird in der Rechtsprechung der Mitgliedstaaten daher teils zur Begründung des Umfangs des Grundrechtsschutzes juristischer Personen herangezogen, sofern der Eingriff europarechtlich determiniert ist.[904] Eine weitergehende Bedeutung für den mitgliedstaatlichen Grundrechtsschutz kommt ihr nicht zu. Es existiert keine rechtliche Grundlage dafür, dass sie über ihren Anwendungsbereich hinaus Einfluss auf die Reichweite des mitgliedstaatlichen Grundrechtsschutzes nimmt. Ihr kommt damit

---

901 Vgl. hierzu als gemeinsame Verfassungstradition Kap. 1 Abschn. B. II. 1. a.

902 Siehe Kap. I Abschn. B. I. 3.

903 Siehe Kap. I Abschn. B. I. 3.

904 Dies gilt bspw. für das Eigentumsgrundrecht, das Datenschutzgrundrecht sowie die Erwerbsfreiheit in Österreich, vgl. VerfGH, Entscheidung vom 14.03.2018, Gz. G248/2017; VerfGH, Entscheidung vom 29.09.2017, Gz. G44/2017.

auch keine Bedeutung für die Homogenisierung des Grundrechtsschutzes auf mitgliedstaatlicher Ebene zu.

B Übergreifende Strukturen

Neben den ausdrücklichen Bezügen im Entstehungsprozess der Grundrechtskataloge sowie in der Rechtsprechung und Literatur zur Grundrechtsberechtigung juristischer Personen können weitere Konvergenzen identifiziert werden. Diese werden nachfolgend in Gegenüberstellung mit augenfälligen Divergenzen herausgearbeitet.

I Konvergenzen

1 Grundrechtsberechtigung juristischer Personen des Privatrechts

a) „Ob" und „Wie" der Grundrechtsberechtigung

Im ersten Kapitel wurde festgestellt, dass die Grundrechtsberechtigung juristischer Personen auf mitgliedstaatlicher Ebene überwiegend nicht normiert ist. Auch auf europäischer Ebene findet sich – bis auf die prozessuale Regelung des Art. 34 EMRK – keine Regelung der Grundrechtsberechtigung. Nichtsdestotrotz ist sie im Europäischen Grundrechtsverbund durchgängig anerkannt.

Als eine gemeinsame Verfassungstradition der Mitgliedstaaten der Europäischen Union wurde im ersten Kapitel festgestellt, dass die Antwort auf die Frage der Grundrechtsberechtigung überwiegend von der Natur, dem Inhalt beziehungsweise dem Wesen des einschlägigen Grundrechts abhängt, mithin sein Schutzzweck ausschlaggebend für die Grundrechtsberechtigung juristischer Personen ist. Die Rechtsprechung des EGMR liefert nur in wenigen Fällen eine Begründung, wann ein Grundrecht auf eine juristische Person anwendbar ist und wann nicht. So wird im Einzelfall auf den Wortlaut sowie den Sinn und Zweck des jeweiligen Grundrechts Bezug genommen.[905] In der Literatur zur EMRK wird vertreten, dass sich die Grundrechtsberechtigung im Einzelfall danach bestimmt, ob ein Grundrecht seinem Wesen nach auf eine juristische Person anwendbar ist.[906] In der Rechtsprechung des EuGH werden die Gewährleistungen der GRC überwiegend auf juristische Personen angewandt, ohne Kriterien dafür zu benennen. Lediglich in einer Rechtssache hat sich der EuGH

905 Vgl. EGMR, 22.05.1990, *Autronic AG ./. Schweiz*, 12726/87, Rn. 47.

906 Vgl. zur Bezugnahme auf Art. 19 Abs. 3 GG *Rogge*, in: Pabel/Schmahl (Hrsg.), IntKommEMRK, Art. 34 Rn. 139, Rn. 339; *Grabenwarter/Pabel*, § 17 Rn. 5.

grundlegend mit der Anwendbarkeit des Art. 47 Abs. 2 GRC auf juristische Personen auseinandergesetzt und sie unter Betrachtung von Wortlaut, Systematik und Zweck der Vorschrift bejaht.[907] Die Literatur zur GRC bestimmt die Grundrechtsberechtigung juristischer Personen überwiegend unter Rückgriff auf die Frage nach der wesensgemäßen Anwendbarkeit und damit auch auf den Sinn und Zweck der Gewährleistung.

Zusammenfassend lässt sich für das europäische Mehrebenengrundrechtssystem feststellen, dass die Frage nach der Grundrechtsberechtigung juristischer Personen überwiegend nach der *wesensgemäßen* Anwendbarkeit und damit mit Blick auf den Zweck des Grundrechts beantwortet wird. Die sich bereits auf mitgliedstaatlicher Ebene abzeichnende Rolle des erstmals in Art. 19 Abs. 3 GG normierten Ansatzes, die Grundrechtsberechtigung juristischer Personen nach der wesensgemäßen Anwendbarkeit zu bestimmen, setzt sich demnach auf europäischer Ebene als eine Art Vorbild fort – auch hier freilich ohne auf aus der deutschen Grundrechtslehre bekannte dogmatische Streitigkeiten einzugehen.

b) Strukturelle Anforderungen

Im ersten Kapitel wurde als Gemeinsamkeit im Mehrebenensystem festgestellt, dass nach dem Verständnis der Mitgliedstaaten grundrechtsberechtigt ist, wer als Trägerin eigener Rechte und Pflichten im Rechtsverkehr auftreten kann. Gefordert wird von den juristischen Personen für ihre Grundrechtsberechtigung, dass es sich bei ihnen um auf Dauer angelegte, nichtstaatliche Organisationen handelt.[908] Dieses weite Verständnis des Begriffs potentiell grundrechtsberechtigter Organisationen in der EMRK deckt alle Formen grundrechtsberechtigter juristischer Personen in den Mitgliedstaaten ab.[909] Für die Anforderungen an eine grundrechtsberechtigte juristische Person im Sinne der GRC wird überwiegend wegen Art. 52 Abs. 3 S. 1 GRC auf die EMRK verwiesen.[910] Insofern besteht weitgehend ein Gleichlauf von GRC und EMRK. Infolgedessen bestimmen beide supranationale Grundrechtskataloge den Kreis der Grundrechtsberechtigten unabhängig vom nationalstaatlichen Begriff der juristischen Person und ohne unmittelbar auf deren Rechtsfähigkeit abzustellen. Nichtsdestotrotz liegt bei den strukturellen Anforderungen an die Grundrechtsberechtigung juristischer

---

907 Vgl. EuGH, Rs. C-279/09, Slg. 2010, I-13849, Rn. 37 ff. – DEB.

908 Vgl. Kap. 2 Abschn. A. II. 1.

909 Ähnlich *Röben*, in: Dörr/Grote/Marauhn (Hrsg.), EMRK/GG Konkordanzkommentar, Kap. 5, Rn. 41.

910 Vgl. Kap. 3 Abschn. A. I. 2.

Personen im Merkmal der Rechtssubjektivität ein kleinster gemeinsamer Nenner im Europäischen Grundrechtsverbund. Mit der Rechtssubjektivität nach mitgliedstaatlichem Recht sind in jedem Fall auch die Anforderungen auf europäischer Ebene erfüllt. Insofern besteht eine Konvergenz im Mehrebenensystem.

c) Einzelne Grundrechte

Im ersten Kapitel wurde festgestellt, dass sich auf mitgliedstaatlicher Ebene eine gemeinsame Verfassungstradition der Grundrechtsberechtigung juristischer Personen des Privatrechts hinsichtlich der Diskriminierungsverbote, der unternehmerischen Freiheiten, Eigentums-, Vereinigungs- sowie Religionsfreiheit abzeichnet. Diese Gewährleistungen finden sich bis auf die unternehmerischen Freiheiten auch durchgängig auf europäischer Ebene. Unter Geltung der EMRK sind juristische Personen des Privatrechts berechtigt, sich auf die Diskriminierungsverbote, die Eigentums-, Vereinigungs- und Religionsfreiheit zu berufen. Die unternehmerische Freiheit ist hingegen nicht in der EMRK verankert. Der EuGH musste sich bisher noch nicht mit der Frage beschäftigen, ob sich juristische Personen des Privatrechts auf die Religions- und Vereinigungsfreiheit berufen können. Lediglich die Literatur bejahte eine diesbezügliche Grundrechtsberechtigung. Hingegen ist geklärt, dass juristische Personen zum Kreis der durch die Eigentumsfreiheit und das Diskriminierungsverbot nach der GRC Geschützten zählen.

Vor diesem Hintergrund werden die Grundrechte teils in drei Gruppen von Gewährleistungen unterteilt.[911] Dabei wird nicht zwischen juristischen Personen des Privatrechts und des öffentlichen Rechts unterschieden. Nach diesen Stimmen umfasse eine Gruppe die Grundrechte, die schon ihrem Wortlaut nach auf juristische Personen anwendbar sind (Art. 1 EMRK ZP 1, Art. 42 bis 44 GRC).[912] Eine weitere Gruppe setze sich aus den Grundrechten zusammen, die *schlechthin* prinzipiell anwendbar (Verfahrensrechte) beziehungsweise nicht anwendbar (zum Beispiel das Recht auf Leben, körperliche Unversehrtheit, die

911 Vgl. *Goldhammer/Sieber*, in: JuS 2017, 22 (23 f.); *Kleinlein*, in: JöR 65 (2017), 86 (93 ff.); ähnlich für die GRC *Kahl/Hilbert*, in: Kahl/Waldhoff/Walter (Hrsg.), BK, Art. 19 Abs. 3, Rn. 105 ff.

912 Vgl. *Goldhammer/Sieber*, in: JuS 2017, 22 (23); ähnlich *Kleinlein*, in: JöR 65 (2017), 86 (94) zur EMRK, der die erste Gruppe weiter fasst und von der unproblematischen Rechtsträgerschaft juristischer Personen spricht; *Kahl/Hilbert*, in: Kahl/Waldhoff/Walter (Hrsg.), BK, Art. 19 Abs. 3, Rn. 109 spricht in diesem Zusammenhang von *positiven per se-Fällen*.

Gedanken- und Gewissensfreiheit) seien.[913] Die letzte Gruppe bestehe aus sogenannten *kritischen* beziehungsweise *begründungsbedürftigen* Fällen.[914] Diese Unterteilung überzeugt jedoch nicht vollends. Denn grundsätzlich ist in jedem Fall die Grundrechtsberechtigung juristischer Personen begründungsbedürftig. Bei ihrer Grundrechtsberechtigung handelt es sich nämlich nicht um den Regelfall, sondern um eine Ausnahmesituation. Dies zeigt sich bereits darin, dass im europäischen Verfassungsverbund sowohl auf mitgliedstaatlicher als auch auf supranationaler Ebene die Grundrechtsberechtigung juristischer Personen keines Wegs normativ unmittelbar vorgesehen ist. Vielmehr bedarf es auf allen Ebenen der Begründung der Grundrechtsberechtigung im Einzelfall.

aa) Vertikale Konvergenzen

(1) Verhältnis GRC – nationale Grundrechte

Im Verhältnis der mitgliedstaatlichen Grundrechte zur GRC ist festzustellen, dass bereits nach den Erläuterungen des Präsidiums des Grundrechte-Konvents die *Eigentumsfreiheit* nach Art. 17 GRC „ein gemeinsames Grundrecht aller einzelstaatlichen Verfassungen“[915] ist. Zu Art. 20 GRC wurde in den Erläuterungen festgehalten, dass es sich bei der *Gleichheit vor dem Gesetz* um ein allgemeines Rechtsprinzip handelt, „das in allen europäischen Verfassungen verankert ist und das der Gerichtshof als ein Grundprinzip des Gemeinschaftsrechts angesehen hat“[916]. Der EuGH wendet Art. 17 GRC und Art. 20 GRC ohne Weiteres zugunsten juristischer Personen des Privatrechts an. Die Erläuterungen, die auf die gemeinsamen Verfassungsüberlieferungen verweisen, sowie die davon unabhängigen Erkenntnisse über die gemeinsamen Verfassungsüberlieferungen im ersten Kapitel,[917] stellen nichtsdestotrotz starke Hinweise dafür dar, dass die Grundrechtsberechtigung juristischer Personen des Privatrechts in der Rechtsprechung des EuGH zur GRC durch die bereits vor ihrem Inkrafttreten

---

913 Vgl. *Goldhammer/Sieber*, in: JuS 2017, 22 (23); *Kleinlein*, in: JöR 65 (2017), 86 (95) sieht die zweite Gruppe in den prinzipiell nicht auf juristische Personen anwendbaren Grundrechten.

914 Vgl. *Goldhammer/Sieber*, in: JuS 2017, 22 (24 ff.); ähnlich *Kleinlein*, in: JöR 65 (2017), 86 (96); *Kahl/Hilbert*, in: Kahl/Waldhoff/Walter (Hrsg.), BK, Art. 19 Abs. 3, Rn. 110.

915 Vgl. Erläuterungen, in: ABl. 2007 C 303/17; siehe auch EuGH, Rs. C-44/79, Slg. 1979, 3727, Rn. 17 – Hauer.

916 Vgl. Erläuterungen, in: ABl. 2007 C 303/24; siehe als „wesentlicher Grundsatz des Gemeinschaftsrechts“ zu Gunsten juristischer Personen bereits EuGH, Rs. C-15/95, Slg. 1995, I-1961, Rn. 35 – EARL.

917 Vgl. Kap. 1 Abschn. B II. 1. c.

bestehenden gemeinsamen Verfassungsüberlieferungen der Mitgliedstaaten beeinflusst ist. Einen normativen Anknüpfungspunkt hierfür bietet Art. 52 Abs. 4 GRC, wonach Charta-Grundrechte, wie sie sich aus den gemeinsamen Verfassungsüberlieferungen der Mitgliedstaaten ergeben, im Einklang mit diesen Überlieferungen ausgelegt werden. Insofern lässt sich eine Erklärung für die Konvergenz im Grundrechtsschutz des Mehrebenensystems durch den Gleichheitssatz und die Eigentumsfreiheit finden.

Die aufgezeigte Konvergenz der Mitgliedstaaten und der GRC im grundrechtlichen Schutz juristischer Personen durch die *Religions-* und *Vereinigungsfreiheit* lässt sich nicht durch Belege in den Erläuterungen oder der Rechtsprechung des EuGH ab Inkrafttreten der GRC nachvollziehen. Auch bietet sich ein Rückgriff auf die Rechtsgrundsatz-Grundrechte und hierüber auf eine gemeinsame Verfassungstradition der Mitgliedstaaten nicht an, da weder die Religions- noch Vereinigungsfreiheit zugunsten juristischer Personen vor Inkrafttreten der GRC durch den EuGH diskutiert wurde und damit anerkannt war. Als Erklärung für die Konvergenz kann nur der normative Anknüpfungspunkt der Auslegungsregel des Art. 52 Abs. 3, 4 GRC und damit der in den Mitgliedstaaten sowie in der EMRK verankerte Grundrechtsschutz herangezogen werden.

Des Weiteren werden durch Art. 15 GRC die *Berufsfreiheit* und Art. 16 GRC die *unternehmerische Freiheit* und damit – im Gegensatz zur EMRK, worauf im Rahmen der Divergenzen noch eingegangen wird – die wirtschaftliche Betätigungsfreiheit juristischer Personen genauso wie auf mitgliedstaatlicher Ebene gewährleistet. Ausweislich der Erläuterungen geht Art. 15 Abs. 1 GRC genauso wie Art. 16 GRC unter anderem auf die Rechtsprechung des EuGH zu den Rechtsgrundsatz-Grundrechten zurück.[918] Die in den Erläuterungen aufgeführten Urteile bejahen unter knapper Bezugnahme auf die gemeinsamen Verfassungsüberlieferungen der Mitgliedstaaten bereits „die Freiheit der Arbeit, des Handels und anderer Berufstätigkeiten“[919] zugunsten juristischer Personen beziehungsweise die „Ausübung der wirtschaftlichen Tätigkeit der betreffenden Unternehmen“[920]. Insofern lassen sich Hinweise finden, dass die Grundrechtsberechtigung juristischer Personen durch Art. 15 GRC und Art. 16 GRC und damit die vertikale Konvergenz zwischen mitgliedstaatlichem und Grundrechtsschutz durch die GRC jedenfalls auf die Rechtsgrundsatz-Grundrechte, mittelbar sogar

918 Vgl. Erläuterungen, in: ABl. 2007 C 303/23.
919 Vgl. EuGH, Rs. C-4/73, Slg. 1974, 491, Rn. 14 – Nold.
920 Vgl. EuGH, Rs. C-230/78, Slg. 1979, 2749, Rn. 20 – SpA Eridania.

auf die im ersten Kapitel festgestellte gemeinsame Verfassungstradition der Mitgliedstaaten zurückgeführt werden kann.

(2) Verhältnis EMRK – nationale Grundrechte

Beim *Gleichheitssatz*, der *Eigentums-*, *Religions-* und *Vereinigungsfreiheit* bestehen Konvergenzen zwischen der EMRK und den Mitgliedstaaten. Diese resultieren jedoch nicht aus einer Beeinflussung der EMRK durch die Mitgliedstaaten. Es konnte bisher nur festgestellt werden, dass die EMRK Einfluss auf den mitgliedstaatlichen Grundrechtsschutz zugunsten juristischer Personen hat.[921] Insofern handelt es sich um eine Konvergenz durch Beeinflussung von „oben nach unten".

bb) Horizontale Konvergenzen

Inwiefern auf mitgliedstaatlicher Ebene Konvergenzen zu beobachten sind, wurde im ersten Kapitel erläutert.[922] Auf europäischer Ebene deckt sich der Grundrechtsschutz durch die EMRK weitgehend mit dem durch die GRC. Neben dem *Diskriminierungsverbot*, der *Eigentums-*, *Religions-* und *Vereinigungsfreiheit* finden sich sowohl in der GRC als auch der EMRK ein *Recht auf Achtung des Privat- und Familienlebens* (Art. 8 GRC, Art. 7 EMRK), die *Freiheit der Meinungsäußerung* (Art. 11 GRC, Art. 10 EMRK), die *Versammlungsfreiheit* (Art. 12 GRC, Art. 11 EMRK) sowie ein *Freizügigkeitsrecht* (Art. 45 GRC, Art. 2 des 4. ZP zur EMRK) zugunsten juristischer Personen. Insofern besteht eine Konvergenz auf europäischer Ebene. Aufgrund der aufgezeigten Historie ist eine Beeinflussung der EMRK durch die GRC nicht möglich. Vielmehr ist die Entstehungsgeschichte der GRC, die sich neben den Rechtsgrundsatz-Grundrechten auch an den Gewährleistungen der EMRK orientiert hat, ein Hinweis dafür, dass die Reichweite ihres Grundrechtsschutzes – umgekehrt – durch die EMRK beeinflusst wurde.[923]

2 Gewerkschaften

Auf mitgliedstaatlicher Ebene sind die Gewerkschaften, unabhängig davon, ob sie als juristische Person des Privatrechts oder des Öffentlichen Rechts organisiert sind, grundrechtsberechtigt. Wie im ersten Kapitel zu sehen, kommen ihnen dabei teils auch spezifische Gewährleistungen wie das Streikrecht oder das Recht, Tarifverträge abzuschließen, zu. Sowohl in der EMRK als auch in der

921 Vgl. zu Österreich, Belgien, den Niederlanden sowie Polen Kap. 1 Abschn. B. I. 3.

922 Vgl. Kap. 1 Abschn. B. II.

923 Vgl. Kap. 4 Abschn. A. III. 2. b. bb.

GRC wird die Vereinigungs- und Versammlungsfreiheit gewährleistet. Auf diese für sie relevanten Freiheiten können sich auch Gewerkschaften wie jede andere juristische Person berufen. In Art. 11 Abs. 1 EMRK werden überdies die Gewerkschaften ausdrücklich erwähnt. Aus der Rechtsprechung hierzu ergibt sich ihre Berechtigung, Tarifverhandlungen zu führen und Tarifverträge abzuschließen.[924] Daneben finden die Gewerkschaften mit Art. 28 GRC indirekt Erwähnung in der GRC, wonach ihnen als „Organisation der Arbeitnehmer" spezifische Rechte zukommen. Insofern steht die GRC – wenn auch ohne ausdrückliche Bezugnahme in den Erläuterungen – in der Tradition einiger Mitgliedstaaten (Frankreich, Österreich, Italien, Polen). Aus den Erläuterungen zur GRC ergibt sich, dass die Rechtsprechung zu Art. 11 EMRK als Vorbild für Art. 28 GRC diente.[925] Somit besteht im europäischen Mehrebenengrundrechtssystem weitgehend eine Konvergenz von mitgliedstaatlichem und europäischem Grundrechtsschutz der Gewerkschaften. Auf europäischer Ebene sowie hinsichtlich des Schutzes der Gewerkschaften durch die Vereinigungsfreiheit in den Niederlanden folgt die Annäherung des Grundrechtsschutzes aus den Vorgaben der EMRK.

3 Politische Parteien

Politische Parteien sind in der großen Mehrheit der Mitgliedstaaten als juristische Personen des Privatrechts grundrechtsberechtigt. Auch wenn es sich bei Art. 12 Abs. 2 GRC um kein Grundrecht handelt, tragen Parteien demnach auf unionaler Ebene dazu bei, den politischen Willen der Unionsbürgerinnen und Bürger zum Ausdruck zu bringen. In der EMRK werden Parteien nicht erwähnt, jedoch hat sich die Rechtsprechung zu Art. 11 EMRK wiederholt mit ihrem Schutz vor Auflösung beschäftigt. Diese Rechtsprechung wurde auch in der Literatur zu Art. 12 GRC rezipiert. Als Konvergenz bleibt festzuhalten, dass den Parteien im europäischen Mehrebenengrundrechtssystem überwiegend ein gleichwertiger Grundrechtsschutz zukommt. Jedenfalls für Belgien geht die Annäherung des Grundrechtsschutzes wiederum von der EMRK aus.

4 Privatrechtliche Religionsgemeinschaften

Religionsgemeinschaften sind als juristische Personen des Privatrechts in der Mehrzahl der Mitgliedstaaten grundrechtsberechtigt. Entsprechendes gilt nach

924 Vgl. u. a. EGMR, Entscheidung vom 27.10.1975, *National Union of Belgian Police ./. Belgien*, 4464/70, Rn. 39.

925 Vgl. Erläuterungen, in: ABl. 2007 C 303/26.

auch für die EMRK sowie für die GRC. Bei der Grundrechtsberechtigung privatrechtlich organisierter Religionsgemeinschaften sind keine Beeinflussungswege identifizierbar. Lediglich nach den Maßstäben des Ansatzes der wesensgemäßen Anwendbarkeit kommt man zu dem Ergebnis, dass eine Grundrechtsberechtigung dieser Religionsgemeinschaften naheliegt. So dient die von der Religionsfreiheit geschützte Religionsausübungsfreiheit nicht nur dem Schutz des Einzelnen, sondern auch der Verwirklichung seiner Rechte in der Gemeinschaft. Hierin liegt eine mögliche Antwort für die zu beobachtende Konvergenz.

5 Grundrechtsberechtigung juristischer Personen des Öffentlichen Rechts

a) Grundlagen

Die mitgliedstaatliche Rechtsprechung und Literatur tendieren überwiegend zur Ablehnung der Grundrechtsberechtigung juristischer Personen des Öffentlichen Rechts. Nichtsdestotrotz wird ihre Grundrechtsberechtigung in den meisten Mitgliedstaaten in den Fällen ausnahmsweise bejaht, in denen sie als spezifische Erscheinungsformen einem grundrechtlich geschützten Lebensbereich zugeordnet werden können.[926] Davon umfasst sind regelmäßig Religionsgemeinschaften, Universitäten sowie öffentlich-rechtliche Rundfunkanstalten. Die EMRK kennt keine juristischen Personen des Öffentlichen Rechts. Sie unterscheidet nur zwischen staatlichen und nichtstaatlichen Organisationen. Juristische Personen des Öffentlichen Rechts werden in der Regel den staatlichen Organisationen nach Art. 34 EMRK zugeordnet, die nicht grundrechtsberechtigt sind. Auch nach der Rechtsprechung und weiten Teilen der Literatur zur GRC sind juristische Personen des Öffentlichen Rechts nicht berechtigt, sich auf deren Grundrechte zu berufen. Soweit sich der EGMR und EuGH mit der Grundrechtsberechtigung spezifischer Erscheinungsformen juristischer Personen des Öffentlichen Rechts auseinandergesetzt haben, haben sie diese großteils bejaht. Der Ausschluss juristischer Personen des Öffentlichen Rechts von der Grundrechtsberechtigung fußt sowohl im mitgliedstaatlichen als auch im europäischen Recht auf ähnlichen Gründen: Die meisten Mitgliedstaaten stützen dies darauf, dass juristische Personen des Öffentlichen Rechts als Grundrechtsverpflichtete nicht zugleich grundrechtsberechtigt sein können (Konfusionsargument). Im Anschluss hieran verneint auch die herrschende Lehre zur GRC die Grundrechtsberechtigung

926 Vgl. zur Grundrechtsberechtigung juristischer Personen des Öffentlichen Rechts in den Mitgliedstaaten Kap. 1 Abschn. B. II. 5.; auf die spezifischen Erscheinungsformen und deren Grundrechtsberechtigung im Mehrebenensystem wird in Kap. 4 Abschn. B. I. 5. b. ff. noch weiter eingegangen.

juristischer Personen des Öffentlichen Rechts und auch das EuG erwägt das Konfusionsargument. Im Anwendungsbereich der EMRK liegt eine nicht berechtigte, staatliche Organisation in der Regel vor, wenn eine juristische Person Regierungsgewalt ausübt oder über eine bestimmte Staatsnähe verfügt, die sich auch durch die Möglichkeit der Ausübung von Hoheitsgewalt auszeichnet.[927] Hierin liegt jedenfalls ein funktionales Äquivalent zum Konfusionsargument. Denn die Abgrenzung von staatlicher zu nichtstaatlicher Organisation geht darauf zurück, dass die Ausübung von Regierungsgewalt grundsätzlich mit einer Grundrechtsbindung verbunden ist, die sich auf der Ebene der EMRK aus Art. 1 EMRK für den Staat und alle seine selbstständigen Einrichtungen ergibt.[928] Insofern ist festzuhalten, dass nicht nur eine Konvergenz darin liegt, dass juristische Personen des Öffentlichen Rechts überwiegend nicht grundrechtsberechtigt sind, sondern auch darin, dass zur Begründung hierfür zumeist auf das Konfusionsargument verwiesen wird.

b) Verfahrensgrundrechte

Eine Gemeinsamkeit der Grundrechtskataloge einiger Mitgliedstaaten und der GRC besteht darin, dass juristische Personen des Öffentlichen Rechts berechtigt sind, sich auf die jeweiligen Verfahrensgrundrechte zu berufen. Dies folgt daraus, dass die Verfahrensgrundrechte in diesen Grundrechtsregimen nicht allein als subjektive Rechte gesehen werden, sondern ihnen darüber hinaus ein objektiv-rechtlicher Gehalt als Garant für ein faires Verfahren zukommt.[929]

c) Gemeinden

Die Grundrechtsberechtigung der Gemeinden wird in den Mitgliedstaaten zu einem Großteil abgelehnt.[930] Auch der EGMR lehnt ihre Grundrechtsberechtigung unter der EMRK ab. Der EuGH hat sich noch nicht mit ihrer Grundrechtsberechtigung unter der GRC beschäftigt, jedoch sollen sie nach der Literatur – mit Ausnahme der Verfahrensgrundrechte – nicht grundrechtsberechtigt sein.[931]

---

927 Siehe Kap. 2 Abschn. B.

928 Vgl. *Meyer-Ladewig/Nettesheim*, in: Meyer-Ladewig/Nettesheim/von Raumer (Hrsg.), EMRK-Handkommentar, Art. 1 Rn. 6 ff.

929 Vgl. zum Unterschied zur EMRK Kap. 4 Abschn. B. II. 2. b.

930 Vgl. Kap. 1 Abschn. B. II. 5. b; zu den Ausnahmen Kap. 1 Abschn. B. III. 2. b.

931 Aufgrund der Rechtsprechung zur Grundrechtsberechtigung der Mitgliedstaaten und einem Vergleich mit deutschem Verfassungsrecht (*gemeinsame Verfassungsüberlieferungen der Mitgliedstaaten*) und der Indikationswirkung der Rechtsprechung des EGMR spricht wegen Art. 52 Abs. 3, 4 GRC jedoch mehr gegen die Grundrechtsberechtigung.

Insofern kann von einer Konvergenz gesprochen werden. Soweit sich die Rechtsprechung und Literatur im europäischen Mehrebenengrundrechtssystem mit der Grundrechtsberechtigung der Gemeinden auseinandergesetzt haben, stützen sie die Ablehnung ihrer Grundrechtsberechtigung regelmäßig darauf, dass sie Hoheitsgewalt ausüben und daher nicht grundrechtsberechtigt sein können (Konfusionsargument). Die Gemeinden sind überdies auch keinem grundrechtlich geschützten Lebensbereich zuzuordnen.

d) *Öffentlich-rechtliche Religionsgemeinschaften*

Sofern Religionsgemeinschaften als juristische Personen des Öffentlichen Rechts organisiert sind, sind sie in den Mitgliedstaaten überwiegend grundrechtsberechtigt. Auch vom EGMR wurde die Grundrechtsberechtigung der öffentlich-rechtlich organisierten Kirchen bejaht. Er ordnete sie in in diesem Fall als Nichtregierungsorganisation im Sinne des Art. 34 EMRK ein, da sie keine Regierungsgewalt ausüben und keine kulturellen beziehungsweise sozialen Zwecke verfolgen. Hingegen hat sich der EuGH zur Grundrechtsberechtigung der Religionsgemeinschaften und damit der Kirchen noch nicht geäußert. In der Literatur zur GRC wird deren Grundrechtsberechtigung aber bejaht, da dies aus der Rechtsprechung des EGMR, der Entstehungsgeschichte des Art. 10 GRC und dieser Norm selbst folge. Im Anschluss an die Bezugnahme auf die Rechtsprechung des EGMR zeigt sich in diesem Fall, dass die Annäherung des Grundrechtsschutzes öffentlich-rechtlicher Religionsgemeinschaften auf europäischer Ebene auf Art. 52 Abs. 3 GRC beruht. Die Konvergenz zwischen der Rechtsprechung des EGMR zu den Kirchen und dem mitgliedstaatlichen Schutz der Religionsgemeinschaften (vgl. Deutschland, Österreich) lässt sich auch in der Begründung des Grundrechtsschutzes beobachten. Denn der Ansatz des EGMR, ihre Grundrechtsberechtigung nach dem Grad der Staatsferne und den von ihnen wahrgenommenen geistigen, kulturellen oder sozialen Aufgaben zu bestimmen, gleicht dem Ansatz des Bundesverfassungsgerichts, wonach die Grundrechtsberechtigung der Religions- und Weltanschauungsgemeinschaften trotz öffentlich-rechtlicher Organisationsform darin wurzelt, dass ihre wesentlichen Aufgaben, Befugnisse und Zuständigkeiten eigene und nicht vom Staat abgeleitete sind.[932] Insofern liegt auch hier eine Konvergenz nicht nur im Ergebnis, sondern auch im Grund der Grundrechtsberechtigung im Mehrebenengrundrechtssystem.

932 Vgl. BVerfGE 53, 366 (387).

e) Öffentlich-rechtliche Rundfunkanstalten

Auf mitgliedstaatlicher Ebene sind die öffentlich-rechtlichen Rundfunkanstalten nur in Deutschland und Österreich grundrechtsberechtigt. In den anderen Staaten kommen ihnen zumindest einfachgesetzliche Rechte zu. Auf europäischer Ebene wird die Grundrechtsberechtigung des öffentlich-rechtlichen Rundfunks unter der EMRK durch den EGMR hinsichtlich des Grundrechts aus Art. 10 EMRK bejaht, sofern die sich hierauf berufende Rundfunkanstalt einen hinreichenden Grad an Staatsferne aufweist. In der GRC findet sich keine ausdrückliche Gewährleistung der Rundfunkfreiheit. Es ist insofern primär auf die Meinungsäußerungsfreiheit aus Art. 11 GRC zurückzugreifen und ergänzend auf die Unternehmensfreiheit gemäß Art. 16 GRC. Der EuGH hat sich zwar zu Art. 11 GRC noch nicht geäußert, jedoch ist nach ihm bei der Reichweite des Grundrechtsschutzes des öffentlich-rechtlichen Rundfunks Art. 16 GRC zu berücksichtigen. Die Literatur zur GRC bejaht seine Grundrechtsberechtigung teils unter Bezugnahme auf die Rechtsprechung des EGMR, teils wegen einer grundrechtstypischen Gefährdungslage, jedoch in beiden Fällen unter der Voraussetzung einer hinreichenden Staatsferne. Hierdurch nimmt die Literatur Bezug auf die Rechtsprechung des EGMR. Es zeigt sich so wiederholt die Annäherung des europäischen Grundrechtsschutzes und damit eine Konvergenz, die sich normativ auf Art. 52 Abs. 3 GRC stützen lässt. Dass sich in der Literatur zur GRC die aus der deutschen Grundrechtsdogmatik bekannte Figur der grundrechtstypischen Gefährdungslage wiederfindet, stellt einen Hinweis auf mitgliedstaatlichen Einfluss auf die Begründung der Reichweite der Grundrechtsberechtigung der Rundfunkanstalten dar. Normativ ließe er sich unter Rückgriff auf Art. 52 Abs. 3 GRC begründen.

Wieso hingegen die Rechtsprechung des EMRK zu Art. 10 EMRK in den Mitgliedstaaten insoweit nicht mehr Gewicht hat, ist nicht aufzuklären.

6 Grundrechtsberechtigung öffentlicher Unternehmen

Die Grundrechtsberechtigung der öffentlichen Unternehmen ist auf mitgliedstaatlicher Ebene weitgehend ungeklärt. Lediglich, dass zu mehr als 50 Prozent im Eigentum des Staates stehende beziehungsweise durch ihn beherrschte Unternehmen nicht grundrechtsberechtigt sind, deutet auf eine gemeinsame Verfassungstradition hin.

Sowohl der EGMR als auch der EuGH haben sich bereits mit der Grundrechtsberechtigung öffentlicher Unternehmen auseinandergesetzt. Der EGMR bejahte die Beschwerdebefugnis und damit die Grundrechtsberechtigung eines zu 100 Prozent in Staatseigentum eines Drittstaats stehenden öffentlichen

Unternehmens unter Rückgriff auf das Kriterium der Staatsferne und unter Verweis darauf, dass keine Monopolstellung des Unternehmens vorlag. Hingegen lehnt der EGMR die Grundrechtsberechtigung ab, sofern die Grundrechte der Durchsetzung staatlicher Interessen dienen. In der Literatur zur EMRK lässt sich insoweit keine herrschende Ansicht feststellen.

Der EuGH und die Literatur zur GRC bejahen die Grundrechtsberechtigung öffentlicher Unternehmen hinsichtlich der Verfahrensgrundrechte vorbehaltlos, soweit diese nicht zum Nachteil Privater geltend gemacht werden. Zu öffentlichen Unternehmen im Alleineigentum des Staates hat sich der EuGH noch nicht geäußert. Zur Grundrechtsberechtigung öffentlicher Unternehmen aus Drittstaaten mit privater Minderheitenbeteiligung hat das EuG festgestellt, dass sie grundrechtsberechtigt sind, sofern sie keine Hoheitsgewalt ausüben. Zur Begründung wird neben dem Wortlaut darauf verwiesen, dass wegen der Eigentümerstellung eines Drittstaates das Konfusionsargument nicht anwendbar sei. Artikel 34 EMRK könnte hingegen nicht auf die GRC übertragen werden, da es sich bei ihm um eine spezifisch verfahrensrechtliche Vorschrift handle. Nichtsdestotrotz zieht das EuG unter Bezugnahme auf den EGMR den Voraussetzungen einer nichtstaatlichen Organisation nach Art. 34 EMRK vergleichbare Kriterien heran, um so mit zusätzlichen Argumenten die Ausübung von Hoheitsgewalt durch das öffentliche Unternehmen auszuschließen und um seine Grundrechtsberechtigung zu begründen.[933] Teile der Literatur zur GRC sprechen sich für die Grundrechtsberechtigung öffentlicher Unternehmen unter Beteiligung Privater – unabhängig von den Beherrschungs- und Mehrheitsverhältnissen – aus, sofern Voraussetzungen entsprechend einer nichtstaatlichen Organisation im Sinne des Art. 34 EMRK vorliegen. Auch wenn es sich nach alledem bei der EMRK um keine Leitordnung handelt, so deuten die Konvergenzen zwischen EMRK und GRC hinsichtlich Begründung und Ergebnis der Grundrechtsberechtigung öffentlicher Unternehmen in der Literatur und Rechtsprechung darauf hin, dass die EMRK insoweit eine Vorbildfunktion einnimmt. Auch deutet sich nach alledem eine Konvergenz zwischen der herrschenden Lösung auf mitgliedstaatlicher und europäischer Ebene an.

Auf nationaler Ebene ist der Einfluss der Rechtsprechung des EGMR noch gering. Auch in der Atomausstiegs-Entscheidung des BVerfG vom 06.12.2016 lässt sich keine unmittelbare Rezeption der Rechtsprechung des

933 Vgl. EuG, Rs. T-496/10, ECLI: EU: T:2013:30 Rn. 42 – Bank Mellat.

EGMR feststellen.[934] Ein Vergleich des Urteils des BVerfG vom 06.12.2016 mit der Rechtsprechung des EuG in der Rechtssache *Bank Mellat* zeigt jedoch, dass auch nach dem EuG öffentliche Unternehmen, die im Alleineigentum eines Drittstaates stehen, in einem Mitgliedstaat der Europäischen Union grundrechtsberechtigt sind. Hierin liegt eine vertikale Konvergenz, da in beiden Fällen die Anwendbarkeit des sonst zumindest bei juristischen Personen des Öffentlichen Rechts vorrangig herangezogenen *Konfusionsarguments* abgelehnt wurde. Nichtsdestotrotz soll nach dem BVerfG die fehlende Grundrechtsbindung eines öffentlichen Unternehmens wegen der Eigentümerstellung eines ausländischen Staates nicht zugleich spiegelbildlich die Grundrechtsberechtigung dieses öffentlichen Unternehmens begründen.[935] Insofern drückt sich das BVerfG im Gegensatz zum EuG zurückhaltender aus.[936]

II Divergenzen

1 Grundrechtsberechtigung juristischer Personen des Privatrechts

a) Strukturelle Anforderungen

Im ersten Kapitel hat sich hinsichtlich der Grundrechtsberechtigung juristischer Personen aus einem Drittstaat keine gemeinsame Verfassungstradition abgezeichnet. Artikel 1 EMRK setzt für seine Anwendbarkeit und damit für die Grundrechtsberechtigung einen Herrschaftsbezug voraus, der in der Regel nur gegeben ist, wenn die juristische Person innerhalb des Staatsgebietes eines Mitglieds der EMRK betroffen ist. Für die GRC wird mittlerweile überwiegend vertreten, dass sich auch juristische Personen mit Sitz außerhalb der Europäischen Union auf die Grundrechte berufen können, soweit sie durch Unionsrechtsakte betroffen sind und es sich nicht um Unionsbürgerrechte handelt. Die unterschiedlichen Anforderungen an die Anwendbarkeit der Grundrechtskataloge resultieren aus deren verschiedenen Schutzrichtungen. Sollen die mitgliedstaatlichen Grundrechte nur vor mitgliedstaatlichem Handeln schützen, so soll die GRC vor unionsrechtlichen Eingriffen schützen. Daher sind diese Grundrechtskataloge größtenteils unabhängig von einem territorialen Bezug anwendbar.

934 So lässt das BVerfG die Übertragung der Entscheidung in der Rechtssache *Islamic Republic of Iran Shipping Lines ./. Türkei* in das Deutsche Recht offen, vgl. BVerfGE, 143 246, Rn. 202.

935 Vgl. BVerfGE, 143, 246, Rn. 192.

936 Siehe im Vergleich zu BVerfGE, 143, 246, Rn. 192 EuG, Rs. T-496/10, ECLI: EU: T:2013:30 Rn. 39 f. – Bank Mellat.

Hingegen dient die EMRK grundsätzlich dem Schutz vor allen Eingriffen auf dem Gebiet der Konventionsstaaten.

Des Weiteren wurde als gemeinsame Verfassungstradition im ersten Kapitel festgestellt, dass juristische Personen mit Sitz in einem Mitgliedstaat in jedem anderen Mitgliedstaat wie inländische juristische Personen grundrechtsberechtigt sind. Eine vergleichbare Frage stellt sich auf europäischer Ebene nicht, denn dort können sowohl unter der EMRK als auch der GRC in einem Mitgliedstaat alle juristischen Personen aus anderen Mitgliedstaaten grundrechtsberechtigt sein.

b) Einzelne Grundrechte

Die europäischen Grundrechtskataloge sind ähnlich umfassend wie die der deutschen, österreichischen, spanischen oder französischen Verfassung. Dies gilt auch für die Anwendbarkeit ihrer Gewährleistungen auf juristische Personen. Anschließend an die Ausführungen im ersten Kapitel sollen hier nur die augenfälligen Divergenzen zwischen dem mitgliedstaatlichen und europäischen Grundrechtsschutz juristischer Personen aufgearbeitet werden.

aa) Vertikale Divergenzen

Die Feststellung, dass sich juristische Personen in Belgien und in den Niederlanden nicht auf die *unternehmerische Freiheit*, bei der es sich dort um ein soziales Grundrecht handelt, berufen können, stellt eine Divergenz zum Grundrechtsschutz juristischer Personen durch die GRC dar. Im Verhältnis zur EMRK kann nicht von einer Divergenz gesprochen werden, da ein grundrechtlicher Schutz der unternehmerischen Freiheiten dort nicht vorgesehen ist. Daher ist eine schutzbereichserweiternde Beeinflussung durch die EMRK in Belgien und den Niederlanden insoweit ausgeschlossen.

Divergenzen wurden auf mitgliedstaatlicher Ebene ferner hinsichtlich der *Privatschulfreiheit* festgestellt. Ein Äquivalent zu dieser Freiheit findet sich zwar nicht in der EMRK, hingegen im Recht auf Bildung nach Art. 14 GRC. Auch der *Kommunikationsvorgang* wird auf europäischer Ebene im Gegensatz zu einem Großteil der Mitgliedstaaten geschützt. Entsprechende Gewährleistungen finden sich im Recht auf Achtung des Privatlebens nach Art. 8 EMRK beziehungsweise Art. 7 GRC sowie dem Schutz personenbezogener Daten nach Art. 8 GRC. Ebenso wird die *Unverletzlichkeit der Wohnung* und damit der Schutz der Betriebs- und Geschäftsräume zugunsten juristischer Personen auf europäischer Ebene auf der Grundlage von Art. 8 EMRK beziehungsweise Art. 7 GRC bejaht.[937] Hinsichtlich

937 Vgl. Kap. 2 Abschn. A. III. 1. a, Kap. 3 Abschn. A. III. 1.

der Privatschulfreiheit, des Schutzes des Kommunikationsvorgangs sowie der Unverletzlichkeit der Wohnung besteht demnach im europäischen Mehrebenengrundrechtssystem kein einheitlicher Grundrechtsschutz. Insofern liegt eine Divergenz vor. Zumindest zwischen EMRK und GRC besteht hinsichtlich des Schutzes des Kommunikationsvorgangs und der Unverletzlichkeit der Wohnung hingegen eine Konvergenz.[938] Dennoch stellt sich an dieser Stelle wiederholt die Frage, weshalb nicht bei zumindest entsprechender Integration der EMRK auf mitgliedstaatlicher Ebene, der in ihr gewährleistete Grundrechtsschutz juristischer Personen diskutiert wird.

bb) Horizontale Divergenzen

Im Grundrechtsbestand der europäischen Grundrechtskataloge bestehen wenige Divergenzen. Im Gegensatz zur GRC weist die EMRK keine Gewährleistungen auf, die einen unmittelbaren Bezug zum Wirtschaftsleben haben. Es finden sich in der EMRK weder eine *Berufsfreiheit* (Art. 15 GRC) noch eine *unternehmerische Freiheit* (Art. 16 GRC). Partiell kann die in Art. 1 des 1. ZP zur EMRK gewährleistete Eigentumsfreiheit als funktionales Äquivalent zur unternehmerischen Freiheit angesehen werden. So wird durch die Eigentumsfreiheit der EMRK auch der *Goodwill* eines Unternehmens geschützt, der auch den Kundenstamm schützt und damit mittelbar die Berufsausübung.[939] Freilich wird dadurch kein Art. 15 GRC beziehungsweise Art. 16 GRC ähnliches Schutzniveau gewährleistet. Insofern kann von einer Divergenz gesprochen werden. Gründe für den Verzicht auf wirtschaftliche Gewährleistungen (mit Ausnahme der Eigentumsfreiheit in Art. 1 des 1. ZP zur EMRK) liegen darin, dass wirtschaftliche und soziale Rechte nicht in die EMRK aufgenommen werden sollten.[940] Die EMRK sollte nur fundamentale Menschenrechte schützen.[941] Im Vergleich zur GRC fehlt es in der EMRK auch an einer Regelung der *Wissenschaftsfreiheit*.[942]

Eine Divergenz in der Rechtsprechung von EGMR und EuGH und damit in der Reichweite des Grundrechtsschutzes juristischer Personen zeigt sich bei der *Selbstbelastungsfreiheit* aus Art. 48 Abs. 2 GRC. So bejaht der EGMR

---

938 Vgl. Kap. 4 Abschn. B. I. 1. c. bb.

939 Vgl. zur Reichweite des *Goodwill Kriebaum*, in: Pabel/Schmahl (Hrsg.), IntKommEMRK, Art. 1 EMRK/1.ZP, Rn. 97 ff.

940 Vgl. hierzu *Kriebaum*, in: Pabel/Schmahl (Hrsg.), IntKommEMRK, Art. 1 EMRK/1. ZP, Rn. 9; ähnlich *Böckstiegel*, S. 12 f.

941 Vgl. *Bernhardt*, in: Merten/Papier (Hrsg.), HGR VI/1, § 137 Rn. 14 f.

942 Vgl. Kap. 3 Abschn. B. V.

die Anwendbarkeit der Selbstbelastungsfreiheit aus der korrespondierenden Gewährleistung des Art. 6 EMRK auch in zollrechtlichen Verfahren, wohingegen der EuGH dies für Art. 48 Abs. 3 GRC in Kartellverfahren zugunsten juristischer Personen teils ablehnt. Begründet wird dies von einer Stimme aus der Literatur mit dem Persönlichkeitsbezug des „nemo tenetur"-Grundsatzes und der Natur der Grundrechte.[943] In den Erläuterungen findet sich keine weitergehende Antwort. Die Erläuterungen verweisen zwar ausdrücklich auf den Wortlaut der korrespondierenden Gewährleistungen in Art. 6 EMRK, nehmen dabei aber keinen Bezug zum auch dort ungeschriebenen „nemo tenetur"-Grundsatz.[944] Eine Erklärung für den geringeren Grundrechtsschutz unter der GRC könnte man in der Wahrung der Effektivität der Ermittlungen der Kommission sehen.

2 Juristische Personen des Öffentlichen Rechts

a) Grundlagen

Die fast vorbehaltlose Grundrechtsberechtigung juristischer Personen des Öffentlichen Rechts in Frankreich und Österreich stellt nicht nur auf mitgliedstaatlicher Ebene, sondern auch im Europäischen Grundrechtsverbund eine Ausnahme dar. Wie zu den Konvergenzen der Grundrechtsberechtigung juristischer Personen des Öffentlichen Rechts festgestellt, wird ihre Grundrechtsberechtigung auf europäischer Ebene aufgrund der Konzeption der Grundrechte als subjektive Abwehrrechte des Einzelnen gegenüber dem Staat abgelehnt (Konfusionsargument). Auch sollen jedenfalls die Grundrechte der GRC nicht zur Klärung von Kompetenzstreitigkeiten dienen. Hingegen dienen die Grundrechte in Frankreich und Österreich nicht nur zum Schutz Privater gegenüber staatlichem Handeln, sondern auch der Kompetenzen rechtlich selbstständiger Einrichtungen des Staates. Das stellt eine Divergenz und Besonderheit dar.

b) Verfahrensgrundrechte

Eine Angleichung der Grundrechtsberechtigung juristischer Personen hinsichtlich der Verfahrensgrundrechte hat im europäischen Mehrebenensystem noch nicht stattgefunden. Wird mehrheitlich auf mitgliedstaatlicher Ebene sowie unter Geltung der GRC die Grundrechtsberechtigung juristischer Personen des Öffentlichen Rechts bejaht, sich auf die Verfahrensgrundrechte zu berufen, so

---

943 Vgl. *Gundel*, in: Grabenwarter (Hrsg.), EnzEuR, Bd. 2, § 2 Rn. 23; siehe auch Kap. 3 Abschn. A. II. 2. dafür, dass juristische Personen lediglich gegebenenfalls stärkere Eingriffe auf Grund des Verhältnismäßigkeitsgrundsatzes hinzunehmen haben

944 Vgl. Erläuterungen, in: ABl. 2007 C 303/29 f.

gilt dies nicht für die EMRK. Diese setzt für die Grundrechtsberechtigung juristischer Personen ausdrücklich das Vorliegen einer nichtstaatlichen Organisation im Sinne des Art. 34 EMRK voraus. Davon sind juristische Personen des Öffentlichen Rechts, die mit Hoheitsgewalt ausgestattet sind, nicht erfasst. Die Konzeption der EMRK als allein den Privaten vor staatlichen Eingriffen schützendes Grundrechtsregime lässt insofern keine zu den übrigen Grundrechtskatalogen vergleichbare Ausnahme bei den Verfahrensgrundrechten zu. Diese werden zum Beispiel in Deutschland und auch unter Geltung der GRC als objektiv-rechtliche Garantien verstanden, weshalb sie auch zur Wahrung der Verfahrensordnung zugunsten juristischer Personen des Öffentlichen Rechts streiten.

c) Gemeinden

Die Grundrechtsberechtigung der Gemeinden wird (über Verfahrensgrundrechte hinausgehend) in Frankreich, Österreich, Belgien und Spanien bejaht. Im französischen Grundrechtssystem geht dies darauf zurück, dass Grundrechte auch dazu dienen, kompetenzrechtliche Probleme aufzulösen. In Österreich und Belgien sollen sogar jeder juristischen Person Abwehrrechte zukommen. Nach der Rechtsprechung des EGMR sollen Streitigkeiten zwischen Gemeinden und der Zentralregierung hingegen nicht durch die Anwendung von EMRK-Grundrechten gelöst werden, sondern dem nationalen Recht überlassen bleiben. Insofern hat sich der EGMR im Sinne der Mehrheit der Mitgliedstaaten ausgesprochen. Ein Einfluss der EMRK auf die Konzeption des französischen Grundrechtsschutz ist jedoch nicht zu erwarten, da der EGMR zum einen davon spricht, dass Kompetenzzuweisungen nationalem Recht überlassen werden. Zum anderen ist mit der Grundrechtsberechtigung der Gemeinden nach französischem Verfassungsrecht im konkreten Fall nicht zugleich eine Grundrechtsbeschränkung eines Privaten verbunden. Aus der Grundrechtsberechtigung der Gemeinden in Frankreich folgt nämlich nicht, dass in Frankreich ein niedrigeres Schutzniveau als durch die EMRK gewährleistet wird. Nur in solchen Fällen würde der EMRK ein Einfluss auf die Reichweite des mitgliedstaatlichen Grundrechtsschutzes zukommen. Der EuGH beschäftigte sich bisher nicht mit der Grundrechtsberechtigung der Gemeinden. In der Literatur wird diese – entsprechend der Rechtsprechung des EGMR – abgelehnt, da Grundrechtsverpflichtung und -berechtigung nicht zusammenfallen dürften (Konfusionsargument).

d) Universitäten

Hinsichtlich der Grundrechtsberechtigung der Universitäten lässt sich im europäischen Mehrebenensystem keine Konvergenz feststellen. Bereits auf mitgliedstaatlicher Ebene sind Universitäten nicht durchweg grundrechtsberechtigt. Dies gilt nur in Deutschland, Österreich, Spanien und Italien. In der EMRK ist die Wissenschaftsfreiheit als Grundlage einer schutzbereichsspezifischen Grundrechtsberechtigung der Universitäten nicht verankert. Daher hat sich der EGMR noch nicht mit ihr beschäftigt. Auch in der Literatur zur EMRK ist die Grundrechtsberechtigung der Universitäten nicht geklärt; diese wird vereinzelt lediglich hinsichtlich der Meinungsfreiheit aus Art. 10 EMRK diskutiert. In der GRC wird die akademische Freiheit in Art. 13 S. 2 GRC erwähnt, jedoch hat sich der EuGH mit dessen Anwendbarkeit auf Universitäten noch nicht auseinandergesetzt. Die Grundrechtsberechtigung der Universitäten unter der GRC wird auch in der Literatur nicht einheitlich beurteilt.[945] Das Feld der Grundrechtsberechtigung der Universitäten bietet nach alledem noch Raum für eine gegenseitige Beeinflussung auf dem Weg zu einem Grundrechtsschutz der Universitäten im europäischen Mehrebenensystem. Sobald die Meinungsfreiheit aus Art. 10 EMRK zugunsten der Universitäten durch den EGMR angewandt wird, könnte dies Auswirkungen auf ihren mitgliedstaatlichen Grundrechtsschutz haben.[946] Insofern sind die Entwicklungen in der Rechtsprechung abzuwarten.

945 Vgl. Kap. 3 Abschn. B. V.

946 Vgl. zur Integration der EMRK in den Mitgliedstaaten Kap. 1 Abschn. B. I. 3.

Zusammenfassung

Die Untersuchung zur Grundrechtsberechtigung juristischer Personen im EU-Recht lässt sich in folgenden Thesen zusammenfassen:

1. Im Prozess der Verfassungsgebung ist auf mitgliedstaatlicher Ebene keine gegenseitige Beeinflussung bezüglich der Normierung der Grundrechtsberechtigung juristischer Personen beziehungsweise eines Verzichts auf eine solche Normierung feststellbar.[947] In den Materialien zur Entstehung der jeweiligen Grundrechtskataloge finden sich dahingehend keine Bezüge auf andere, gegebenenfalls ältere Grundrechtskataloge, obwohl einzelnen Verfassungen nachweislich eine Vorbildfunktion zukommt.
2. Die Auswertung der Rechtsprechung der Mitgliedstaaten hat ergeben, dass in ihnen nur vereinzelt und ohne erkennbare Systematik zur Beantwortung der Frage nach der Grundrechtsberechtigung juristischer Personen auf Lösungsansätze anderer Mitgliedstaaten zurückgegriffen wurde.[948] Auch die Literatur nimmt nur in einzelnen Mitgliedstaten ausdrücklich Bezug auf Begründungsansätze für die Grundrechtsberechtigung juristischer Personen in einem anderen Mitgliedstaat.[949] Dies genügt nicht, um davon zu sprechen, dass eine Leitordnung für die Antwort auf die Frage der Grundrechtsberechtigung juristischer Personen auf mitgliedstaatlicher Ebene besteht.
3. Der Integrationsgrad der EMRK unterscheidet sich in den Mitgliedstaaten stark. Daher ist auch der Einfluss der EMRK auf die Reichweite des mitgliedstaatlichen Grundrechtsschutzes juristischer Personen dem Grunde nach unterschiedlich ausgeprägt. Nichtsdestotrotz ist festzuhalten, dass die EMRK in einigen Mitgliedstaaten die Reichweite des Grundrechtsschutzes juristischer Personen maßgeblich beeinflusst, da der mitgliedstaatliche Grundrechtsschutz sonst hinter dem durch die EMRK geforderten zurückbliebe.[950] Eine abschließende Annäherung des Grundrechtsschutzes juristischer Personen anhand des Maßstabs der EMRK steht jedoch noch aus.[951]
4. In allen Mitgliedstaaten ist nach Stimmen der Literatur sowie zumindest nach Teilen der Rechtsprechung die Grundrechtsberechtigung juristischer

947 Siehe Kap. 1 Abschn. B. I. 1.
948 Siehe Kap. 1 Abschn. B. I. 2.
949 Siehe Kap. 1 Abschn. B. I. 2.
950 Siehe Kap. 1 Abschn. B. I. 3.
951 Siehe Kap. 1 Abschn. B. II. 1. c.; Kap. 1 Abschn. B II. 2. c).

Personen des Privatrechts dem Grunde nach anerkannt, auch wenn nur in der deutlichen Minderheit der Staaten hierfür eine normative Grundlage besteht.[952]

5. Die Grundrechtsberechtigung juristischer Personen des Privatrechts richtet sich in der weit überwiegenden Zahl der Mitgliedstaaten funktional vergleichbar nach dem Schutzzweck des jeweiligen Grundrechts. Ein abschließender Katalog der auf juristische Personen anwendbaren Grundrechte existiert hingegen in keinem Mitgliedstaat. In allen Mitgliedstaaten können sich juristische Personen daher überwiegend wegen der Maßgabe der am Schutzzweck des jeweiligen Grundrechts zu orientierenden Beantwortung der Frage nach ihrer Grundrechtsberechtigung nicht auf originär für natürliche Personen geschaffene Grundrechte, wie unter anderem das Recht auf Leben, körperliche Unversehrtheit sowie die Diskriminierungsverbote hinsichtlich Rasse oder Geschlecht berufen.[953]
   Die Ansätze, die Grundrechtsberechtigung nach dem Wesen, dem Inhalt oder der Natur eines Grundrechts zu bestimmen, unterscheiden sich nur textuell. Insofern lässt sich eine *erste* gemeinsame Verfassungsüberlieferung der Mitgliedstaaten identifizieren.[954]
6. Soweit eine Organisation in den Mitgliedstaaten als Trägerin von Rechten und Pflichten auftreten kann, ist sie potenziell grundrechtsberechtigt. Bei dieser strukturellen Anforderung handelt es sich um eine *zweite* gemeinsame Verfassungsüberlieferung der Mitgliedstaaten.[955]
7. Aufgrund des Einflusses des europäischen Primärrechts sind auch juristische Personen mit Sitz außerhalb eines Mitgliedstaates berechtigt, sich in der überwiegenden Zahl der Mitgliedstaaten auf die dort jeweils verfassungsmäßig gewährleisteten Grundrechte zu berufen.[956] Insofern ist eine *dritte* gemeinsame Verfassungsüberlieferung festzustellen.
8. In der weit überwiegenden Zahl der Mitgliedstaaten ist die Berechtigung juristischer Personen des Privatrechts, sich auf ein *Diskriminierungsverbot* beziehungsweise einen *Gleichheitssatz* zu berufen, anerkannt. Dies folgt aus der Möglichkeit der wesensgemäßen Anwendbarkeit des allgemeinen

952 Siehe Kap. 1 Abschn. B. II. 1. a).
953 Siehe Kap. 1 Abschn. B. II. 1. c).
954 Siehe Kap. 1 Abschn. B. II. 1. a).
955 Siehe Kap. 1 Abschn. B. II. 1. b).
956 Siehe Kap. 1 Abschn. B. II. 1. b).

Gleichheitssatzes und seiner überragenden Bedeutung.[957] Darin liegt eine *vierte* gemeinsame Verfassungstradition.

9. Ebenfalls sind juristische Personen des Privatrechts in der weit überwiegenden Zahl der Mitgliedstaaten berechtigt, sich auf die *Vereinigungsfreiheit* zu berufen; das ist die *fünfte*, identifizierbare gemeinsame Verfassungstradition der Mitgliedstaaten.[958]
10. Die *Eigentumsfreiheit* ist ein weiteres Grundrecht, das in der weit überwiegenden Zahl der Mitgliedstaaten zugunsten juristischer Personen des Privatrechts gewährleistet wird. Eine Erklärung für diese *sechste* gemeinsame Verfassungstradition konnte in der Bedeutung der Eigentumsfreiheit für die Betätigung juristischer Personen in einer marktwirtschaftlichen Wirtschaftsordnung gefunden werden.[959]
11. In der Mehrheit der Mitgliedstaaten sind juristische Personen des Privatrechts auch berechtigt, sich auf *unternehmerische Freiheiten* zu berufen. Zur Begründung dieser *siebten* gemeinsamen Verfassungstradition kann auch hier wieder auf den Schutzzweck der unternehmerischen Freiheiten sowie ihre Bedeutung für die überwiegend wirtschaftliche Betätigung juristischer Personen des Privatrechts verwiesen werden.[960]
12. Juristische Personen des Privatrechts können sich als eine *achte* gemeinsame Verfassungstradition in der Mehrheit der Mitgliedstaaten auch auf die jeweils verfassungsrechtlich gewährleistete *Religionsfreiheit* berufen.[961]
13. Als *neunte* gemeinsame Verfassungsüberlieferung zeigt sich, dass Gewerkschaften unabhängig davon, ob sie als juristische Personen des Privatrechts oder des Öffentlichen Rechts organisiert sind, in allen Mitgliedstaaten zumindest grundrechtsberechtigt sind.[962]
14. Eine *zehnte* gemeinsame Verfassungsüberlieferung der Mitgliedstaaten liegt darin, dass auch politische Parteien, unabhängig davon, ob sie als juristische Personen des Privatrechts oder des Öffentlichen Rechts organisiert sind, in der überwiegenden Zahl der Mitgliedstaaten grundrechtsberechtigt sind.[963]
15. Religionsgemeinschaften sind als juristische Personen des Privatrechts in der überwiegenden Zahl der Staaten, in denen sie so organisiert sind,

957 Siehe Kap. 1 Abschn. B. II. 1. c).
958 Siehe Kap. 1 Abschn. B. II. 1. c).
959 Siehe Kap. 1 Abschn. B. II. 1. c).
960 Siehe Kap. 1 Abschn. B. II. 1. c).
961 Siehe Kap. 1 Abschn. B. II. 1. c).
962 Siehe Kap. 1 Abschn. B. II. 2.
963 Siehe Kap. 1 Abschn. B. II. 3.

grundrechtsberechtigt. Ihre Rechtsstellung umfasst dabei neben der Religionsausübungsfreiheit teils auch eine grundrechtliche Autonomiegewährleistung.[964] Insofern liegt eine *elfte* gemeinsame Verfassungstradition vor.

16. In der Mehrheit der Mitgliedstaaten wird die Grundrechtsberechtigung juristischer Personen des Öffentlichen Rechts wegen der Unvereinbarkeit von Grundrechtsberechtigung und Grundrechtsverpflichtung (*Konfusionsargument*) grundsätzlich abgelehnt.[965] Hierbei handelt es sich um eine *zwölfte* gemeinsame Verfassungstradition.
17. Als 13. gemeinsame Verfassungstradition der Mitgliedstaaten ist im Anschluss an These 14 festzuhalten, dass Gemeinden nicht grundrechtsberechtigt sind.[966]
18. Auch wenn die Grundrechtsberechtigung juristischer Personen des Öffentlichen Rechts grundsätzlich abgelehnt wird, so lässt sich als *14.* gemeinsame Verfassungstradition der Mitgliedstaaten identifizieren, dass Religionsgemeinschaften, soweit sie in einzelnen Staaten als juristische Personen des Öffentlichen Rechts organisiert sind, ausnahmsweise grundrechtsberechtigt sind.[967]
19. Eine *15.* gemeinsame Verfassungstradition stellt die Grundrechtsberechtigung öffentlicher Unternehmen dar, sofern sie nicht vom Staat beherrscht werden oder zu mehr als 50 Prozent in seinem Eigentum stehen.[968]
20. Die Bestimmung der Grundrechtsberechtigung juristischer Personen in Deutschland nach der Theorie des personalen Substrats und in Frankreich anhand der Theorie der durchsichtigen juristischen Person stellen einen von der schutzzweckorientierten Beantwortung der Frage der Grundrechtsberechtigung juristischer Personen abweichenden, anthroprozentrischen Ansatz dar.[969]
21. Es besteht keine gemeinsame Verfassungsüberlieferung der Mitgliedstaaten hinsichtlich der Grundrechtsberechtigung juristischer Personen aus Drittstaaten.[970]
22. Die *Privatschulfreiheit*, *Unterrichtsfreiheit* beziehungsweise *Lehrfreiheit*, der Schutz des *Kommunikationsvorgangs*, von *Daten*, von *Betriebs- und*

964 Siehe Kap. 1 Abschn. B. II. 4.
965 Siehe Kap. 1 Abschn. B. II. 5. a).
966 Siehe Kap. 1 Abschn. B. II. 5. b).
967 Siehe Kap. 1 Abschn. B. II. 5. c).
968 Siehe Kap. 1 Abschn. B. II. 6.
969 Siehe Kap. 1 Abschn. B. III. 1. a).
970 Siehe Kap. 1 Abschn. B. III. 1. b).

Geschäftsräumen sowie der Schutz *wirtschaftlicher Betätigung* werden in den Mitgliedstaaten nur vereinzelt zugunsten juristischer Personen des Privatrechts gewährleistet. Der Mangel an Grundrechtsschutz geht dabei teils auf das Fehlen einer korrespondierenden Gewährleistung innerhalb der EMRK, teils auf länderspezifische Besonderheiten zurück.[971]

23. Im Gegensatz zu den übrigen Mitgliedstaaten sind *juristische Personen des Öffentlichen Rechts* in Frankreich, Österreich und Belgien zu großen Teilen grundrechtsberechtigt. Dies folgt daraus, dass jedenfalls in Frankreich und Österreich Grundrechte nicht nur ihre originäre Schutzfunktion zugunsten Privater entfalten, sondern auch autonome juristische Personen des Öffentlichen Rechts vor Eingriffen des Staates schützen, mithin im Gegensatz zu den übrigen Mitgliedstaaten zur innerstaatlichen Kompetenzverteilung dienen.[972]
24. Aufgrund der dortigen Funktion der Grundrechte als Garanten der Autonomie spezifischer Erscheinungsformen juristischer Personen des Öffentlichen Rechts sind *Gemeinden* im Gegensatz zu den übrigen Mitgliedstaaten in Österreich und Frankreich grundrechtsberechtigt. Diese Funktion der Grundrechte wird in anderen Staaten zum Teil durch sonstiges Verfassungsrecht wahrgenommen.[973]
25. Die Grundrechtsberechtigung *öffentlich-rechtlicher Rundfunkanstalten* ist in den Mitgliedstaaten derart unterschiedlich ausgestaltet, dass keine gemeinsame Verfassungstradition festgestellt werden kann.[974] Der Schutz der Rechtstellung des öffentlich-rechtlichen Rundfunks schwankt zwischen einfachem Gesetz und grundrechtlichen Gewährleistungen.
26. Da die Wissenschaftsfreiheit nur in wenigen Mitgliedstaaten grundrechtlich geschützt ist, sind *Universitäten* überwiegend nicht grundrechtlich geschützt.[975]
27. Ein Hinweis für die Konvergenz der Grundrechtsberechtigung der Universitäten in Deutschland, Spanien und Polen ist der Tatsache zu entnehmen, dass das Grundgesetz als Vorbild für die neue spanische und polnische Verfassung diente.[976]

971 Siehe Kap. 1 Abschn. B. III. 1. c).
972 Siehe Kap. 1 Abschn. B. III. 2. a).
973 Siehe Kap. 1 Abschn. B. III. 2. b).
974 Siehe Kap. 1 Abschn. B. III. 2. c).
975 Siehe Kap. 1 Abschn. B. III. 2. d).
976 Siehe Kap. 1 Abschn. B. III. 2. d).

28. Ein Einfluss der *EMRK auf die Verfassungsgebung in den Mitgliedstaaten* ist nur hinsichtlich der Einführung der Eigentumsfreiheit in der reformierten schwedischen Verfassung im Jahr 1994 aufgrund eines Urteils des EGMR aus dem Jahr 1982 feststellbar. Die in Schweden ab 1994 einsetzende Diskussion der Grundrechtsberechtigung juristischer Personen, sich auf die Eigentumsfreiheit zu berufen, deutet auf einen kausalen Zusammenhang zwischen der Verfassungsreform (Vorgaben des Art. 1 des 1. ZP zur EMRK) und der Reichweite des Grundrechtsschutzes hin.[977]
29. Ein Einfluss *mitgliedstaatlicher Verfassungsüberlieferungen auf die EMRK* war, insbesondere aufgrund des Alters der EMRK, nicht feststellbar.[978]
30. Der *Verzicht auf eine Normierung der Grundrechtsberechtigung juristischer Personen in der GRC* geht darauf zurück, dass eine gemeinsame Verfassungstradition der Mitgliedstaaten besteht, die Grundrechtsberechtigung nach der wesensgemäßen Anwendbarkeit zu bestimmen.[979]
31. Zwar nehmen die Erläuterungen der GRC teils Bezug auf die gemeinsamen Verfassungsüberlieferungen der Mitgliedstaaten und damit auf mitgliedstaatliches Recht. Da in diesem Zusammenhang nie die Grundrechtsberechtigung juristischer Personen erörtert wird, ist hinsichtlich dieser Frage jedoch *keine ausdrückliche Beeinflussung der GRC durch mitgliedstaatliches Recht* feststellbar.[980]
32. Eine textuelle *Beeinflussung der Grundrechtsberechtigung juristischer Personen in der GRC durch die EMRK* liegt nicht vor.[981] Es wurde weder die in Art. 1 des 1. ZP zur EMRK normierte Grundrechtsberechtigung juristischer Personen noch die zu den Art. 8, 9, 10, 6 Abs. 2, 3 sowie 7 EMRK anerkannte Grundrechtsberechtigung juristischer Personen bei den korrespondierenden Gewährleistungen der GRC in den Text der GRC aufgenommen.
33. Eine *Beeinflussung der GRC durch die Rechtsgrundsatz-Grundrechte* zeigt sich nur darin, dass der Verzicht auf eine Normierung der Grundrechtsberechtigung juristischer Personen in der GRC auf ihre Anerkennung unter den Rechtsgrundsatz-Grundrechten zurückzuführen ist.[982]
34. In der Rechtsprechung zur EMRK und in der Literatur lassen sich keine Hinweise für eine Beeinflussung der Reichweite des dort anerkannten

977 Siehe Kap. 4 Abschn. A. I.
978 Siehe Kap. 4 Abschn. A. II. 1.
979 Siehe Kap. 4 Abschn. A. II. 2.
980 Siehe Kap. 4 Abschn. A. II. 2.
981 Siehe Kap. 4 Abschn. A. II. 4.
982 Siehe Kap. 4 Abschn. A. II. 5.

Grundrechtsschutzes juristischer Personen durch andere Grundrechtsregime feststellen.[983]

35. Der Grundrechtsschutz juristischer Personen durch Art. 8, 16, 17, 20, 47 sowie 50 GRC wurde in der Rechtsprechung durch Verweis auf die vor Inkrafttreten der GRC geltenden Rechtsgrundsatz-Grundrechte begründet beziehungsweise konkretisiert.[984]
36. Die Reichweite des grundrechtlichen *Schutzes der Geschäftsräume* juristischer Personen durch Art. 7 GRC wird unter Rückgriff auf die Rechtsprechung des EGMR bestimmt. Insofern ist eine Beeinflussung der Reichweite des Grundrechtsschutzes der Geschäftsräume juristischer Personen in der GRC auch heute noch feststellbar.[985]
37. Auch wird die Reichweite des grundrechtlichen *Schutzes personenbezogener Daten* juristischer Personen nach Art. 8 GRC in der Rechtsprechung des EuGH durch die Rechtsprechung des EGMR beeinflusst und damit im Gegensatz zur Literatur sogar eingeschränkt.[986]
38. Die Erstreckung des Schutzbereichs des *Art. 11 GRC* auf die Verbreitung von Informationen geschäftlicher Art durch Unternehmen und damit auf juristische Personen geht auf die Rechtsprechung des EGMR zurück.[987] Auch insofern beeinflusst die EMRK die Reichweite des primärrechtlichen Grundrechtsschutzes.
39. Auch die Erstreckung der durch Art. 47 Abs. 3 GRC gewährleisteten *Prozesskostenhilfe* auf juristische Personen sowie deren Grenzen wurden vom EuGH unter Rückgriff auf die Rechtsprechung des EGMR ermittelt und dadurch durch die EMRK beeinflusst.[988]
40. Eine *Beeinflussung der Reichweite des Grundrechtsschutzes juristischer Personen im Anwendungsbereich der GRC durch die gemeinsamen Verfassungsüberlieferungen* lässt sich in der Rechtsprechung des EuGH nicht abschließend feststellen.[989]

983 Siehe Kap. 4 Abschn. A. III. 2. a); Kap. 4 Abschn. IV. 1. a).
984 Siehe Kap. 4 Abschn. A. III. 2. b), aa.
985 Siehe Kap. 4 Abschn. A. III. 2. b), bb.
986 Siehe Kap. 4 Abschn. A. III. 2. b), bb.
987 Siehe Kap. 4 Abschn. A. III. 2. b), bb.
988 Siehe Kap. 4 Abschn. A. III. 2. b), bb.
989 Siehe Kap. 4 Abschn. A. IV. 1. b).

41. Die *GRC* hat außerhalb ihres in Art. 51 GRC festgelegten Anwendungsbereichs *keinen Einfluss auf den Umfang des mitgliedstaatlichen Grundrechtsschutzes juristischer Personen.*[990]
42. Im europäischen Mehrebenengrundrechtssystem ist die Grundrechtsberechtigung juristischer Personen dem Grunde nach auf mitgliedstaatlicher Ebene sowie unter der EMRK und GRC anerkannt.[991]
43. Die Grundrechtsberechtigung juristischer Personen richtet sich nach der Literatur zur EMRK und GRC genauso wie auf mitgliedstaatlicher Ebene nach dem Ansatz der *wesensgemäßen Anwendbarkeit* eines Grundrechts.[992] Insofern ist eine Konvergenz feststellbar.
44. Der EGMR sowie der EuGH wenden einzelne Grundrechte überwiegend ohne Heranziehung spezifischer Kriterien auf juristische Personen an.[993] Lediglich in Einzelfällen wird auf Wortlaut, Systematik und Telos der Gewährleistung eingegangen.
45. Auf jeder Ebene des europäischen Grundrechtssystems können Organisationen grundrechtsberechtigt sein, die im Rechtsverkehr als Träger von Rechten und Pflichten auftreten. Dies stellt den kleinsten gemeinsamen Nenner aller Regelungsregime dar.[994]
46. Eine vertikale Konvergenz zwischen dem auf mitgliedstaatlicher Ebene gewährleisteten Grundrechtsschutz und dem Grundrechtsschutz juristischer Personen im Anwendungsbereich der GRC ist ihre Berechtigung, sich auf den *Gleichheitssatz*, die *Eigentums-*, *Religions-* und *Vereinigungsfreiheit* sowie auf die *unternehmerischen Freiheiten* zu berufen.[995]
47. Eine Konvergenz zwischen der EMRK und den mitgliedstaatlichen Gewährleistungen zugunsten juristischer Personen ist nur hinsichtlich des *Gleichheitssatzes*, der *Eigentums-*, *Religions-* und *Vereinigungsfreiheit* feststellbar.[996]
48. Neben dem *Diskriminierungsverbot*, der *Eigentums-*, *Religions-* und *Vereinigungsfreiheit* werden sowohl in der GRC als auch der EMRK das *Recht auf Achtung des Privat- und Familienlebens,* die *Freiheit der Meinungsäußerung,*

990 Siehe Kap. 4 Abschn. A. IV. 2. b).
991 Siehe Kap. 4 Abschn. B. I. 1. a).
992 Siehe Kap. 4 Abschn. B. I. 1. a)
993 Siehe Kap. 4 Abschn. B. I. 1. a).
994 Siehe Kap. 4 Abschn. B. I. 1. b).
995 Siehe Kap. 4 Abschn. B. I. 1. c), aa.
996 Siehe Kap. 4 Abschn. B. I. 1. c), aa.

die *Versammlungsfreiheit* sowie das *Freizügigkeitsrecht* auf juristische Personen angewandt.[997]

49. Eine weitere Konvergenz besteht darin, dass *Gewerkschaften* nicht nur auf mitgliedstaatlicher Ebene, sondern auch durch die EMRK sowie die GRC grundrechtlich geschützt sind.[998]
50. Ebenso liegt eine Konvergenz darin, dass *politischen Parteien* auf mitgliedstaatlicher sowie europäischer Ebene, hier durch Art. 12 GRC sowie Art. 11 EMRK, grundrechtlicher Schutz zukommt.[999]
51. *Privatrechtlich organisierte Religionsgemeinschaften* sind auf europäischer Ebene genauso wie auf mitgliedstaatlicher Ebene grundrechtsberechtigt.[1000]
52. *Juristische Personen des Öffentlichen Rechts* sind unter Geltung der EMRK wie auch der GRC grundsätzlich vom Grundrechtsschutz ausgeschlossen. Wie auf mitgliedstaatlicher Ebene geht dies auch auf europäischer Ebene darauf zurück, dass eine Grundrechtsberechtigung nicht mit einer -verpflichtung vereinbar ist (*Konfusionsargument*).[1001] Insofern lässt sich eine Konvergenz hinsichtlich Begründung und Ergebnis beobachten.
53. Juristische Personen des Öffentlichen Rechts sind im Geltungsbereich der GRC sowie in den meisten Mitgliedstaaten berechtigt, sich auf die *Verfahrensgrundrechte* zu berufen, da diesen auch ein objektiv-rechtlicher Gehalt als Garanten eines rechtstaatlichen Verfahrens zukommt.[1002]
54. Wie überwiegend auf mitgliedstaatlicher Ebene wird auch auf europäischer Ebene die Grundrechtsberechtigung der *Gemeinden* aufgrund des *Konfusionsarguments* abgelehnt.[1003]
55. *Öffentlich-rechtliche Religionsgemeinschaften* sind wie auf mitgliedstaatlicher Ebene auch auf europäischer Ebene als spezifische Erscheinungsformen juristischer Personen des Öffentlichen Rechts grundrechtsberechtigt.[1004]
56. Im Gegensatz zur mitgliedstaatlichen Ebene ist die Grundrechtsberechtigung des *öffentlich-rechtlichen Rundfunks* auf europäischer Ebene unter der EMRK und der GRC anerkannt. Diese Konvergenz im Grundrechtsschutz

997 Siehe Kap. 4 Abschn. B. I. 1. c), bb.
998 Siehe Kap. 4 Abschn. B. I. 2.
999 Siehe Kap. 4 Abschn. B. I. 3.
1000 Siehe Kap. 4 Abschn. B. I. 4.
1001 Siehe Kap. 4 Abschn. B. I. 5. a).
1002 Siehe Kap. 4 Abschn. B. I. 5. b).
1003 Siehe Kap. 4 Abschn. B. I. 5. c).
1004 Siehe Kap. 4 Abschn. B. I. 5. d).

wird in beiden Fällen mit dem Vorliegen einer hinreichenden Staatsferne begründet.[1005]

57. Es besteht eine Konvergenz zwischen den Kriterien, nach denen auf mitgliedstaatlicher Ebene ein mitgliedstaatliches *öffentliches Unternehmen* grundrechtsberechtigt ist, und denen, welche die Literatur zur EMRK und GRC zum Teil hierfür anlegt. In beiden Fällen darf der Staat keinen beherrschenden Einfluss auf das öffentliche Unternehmen ausüben.[1006] Nach der Rechtsprechung zur EMRK und zur GRC sind öffentliche Unternehmen, die von einem Drittstaat beherrscht werden beziehungsweise in dessen Alleineigentum stehen, grundrechtsberechtigt.[1007] Insofern besteht eine weitere Konvergenz zwischen EGMR und EuGH.
58. Hinsichtlich der *Privatschulfreiheit*, des *Schutzes des Kommunikationsvorgangs* sowie der *Unverletzlichkeit der Wohnung* besteht im europäischen Mehrebenengrundrechtssystem kein einheitlicher Grundrechtsschutz.[1008]
59. Zwischen der Rechtsprechung des EGMR und des EuGH zum *„nemo-tenetur"-Grundsatz* besteht eine Divergenz, da der EuGH diesen nicht beziehungsweise nur äußerst eingeschränkt zugunsten juristischer Personen anwendet.[1009]
60. Es liegt eine Divergenz im europäischen Mehrebenengrundrechtssystem darin, dass sich juristische Personen des Öffentlichen Rechts im Geltungsbereich der EMRK grundsätzlich nicht auf die Verfahrensgrundrechte berufen können.[1010] Dabei nehmen Frankreich und Österreich wegen der Grundrechtsberechtigung der *Gemeinden* eine Sonderstellung ein.[1011]Wie auf mitgliedstaatlicher Ebene ist auch auf europäischer Ebene die Grundrechtsberechtigung der *Universitäten* noch nicht abschließend geklärt. Aufgrund der vielfältigen Ansätze ist insofern eine Divergenz festzustellen.[1012]

Die Forschungsfrage nach der Annäherung des Grundrechtsschutzes juristischer Personen im europäischen Mehrebenensystem lässt sich nach den oben genannten Thesen dahingehend beantworten, dass zum einen mitgliedstaatliche

1005 Siehe Kap. 4 Abschn. B. I. 5. e).
1006 Siehe Kap. 4 Abschn. B. I. 6.
1007 Siehe Kap. 4 Abschn. B. I. 6.
1008 Siehe Kap. 4 Abschn. B. II. 1. b), aa.
1009 Siehe Kap. 4 Abschn. B. II. 1. b), bb.
1010 Siehe Kap. 4 Abschn. B. II. 2. b).
1011 Siehe Kap. 4 Abschn. B. II. 2. c).
1012 Siehe Kap. 4 Abschn. B. II. 2. d).

Regelungen den europäischen Grundrechtsschutz juristischer Personen beeinflusst haben (vgl. Thesen 32, 35, 37). Dies betrifft insbesondere die Reichweite des Schutzes der GRC. Zum anderen wurde der mitgliedstaatliche Grundrechtsschutz juristischer Personen auch durch die EMRK erweitert (vgl. Thesen 4, 30). Dies zeigt sich in der Heranziehung von Gewährleistungen der EMRK durch die mitgliedstaatliche Rechtsprechung. Im Hinblick auf das gegenseitige Geben und Nehmen ist daher festzuhalten, dass die EMRK überwiegend und die mitgliedstaatlichen Grundrechtskataloge zum Teil eine Vorbildfunktion einnehmen und somit *geben*. Die Reichweite des mitgliedstaatlichen Grundrechtsschutzes orientiert sich aber auch an der EMRK, weshalb die Mitgliedstaaten insofern auch *nehmen*. Die GRC hingegen speist sich – auch aufgrund ihrer Transferklauseln in Art. 52 GRC – aus den anderen Grundrechtskatalogen und *nimmt* daher nur. Dies zeigt sich auch darin, dass der EuGH zur Bestimmung der Reichweite des unionsrechtlichen Grundrechtsschutzes in einigen Fällen auf die Rechtsprechung des EGMR zurückgegriffen hat (vgl. Thesen 38, 39, 40, 41, 50, 58). Nichtsdestotrotz bleibt vor dem Hintergrund der Konvergenzen und ungeklärter Fragestellungen, wie dem Grundrechtsschutz der Universitäten, Raum für eine weitere Annäherung.

Literaturverzeichnis

Ackermann, Thomas, Grundrechte juristischer Personen im kartellrechtlichen Sanktionenverfahren: Ein Reformhindernis?, NZKart 2015, 17–24, zit.: *Ackermann*, in: NZKart 2015

Adamovich, Ludwig K./*Funk*, Bernd-Christian/*Holzinger*, Gerhart/*Frank*, Stefan L., Österreichisches Staatsrecht, Band 3: Grundrechte, 2. Aufl., Wien 2015, zit.: *Adamovich/Funk/Holzinger/Frank*, Österreichisches Staatsrecht, Bd. 3

Alen, André/*Muylle*, Koen, Handboek van het Belgisch Staatsrecht, Mechelen 2012, zit.: *Alen/Muylle*, HBS

Altwicker, Tilmann, Menschenrechtlicher Gleichheitsschutz, Berlin 2011, zit.: *Altwicker*

Arnold, Rainer, Begriff und Entwicklung des europäischen Verfassungsrechts, in: Geis, Max-Emanuel/Lorenz Dieter (Hrsg.), Staat, Kirche, Verwaltung: Festschrift Festschrift für Hartmut Maurer zum 70. Geburtstag, München 2001, S. 855–868, zit.: *Arnold*, in: FS Maurer

Arx, Ivo von, Grundrechtlicher Eigentumsschutz: eine rechtsvergleichende Studie, Zürich 2011, zit.: *von Arx*

Banaszak, Boguslaw, Einführung in das polnische Verfassungsrecht, Breslau 2003, zit.: *Banaszak*

Banaszak, Boguslaw/*Milej*, Tomasz, Polnisches Staatsrecht, Warschau 2009, zit.: *Banaszak/Milej*

Barile, Paolo, Istituzioni di diritto pubblico, 10. Aufl., Mailand 2005, zit: *Barile*

Batselé, Didier/*Mortier*, Tony/*Scarcez*, Martine, Grondwettelijk Recht Gevat, Brüssel 2009, zit.: *Batselé/Mortier/Scarcez*

Bedkowski-Koziol, Michal, Wettbewerb und Regulierung in der polnischen Energiewirtschaft, Köln 2005, zit.: *Bedkowski-Koziol*

Bengtson, Bertil, ersättning vid offentliga ingrepp, Stockholm 1986, zit.: *Bengtson*

Berka, Walter, Die Grundrechte: Grundfreiheiten und Menschenrechte in Österreich, Wien 1999, zit.: *Berka*

Berka, Walter, Verfassungsrecht, Grundzüge des österreichischen Verfassungsrechts für das juristische Studium, 6. Aufl., 2016, zit.: *Berka*, Verfassungsrecht

Bernatzik, Edmund, Kritische Studien über die Begriffe der juristischen Person und über die juristische Persönlichkeit der Behörden insbesondere, AöR 5 (1890), 169–318, zit.: *Bernatzik*, in: AöR 5 (1890)

Bernhardt, Rudolf, § 137 Entwicklung und gegenwärtiger Stand, in: Merten, Detlef/Papier, Hans-Jürgen (Hrsg.), Handbuch der Grundrechte in Deutschland und Europa, Band IV/1, Europäische Grundrechte I, Heidelberg 2010, S. 45–76, zit.: *Bernhardt*, in: Merten/Papier (Hrsg.), HGR IV/1

Besselink, Leonard M.F., Constitutional Law of the Netherlands, Nijmegen 2004, zit.: *Besselink*

Bifulco, Raffaele/*Celotto*, Alfonso/*Olivetti*, Marco (Hrsg.), Commentario alla Costituzione, Turin 2006, zit.: *Bearbeiter*, in: Bifulco/Celotto/Olivetti (Hrsg.), Commentario Cost.

Bin, Roberto/*Bartole* Sergio, Commentario breve alla Costituzione, 2. Aufl., Padua 2008, zit.: *Bin/Bartole*, Commentario breve alla Cost.

Binder, Bruno/*Trauner*, Gudrun, Öffentliches Recht – Grundlagen, 3. Aufl., Wien 2014, zit.: *Binder/Trauner*

Bloß, Lasia, Cuius religio EU ius regio? – Komparative Betrachtung europäischer staatskirchenrechtlicher Systeme, status quo und Perspektiven eines europäischen Religionsverfassungsrechts Tübingen 2008, zit.: *Bloß*

Boc, Jan (Hrsg.), Konstytucje Rzeczypospolitej oraz Komentarz do Konstyucji Rzeczypospolitej Polskiej z 1997, Breslau 1998, zit.: *Bearbeiter*, in: Boc (Hrsg.), Verfassung der Republik Polen-Komm

Borrmann, Alexandra, Der Schutz der Berufsfreiheit im deutschen Verfassungsrecht und im europäischen Gemeinschaftsrecht, Berlin 2002, zit.: *Borrmann*

Böckstiegel, Karl-Heinz, Die allgemeinen Grundsätze des Völkerrechts über Eigentumsentziehungen. Eine Untersuchung zu Art. 1 des Zusatzprotokolls zur Europäischen Menschenrechtskonvention, Berlin 1963, zit.: *Böckstiegel*

Böhne, Simone, Religionsfreiheit in Schweden und Dänemark: eine rechtsvergleichende Betrachtung aus deutscher Sicht, Tübingen 2016, zit.: *Böhne*

Bradfield, Ray, The Constitution of Sweden The fundamental Laws and the Riksdag Act, Stockholm 2003, zit.: *Bradfield*

Braud, Philippe, la notion de liberté publique en droit francais, Issy-les-Moulineaux 2015, zit.: *Braud*

Bröhmer, Jürgen, § 139 Menschenwürde, Freiheit der Person und Freizügigkeit, in: Merten, Detlef/Papier, Hans-Jürgen (Hrsg.), Handbuch der Grundrechte in Deutschland und Europa, Band IV/1, Europäische Grundrechte I, Heidelberg 2010, S. 125–170, zit.: *Bröhmer*, in: Merten/Papier (Hrsg.), HGR IV/1

Bruch, David/*Greve*, Holger Atomausstieg 2011 als Verletzung der Grundrechte der Kernkraftwerksbetreiber?, DÖV 2011, 794–804, zit.: *Bruch/Greve*, in: DÖV 2011

Burgi, Martin, Die öffentlichen Unternehmen im Gefüge des primären Gemeinschaftsrechts EuR 1997, 261–290, zit.: *Burgi*, in: EuR 1997

Busse, Carl-David, Die Methoden der Rechtsvergleichung im öffentlichen Recht als richterliches Instrument der Interpretation von nationalem Recht, Baden-Baden 2015, zit.: *von Busse*

Call, Horst, Der Grundrechtsschutz in Schweden unter rechtsvergleichenden Gesichtspunkten, Berlin, 2003, zit.: *Call*

Callanan, Mark/*Keogan*, Justin F., Local Government in Ireland: Inside Out, Dublin 2003, zit.: *Callanan/Keogan*

Calliess, Christian, Die neue Europäische Union nach dem Vertrag von Lissabon, Tübingen 2010, zit.: *Calliess*

Calliess, Christian, Ownership Unbundling für alle? – Kritische Überlegungen zu den aktuellen Entflechtungsvorhaben der Europäischen Kommission, (et), 11/2007, S. 92–99, zit.: *Calliess*, in: Energiewirtschaftliche Tagesfragen (et), 11/2007

Calliess, Christian, § 20 Eigentumsgrundrecht, in: Ehlers (Hrsg.), Europäische Grundrechte und Grundfreiheiten, Berlin 2014, S. 707–734, zit: *Calliess*, in: Ehlers (Hrsg.), Europäische Grundrechte und Grundfreiheiten

Callies, Christian/*Ruffert*, Matthias, EUV/AEUV: Das Verfassungsrecht der Europäischen Union mit Europäischer Grundrechtecharta: Kommentar, 5. Aufl., München 2016, zit.: *Bearbeiter*, in: Calliess/Ruffert (Hrsg.), EUV/AEUV

Campenhausen, Axel Freiherr von/*de Wall*, Heinrich, Staatskirchenrecht Eine systematische Darstellung des Religionsverfassungsrechts in Deutschland und Europa, 4. Aufl., München 2006, zit.: *Campenhausen/de Wall*, Staatskirchenrecht

Caretti, Paolo/*Siervo*, Ugo de, Diritto Costituzionale e Pubblico, Turin 2012, zit.: *Caretti/Siervo*

Carlson, Laura, The Fundamentals of Swedisch Law. A Guide for Foreign Lawyers and Students, Lund 2009, zit.: *Carlson*

Constantinesco, Léontin-Jean, Rechtsvergleichung Band 1 Einführung in die Rechtsvergleichung, Band 1, Köln 1971, zit.: *Constantinesco*

Cornils, Matthias, Art. 10 EMRK, in: Gersdorf, Hubertus/Paal, Boris P., Informations- und Medienrecht GRC, EMRK, GG, RStV, BGB, IFG, VIG, GWB, TKG, TMG Kommentar, München 2014, zit: *Cornils*, in: Gersdorf/Paal (Hrsg.), BeckOK InfoMedienR

Cossiga, Francesco, A history of religious freedom in Italy, Loyola University Law Journal, Vol. 23, 619 (627 f.), zit: *Cossiga*, in: Loyola University Law Journal, Vol. 23

Crisafulli, Verzio/*Paladin*, Livio/*Bartole*, Sergio/*Bin*, Roberto (Hrsg.), Commentario Breve alla Costituzione, 2. Aufl., Padua 2008, zit.: *Bearbeiter*, in: Crisafulli/Paladin/Bartole/Bin (Hrsg.), Commentario breve alla Cos.

Crones, Luisa Grundrechtlicher Schutz von juristischen Personen im europäischen Gemeinschaftsrecht: eine rechtsvergleichende Untersuchung zum persönlichen Anwendungsbereich der Grundfreiheiten und der Gemeinschaftsgrundrechte, Baden-Baden 2002, zit.: *Crones*

Cruz Villalòn, Pedro, § 13 Vergleich, in: Bogdandy, Armin von/Cruz Villalón, Pedro/Huber, Peter Michael (Hrsg.), Ius Publicum Europaeum, Band 1, Grundlagen und Grundzüge staatlichen Verfassungsrechts, Heidelberg 2007, S. 729–778, zit.: *Cruz Villalón*, in: von Bogdandy/Cruz Villalón/Huber (Hrsg.), IPE

Cumper, Peter/*Lewis*, Tom, Religion, Rights and secular society: European Perspectives, Cheltenham 2012, zit.: *Cumper/Lewis*

Dauses, Manfred/*Ludwigs*, Markus (Hrsg.), Handbuch des EU-Wirtschaftsrechts, Band 1, München Stand Mai 2017, zit.: *Bearbeiter*, in: Dauses/Ludwigs (Hrsg.), Hdb EU-Wirtschaftsrecht, Bd. 1

de Carreras Serra, Francesco, El federalismo realmente existente, Revista Espanola de Derecho Constitucional 2015, 331–338, zit.: *de Carreras Serra*, in: Revista Espanola de Derecho Constitucional, 2004 (71)

de Visscher, Paul, Alloction de clôture, in: Les droits de l'homme et les personnes morales, Brüssel 1970, zit.: *de Visscher*, S. 161, zitiert nach: *Delpierre*, in: Weber, FR, Part A, S. 32 B.

de Witt, Siegfried, Ist der Atomausstieg mit Art. 14 GG vereinbar?, UPR 2012, 281–285, zit.: *de Witt*, in: UPR 2012

Diemer-Benedict, Tanja, Die Grundrechte der neuen polnischen Verfassung, ZaöRV 1998, 205–238, zit.: *Diemer-Benedict*, in: ZaöRV 1998

Doyle, Oran, § 292 Das irische Menschenrechtsschutzsystem, in: Merten, Detlef/Papier, Hans-Jürgen (Hrsg.), Handbuch der Grundrechte in Deutschland und Europa, Band X, Grundrechte in West-, Nord- und Südeuropa, Heidelberg 2017, S. 233–262, zit.: *Doyle*, in: Merten/Papier (Hrsg.), HGR X

Dörr, Oliver/*Grote*, Rainer/*Marauhn*, Thilo (Hrsg.), EMRK, GG: Konkordanzkommentar zum europäischen und deutschen Grundrechtsschutz, 2. Aufl., Tübingen 2013, zit.: *Bearbeiter*, in: Dörr/Grote/Marauhn (Hrsg.), EMRK/GG Konkordanzkommentar, Kap.

Drathen, Klaus, Deutschengrundrechte im Lichte des Gemeinschaftsrechts: Grundrechtsgewährleistungen für natürliche und juristische Personen des EU-Mitgliedstaaten im Bereich der Bürgerrechte und des Art. 19 Abs. 3 GG, Aachen 1995, zit.: *Drathen*

Drechsler, Stefan, Der EuGH auf dem Weg zu einer Dogmatik der Wirtschaftsgrundrechte? – Anmerkung zum Urteil des EuGH vom 30. Juni 2016 in der Rechtssache Lidl (C-134/15), in: EuR 2016, 691–705, zit. als: *Drechsler*, in: EuR 2016

Dreier, Horst (Hrsg.), Grundgesetz. Band I, Präambel, Artikel 1–19, 3. Aufl., Tübingen 2013, zit.: *Bearbeiter*, in: Dreier (Hrsg.), GG

Ehlers, Dirk, § 2 Allgemeine Lehren der EMRK, in: Ehlers (Hrsg.), Europäische Grundrechte und Grundfreiheiten, Berlin 2014, S. 25–95, zit.: *Ehlers*, in: Ehlers (Hrsg.), Europäische Grundrechte und Grundfreiheiten

Ehlers, Dirk, § 14 Allgemeine Lehren der Unionsgrundrechte, in: Ehlers (Hrsg.), Europäische Grundrechte und Grundfreiheiten, Berlin 2014, S. 513–580, zit.: *Ehlers*, in: Ehlers (Hrsg.), Europäische Grundrechte und Grundfreiheiten

Ehlers, Dirk, § 17 Kommunikationsgrundrechte, in: Ehlers (Hrsg.), Europäische Grundrechte und Grundfreiheiten, Berlin 2014, S. 629–667, zit.: *Ehlers*, in: Ehlers (Hrsg.), Europäische Grundrechte und Grundfreiheiten

Fabry, Beatrice/*Augsten*, Ursula, Unternehmen der öffentlichen Hand, 2. Aufl., Baden-Baden 2011, zit.: *Fabry/Augsten*

Favoreu, Louis/*Gaïa*, Patrick/*Ghevontian*, Richard/*Mestre*, Jean-Louis/*Pfersmann*, Otto/*Scoffoni*, Guy/*Roux*, André, Droit constitutionnel, 19. Aufl., Paris 2017, zit.: *Favoreu u.a.*, Droit constitutionnel

Favoreu, Louis/*Gaïa*, Patrick, Droit des libertés fondamentales, Paris 2000, zit.: *Favoreu*, libertés fondamentales

Feise, Carolin, Medienfreiheit und Medienvielfalt gemäß Art. 11 Abs. 2 der Europäischen Grundrechtecharta, Baden-Baden 2005, zit.: *Feise*

Fink, Udo, Gewährt das Recht der Europäischen Gemeinschaften den wissenschaftlichen Hochschulen grundrechtliche Freiheit?, EuGRZ 2001, 193–200, zit.: *Fink*, in: EuGRZ, 2001

Forde, Michael/*Leonard*, David, Constitutional Law of Ireland, 3. Aufl., Haywards Heath 2011, zit.: *Forde/Leonard*, CLI

Frenz, Walter, Europarecht, 2. Aufl., Berlin 2016, zit.: *Frenz*, Europarecht

Frenz, Walter, Handbuch Europarecht 4. Europäische Grundrechte, Berlin 2009, zit.: *Frenz*, Hdb. EU-Recht, Bd. 4

Fromont, Michel, § 287 Gerichtliche Grundrechtsdurchsetzung in Frankreich, in: Merten, Detlef/Papier, Hans-Jürgen (Hrsg.), Handbuch der Grundrechte in Deutschland und Europa, Band X, Grundrechte in West-, Nord- und Südeuropa, Heidelberg 2017, S. 41–68, zit.: *Fromont*, in: Merten/Papier (Hrsg.), HGR X

Frowein, Jochen A./*Peukert*, Wolfgang (Hrsg.), Europäische Menschenrechtskonvention EMRK-Kommentar, 3. Aufl., Berlin 2009, zit.: *Bearbeiter*, in: Frowein/Peukert (Hrsg.), EMRK

Garlicki, Lech, § 266 Verfahren zum Schutze der Grundrechte, in: Merten, Detlef/Papier, Hans-Jürgen/Arnold, Rainer (Hrsg.), Handbuch der Grundrechte in Deutschland und Europa, Band IX, Grundrechte in Ostmittel- und Osteuropa, Heidelberg 2016, S. 171–202, zit.: *Garlicki*, in: Merten/Papier/Arnold (Hrsg.), HGR IX

Geiger, Rudolf/*Khan*, Daniel-Erasmus/*Kotzur*, Markus (Hrsg.), EUV AEUV Vertrag über die Europäische Union Vertrag über die Arbeitsweise der Europäischen Union Kommentar, 6. Aufl., München 2017, zit.: *Bearbeiter*, in: Geiger/Kahn/Kotzur (Hrsg.), EUV/AEUV

Germelmann, Claas Friedrich/*Gundel*, Jörg, Die Entwicklungen der EuGH-Rechtsprechung zum europäischen Verfassungs- und Verwaltungsrecht im Jahr 2016, in: BayVBl. 2017, 649–659, zit. als: *Germelmann/Gundel*, in: BayVBl. 2017

Gersdorf, Hubertus, Art. 8 EMRK, in: Gersdorf, Hubertus/Paal, Boris P. (Hrsg.), Informations- und Medienrecht GRC, EMRK, GG, RStV, BGB, IFG, VIG, GWB, TKG, TMG Kommentar, München 2014, zit: *ders.*, in: Gersdorf/Paal (Hrsg.), BeckOK InfoMedienR

Gerven, Dirk van, Rechtspersonen: Rechtspersonen in het algemeen verenigingen, stichtingen en publiekrechtelijke rechtspersonen, Mechelen 2007, zit.: *Gerven*

Goldhammer, Michael/*Sieber*, Ferdinand, Juristische Person und Grundrechtsschutz in Europa, JuS 2018, 22–27, zit.: *Goldhammer/Sieber*, in: JuS 2018

Gornig, Gilbert-Hanno, Äußerungsfreiheit und Informationsfreiheit als Menschenrechte: die Verankerung der Äußerungs-, Informations-, Presse- und Rundfunkfreiheit sowie des Zensurverbots in völkerrechtlichen Übereinkommen und in den Rechtsordnungen der KSZE-Staaten; unter besonderer Berücksichtigung rechtsphilosophischer und rechtsgeschichtlicher Hintergründe, Berlin 1988, zit.: *Gornig*

Grabenwarter, Christoph, Enzyklopädie Europarecht, Band 2 Europäischer Grundrechteschutz, Baden-Baden 2014, zit.: *Bearbeiter*, in: Grabenwarter (Hrsg.), EnzEUR, Bd. 2

Grabenwarter, Christoph/Pabel, Katharina, Europäische Menschenrechtskonvention: ein Studienbuch, 6. Aufl., München 2016, zit.: *Grabenwarter/Pabel*

Grabitz, Eberhard, Grundrechte in Europa und USA Band I: Strukturen nationaler Systeme, Kehl 1986, zit.: *Bearbeiter*, in: Grabitz (Hrsg.), Grundrechte in Europa und USA

Grabitz, Eberhard/*Hilf*, Meinhard/*Nettesheim*, Martin (Hrsg.), EU-Recht, Kommentar, Loseblatt, München Stand Juni 2019, zit: *Bearbeiter*, in: Grabitz/Hilf/Nettesheim (Hrsg.), EU-Recht

Groeben, Hans von der/*Schwarze*, Jürgen/*Hatje*, Armin (Hrsg.), Europäisches Unionsrecht, Vertrag über die Europäische Union Vertrag über die Arbeitsweise der Europäischen Union Charta der Grundrechte der Europäischen Union, 7. Aufl., Baden-Baden 2015, zit.: *Bearbeiter*, in: von der Groeben/Schwarze/Hatje (Hrsg.), EU-Recht

Groll, Thilo, Die Religionsfreiheit in der spanischen Verfassung, Hamburg 2002, zit.: *Groll*

Groß, Thomas, Die Autonomie der Wissenschaft im europäischen Rechtsvergleich, Baden-Baden 1992, zit.: *Groß*

Guerrero, Manuel Medina, § 11 Spanien, in: Bogdandy, Armin von/Cruz Villalón, Pedro/Huber, Peter Michael (Hrsg.), Ius Publicum Europaeum, Band 1, Grundlagen und Grundzüge staatlichen Verfassungsrechts, Heidelberg 2007, zit.: *Guerrero*, in: von Bogdandy/Cruz Villalón/Huber (Hrsg.), IPE

Guerrero, Manuel Medina, § 301 Grundrechte in Spanien, in: Merten, Detlef/Papier, Hans-Jürgen (Hrsg.), Handbuch der Grundrechte in Deutschland und Europa, Band X, Grundrechte in West-, Nord- und Südeuropa, Heidelberg 2017, S. 615–648, zit.: *Guerrero*, in: Merten/Papier (Hrsg.), HGR X

Gundel, Jörg, § 146 Verfahrensrechte, in: Merten, Detlef/Papier, Hans-Jürgen (Hrsg.), Handbuch der Grundrechte in Deutschland und Europa, Band IV/1, Europäische Grundrechte I, Heidelberg 2010, S. 349–462, zit.: *Gundel*, in: Merten/Papier (Hrsg.), HGR IV/1

Häberle, Peter, Grundrechtsgeltung und Grundrechtsinterpretation im Verfassungsstaat, JZ 1989, 913–919, zit.: *Häberle*, in: JZ 1989

Häberle, Peter, Rechtsvergleichung im Kraftfeld des Verfassungsstaates, Berlin 1992, zit.: *Häberle*, Rechtsvergleichung im Kraftfeld des Verfassungsstaates

Häberle, Peter/*Kotzur*, Markus, Europäische Verfassungslehre, 8. Aufl. Baden-Baden 2016, zit.: *Häberle*/*Kotzur*

Heintzen, Markus, Die Kirche im Recht der Europäischen Union, in: Isensee, Josef (Hrsg.), Dem Staate, was des Staates – der Kirche, was der Kirche ist. Festschrift für Joseph Listl zum 70. Geburtstag, Berlin 1999, S. 29–48, zit.: *Heintzen*, in: FS Listl

Heringa, Aalt Willem, Staatsrecht, 12. Aufl., Deventer 2015, zit.: *Heringa*

Heselhaus, Sebastian/*Nowak*, Carsten (Hrsg.), Handbuch der Europäischen Grundrechte, München 2006, zit.: *Bearbeiter*, in: Heselhaus/Nowak (Hrsg.), EU-Grundrechte

Heun, Werner, Die Religionsfreiheit in Frankreich, ZevKR 49 (2004), 273–284, zit.: *Heun*, in: ZevKR 49 (2004)

Holmberg, Erik/*Stjernquist*, Niels/*Isberg*, Magnus/*Eliason*, Marianne/*Regner*, Göran, Grundlagarna – Regeringsformen, Successionsordningen,

Riksdagsordningen, 2. Aufl., Stockholm 2006, zit.: *Holmberg/Stjernquist/Isberg/Eliason/Regner*

Holoubek, Michael, § 195 Kommunikationsfreiheit, in: Merten, Detlef/Papier, Hans-Jürgen (Hrsg.), Handbuch der Grundrechte in Deutschland und Europa, Band VII/1, Grundrechte in Österreich, 2. Aufl., Heidelberg 2014, S. 377–410, zit.: *Holoubek*, in: Merten/Papier (Hrsg.), HGR VII/1

Holoubek, Michael/*Lienbacher*, Georg (Hrsg.), Charta der Grundrechte der Europäischen Union, GRC Kommentar, Wien 2014 zit.: *Bearbeiter*, in: Holoubek/Lienbacher (Hrsg.), GRC

Iliopoulos-Strangas, Julia (Hrsg.), Soziale Grundrechte in Europa nach Lissabon, Eine Rechtsvergleichende Untersuchung der nationalen Rechtsordnungen und des Europäischen Rechts, Baden-Baden 2010, zit.: *Bearbeiter*, in: Iliopoulos-Strangas (Hrsg.), Soziale Grundrechte in Europa nach Lissabon

Jarass, Hans D., Charta der Grundrechte der Europäischen Union Kommentar, 3. Aufl., Heidelberg 2016, zit.: *Jarass*, GRC

Jarass, Hans D., Die verfassungsrechtliche Stellung der Post- und TK-Unternehmen, MMR 09, 223–228, zit.: *Jarass*, in: MMR 09, 223

Jarass, Hans D./*Pieroth*, Bodo, Grundgesetz für die Bundesrepublik Deutschland: GG, 15. Aufl., München 2018, zit.: *Bearbeiter*, in: Jarass/Pieroth, GG

Jellinek, Georg, System der subjektiven öffentlichen Rechte, 1. Aufl., Tübingen 1892, zit.: *Jellinek*

Jiménez-Blanco, Antonio/*Tettinger*, Peter J. (Hrsg.), Grundstrukturen der Energiewirtschaft in Spanien und in der Bundesrepublik Deutschland, Bochum 1992, zit.: *Bearbeiter*, in: Jiménez-Blanco/Tettinger (Hrsg.), Grundstrukturen der Energiewirtschaft in Spanien und in der Bundesrepublik Deutschland

Jouanjan, Olivier, § 2 Frankreich, in: Bogdandy, Armin von/Cruz Villalón, Pedro/Huber, Peter Michael (Hrsg.), Ius Publicum Europaeum, Band 1, Grundlagen und Grundzüge staatlichen Verfassungsrechts, Heidelberg 2007, zit.: *Jouanjan*, in: von Bogdandy/Cruz Villalón/Huber (Hrsg.), IPE

Kahl, Arno/*Raschauer*, Nicolas/*Storr*, Stefan (Hrsg.), Grundsatzfragen der europäischen Grundrechtecharta, Wien 2013, zit.: *Bearbeiter*, in: Kahl/Raschauer/Storr (Hrsg.), GRC

Kahl, Wolfgang, § 124 Die allgemeine Handlungsfreiheit, in: Merten, Detlef/Papier Hans-Jürgen, Handbuch der Grundrechte in Deutschland und Europa, Band V, Grundrechte in Deutschland: Einzelgrundrechte II, Heidelberg 2009, S. 807–882, zit.: *Kahl*, in: Merten/Papier (Hrsg.), HGR V

Kahl, Wolfgang/*Bews*, James, Rechtsfragen der Energiewende – Teil 1, Jura 2014, 1004–1017, zit.: *Kahl/Bews*, in: Jura, 2014

Kahl, Wolfgang/*Waldhoff*, Christian/*Walter*, Christian (Hrsg.), Bonner Kommentar zum Grundgesetz, Heidelberg, Stand: September 2019, zit.: *Bearbeiter*, in: Kahl/Waldhoff/Walter (Hrsg.), BK

Karpenstein, Ulrich/*Meyer*, Franz (Hrsg.), Konvention zum Schutz der Menschenrechte und Grundfreiheiten: EMRK, 2. Aufl., München 2015, zit.: *Bearbeiter*, in: Karpenstein/Meyer (Hrsg.), EMRK-Kommentar,

Keane, Ronan, Company law, 4. Aufl., Haywards Heath 2007, zit.: *Keane*

Keller, Anna, Der neue Rechtsrahmen für den öffentlichen Rundfunk in Frankreich, Frankfurt am Main 2011, zit.: *Keller*

Kieserling, Hans, Das Fernsehrecht Spaniens, Frankfurt am Main 2002, zit.: *Kieserling*

Kingreen, Thorsten, Das Verfassungsrecht der Zwischenschicht. Die juristische Person zwischen grundrechtsgeschützter Freiheit und grundrechtsgebundener Macht, JöR 65 (2017), 1–40, zit.: *Kingreen*, in: JöR 65 (2017)

Kingreen, Thorsten, § 22 Soziale Grundrechte, in: Ehlers, Dirk (Hrsg.), Europäische Grundrechte und Grundfreiheiten, Berlin 2014, S. 757–776, zit.: *Kingreen*, in: Ehlers (Hrsg.), Europäische Grundrechte und Grundfreiheiten

Kingreen, Thorsten/*Poscher*, Ralf, Grundrechte, Staatsrecht II, 34. Aufl., Heidelberg 2018, zit.: *Kingreen/Poscher*

Kischel, Uwe, Rechtsvergleichung, München 2016, zit.: *Kischel*

Kleinlein, Thomas, Die juristische Person des Privatrechts in der Rechtsprechung des EGMR, JöR 65 (2017), 85–112, zit.: *Kleinlein*, in: JöR 65 (2017)

Kloepfer, Michael, 13. Atomgesetznovelle und Grundrechte, DVBl. 2011, 1437–1446, zit.: *Kloepfer*, in: DVBl. 2011

Klostermann, Christian H., Die akademische Selbstverwaltung in der Europäischen Union, Stuttgart 1997, zit.: *Klostermann*

Korinek, Karl, § 196 Wirtschaftliche Freiheiten, in: Merten, Detlef/Papier, Hans-Jürgen (Hrsg.), Handbuch der Grundrechte in Deutschland und Europa, Band VII/1, Grundrechte in Österreich, 2. Aufl., Heidelberg 2014, S. 411–436, zit.: *Korinek*, in: Merten/Papier (Hrsg.), HGR VII/1

Korte, Stefan, Die Grundrechtsfähigkeit gemischt-wirtschaftlicher Unternehmen nach europäischem Gemeinschaftsrecht, in: Kluth, Winfried/Müller, Martin/Peilert, Andreas (Hrsg.), Wirtschaft – Verwaltung – Recht: Festschrift für Rolf Stober zum 65. Geburtstag am 11. Juni 2008, Köln 2008, S. 127–146, zit.: *Korte*, in: FS Stober

Korte, Stefan/*Oschmann*, Frank, Das CMA-Gütezeichen – ein Auslaufmodell?, NJW 2003, 1766–1771, zit.: *Korte/Oschmann*, in: NJW 2003

Kortmann, Constantijn, Constitutioneel recht, 7. Aufl., Deventer 2016, zit.: *Kortmann*

Kotzur, Markus, § 38 Bildung und Kultur, Forschung, technologische Entwicklung und Raumfahrt, in: Schulze, Reiner/Zuleeg, Manfred/Kadelbach, Stefan (Hrsg.), Europarecht Handbuch für die deutsche Rechtspraxis, 3. Aufl., Baden-Baden 2015, S. 2290–2335, zit.: *Kotzur*, in: Schulze/Zuleeg/Kadelbach (Hrsg.), Europarecht

Krausnick, Daniel, Das deutsche Rundfunksystem unter dem Einfluss des Europarechts, Berlin 2005, zit.: *Krausnick*

Kreß, Hartmut, Religionsfreiheit als Leitbild Staatskirchenrecht in Deutschland und Europa im Prozess der Reform, Münster 2004, zit.: *Kreß*

Kröll, Thomas, § 194 Kulturelle Rechte, in: Merten, Detlef/Papier, Hans-Jürgen (Hrsg.), Handbuch der Grundrechte in Deutschland und Europa, Band VII/1, Grundrechte in Österreich, 2. Aufl., Heidelberg 2014, S. 351–376, zit.: *Kröll*, in: Merten/Papier (Hrsg.), HGR VII/1

Kucsko-Stadlmeyer, Gabriele, § 187 Die allgemeinen Strukturen der Grundrechte, in: Merten, Detlef/Papier, Hans-Jürgen (Hrsg.), Handbuch der Grundrechte in Deutschland und Europa, Band VII/1, Grundrechte in Österreich, 2. Aufl., Heidelberg 2014, S. 49–102, zit.: *Kucsko-Stadlmeyer*, in: Merten/Papier (Hrsg.), HGR VII/1

Kübler, Friedrich, Medien, Menschenrechte und Demokratie: das Recht der Massenkommunikation, Heidelberg 2008, zit.: *Kübler*

Kühling, Jürgen, Die Kommunikationsfreiheit als europäisches Gemeinschaftsgrundrecht, Berlin 1999, zit.: *Kühling*

Kühling, Jürgen, Grundrechte, in: Bogdandy, Armin von/Bast, Jürgen (Hrsg.), Europäisches Verfassungsrecht: theoretische und dogmatische Grundzüge, Dordrecht 2009, zit.: *Kühling*, in: von Bogdandy/Bast (Hrsg.), Europäisches Verfassungsrecht

Kühling, Jürgen/*Seidel*, Christian/*Sivridis*, Anastasios, Datenschutzrecht, 3. Aufl., Heidelberg 2015, zit.: *Kühling/Seidel/Sivridis*, Datenschutzrecht

Lanotte, Johan Vande/*Goedertier*, Geert, Handboek Belgisch Publiekrecht, Brügge 2010, zit.: *Lanotte/Goedertier*, HBP

Lenaerts, Koen/*Gérard*, Philippe, § 288 Grundrechte in Belgien, in: Merten, Detlef/Papier, Hans-Jürgen (Hrsg.), Handbuch der Grundrechte in Deutschland und Europa, Band X, Grundrechte in West-, Nord- und Südeuropa, Heidelberg 2017, S. 69–120, zit.: *Lenaerts/Gérard*, in: Merten/Papier (Hrsg.), HGR X

Lienbacher, Georg, § 193 Religiöse Rechte, in: Merten, Detlef/Papier, Hans-Jürgen (Hrsg.), Handbuch der Grundrechte in Deutschland und Europa, Band

VII/1, Grundrechte in Österreich, 2. Aufl., Heidelberg 2014, S. 319–350, zit.: *Lienbacher*, in: Merten/Papier (Hrsg.), HGR VII/1

Ludwigs, Markus, Das Urteil des BVerfG zum Atomausstiegsgesetz 2011 – Karlsruhe locuta, causa finita?, NVwZ-Beilage 1/2017, 3–8, zit.: *Ludwigs*, in: NVwz-Beilage 1/2017

Ludwigs, Markus/*Friedmann*, Carolin, Die Grundrechtsberechtigung staatlich beherrschter Unternehmen und juristischer Personen des öffentlichen Rechts – Kontinuität und Wandel der verfassungsrechtlichen Dogmatik?, NVwZ, 2018, 22–28, zit.: *Ludwigs/Friedmann*, in: NVwZ 2018

Lutzhöft, Niels, Eine objektiv-rechtlich Gewährleistung der Rundfunkfreiheit in der Europäischen Union? Nationales Rundfunkverfassungsrecht und unionsrechtlicher Grundrechtsschutz im Spiegel divergierender Tradition, Funktion und Konzeption der Grundrechte, Tübingen 2012, zit.: *Lutzhöft*

Mahnke, Alexander, Grundrechte und libertes publiques, Hamburg 2009, zit.: *Mahnke*

Mangoldt, Hermann von/*Klein*, Friedrich/*Starck*, Christian (Hrsg.), Grundgesetz, Band 1, Präambel, Artikel 1–19, 7. Aufl., München 2018, zit.: *Bearbeiter*, in: Mangoldt/Klein/Starck (Hrsg.), GG

Mann, Thomas/*Püttner*, Günter (Hrsg.), Handbuch der kommunalen Wissenschaft und Praxis Band 1: Grundlagen und Kommunalverfassung, Berlin 2007, zit.: *Bearbeiter*, in: Mann/Püttner (Hrsg.), Hdb. kommunale Wissenschaft und Praxis, Bd. 1

Mann, Thomas/*Ripke*, Stefan, Überlegungen zur Existenz und zur Reichweite eines Gemeinschaftsgrundrechts der Versammlungsfreiheit EuGRZ 2004, 125–133, zit.: *Mann/Ripke*, in: EuGRZ 2004

Marsch, Nikolaus/*Vilain*, Yoan/*Wendel*, Mattias (Hrsg.), Französisches und Deutsches Verfassungsrecht Ein Rechtsvergleich, Berlin 2015, zit.: *Bearbeiter*, in: Marsch/Vilain/Wendel (Hrsg.), Französisches und Deutsches Verfassungsrecht

Maunz, Theodor/*Dürig*, Günter (Hrsg.), Grundgesetz Kommentar, München, Stand: Januar 2019, zit.: *Bearbeiter*, in: Maunz/Dürig (Hrsg.), GG

Maurer, Hartmut/*Waldhoff*, Christian, Allgemeines Verwaltungsrecht, 19. Aufl., München 2017, zit.: *Maurer/Waldhoff*

Meeùs, Albert/*Velu*, Jaques, Bestand und Bedeutung der Grundrechte in Belgien, EuGRZ 1981, 66–76, zit.: *Meeùs/Velu*, in: EuGRZ 1981

Meyer, Heinz/*Kucsko-Stadlmayer*, Gabriele/*Stöger*, Karl, Grundriss des österreichischen Bundesverfassungsrechts, 11. Aufl., Wien 2015, zit.: *Mayer/Kucsko-Stadlmayer/Stöger*, Bundesverfassungsrecht

Meyer, Jürgen/*Hölscheidt*, Sven (Hrsg.), Charta der Grundrechte der Europäischen Union, 5. Aufl., Baden-Baden 2019, zit.: *Bearbeiter*, in: Meyer/Holscheidt (Hrsg.), GRC

Meyer-Ladewig, Jens/*Nettesheim*, Martin/*Raumer*, Stefan von (Hrsg.), EMRK Europäische Menschenrechtskonvention, 4. Aufl., Baden-Baden 2017, zit.: *Bearbeiter*, in: Meyer-Ladewig/Nettesheim/von Raumer (Hrsg.), EMRK-Handkommentar

Michael, Lothar/*Morlock*, Martin, Grundrechte, 7. Aufl., Baden-Baden 2019, zit.: *Michael/Morlock*

Moriarty, Brid/*Massa*, Eva, Human Rights Law, 4. Aufl., Oxford 2012, zit.: *Moriarty/Massa*, HRL

Muckel, Stefan, Religionsfreiheit im Europarecht nach dem Vertrag von Lissabon, in: Sachs, Michael/Siekmann, Helmut (Hrsg.), Der grundrechtsgeprägte Verfassungsstaat: Festschrift für Klaus Stern zum 80. Geburtstag, Berlin 2012, S. 847–868, zit.: *Muckel*, in: FS Stern

Mückl, Stefan, § 141 Ehe und Familie, in: Merten, Detlef/Papier, Hans-Jürgen (Hrsg.), Handbuch der Grundrechte in Deutschland und Europa, Band IV/1, Europäische Grundrechte I, Heidelberg 2010, S. 191–2016, zit.: *Mückl*, in: Merten/Papier (Hrsg.), HGR IV/1

Müller-Michaels, Olaf, Grundrechtlicher Eigentumsschutz in der europäischen Union: Das Eigentumsrecht in der Rechtsordnung der EU, in der EMRK und in den Verfassungen Deutschlands, Italiens und Irlands, Berlin 1996, zit.: *Müller-Michaels*

Nergelius, Joakim, Svensk statsrätt, 2. Aufl., Lund 2010, zit.: *Nergelius*

Nergelius, Joakim, § 294 Grundrechte in Schweden, in: Merten, Detlef/Papier, Hans-Jürgen (Hrsg.), Handbuch der Grundrechte in Deutschland und Europa, Band X, Grundrechte in West-, Nord- und Südeuropa, Heidelberg 2017, S. 287–308, zit.: *Nergelius*, in: Merten/Papier (Hrsg.), HGR X

Nicolaysen, Gert, Die gemeinschaftsrechtliche Begründung von Grundrechten, EuR 2003, 719–743, zit.: *Nicolaysen*, in: EuR 2003

Nidobitek, Matthias, § 159 Entwicklung und allgemeine Grundsätze, in: Merten, Detlef/Papier, Hans-Jürgen (Hrsg.), Handbuch der Grundrechte in Deutschland und Europa, Band IV/1, Europäische Grundrechte I, Heidelberg 2010, S. 923–978, zit.: *Nidobitek*, in: Merten/Papier (Hrsg.), HGR IV/1

O'Neill, Ailbhe, The Constitutional Rights of Companies, Dublin 2007, zit.: *O'Neill*

Pabel, Katharina/*Schmahl*, Stefanie (Hrsg.), Internationaler Kommentar zur Europäischen Menschenrechtskonvention, Köln, Stand: Juni 2019, zit.: *Bearbeiter*, in: Pabel/Schmahl (Hrsg.), IntKommEMRK

Pache, Eckhard, Der Grundsatz des fairen gerichtlichen Verfahrens auf europäischer Ebene, EuGRZ 2001, 601–606, zit.: *Pache*, in: EuGRZ 2001

Pactet, Pierre/*Mélin-Soucramanien*, Ferdinand, Droit constitutionnel, 29. Aufl., Paris 2010, zit.: *Pactet/Mélin-Soucramanien*

Partsch, Karl Josef, Die Entstehung der europäischen Menschenrechtskonvention, ZaöRV 15 (1953), 631–660, zit.: *Partsch*, in: ZaöRV 15 (1953)

Pechstein, Matthias/*Nowak*, Carsten/*Häde*, Ulrich (Hrsg.), Frankfurter Kommentar zu EUV, GRC und AEUV, Band 1, Tübingen 2017, zit.: *Bearbeiter*, in: Pechstein/Nowak/Häde (Hrsg.), EUV/GRC/AEUV

Peters, Anne/*Altwicker*, Tilmann, Europäische Menschenrechtskonvention: mit rechtsvergleichenden Bezügen zum deutschen Grundgesetz, 2. Aufl., München 2012, zit.: *Peters/Altwicker*

Petersen, Jens, Medienrecht Ein Studienbuch, 5. Aufl., München 2010, zit.: *Petersen*

Pielow, Johann-Christian, Autonomia Local in Spanien und kommunale Selbstverwaltung in Deutschland: eine rechtsvergleichende Untersuchung mit Blick auf Grundstruckturen und aktuelle Probleme, München 1993, zit.: *Pielow*

Potacs, Michael, § 197 Recht auf Zusammenschluss, in: Merten, Detlef/Papier, Hans-Jürgen (Hrsg.), Handbuch der Grundrechte in Deutschland und Europa, Band VII/1, Grundrechte in Österreich, 2. Aufl., Heidelberg 2014, S. 437–454, zit.: *Potacs*, in: Merten/Papier (Hrsg.), HGR VII/1

Pünder, Hermann, § 18 Kunst- und Wissenschaftsfreiheit, Recht auf Bildung, in: Ehlers (Hrsg.), Dirk, Europäische Grundrechte und Grundfreiheiten, Berlin 2014, S. 668–687, zit.: *Pünder*, in: Ehlers (Hrsg.), Europäische Grundrechte und Grundfreiheiten

Quasdorf, Peter, Dogmatik der Grundrechte der europäischen Union, Frankfurt am Main 2001, zit.: *Quasdorf*

Rengeling, Hans-Werner, Die wirtschaftsbezogenen Grundrechte der Grundrechtecharta, DVBl. 2004, 453–464, zit.: *Rengeling*, in: DVBl 2004

Rengeling, Hans-Werner/*Szczekalla*, Peter, Grundrechte in der Europäischen Union Charta der Grundrechte und Allgemeine Rechtsgrundsätze, Köln 2004, zit.: *Rengeling/Szczekalla*

Reutter, Werner, Verbände und Interessengruppen in den Ländern der europäischen Union, 2. Aufl., Wiesbaden 2012, zit.: *Bearbeiter*, in: Reutter (Hrsg.), Verbände und Interessengruppen

Ridola, Paolo, § 300 Grundrechte in Italien, in: Merten, Detlef/Papier, Hans-Jürgen (Hrsg.), Handbuch der Grundrechte in Deutschland und Europa, Band X, Grundrechte in West-, Nord- und Südeuropa, S. 513–614, Heidelberg 2017, zit.: *Ridola*, in: Merten/Papier (Hrsg.), HGR X

Ritlewski, Kristoff M., Pluralismus als Strukturprinzip im Rundfunk Anforderungen aus dem Funktionsauftrag und Regelungen zur Sicherung in Deutschland und Polen, Frankfurt am Main 2009, zit.: *Ritlewski*

Riz, Roland/*Happacher*, Esther, Grundzüge des Italienischen Verfassungsrechts unter Berücksichtigung der verfassungsrechtlichen Aspekte der Südtiroler Autonomie, 4. Aufl., Insbruck 2013, zit.: *Riz/Happacher*

Robbers, Gerhard, Kirche und Staat in Schweden, in: Bohnert, Joachim, Verfassung – Philosophie – Kirche: Festschrift für Alexander Hollerbach zum 70. Geburtstag, Berlin 2001, zit.: *Robbers*, in: FS Hollebach

Robbers, Gerhard (Hrsg.), Staat und Kirche in der Europäischen Union, 2. Aufl., Baden-Baden 2005, zit.: *Bearbeiter*, in: Robbers (Hrsg.), Staat und Kirche in der Europäischen Union

Ronellenfitsch, Michael, § 98 Wirtschaftliche Betätigung des Staates, in: Isensee, Josef/Kirchhof, Paul (Hrsg.), Handbuch des Staatsrechts der Bundesrepublik Deutschland, Band IV: Aufgaben des Staates, 3. Aufl., Heidelberg 2006, S. 1159–1200, zit.: *Ronellenfitsch* in: Isensee/Kirchof (Hrsg.), HSR IV

Rossem, Jan Willem van, § 289 Grundrechte in den Niederlanden, in: Merten, Detlef/Papier, Hans-Jürgen (Hrsg.), Handbuch der Grundrechte in Deutschland und Europa, Band X, Grundrechte in West-, Nord- und Südeuropa, Heidelberg 2017, S. 121–166, zit.: *van Rossem*, in: Merten/Papier (Hrsg.), HGR X

Ruffert, Matthias, § 19 Berufsfreiheit und unternehmerische Freiheit, in: Ehlers, Dirk (Hrsg.), Europäische Grundrechte und Grundfreiheiten, Berlin 2014, S. 688–706, zit.: *Ruffert*, in: Ehlers (Hrsg.), Europäische Grundrechte und Grundfreiheiten

Rüfner, Wolfgang, § 196 Grundrechtsträger, in: Isensee, Josef/Kirchhof, Paul (Hrsg.), Handbuch des Staatsrechts der Bundesrepublik Deutschland, Band IX: Allgemeine Grundrechtslehren, 3. Aufl., Heidelberg 2011, S. 731–792, zit.: *Rüfner* in: Isensee/Kirchof (Hrsg.), HSR IX

Sachs, Michael (Hrsg.), Grundgesetz: Kommentar, 8. Aufl., München 2018, zit.: *Bearbeiter*, in: Sachs (Hrsg.), GG

Sachs, Michael, Verfassungsrecht II – Grundrechte, 3. Aufl., Berlin 2017, zit.: *Sachs*, Verfassungsrecht II

Sasse, Thorsten, Die Grundrechtsberechtigung juristischer Personen durch die unternehmerische Freiheit gemäß Art. 16 der Europäischen Grundrechtecharta, EuR 2012, 628–654, zit.: *Sasse*, in: EuR 2012

Schäffer, Heinz, § 186 Die Entwicklung der Grundrechte, in: Merten, Detlef/Papier, Hans-Jürgen (Hrsg.), Handbuch der Grundrechte in Deutschland und Europa, Band VII/1, Grundrechte in Österreich, 2. Aufl., Heidelberg 2014, S. 3–48, zit.: *Schäffer*, in: Merten/Papier (Hrsg.), HGR VII/1

Schefold, Dian, Zur Homogenität im Mehrebenensystem. Kontinuität und Kohärenz der argumentativen Entwicklung unter besonderer Berücksichtigung von Hugo Preuß, JöR 60 (2012), 49–68, zit.: *Schefold*, in: JöR 60 (2012)

Schladebach, Marcus/*Simantiras*, Nikolaos, Grundstrukturen des unionalen Rundfunkrechts, EuR 2011, 784–880, zit.: *Schladebach/Simantiras*, in: EuR 2011

Schmidt, Frederik, Die Unternehmerische Freiheit im Unionsrecht, Berlin 2010, zit.: *Schmidt*

Schnabel, Patrick Roger, Der Dialog nach Art. 17 Abs. 3 „In Ankerkennung ihrer Identität und ihres besonderen Beitrags", Tübingen 2014, zit.: *Schnabel*

Schnapp, Friedrich E., Die Garantie der örtlichen Selbstverwaltung in der polnischen Verfassung, DÖV 2001, 723–728, zit.: *Schnapp*, in: DÖV 2001

Schnapp, Friedrich E., Zur Grundrechtsberechtigung juristischer Personen des öffentlichen Rechts, in: Merten, Detlef/Papier, Hans-Jürgen (Hrsg.), Handbuch der Grundrechte in Deutschland und Europa, Band II, Grundrechte in Deutschland - Allgemeine Lehren I, Heidelberg 2006, S. 1235–1254, zit.: *Schnapp*, in: Merten/Papier (Hrsg.), HGR II

Schwarze, Jürgen (Hrsg.), Die Entstehung einer europäischen Verfassungsordnung, Baden-Baden 2000, zit.: *Bearbeiter*, in: Schwarze (Hrsg.), Die Entstehung einer europäischen Verfassungsordnung

Schwarze, Jürgen (Hrsg.), Wirtschaftsverfassungsrechtliche Garantien für Unternehmen im europäischen Binnenmarkt, Baden-Baden 2001, zit.: *Bearbeiter*, in: Schwarze (Hrsg.), Wirtschaftsverfassungsrechtliche Garantien

Schwarze, Jürgen, Zwischen Tradition und Zukunft: Die Rolle allgemeiner Rechtsgrundsätze im Recht der Europäischen Union, DVBl. 2011, 721–727, zit.: *Schwarze*, in: DVBl. 2011

Schwarze, Jürgen/*Becker*, Ulrich/*Hatje*, Armin/*Schoo*, Johann (Hrsg.), EU-Kommentar, 4. Aufl., Baden-Baden 2019, zit.: *Bearbeiter*, in: Schwarze (Hrsg.), EU-Kommentar

Schweizer, Rainer J., § 138 Allgemeine Grundsätze, in: Merten, Detlef/Papier, Hans-Jürgen (Hrsg.), Handbuch der Grundrechte in Deutschland und Europa, Band IV/1, Europäische Grundrechte I, Heidelberg 2010, S. 77–124, zit.: *Schweizer*, in: Merten/Papier (Hrsg.), HGR IV/1

Schwier, Henning, Der Schutz der „Unternehmerischen Freiheit" nach Artikel 16 der Charta der Grundrechte der Europäischen Union, Frankfurt am Main 2008, zit.: *Schwier*

Sommermann, Karl-Peter, § 16 Funktionen und Methoden der Grundrechtsvergleichung, in: Merten, Detlef/Papier, Hans-Jürgen (Hrsg.), Handbuch der Grundrechte in Deutschland und Europa, Band I, Entwicklung und

Grundlagen, Heidelberg 2004, S. 631–678, zit.: *Sommermann*, in: Merten/Papier (Hrsg.), HGR I

Starck, Christian, Rechtsvergleichung im öffentlichen Recht, JZ 1997, 1021–1030, zit.: *Starck*, in: JZ 1997

Stern, Klaus (Hrsg.), Rundfunk im Wandel von der Diktatur zur freiheitlichen Demokratie – neue Bundesländer, Ungarn, Polen, Tschechische und Slowakische Republik, München 1994, zit.: *Bearbeiter* in: Stern (Hrsg.), Rundfunk im Wandel von der Diktatur zur freiheitlichen Demokratie – neue Bundesländer, Ungarn, Polen, Tschechische und Slowakische Republik

Stern, Klaus/*Sachs*, Michael (Hrsg.), Europäische Grundrechte-Charta, GrCh: Kommentar, München 2016, zit.: *Bearbeiter*, in: Stern/Sachs (Hrsg.), GRC

Stieglitz, Edgar, Allgemeine Lehren im Grundrechtsverständnis nach der EMRK und der Grundrechtsjudikatur des EuGH Zur Nutzbarmachung konventionsrechtlicher Grundrechtsdogmatik im Bereich der Gemeinschaftsgrundrechte, Baden-Baden 2002, zit: *Stieglitz*

Streinz, Rudolf, Europarecht: Abgrenzung von Berufsfreiheit und unternehmerischer Freiheit, JuS 2017, 798–800, zit: *Streinz*, in: JuS 2017

Streinz, Rudolf (Hrsg.), EUV/AEUV Vertrag über die Europäische Union Vertrag über die Arbeitsweise der Europäischen Union Charta der Grundrechte der Europäischen Union, 3. Aufl., München 2018, zit: *Bearbeiter*, in: Streinz (Hrsg.), EUV/AEUV

Strömberg, Hakan/*Lundell*, Bengt, Sveriges författning, 19. Aufl., Lund 2008, zit.: *Strömberg/Lundell*

Strunz, Manuel, Strukturen des Grundrechtsschutzes der europäischen Union in ihrer Entwicklung, Baden-Baden 2007, zit.: *Strunz*

Tamblé, Philipp, Zur Rechtmäßigkeit von EU-Sanktionen – insbesondere gegen juristische Personen, EuR 2016, 666–691, zit: *Tamblé*, in: EuR 2016

Tettinger, Peter J., Die Grundrechtsberechtigung von Energieversorgungsunternehmen im Europäischen Gemeinschaftsrecht, in: Baur, Jürgen F./Müller-Graf, Peter-Christian/Zuleeg, Manfred, Europarecht – Energierecht – Wirtschaftsrecht: Festschrift für Bodo Börner zum 70. Geburtstag, Köln 1992, S. 625–640, zit.: *Tettinger*, in: FS Börner

Tettinger, Peter J./*Stern*, Klaus (Hrsg.); Kölner Gemeinschaftskommentar zur Europäischen Grundrechte-Charta, München 2006, zit: *Bearbeiter*, in: Tettinger/Stern (Hrsg.), GRC

Tomuschat, Christian, Der Streit um die Auslegungshoheit: Die Autonomie der EU als heiliger Gral – Das EuGH-Gutachten gegen den Beitritt der EU zur EMRK, EuGRZ 2015, 133–139, zit.: *Tomuschat*, in: EuGRZ 2015

Tsatsos, Demetres Th./*Schefold*, Dian/*Schneider*, Hans-Peter (Hrsg.), Parteienrecht im europäischen Vergleich: die Parteien in den demokratischen Ordnungen der Staaten der europäischen Gemeinschaft; Erträge eines Forschungsprojekts an der Fernuniversität Hagen, Baden-Baden 1990, zit.: *Bearbeiter*, in: Tsatsos/Schefold/Schneider (Hrsg.), Parteienrecht im europäischen Vergleich

Tschentscher, Axel, Dialektische Rechtsvergleichung – Zur Methode der Komperatistik im öffentlichen Recht, JZ 2007, 807–816, zit.: *Tschentscher*, in: JZ 2007

Tuleja, Piotr, § 8 Polen, in: *Bogdandy*, Armin von/Cruz Villalón, Pedro/Huber, Peter Michael (Hrsg.), Ius Publicum Europaeum, Band 1, Grundlagen und Grundzüge staatlichen Verfassungsrechts, Heidelberg 2007, zit.: *Tuleja*, in: von Bogdandy/Cruz Villalón/Huber (Hrsg.), IPE

Unruh, Peter, Religionsverfassungsrecht, 3. Aufl., Baden-Baden 2015, zit.: *Unruh*

Vachek, Marcel, Das Religionsrecht der Europäischen Union im Spannungsfeld zwischen mitgliedstaatlichen Kompetenzreservaten und Art. 9 EMRK, Frankfurt am Main 2000, zit.: *Vachek*

van Damme, Marnix, Overzicht van het grondwettelijk recht, Brügge 2008, zit.: *van Damme*

Velu, Jacques, La Convention Européenne des droits de l'homme et les personnes morales de droit public, in: Miscellanea W.J. Ganshof van der Meersch, Studia ab discipulis amicisque in honorem egregii professoris edita, Brüssel 1972, zit.: *Velu*, in: Miscellanea (Hrsg.), Ganshof van der Meersch

Vitale, Agostino, Breve commentario della nuova Costituzione italiana, Rom 2003, zit.: *Vitale*

Vogel, Hans-Heinrich, § 9 Schweden, in: Bogdandy, Armin von/Cruz Villalón, Pedro/Huber, Peter Michael (Hrsg.), Ius Publicum Europaeum, Band 1, Grundlagen und Grundzüge staatlichen Verfassungsrechts, Heidelberg 2007, S. 507–564, zit.: *Vogel*, in: von Bogdandy/Cruz Villalón/Huber (Hrsg.), IPE

Voscherau, Carl Christian, Parteiverbote in der Bundesrepublik Deutschland und im Königreich Spanien, Frankfurt am Main 2009, zit: *Voscherau*

Walter, Hannfried, Staatliche Parteienfinanzierung in Schweden seit dem Reichstagsbeschluss vom 15. Dezember 1965, ZaöRV 26 (1966), 390–404, zit.: *Walter*, in: ZaöRV 26 (1966)

Warnling-Nerep, Wiweka/Lagerqvist Veloz Roca, Annika/Reichel, Jane, Statsrättens grunder, 4. Aufl., Stockholm 2011, zit.: *Warnling-Nerep/Lagerqvist Veloz Roca/Reichel*

Weber, Albrecht, Die Spanische Verfassung von 1978, JöR, Band 29 (1980), 209–278, zit.: *Weber*, in: JöR 29 (1980)

Weber, Albrecht, Europäische Verfassungsvergleichung: ein Studienbuch, München 2010, zit: *Weber*

Weber, Albrecht (Hrsg.), Fundamental rights in Europe and North America, Loseblatt, Stand: 2009 Leiden, zit.: *Bearbeiter*, in: Weber (Hrsg.), FR, Part

Weber, Hermann, Die Rechtsprechung des EMGR zur religiösen Vereinigungsfreiheit und der Körperschaftsstatus der Religionsgemeinschaften in Deutschland, NVwZ 2009, 503–507, zit.: *Weber*, in: NVwZ 2009

Weiß, Wolfgang, Der Schutz des Rechts auf Aussageverweigerung durch die EMRK, NJW 1999, 2236–2237, zit.: *Weiß*, in: NJW 1999

Weiß, Wolfgang, Öffentliche Unternehmen und EGV, EuR 2003, 165–190, zit.: *Weiß*, in: EuR 2003

Wick, Volker, Die Trennung von Staat und Kirche: Jüngere Entwicklungen in Frankreich im Vergleich zum deutschen Kooperationsmodell, Tübingen 2007, zit.: *Wick*

Wiederin, Ewald, § 190 Schutz der Privatsphäre, in: Merten, Detlef/Papier, Hans-Jürgen (Hrsg.), Handbuch der Grundrechte in Deutschland und Europa, Band VII/1, Grundrechte in Österreich, 2. Aufl., Heidelberg 2014, S. 175–228, zit.: *Wiederin*, in: Merten/Papier (Hrsg.), HGR VII/1

Winkler, Roland, Die Grundrechte der Europäischen Union, Wien 2006, zit.: *Winkler*

Woltersdorf, Dorothea, Grundrechtsschutz in Schweden im Vergleich zur Grundrechtscharta von Nizza, Diss., Universität Regensburg 2007, zit.: *Woltersdorf*

Wunderlich, Nina, Das Grundrecht der Berufsfreiheit im Europäischen Gemeinschaftsrecht: der Schutz der Wirtschaftsteilnehmer gegenüber Eingriffen der Gemeinschaft in ihre berufliche Freiheit, Baden-Baden 2000, zit.: *Wunderlich*

Wyrzykowski, Mirosław, § 265 Grundsätze und Einzelfragen der Grundrechte, in: *Merten*, Detlef/Papier, Hans-Jürgen/Arnold, Rainer (Hrsg.), Handbuch der Grundrechte in Deutschland und Europa, Band IX, Grundrechte in Ostmittel- und Osteuropa, Heidelberg 2016, S. 109–170, zit.: *Wyrzykowski*, in: Merten/Papier/Arnold (Hrsg.), HGR IX

Zientecka, Agnieszka, Die Freiheit der wirtschaftlichen Tätigkeit im polnischen Rechtssystem, Diss., Universität Regensburg 2012, zit.: *Zientecka*

Zierlein, Karl-Georg, Die Bedeutung der Verfassungsrechtsprechung für die Bewahrung und Durchsetzung der Staatsverfassung Ein Überblick über die Rechtslage in und außerhalb Europas, EuGRZ 1991, 301–341, zit.: *Zierlein*, in: EuGRZ 1991

Zweigert, Konrad/*Kötz*, Hein, Einführung in die Rechtsvergleichung, 3. Aufl., Tübingen 1996 zit.: *Zweigert/Kötz*

Internet-Quellen:

http://www.publicservicekommissionen.se/wp-content/uploads/2015/11/PSK-160421-The-Future-of-Public-Service-Broadcasting---From-Analogue-Institution-to-a-Digital-Function.pdf

Hinweis zum Zugang zu den Urteilen der mitgliedstaatlichen Verfassungsgerichte

Es war bei den Entscheidungen der mitgliedstaatlichen Verfassungsgerichte selten möglich auf Entscheidungen in gedruckten amtlichen Sammlungen oder sonstigen Veröffentlichungen zurückzugreifen. Daher wurde weitgehend auf die digitalen Sammlungen der Internetpräsenzen der Verfassungsgerichte zurückgegriffen. In diesen Sammlungen kann unter folgenden Internetadressen gesucht werden:

Für *Frankreich*:
https://www.conseil-constitutionnel.fr/decisions

Für *Irland*:
http://www.supremecourt.ie/supremecourt/sclibrary3.nsf/pagecurrent/FC8669CC7760FF1A80257315005A41C0?opendocument&l=en

Für *Österreich*:
http://www.ris.bka.gv.at/Vfgh/

Für *Belgien*:
http://www.const-court.be unter der Schaltfläche „arrêts“

Für die *Niederlande*:
https://uitspraken.rechtspraak.nl

Für *Spanien*:
http://hj.tribunalconstitucional.es

Für *Italien*:
https://www.cortecostituzionale.it/actionPronuncia.do

Für *Polen*:
http://otkzu.trybunal.gov.pl

Für *Schweden*:
http://www.hogstadomstolen.se/Avgoranden/Vagledande-domar-och-beslut-prejudikat/

MIX
Papier | Fördert gute Waldnutzung
FSC® C083411

Kolibri 360 GmbH
Ferdinand-Jühlke-Straße 7
99095 Erfurt, Deutschland
produktsicherheit@kolibri360.de